The Routledge Intermediate Polish Reader

The Routledge Intermediate Polish Reader is designed for intermediate students of Polish and includes a wide range of graded texts.

The readings are taken from an assortment of contemporary Polish writing, including extracts from modern literature and articles from magazines and newspapers. The texts have been specifically selected to ensure that students receive maximum exposure to topics relevant to Polish language, history, culture and society, making this *Reader* an engaging and stimulating resource with a meaningful cultural context.

Each reading is fully supported by:

- a general introduction
- text-related comprehension questions and extensive vocabulary exercises
- explanations of any difficult grammar structures encountered in the text
- a comprehensive glossary at the back of the book
- detailed cultural-historical notes
- answer key
- grammar supplement.

Suitable for both class use and independent study, *The Routledge Intermediate Polish Reader* is an essential tool for vocabulary learning and increasing reading proficiency.

Aniela Grundy was formerly Head of the East European language centre at University College London, UK. She is a contributor to a number of online Polish-language teaching projects developed under the EU Leonardo da Vinci programme, such as *Culpolang* and *Commpact*.

Oscar E. Swan is Professor of Slavic Languages and Literatures at the University of Pittsburgh, USA. He is the author of numerous articles and textbooks on Russian and Polish linguistics and pedagogy, and on Polish culture and cultural history—most recently *A Kaleidoscope of Polish History and Culture*.

ROUTLEDGE MODERN LANGUAGE READERS

Series Editor: Itesh Sachdev

Routledge Modern Language Readers provide the intermediate language learner with a selection of readings which give a broad representation of modern writing in the target language.

Each reader contains approximately 20 readings graded in order of difficulty to allow the learner to grow with the book and to acquire the necessary skills to continue reading independently.

Suitable for both class use and independent study *Routledge Modern Language Readers* are an essential tool for increasing language proficiency and reading comprehension skills.

Available:

Chinese
Dutch
Turkish
Welsh

Forthcoming:

Arabic
Brazilian Portuguese
Hindi
Korean
Japanese
Russian
Yiddish

The Routledge Intermediate Polish Reader

Polish through the press, internet and contemporary literature

Aniela Grundy and Oscar E. Swan

Routledge
Taylor & Francis Group

LONDON AND NEW YORK

First published 2014
by Routledge
2 Park Square, Milton Park, Abingdon, Oxon OX14 4RN

and by Routledge
711 Third Avenue, New York, NY 10017

Routledge is an imprint of the Taylor & Francis Group, an informa business

British Library Cataloguing in Publication Data
A catalogue record for this book is available from the British Library

Library of Congress Cataloging in Publication Data
Grundy, Aniela.
  Routledge intermediate Polish reader : Polish through the press, internet and contemporary literature / Aniela Grundy, Oscar Swan.
    pages cm. – (Routledge Modern Language Readers)
  Includes bibliographical references and index.
  1. Polish language–Readers. 2. Polish language–Textbooks for foreign speakers–English.
I. Swan, Oscar E. II. Title.
  PG6129.E5G78 2013
  491.8′586–dc23

                                                                2013018675

ISBN: 978-0-415-51640-2 (hbk)
ISBN: 978-0-415-51641-9 (pbk)
ISBN: 978-1-315-88372-4 (ebk)

Typeset in Scala
by Graphicraft Limited, Hong Kong

Printed and bound in the United States of America by Publishers Graphics, LLC on sustainably sourced paper.

Contents

Acknowledgements

The authors and publishers would like to thank the following copyright holders for permission to reproduce the following material:

From *Wrpost*, June 2010, article 'Polska wielu narodów' by Maciej Szopa and Tomasz Molga. Text and illustration (Fig. 2.4) reprinted with kind permission.

From *Tygodnik Powszechny*, Nr 32 (3239), 7 September 2011, article 'Wszystkie nasze dzienne zdrady' by Tomasz Ponikło with Prof. Mirosława Grabowska. Reprinted with kind permission.

From *Polityka*, Nr 34 (2821), 17 August 2011, pp. 28–30, article 'Bąk' by Edyta Gietka. Reprinted with kind permission.

Figures 3.1, 3.2, 3.3, 3.4, 3.5, 3.6 and 3.7, reproduced with kind permission of Agencja Gazeta. © Agencja Gazeta.

While the publishers have made every effort to contact copyright holders of materials used in this volume, they would be grateful to hear from any they were unable to contact.

Introduction

The aims of this intermediate-to-advanced level reader are several, but especially to educate the user both about the Polish language and about Polish history and culture – these topics being inextricably interlinked – on the example of readings taken from the current Polish press and from contemporary Polish literature. This book is appropriate as the main text in a Polish course in reading and translation (whether practical or literary), and as a supplementary text in intermediate or advanced Polish language courses of any kind. Extensive cultural and historical commentary, along with a compendious glossary and grammatical commentary, make this work additionally suitable for the independent study student.

Texts are divided into journalistic and literary. Within each category they are arranged in approximate order of difficulty. Fully aware of how daunting the plunge into current Polish journalism, full of country-specific cultural code and abbreviations, can be for the non-initiated foreign reader – even for one with a fairly advanced knowledge of the language – the authors ease the experience by supplying generous critical commentary. The person completing this book will emerge from the experience much more aware of the cultural and historical commonplaces which Poles take for granted but which may be unfamiliar to those brought up outside the country.

Journalistic texts range from the political, to the cultural, to the social, to the philosophical. Among subjects treated are: business, commerce, entrepreneurship, cinema, history, housing, work habits, the handicapped, ethnicities, marital life and futurology. Included among them is a text of historical significance and, at the same time, an illustration of Polish political rhetoric: General Wojciech Jaruzelski's proclamation of martial law of 13 December 1981. Except for the last item, texts are chosen from among the major **opiniotwórcze** ('opinion-creating') outlets operating in Poland today, although organs promoting extreme ideologies are not included.

The short stories in the literary category have been chosen above all on the basis of their readability, without making any attempt to give a representative picture of the Polish literary scene. About half were written before 1989 (i.e. under communism), and about half afterwards. Included among the literary selections are several poems by the late 2008 Nobel prize-winner Wisława Szymborska. The topical variety of works chosen in both categories is reflected in the breadth of the glossary, which encompasses more than 9,000 words.

Texts are followed by exercises, questions and tasks. There are two types of questions: True-or-False questions which focus on testing comprehension, and those which, in addition to testing comprehension, afford the opportunity for the users to consider their own experiences and to offer their own opinions. Exercises are of a type to sharpen grammatical and lexical skills. Tasks include suggestions for essays based on brief internet searches. Answers to closed question and exercises can be found in the Key, while the grammatical appendix covers various matters commonly encountered in journalistic and literary prose, where experience indicates there is a need for review.

Our hope and expectation is that the user of this reader will emerge from the experience with a firmer technical grasp of the language, and a deeper understanding of and appreciation for the traditions of the Polish nation as they have been shaped and continue to be shaped by its history and contemporary world cultural trends.

Aniela Grundy
Oscar E. Swan

Journalistic texts

Chapter 1: Biografia – Maria Skłodowska Curie

http://sciagajmy.blog.onet.pl

A fairly uniform school system throughout Poland encourages the proliferation of websites like **sciaga.pl**, **zgapa.pl**, and, in the present instance, **sciagajmy.blog.onet.pl**, providing bibliographies, plot summaries and **bryki** (interpretive crib sheets) often used by students studying for standardized exams, reducing what should be intellectual stimulation to the dry accumulation of facts and standard interpretations. Even though they are not the most reliable sources of information, such sites can be of use for getting a quick run-down on a given notable person, event, political movement, invention, etc., as long as one uses them with caution and double-checks facts with a more reliable source. The following biography of the Polish-French scientist and two-time Nobel prize-winner Maria Skłodowska Curie accurately repeats the standard facts and interpretations surrounding her life. A number of typographical errors have been corrected, while two prominent grammatical errors have been left standing (and footnoted) to emphasize the semi-professional nature of such sources. The names of two American presidents, Herbert Hoover and Warren Harding, have been garbled almost to the point of unrecognizability. If this bio had been updated, it would likely have noted that in 2011, on the hundredth anniversary of her second Nobel Prize, Maria Skłodowska Curie was selected as '**Polka wszechczasów**' (Polish woman of all time) in a national plebiscite.

Maria Salomea[1] urodziła się w Warszawie 7 listopada 1867 r. Była najmłodsza z pięciorga dzieci[2] Bronisławy z domu[3] Boguskiej i Władysława Skłodowskich. Jej ojciec pochodził z

---

[1] **Maria Salomea**. Maria Skłodowska's first and second name, both given to her at her christening.

[2] **pięciorga dzieci**. Genitive of **pięcioro dzieci**, forms of the collective numeral used with animal young and mixed-gender personal groups, including 'children' (**dzieci**). Complete inflection: N **pięcioro dzieci** G **pięciorga dzieci** D **pięciorgu dzieciom** A **pięcioro dzieci** I **pięciorgiem dzieci** L **pięciorgu dzieciach**. In other words, the nominative, genitive, accusative, and instrumental of the collective numeral are followed by the genitive of the counted noun, while the dative and locative are followed by those cases. See the grammatical supplement.

[3] **z domu**. (here:) *née*.

podupadłej rodziny szlacheckiej, był nauczycielem fizyki, a matka przełożoną pensji. Rodzina Marii, a zwłaszcza matka była głęboko wierzącą i praktykującą katoliczką. Bronisława Skłodowska chorowała na gruźlicę i z tego powodu wystrzegała się kontaktów fizycznych ze swoimi dziećmi. Maria wychowana w ten sposób była bardzo powściągliwa w okazywaniu uczuć swoim córkom. W 1876 r. Bronisława zmarła, dziewięcioletnia Maria popadła wówczas w głęboką depresję, zniechęciła się także do religii, w wyniku czego do końca życia pozostała ateistką.

W 1877 r. Maria rozpoczęła naukę w gimnazjum, które ukończyła w 1882 r. W czasie kiedy Maria zdobywała wykształcenie, Polska była pod zaborami.[4] Maria musiała znosić w gimnazjum rozmaite szykany i mimo znakomitych wyników w nauce (w wieku 15 lat zdobyła złoty medal), odmówiono jej wstępu na wyższą uczelnię. Kontynuowała naukę w Warszawie na Uniwersytecie Latającym.[5] Wspólnie ze swoją siostrą Bronią[6] postanowiły dokończyć studia w Paryżu. Aby zdobyć na ten cel środki finansowe Maria w 1886 r. podejmuje pracę jako guwernantka. W 1890 r. Maria poprzez swego kuzyna J. J. Boguskiego, kierownika Pracowni Fizycznej, uzyskuje dostęp do laboratorium Muzeum Przemysłu i Rolnictwa. Rok później spełnia się wielkie marzenie Marii – wyjeżdża do Paryża. Zdaje z doskonałymi wynikami egzaminy wstępne i zostaje przyjęta na Uniwersytet Paryski. W 1893 r. za bardzo dobre oceny uzyskała stypendium naukowe oraz *magna cum laude* z fizyki, a rok później z matematyki. Była pierwszą kobietą, która zdobyła na Sorbonie stopień naukowy z fizyki.

Początkowo Maria zamierzała wrócić do Polski w nadziei, że może uda jej się przyczynić do poprawy sytuacji w ojczyźnie. Jednak krótki pobyt w domu w 1894 r. uświadomił jej nierealność tych zamierzeń. Postanowiła pozostać we Francji, gdzie właśnie poznała[7] Pierre`a Curie, młodego naukowca, kierownika laboratorium. Znajomość ta przerodziła się w miłość i 26 lipca 1895 r. wzięli ślub cywilny, nie wymienili nawet obrączek, a miesiąc miodowy spędzili zwiedzając Francję na rowerach.

Pierre Curie urodzony w 1859 r., był osiem lat starszy od Marii. Żona pisała o nim: 'Nie można było się z nim kłócić, ponieważ nigdy się nie złościł'. Po ślubie zamieszkali przy Rue de la Claciere w Paryżu, w skromnie wyposażonym mieszkaniu, ponieważ Maria zajęta pracą nie miała ochoty zajmować się domem. 12 września 1897 r. Maria urodziła córkę Irenę.

Odkrycie promieni X i badania tajemniczych własności uranu, radykalnie wpłynęły na kierunek rozwoju fizyki, a także na życie Marii Curie. Na początku 1897 r. postanowiła w pracy doktorskiej zająć się promieniami Becquerela. Prowadziła pomiary, a ponadto badała najrozmaitsze minerały, między innymi blendę smolistą wydobywaną od stu lat w rejonie Jachymowa, wówczas w Niemczech. Okazało się, że blenda smolista wykazuje znacznie

---

[4]   **pod zaborami** 'under the partitions'. Three successive divisions (**rozbiory**) of Poland, in 1772, 1793, 1795 among Russia, Prussia and (except for the second partition) Austria, eventually led to the total incorporation of Polish territory into the lands of its neighbours. The individual partitions were referred to as **zabory**, as in **zabór pruski, rosyjski, austriacki** (the Prussian Russian and Austrian partitions). Poland emerged again as an independent country following World War I, in 1918.

[5]   **Uniwersytet Latający** (flying university). Secret courses organized in the 1880s in Warsaw under Russian occupation, mainly for women. During the 20 or so years of its existence the **Uniwersytet Latający** educated around 5,000 women, including the future Nobel prize-winner of our biography.

[6]   **Bronia.** Affectionate (diminutive) form of **Bronisława**, female version of **Bronisław**.

[7]   **gdzie właśnie poznała** 'where she had just met'.

większą aktywność niż uran Becquerela. Wszystko to stało się jeszcze bardziej zagadkowe, gdy Maria stwierdziła, że pierwiastek tor jest również promieniotwórczy.

W kwietniu 1898 r. opublikowała doniesienie o wynikach badań. W tym samym roku prof. G. Lippmann zaproponował Marii napisanie pracy naukowej 'Własności magnetyczne zahartowanej stali'. Kiedy Maria wraz z mężem odkryła nowy pierwiastek postanowiła nazwać go polonem na cześć Polski, która wówczas była pod zaborami. Wydawało się, że promienie Becquerela stanowią część zjawiska o dużym zasięgu. Małżonkowie zaproponowali by zjawisko to nazwać promieniotwórczością. Wysiłki podejmowane przez Marię i Pierre`a w celu wyodrębnienia radu – nowego pierwiastka znajdującego się w blendzie smolistej stały się legendarne. Były też dowodem uporu i poświęcenia Marii. Pracując dzień i noc w dziurawej szopie, napotykali na 'niesłychane trudności z powodu zupełnie nieodpowiednich warunków – pisała później Maria – braku odpowiedniego miejsca do pracy, braku pieniędzy i pracowników'. Mimo ciężkiej harówki 'ciągle rozmawialiśmy o naszej pracy, bieżącej i przyszłej. Gdy marzyliśmy, kubek gorącej herbaty, wypity przy piecu, poprawiał nam humory. Żyliśmy całkowicie pogrążeni w pracy, jak we śnie'.

W 1899 r. Maria wraz z mężem przyjeżdża do Polski do Zakopanego. Tutaj jej siostra Bronisława Dłuska buduje sanatorium dla chorych na płuca. W Zakopanym[8] spotyka się cała rodzina. W 1900 r. na Międzynarodowym Kongresie Fizyki Pierre i Maria Curie przedstawili sprawozdanie, w którym opisali swoje badania. Kończyło się ono ważnym pytaniem: 'Co jest źródłem energii promieni Becquerela? Czy pochodzi ona z ciał promieniotwórczych, czy też z ich otoczenia?' Uran spontanicznie emitował energię, nawet gdy był w próżni. Wydawało się zatem, że źródłem energii są jakieś procesy zachodzące wewnątrz atomów, a nie reakcje chemiczne. Wniosek ten, wysunięty przez Marię Curie, miał doniosłe znaczenie i właśnie to spostrzeżenie zaskarbiło jej uznanie naukowców. Na podstawie tej uderzającej hipotezy z nastaniem XX w.[9] została ujawniona tajemnica budowy atomu.

W październiku 1900 r. Maria rozpoczęła pracę w Wyższej Szkole Normalnej w Serwes[10] jako pierwsza kobieta-profesor. Pracowała w szkole, w której kształcą się nauczycielki żeńskich szkół licealnych do 1905 r. W 1902 r. zmarł ojciec Marii. W tym samym roku Maria ustala własności radu.

W 1903 r. małżonkowie Curie oraz H. Becquerel otrzymali za swą pracę Nagrodę Nobla. Początkowo do nagrody zgłoszony został tylko Pierre, jednak doceniał on wielkie zasługi swojej żony, podjął więc usilne starania o włączenie do nagrody Marii. Z dnia na dzień małżonkowie stali się sławni. 6 grudnia 1903 r. Maria urodziła córkę Ewę. 19 kwietnia 1906 r. na moście Pont Neuf w Paryżu Pierre został potrącony przez rozszalałego konia, a gdy upadł koła pędzącego wozu roztrzaskały mu czaszkę. Zrozpaczona Maria przyjęła stanowisko męża na Sorbonie i została pierwszą kobietą-profesorem na tym uniwersytecie. Pierwszy

---

[8] **Zakopanym.** Substandard for **Zakopanem**, the locative singular of the name for the town **Zakopane**, located in the Tatra mountains south of Kraków. With place names that take the form of neuter adjectives, like **Zakopane**, the locative case ending is not like the instrumental, as is usual with adjectives, but has its own form: **-em**.

[9] **z nastaniem XX w.** (**z nastaniem dwudziestego wieku** 'with the arrival of the 20th century').

[10] **Serwes.** The town meant is Sewres (French *Sèvres*), a commune in the southwestern suburbs of Paris, famous for its porcelain.

wykład, wygłoszony po południu, po odwiedzeniu grobu Pierre'a, był dla niej ciężkim przeżyciem. W 1910 r. Maria otrzymuje metaliczny rad. Polonu niestety nie udało jej się wyodrębnić osobiście. Pierwiastek ten w czystej postaci wyodrębniono w jej laboratorium i dokonano na nim szeregu eksperymentów. 29 października 1911 r. Maria uczestniczy w I Kongresie Solvajowskim w Brukseli. W tym samym roku prasa codzienna oskarżyła Marię o romans z Paulem Langevinem, naukowcem zatrudnionym w laboratorium państwa Curie. Podzielał on większość politycznych i społecznych przekonań małżonków. Skandal, jaki wybuchł, był przejawem nietolerancji i splótł się typowymi zarzutami wysuwanymi przez reakcyjną część społeczeństwa; ujawnił się także wrogi stosunek do nauki ogólnie.

Wkrótce potem Maria Skłodowska Curie otrzymała po raz drugi Nagrodę Nobla, tym razem w dziedzinie chemii za odkrycie nowych pierwiastków i otrzymanie radu w stanie czystym. 6 maja 1912 r. Maria spotyka się z Delegatami Towarzystwa Naukowego Warszaw-skiego, którym przewodniczy H. Sienkiewicz.[11] Delegaci namawiali[12] Marię do powrotu do Polski. Propozycja była dla Marii kusząca, jednak uczona nie mogła zdecydować się na opuszczenie Paryża z powodu złego stanu zdrowia, który rodził wątpliwość czy będzie mogła pracować naukowo, a tym bardziej czy zdoła zorganizować pracownię radiologiczną w ojczyźnie Maria poczuwała się także do zorganizowania budującego się właśnie w Paryżu Instytutu Radowego im. Pierre`a Curie. Tłumacząc powody Maria odmówiła przyjazdu do kraju. Nie oznaczało to jednak braku chęci pomocy. Wręcz przeciwnie 16 maja na adres Towarzystwa Maria przesłała kosztorys urządzenia pracowni. Postanowiono 1 sierpnia 1913 r. otworzyć Pracownię Radiologiczną w Polsce, a Marię mianować jej kierownikiem. Wybuch wojny w 1914 r. przerwał łączność Marii z pracownią w Warszawie. W tym okresie Maria zajmuje się organizacją wojskowego lecznictwa radiologicznego.

W 1919 r. Maria rozpoczyna pracę w Instytucie Radowym w Paryżu. Rok później odwiedza ją dziennikarka amerykańska Missy Maloney. Organizuje ona pobyt uczonej w USA. 28 maja 1921 r. Maria wraz z córkami po raz pierwszy wyjeżdża do USA. Spotyka się tam z prezydentem Hardingiem Warrenem Camelienem,[13] który wręcza Skłodowskiej złoty kluczyk do szkatułki, w której jest niezwykle cenny 1 gram radu. Podczas wizyty w Stanach Zjednoczonych uczona spotkała się z bardzo życzliwym przyjęciem.

W 1922 r. Maria bierze udział w pracach Międzynarodowej Komisji Współpracy Intelektualnej w Genewie. Rada Ligi Narodów[14] mianuje Marię członkiem tej komisji (później zostaje jej wiceprzewodnicząca[15]). Rok później Parlament Francuski przyznaje Marii dożywotnią pensję. W 1925 r. Maria bierze udział w uroczystości poświęcenia kamienia węgielnego pod instytut Radowy w Warszawie. Spotkała się tam z prezydentem S.

---

[11] **Sienkiewicz**, Henryk (1846–1916). One of the most popular Polish writers, primarily of historical fiction, in the second half of the 19th century, Sienkiewicz received the Nobel Prize for Literature in 1905 for his life's work.

[12] **namawiali** 'tried to persuade'. Use of the perfective aspect to express an attempted but not successful action. See the grammatical supplement.

[13] I.e. Warren Gamaliel Harding, US president 1921–23.

[14] **Liga Narodów** (League of Nations). An organization of member states established following the Paris Peace Conference of 1918, the first permanent international organization whose principal (and unfulfilled) mission was to maintain world peace, a precursor to the United Nations.

[15] **wiceprzewodnicząca** 'vice chairman'. Incorrect nominative form used instead of correct instrumental **wiceprzewodniczącą**, the instrumental being required with predicate nominals.

Wojciechowskim oraz polskimi fizykami i chemikami. W październiku 1929 r. Maria po raz drugi wyjeżdża do USA. Jest gościem prezydenta Hoove Clarka.[16] Ameryka darowuje Marii drugi gram radu. 4 lipca 1934 r. wskutek anemii złośliwej wywołanej napromieniowaniem Maria Skłodowska Curie umiera. Pochowana została obok męża na cmentarzu w Sceaux.[17]

W 1935 r. ze składek całego społeczeństwa powstał w Warszawie Instytut Radowy, któremu Maria wcześniej podarowała 1 gram radu wart 80000 dolarów. Starsza córka Marii Irena pracując wraz z mężem F. Joliot odkryła sztuczną promieniotwórczość, za co w 1935 r. otrzymali Nagrodę Nobla. Młodsza Ewa została pisarką, biografia napisana przez Ewę jest podstawowym źródłem informacji o życiu Marii Skłodowskiej Curie. Gdy małżonkowie Curie rozpoczynali badania, nie uświadamiano sobie jeszcze niebezpieczeństwa, jakie niesie promieniowanie. Oszołomieni nowymi, odkrytymi przez siebie pierwiastkami, nie zachowywali ostrożności. Pierre nosił w kieszeni probówkę z roztworem związków radu, skutkiem czego cierpiał z powodu poparzeń, które, jak zauważył, goiły się bardzo powoli. Maria trzymała obok łóżka jarzące się substancje promieniotwórcze. Już przed śmiercią Pierre'a u obojga[18] wystąpiły oznaki choroby popromiennej, a w późniejszym okresie życia Maria miała najrozmaitsze problemy ze zdrowiem, które usiłowała utrzymywać w tajemnicy. Jeszcze dziś jej notesy laboratoryjne wykazują dużą radioaktywność.

Source: http://sciagajmy.blog.onet.pl/2009/10/28/biografia.maria-skłodowska-curie/

I. Uzupełnij zdania używając czasowników w odpowiednim czasie.

Hotel Europejski – Warszawa,

Kobiety polskie _____ (zorganizować) tu spotkanie z noblistką podczas jej pobytu w stolicy w 1913 roku. W imieniu zapraszających _____ (przemówić) pisarka Maria Rodziewiczówna. Wysłuchano kilku utworów Chopina i pieśni w wykonaniu kwartetu żeńskiego „Lutnia".

Wśród zaproszonych gości _____ (być) też Jadwiga Sikorska – właścicielka pensji, na którą uczęszczała Maria.

Europejski _____ (być) pierwszym eleganckim hotelem w Warszawie; _____ (zostać) otwarty w 1857 roku. W apartamentach były złocone meble w stylu Ludwika XV, biało-błękitne w stylu Ludwika XVI i empirowe. Parter _____ (zajmować) eleganckie sklepy oraz legendarne restauracja i cukiernia Loursa. Na ostatnim piętrze _____ (mieć) pracownię malarską Józef Chełmoński. W okresie międzywojennym, po przebudowie wnętrz, _____ (urządzać) tu bale i _____ (przyjmować) dyplomatów.

---

[16] I.e. Herbert Clark Hoover, US president 1929–33.

[17] **Sceaux.** A commune in the southern suburbs of Paris. The article could have mentioned that in 1995 the remains of Maria and Pierre were transferred to the Panthéon in Paris. Maria Skłodowska Curie was the first and so far the only woman to be interred in the Panthéon on her own merits.

[18] **obojga.** Genitive of the collective numeral **oboje**, regularly used with a male-female couple. The inflection is like **pięcioro**; see note 2 above, and the grammatical supplement.

II. Połącz zdania w logiczną całość.

1 Maria Curie-Skłodowska, rodowita warszawianka, najsłynniejsza kobieta naukowiec, dwukrotna	A którą pochowano w paryskim Panteonie.
2 Była pierwszą w historii Sorbony kobietą profesorem, a rząd francuski	B Warszawą i Paryżem.
3 Jest jedyną kobietą oraz jedyną osobą nie urodzoną we Francji,	C jej młodość.
4 Życie Marii Curie-Skłodowskiej było związane z	D wielokrotnie przyjeżdżała.
5 W stolicy Polski upłynęła	F laureatka Nagrody Nobla.
6 Od studiów na Sorbonie mieszkała już do końca życia we Francji, ale do Warszawy	G jej urodzenia.
7 W tym mieście jest wiele miejsc,	H im. Marii Curie Skłodowskiej.
8 Najważniejsze z nich to muzeum w domu	I które o niej przypominają.
9 Ważne jest również Centrum Onkologii-Instytut	J odznaczył ją Legią Honorową.

III. Odpowiedz na poniższe pytania.

1   Z jakiej rodziny pochodziła Maria Curie-Skłodowska?
2   Jaka była jej matka? Jaki to miało wpływ na relacje Curie-Skłodowskiej z własnymi dziećmi i jej stosunek do religii.
3   Jaki był główny powód wyjazdu Marii do Francji?
4   Co studiowała Maria w Paryżu?
5   Dlaczego pozostała we Francji zamiast wrócić do Polski?
6   Jakie zagadnienia naukowe pochłaniały Marię?
7   Jakie terminy, które pojawiły się w słowniku naukowym możemy przypisać Marii?
8   Nad jakimi pierwiastkami pracowała Curie-Skłodowska i jakie odkryła?
9   Czym wydawał się uran odróżniać od innych pierwiastków?
10 Na jakie zasadnicze pytanie z dziedziny fizyki pomogły odpowiedzieć badania Curie-Skłodowskiej?
11 Za co Curie-Skłodowska dostała nagrodę Nobla w 1903 r.? Z kim ją dzieliła i kto starał się o włączenie jej w nagrodę?
12 Jaki miał wypadek Pierre Curie? Jaki to miało wpływ na karierę Marii?
13 Dlaczego rzekomy romans Curie-Skłodowskiej z Paulem Langevinem był uważany za skandal?
14 Za jakie osiągnięcia i w jakiej dziedzinie otrzymała Maria drugą nagrodę Nobla?
15 Jakie były stosunki Curie-Skłodowskiej ze Stanami Zjednoczonymi?
16 Na co prawdopodobnie umarła Curie-Skłodowska?
17 Za co jej starsza córka Irena otrzymała nagrodę Noble w 1935r.?

18 Jaką karierę wybrała młodsza córka Ewa?

19 Co prawdopodobnie Maria i Pierre zrobiliby inaczej, wiedząc to co wiemy dzisiaj o promieniowaniu?

IV. Na podstawie poszukiwań w Internecie napisz krótki esej na jeden z następujących tematów:

a) Uniwersytet Latający
b) Zabór rosyjski
c) Promienie X
d) Przypadek użycia polonu w morderstwie

Chapter 2: Historia kina w Polsce

http://www.filmowalodz.pl

The history of Polish cinema is almost as old as the world film industry itself. After World War II, because it had not been nearly as damaged as many other cities, and because of its proximity to Warsaw, Łódź became the centre of the postwar film industry, or '**Hollyłódź**', as it is affectionately called. Poland's version of Hollywood's 'Walk of Fame' is located along Łódź's main thoroughfare, Piotrkowska Street. The National Film School in Łódź, or '**Filmówka**', has produced many world-respected actors, directors and camera operators. In 2000 one of the film school's better-known graduates, director Andrzej Wajda received a long-overdue Oscar for his life's work. The following text, reviewing only a few of the major names and moments in Polish cinema, is taken from the website www.filmowalodz.pl, maintained by the **Instytut Sztuki Filmowej** (Institute of Film Art) and the **Ministerstwo Kultury i Dziedzictwa Narodowego** (Ministry of Culture and National Heritage).

28 grudnia 1895 r. to data uznawana za przełomową dla światowej kinematografii. Wówczas po raz pierwszy bracia Lumière[1] zaprezentowali publiczności swój wynalazek – własnoręcznie stworzoną maszynę do wyświetlania ruchomych obrazów. Wydarzenie to miało miejsce w podziemiach Grand Cafe w Paryżu. Pierwszy wyświetlony film to trwające 2 minuty „Wyjście robotnic z fabryki Lumière'a w Lyonie". Cały seans trwał pół godziny, a uczestniczyło w nim 35 osób. Opłata za wstęp wynosiła 1 franka. Początkowo sami wynalazcy traktowali kinematograf jako zabawkę i nie wiązali z nim dalszej kariery. Sława nowego wynalazku rosła jednak błyskawicznie. Już po kilku tygodniach seanse odbywały się niemal bez przerwy, a porządku musieli pilnować wynajęci strażnicy.

Warto równocześnie pamiętać, że o ile za początek kinematografii przyjmuje się wynalezienie maszyny braci Lumière, to podobne wynalazki prezentowali pod koniec XIX

---

[1] The **Lumière** brothers, Auguste Marie Louis Nicolas (1862–1954) and Louis Jean (1864–1948) were pioneer French filmmakers and inventors.

w. również inni twórcy. Najsłynniejszym jest prawdopodobnie maszyna Tomasza Edisona,[2] przy pomocy której pokazywano w Polsce ruchome obrazy już w latach 1895–1896, m.in. w Warszawie i Lwowie.[3] Ostatecznie to jednak kinematograf braci Lumière okazał się najbardziej praktyczny.

Kinematografia służy dziś przede wszystkim rozrywce. Jednak w swoich początkach przyświecały jej szczytniejsze idee. Widziano zastosowanie dla niej w nauce (analiza lotu ptaków uwieczniona na taśmie filmowej miała pozwolić na skonstruowanie maszyn latających), czy w pewien sposób w ekonomii (umieszczenie w tle sceny teatralnej ekranu z ruchomymi obrazami miało zmniejszyć niezbędną ilość grających na żywo aktorów i w ten sposób przynieść oszczędności).

Pierwszy pokaz wynalazku braci Lumière na ziemiach polskich miał miejsce 14 listopada 1896 r. w Teatrze Miejskim w Krakowie. Maszyna wraz z filmami trafiła tam dzięki osobie Eugène'a Duponta, przedsiębiorcy który zarabiał na życie właśnie dzięki prezentacji kinematografu w kolejnych miastach. Mimo prób nadania mu bardziej elitarnego charakteru, kinematograf stał się przede wszystkim rozrywką dla najniższych warstw społeczeństwa, głównie robotników. Dużą rolę odegrała w tym warstwa inteligencji[4] której przedstawiciele otwarcie występowali przeciwko nowemu wynalazkowi, twierdząc że nie ma on nic wspólnego ze sztuką (w przeciwieństwie do tradycyjnego teatru).

Dla upowszechnienia kinematografii duże zasługi mieli bracia Władysław i Antoni Krzemińscy.[5] Początkowo prezentowali oni publiczności wynalazki Edisona, takie jak fonograf czy stereoskop. W 1899 r. założyli pierwsze stałe kino w Polsce – znajdowało się ono w Łodzi, a adres w ciągu pięciu lat działalności, do 1903 r. zmieniał się kilkakrotnie.

Polacy mieli również swój udział w tworzeniu maszyn do wyświetlania ruchomych obrazów. Kazimierz Prószyński[6] wynalazł maszynę zwaną pleografem, służącą do nagrywania krótkich filmów, a także projektor filmowy (1909) pozwalający na usunięcie plam światła do tamtej pory przeszkadzających w odbiorze filmów. Prószyński wynalazł również pierwszą ręczną kamerę filmową.

Pierwszy fabularny film polski to zrealizowany w 1908 r. *Antoś pierwszy raz w Warszawie*, z tytułową rolą Antoniego Fertnera.[7] Natomiast pierwszy film pełnometrażowy to zrealizowane

---

[2] **Thomas Alva Edison** (1847–1931), American inventor and businessman who developed among other inventions the phonograph, the motion picture camera, and the electric light bulb.

[3] Of course, in 1895–96, **Warszawa** was still part of the Russian Empire, and **Lwów**, in Galicja, was part of Austria-Hungary.

[4] **inteligencja** intelligentsia, intellectual elite. A term seemingly coined by Polish social philosopher Karol Libelt (1807–75), but which entered world vocabulary through Russian. The term refers to the alienated intellectual, professional, and artistic elite living in the autocratically ruled countries of eastern Europe, especially in the second half of the 19th century.

[5] The **Krzemiński** brothers, Władysław (1871–1942) and Antoni (1882–1955), from near Radom, became pioneer promoters of the Polish film industry, at first in Częstochowa and later in Łódź.

[6] **Prószyński, Kazimierz** (1875–1945). Polish inventor who patented his first movie camera even before the French Lumière brothers (see note 1). He went on to improve the camera projector and to develop the first hand-held movie camera.

[7] **Antoni Dezyderiusz Fertner** (1874–1959). Comedic actor of stage and, later, screen, who survived the transition from silent movies to sound and whose career lasted into the 1930s, with some 500 stage and screen roles to his credit.

w 1911 r. *Dzieje grzechu*, oparte na powieści Stefana Żeromskiego.[8] Druga dekada XX w. to czas rozkwitu pierwszej wielkiej gwiazdy polskiego filmu – Poli Negri.[9]

W okresie międzywojennym działało w Polsce blisko 150 ośrodków realizujących filmy – powstało wówczas ponad 300 produkcji. O tym jak bardzo efemeryczna była większość producentów może świadczyć fakt że aż 90 z nich zakończyło działalność po stworzeniu jednego filmu. Jedną z największych była wytwórnia Sfinks, działająca już od 1909 r.

W 1943 r. przy I Dywizji im. Kościuszki[10] (żołnierze stacjonujący w ZSRR[11]) utworzona została Czołówka Filmowa Wojska Polskiego, przekształcona w 1944 r. w Wytwórnię Filmową WP. Wytwórnia ta zrealizowała w tym samym roku pierwszy film dokumentalny o hitlerowskim obozie koncentracyjnym na Majdanku[12] (*Majdanek – cmentarzysko Europy* w reżyserii Aleksandra Forda[13]). W 1945 r. Wytwórnia Filmowa WP została przeniesiona z Lublina do Łodzi i tutaj działała przez kolejne kilkadziesiąt lat jako Wytwórnia Filmów Fabularnych.

W listopadzie 1945 r. powołano do życia Przedsiębiorstwo Państwowe „Film Polski", które miało wyłączność na produkcję filmów. Po kilkuletnim okresie w pierwszej połowie lat 50., kiedy w kinie obowiązywał realizm socjalistyczny,[14] druga połowa lat 50. przyniosła prawdziwą eksplozję wybitnych filmów. Tworzyli je młodzi reżyserzy, urodzeni w latach 20. W ten sposób powstała tzw. szkoła polska – prekursorska wobec dokonań kina europejskiego tego okresu, gdzie film stawał się bardzo osobistą wypowiedzią autora, z wyraźnie zaznaczonym jego stanowiskiem. Czołowymi twórcami tego nurtu byli Andrzej Wajda[15] (*Kanał* – 1956,

---

[8] **Żeromski, Stefan** (1864–1925). Novelist and dramatist emphasizing patriotic and social themes; Poland's major novelist in the first years of the 20th century.

[9] **Pola Negri** (1897–1987). Stage name of Barbara Apolonia Chałupiec, a Polish film actress and international silent screen star in the United States and Germany. She was one of the richest Hollywood actresses of her day, and her name is inscribed on Hollywood's Walk of Fame. Because of her strong Polish accent she had a difficult transition into talking movies, but nevertheless her last film role was in 1965.

[10] The cynically named **Tadeusz Kościuszko** Infantry Division, created by Joseph Stalin under the leadership of General Zygmunt Berling. It fought alongside Soviet troops in World War II as the front moved toward Warsaw and then north to the Baltic seacoast.

[11] **ZSRR (Związek Socjalistycznych Republik Radzieckich**, Union of Socialist Soviet Republics), i.e. the Soviet Union.

[12] **Majdanek.** A German concentration and extermination camp built in 1941 by the Germans on the edge of the town of Lublin. In it at least 80,000 persons, three-quarters of whom were Jewish, were executed. Majdanek was liberated in 1944 by the Soviet army but was maintained by the Soviet security forces as a detention camp for soldiers of the Polish Home Army.

[13] **Aleksander Ford** (born Mosze Lifszyc, 1908–80) headed the **Armia Ludowa** (People's Army) film crew in the Soviet Union. Ford later became director of and professor in the national film school in Łódź. Removed from his position during the 'anti-Zionist' campaign of 1968, he eventually ended up in the United States, where he committed suicide in Naples, Florida, in 1980.

[14] **socrealizm** socialist realism. Art in the service of the communist party, showing a positive view of life, uncomplicated characters, and the leading role of the party and the working class in creating a better world. This Soviet doctrine was imposed on Polish creative artists and journalists from 1949 to 1956 both through professional unions and by universal censorship, resulting in extremely bland fare radically at odds with reality.

[15] **Wajda, Andrzej** (b. 1926). A creator of auteur films with rich symbolism and carefully composed shots, the best-known Polish director outside Poland after Roman Polański. Wajda has made a speciality of adapting classics of Polish literature to film.

Popiół i diament – 1958, *Lotna* – 1959) i Andrzej Munk[16] (*Człowiek na torze* – 1956, *Eroica* – 1957, *Zezowate szczęście* – 1959). Wajda za film *Kanał* otrzymał nagrodę na festiwalu w Cannes w 1957 r.

Obaj wymienieni twórcy to absolwenci łódzkiej Filmówki, powstałej w 1948 r. jako Wyższa Szkoła Filmowa (następnie przekształcona w Państwową Wyższą Szkołę Filmową, Telewizyjną i Teatralną). Była to jedyna w Polsce szkoła wyższa kształcąca reżyserów i operatorów filmowych. W ciągu ponad 60 lat działalności wykształciła czołówkę polskich filmowców – Wajdę, Polańskiego,[17] Kieślowskiego,[18] Holland,[19] Zanussiego,[20] czy Sobocińskiego.[21]

Kolejny ważny moment dla polskiej kinematografii to przełom lat 60. i 70., kiedy w odpowiedzi na kryzys roku 1968 r. zaczęto tworzyć filmy opowiadające o ówczesnej rzeczywistości. Apogeum nowego nurtu, zwanego Kinem Moralnego Niepokoju przypadło na drugą połowę lat 70. Za jego początek uznaje się premierę *Człowieka z marmuru* Wajdy w 1977 r. Inne wybitne filmy tego okresu to *Amator* Krzysztofa Kieślowskiego (1979), czy *Wodzirej* Feliksa Falka[22] (1977).

Oprócz filmu aktorskiego od końca II wojny światowej produkowane są w Polsce filmy animowane. Większość produkcji pochodziła i nadal pochodzi ze studio w Łodzi, Bielsku-Białej oraz Krakowie. Warto pamiętać że z łódzkiego studia Se-Ma-For wyszedł film Zbigniewa Rybczyńskiego[23] *Tango* (1980), który został nagrodzony Oscarem. Łódzkie studio (prywatne

---

[16] **Munk, Andrzej** (1920–61). Film director, screenplay writer and camera operator. Munk's career was cut short by his death in an automobile accident as he returned from **Oświęcim** (Auschwitz) to Warsaw during the shooting of his *Pasażerka* (*The Passenger*), an influential film about prison-camp life, released in 1963 in its incomplete form.

[17] **Polański, Roman** (b. 1933). The best-known Polish-born film director outside Poland, Polański received both the Golden Palm award in Cannes and an Oscar in 2002 for *Pianista* (*The Pianist*).

[18] **Kieślowski, Krzysztof** (1941–96). His ten-hour made-for-television series *Dekalog I–X* (1988), modern stories illustrating moral dilemmas related to those posed by the Ten Commandments, is widely considered one of the outstanding achievements of 20th-century cinema. Kieślowski went on to make several notable French-Polish co-productions, including *Czerwony* (*Red*, 1994), nominated for an Oscar.

[19] **Holland, Agnieszka** (b. 1948). The article mistakenly assigns Holland to the Łódź film school. She studied at the Prague (Czechoslovakia) Film Academy during the development of the Czech New Wave. Holland is a film director, scriptwriter and occasional actress, having mostly lived and worked abroad since 1981. She has had two Oscar nominations, one for directing *Gorzkie żniwa* (*Bitter Harvests*, 1985) and one for the script to *Europa, Europa* (*Europe, Europe*, 1990). Her *W ciemności* (*In Darkness*), about the Holocaust in Lwów, was released in 2011 and was Poland's submission to the Oscars.

[20] **Zanussi, Krzysztof** (b. 1939). Director of more than 25 feature-length films as well as many made-for-TV movies, Zanussi is one of Poland's best known directors abroad, virtually unique in his putting difficult questions in a moral light refracted through the point of view of Roman Catholicism.

[21] **Sobociński, Piotr** (1958–2001). One of the most distinguished cameramen of many to be trained in the Łódź film school. He worked in many of Krzysztof Kieślowski's films, and was nominated for an Oscar in 1994 for that director's *Czerwony* (*Red*). Sobociński died of a heart attack just as his international career was taking off.

[22] **Falk, Feliks** (b. 1941). A film and and theatre director as well as the author of film scripts, stage plays, television plays and radio shows. Falk's *Wodzirej* (1977), literally 'dance leader', was translated into English as *Top Dog*.

[23] **Rybczyński, Zbigniew** (b. 1948). Łódź-born and educated, Rybczyński is a pioneer of digital cinematic technology and high-definition TV. He produced numerous music videos in the early days of MTV. He currently lives and works in Los Angeles.

studio kontynuujące działalność państwowego Semafora zlikwidowanego w 1999 r.) w 2007 r. zostało uhonorowane Oscarem za koprodukcję *Piotruś i wilk* (realizowaną przy współpracy z filmowcami brytyjskimi).

Po przemianach politycznych 1989 r. skończył się okres monopolu państwa na produkcję filmową. Zaczęły powstawać prywatne wytwórnie filmowe. Większość realizowanych filmów przeznaczona jest dla szerokiego kręgu odbiorców, kino artystyczne jest realizowane w znacznie mniejszym zakresie.[24]

Dla polskiej kinematografii istotną datą jest rok 2000, kiedy Andrzej Wajda został uhonorowany nagrodą Oscara za całokształt twórczości.

* * * * *

Szlak dziedzictwa filmowego Łodzi

Łódź filmowa, Hollyłódź, stolica polskiego filmu. Takie wyrażenia często można spotkać w odniesieniu do dziedzictwa filmowego Łodzi. Rzeczywiście historia polskiej kinematografii bardzo mocno związana jest z tym miastem. Pierwszy pokaz filmowy odbył się w parku Helenów już 1 sierpnia 1896 r. W 1899 r. bracia Krzemińscy założyli tutaj pierwsze stałe kino na ziemiach polskich, a w 1908 r. wybudowano pierwszy gmach od początku przeznaczony na kino – Odeon, późniejsza Gdynia. Gdyby nie wybuch wojny w 1914 r. prawdopodobnie powstałoby tutaj największe w całym imperium rosyjskim studio filmowe . . . W lipcu 1914 r. powstała w tym celu spółka łódzkich przedsiębiorców. W 1945 r. do Łodzi przeniesiona została Wytwórnia Filmowa Wojska Polskiego, przekształcona następnie w Wytwórnię Filmów Fabularnych – w okresie PRL była to największa wytwórnia w Polsce, w której powstawało kilkadziesiąt obrazów rocznie. Tu od 1948 r. działa szkoła filmowa, kształcąca twórców m.in. w zakresie reżyserii i operatorstwa – studiowali tu Andrzej Wajda, Roman Polański czy Krzysztof Kieślowski. Tu wreszcie od 1986 r. istnieje Muzeum Kinematografii, jedyne tego typu muzeum w kraju.

Łódź służyła jako plener filmowy dla około 150 filmów. Na potrzeby szlaku dokonany został wybór 20 z nich, stanowiących przekrój czasowy od pierwszego polskiego filmu powojennego – *Zakazanych piosenek*, poprzez chociażby *Ziemię obiecaną*, aż do najnowszego filmowego obrazu Łodzi – *Alei gówniarzy*. Przedstawione filmy reprezentują różne gatunki: komedie, filmy sensacyjne i historyczne, młodzieżowe, swoje miejsce znalazły również seriale telewizyjne. W szeregu z nich Łódź zagrała samą siebie – jak w *Ziemi obiecanej*, czy serialu *Daleko od szosy*. Ale na potrzeby filmu Łódź stawała się także Warszawą, Gdańskiem, Monachium, czy nawet Stambułem . . .

Source: http://www.filmowalodz.pl/pages/historia_pol.html

---

[24] In addition to the changes the article mentions, the film production industry in Poland has become largely transferred from Łódź to Warsaw and Kraków.

I. Połącz zdania w logiczną całość.

1	Za początek kinematografii przyjmuje się	A	kręgu odbiorców.
2	Łódź jest uważana za	B	wyświetlania ruchomych obrazów.
3	Polacy mieli również swój udział w tworzeniu maszyn do	C	realizujących filmy.
4	Wytwórnia Filmowa została przeniesiona do Łodzi i tutaj działała	D	polskich filmowców.
5	Po przemianach politycznych zaczęły powstawać prywatne	E	nagrodą Oscara.
6	Wyższa Szkoła Filmowa wykształciła czołówkę	F	wytwórnie filmowe.
7	W 1989 roku skończył się okres monopolu państwa na	G	wynalezienie maszyny braci Lumière.
8	W 2000 roku, Andrzej Wajda został uhonorowany	H	przez kolejne kilkadziesiąt lat.
9	Większość realizowanych filmów przeznaczona jest dla szerokiego	I	stolicę polskiego filmu.
10	W okresie międzywojennym działało w Polsce ponad 100 ośrodków	J	produkcję filmową.

II. Które z podanych poniżej stwierdzeń są prawdziwe (P), a które fałszywe (F), zgodnie z tekstem?

1 28 grudnia 1890 r. bracia Lumière zaprezentowali publiczności maszynę do wyświetlania ruchomych obrazów.   P F

2 Pierwszy wyświetlony film „Wyjście robotnic z fabryki Lumière'a w Lyonie" trwał 2 minuty.   P F

3 Pierwszy pokaz wynalazku braci Lumière na ziemiach polskich miał miejsce 14 listopada 1896 r. w Teatrze Miejskim w Krakowie.   P F

4 Bracia Władysław i Antoni Krzemińscy założyli pierwsze stałe kino w Polsce w 1899 r.   P F

5 *Dzieje grzechu*, oparte na powieści Stefana Żeromskiego były pierwszym filmem pełnometrażowym.   P F

6 Druga połowa lat 50. przyniosła prawdziwą eksplozję wybitnych filmów, które tworzyli młodzi reżyserzy, urodzeni w latach 30.   P F

7 Historia polskiej kinematografii jest bardzo mocno związana z Łodzią.   P F

8 Wajda, Polański i Kieślowski należą do czołówki polskich filmowców wykształconych w Łódzkiej Szkole Filmowej.   P F

9 Łódź służyła jako plener filmowy dla około 100 filmów.   P F

10 W Łodzi istnieje Muzeum Kinematografii, jedyne tego typu muzeum w kraju.   P F

III. Odpowiedz na poniższe pytania.

1   W jakim kraju narodziło się kino? Jaki był amerykański wkład?
2   Na jakim etapie rozwoju kina była Polska w latach 1895–1896?
3   Do czego służyło kino na początku w przeciwieństwie do dnia dzisiejszego?
4   Dlaczego kulturalna elita występowała przeciwko wczesnemu kinu?
5   Jaką rolę odegrali Polacy, jeśli chodzi o techniczną stronę wczesnego kina?
6   Jakie były pierwsze filmy zrealizowane w Polsce?
7   Jaka jest geneza polskiego kina okresu powojennego?
8   Dlaczego polski przemysł fimowy skupiał się w Łodzi po II wojnie światowej?
9   Oprócz kształcenia reżyserów, z czego jest znana szkoła filmowa w Łodzi?

IV. Poszukaj materiałów i przygotuj krótką prezentację na temat/y:

a)   Pola Negri
b)   *Kino studyjne w* Polsce
c)   Jednego z reżyserów wspomnianych w artykule: Andrzej Wajda, Krzysztof Kieślowski, Aleksander Ford, Andrzej Munk, Feliks Falk i inni
d)   Polska szkoła filmowa
e)   Polskie kino 'moralnego niepokoju'

Chapter 3: Nie wierzę w zło: rozmowa z Jackiem Kuroniem

Integracja

A historian deprived of his right to teach for his political views, **Jacek Kuroń** (1934–2004), born in Lwów, was a tireless activist and spokesman for human rights and national independence in the **PRL** (**Polska Rzeczpospolita Ludowa**, People's Poland), during which time he was repeatedly arrested, interned and imprisoned. An adviser to **Solidarność** (the Solidarity independent trade union), co-founder of **KOR** (**Komitet Obrony Robotników**, Workers' Defence Committee), and a participant in the **rozmowy Okrągłego Stołu** (roundtable discussions of 1989), Kuroń constantly put his personal welfare on the line for what he believed. He was later given broad recognition for his role in helping to bring down the communist government, and was four times elected **poseł** (representative) to the **Sejm** (Parliament). As minister of labour and social services in the early 1990s, Kuroń personally handed out free meals, or **kuroniówki**, to the needy of Warsaw, a word which still exists as a general name for handouts to the poor. The following interview was published in the periodical *Integracja*, a publication devoted to the needs of the disabled.

1. Jaka jest Twoja definicja szczęścia?

Szczęście to możliwość realizacji całokształtu dążeń każdego z nas. Innymi słowy[1]: to ja panuję nad życiem, nie życie nade mną. W świat wchodziłem w czasie wojny. Znalazłem się więc w wirze, którym rządziły różne potężne siły. Więc dojmującą wtedy sytuacją było poczucie absolutnej bezsilności. Po wojnie przyszedł stalinizm, jego rozkład, zimna wojna, transformacja. Byłem więc bezsilny, ale nigdy nie chciałem się z tym pogodzić, tzn. stale próbowałem zapanować nad swoim życiem. Pomimo tych niesprzyjających okoliczności mam poczucie, że w znacznie większym stopniu ja panowałem nad życiem niż życie nade mną. Ponosiłem klęski, ale w nieustannych próbach zapanowania nad życiem. Bo przecież

---

[1] **Innymi słowy** in other words. In **słowy**, one finds an archaic instrumental plural ending still used in a few fixed expressions.

świat, w którym każdy z nas żyje to jednak przede wszystkim moi najbliżsi. A w każdych[2] okolicznościach można tworzyć sobie grupę bliskich, która daje poczucie bezpieczeństwa, nawet w najbardziej niebezpiecznych sytuacjach.

2. Komu najbardziej współczujesz?

Współczuję wszystkim. Nie wierzę w zło. Wierzę w nieszczęście. Olbrzymie, niesamowite, porażające nieszczęście, które niszczy ludzi, ale zawsze można im choć trochę pomóc w ocaleniu człowieczeństwa. Przez kilka lat pracowałem w pralni więziennej we Wronkach B[3] w więzieniu dla szczególnie zdeprawowanych recydywistów. Nazywam ich absolwentami państwowej akademii zbrodni. Bo to jest tak: najpierw jest dom wychowawczy dla dzieci z rodzin antywychowawczych, w których nieszczęście zaszczepia im zło. Dlatego przechodzą oni płynnie do domu poprawczego i znowu płynnie do więzienia. Tam poznałem ok. 20 osób ze 'zhańbienia rasy', tzn. z czasu wojny, kiedy Polka miała dziecko z Niemcem lub Niemka z Polakiem. Dzieci rodziły się więc już ze stygmatem urojonej zbrodni ('zhańbienie rasy'). Czy można sobie wyobrazić większe nieszczęście? Można powiedzieć, że to byli zwyrodniali przestępcy. Ale można też powiedzieć, że byli to piękni ludzie. W każdym z nich było niesłychane pragnienie miłości, troski, czułości. Prawdę mówiąc, nie spotkałem w życiu człowieka, który byłby po prostu zły. Coś takiego kotłowało się w nim, że czynił zło, ale pragnął, żeby ktoś był dla niego dobry i żeby samemu być dobrym.

3. Co jest według Ciebie największym nieszczęściem w życiu?

Brak miłości. Przy czym najstraszniejszy jest właśnie brak miłości we wczesnym dzieciństwie. Dowiedziono, że jeżeli dziecko nie nauczy się w ciągu pierwszych dwóch lat miłości, to już się jej nigdy nie nauczy. Tę tezę w pewnym sensie podważam. Rzeczywiście, później bardzo trudno o miłość. Można jednak pomóc, choć człowiek całkowicie się nie zmieni. I to jest największe nieszczęście w życiu człowieka. Tyle mamy miłości, ile umiemy jej dać. I dlatego jeśli mówię o ludziach nieszczęśliwych, to myślę o tych, którzy nie potrafią kochać, a więc nie umieją dawać, a w związku z tym nie otrzymują.

4. Dlaczego pojęcie szczęścia powszechnie oddzielane jest od niepełnosprawnych?

To nonsens. Sam osobiście przyjaźnię się blisko z wieloma osobami niepełnosprawnymi, które są szczęśliwe i nie mają żadnych z tym problemów. Należy do nich np. Ewa Milewicz,[4]

---

[2] **w każdych okolicznościach**. An interesting usage instead of the more usual **we wszystkich okolicznościach** 'in all circumstances'.

[3] **Wronki**. A town in west-central Poland housing the **Zakład Karny Wronki** (Wronki Prison), the country's largest penal facility, holding over 1400 prisoners. It was founded in 1889 under the Prussian partition, and has historically been used to incarcerate political prisoners.

[4] **Ewa Milewicz** (b. 1947). Polish journalist and editor at **Gazeta Wyborcza** (Electoral Gazette), the country's largest daily newspaper. Having had childhood polio, she uses crutches or a wheelchair.

o której mówię, że jest to jedyna osoba pełnosprawna, jaką znam. Jej się udało, ukończyła studia, urodziła dziecko, jest znanym redaktorem. Znam wielu niewidomych. Ileż rzeczy oni widzą! Czują, odbierają świat w całym jego pięknie i złożoności. Natomiast wielu ludzi jest w jakimś stopniu niewidomymi, mimo że oczy mają w porządku.

5. Co najbardziej cenisz u drugiego człowieka?

Zdolność do dawania, do miłości, a także zdolność do podnoszenia się w sytuacji, zdawałoby się, bez wyjścia. Mama mojej żony Danusi, harcerka, łączniczka AK,[5] straciła niedawno wzrok (katarakta) i mówi do mnie: 'Wiesz, właściwie tak naprawdę to spotkało mnie szczęście. Bo przecież przez całe życie mówiłam, że trzeba nieść krzyż. Teraz mam szansę nieść krzyż'. Jest wspaniała, ruchliwa. Wszyscy nosimy swój krzyż. Chodzi o to, żeby pogodnie go nosić.

6. Czy W ludzkim cierpieniu dostrzegasz sens?

Sens naszemu życiu nadajemy sami. Nie ulega wątpliwości, że człowiek stale jest narażony na cierpienie. Trzeba nadawać sens cierpieniu, bo ono samo w sobie nie posiada sensu. Jeśli panujemy nad swoim życiem, kształtujemy je, to nadajemy cierpieniu sens.

7. Dlaczego obawiamy się kontaktów z niepełnosprawnymi?

To jest dla mnie zupełnie nowa informacja, ale skoro tak mówicie, to znaczy, że zetknęliście się z tym. Boimy się cierpienia, więc niektórzy uciekają przed nim, w ten sposób, że nie chcą patrzeć na cierpienie. Ale czy to jest takie częste?

8. Czy osoba niepełnosprawna powinna być traktowana na specjalnych prawach?

Oczywiście, że nie. Jola Misubata z 'Gazety Wyborczej' która jest po chorobie Heine-Medina, była jakiś czas moją sekretarką i kierowcą. Kiedyś wysłałem ją po dokumenty do pewnego starszego pana. Potem skrzyczał mnie: 'Kogo ty przysyłasz? Gdybym wiedział, sam bym do ciebie przyszedł'. Czy to znaczy, że ona powinna nie chodzić? Jola jest szczęśliwa, że ją tak traktuję. Nie widzi żadnego problemu. To pozwala jej być rzeczywiście pełnosprawną. Zalicza się do tych osób, które uważam za bardziej pełnosprawne niż ci, którzy nie mają widocznych defektów.

---

[5] **AK (Armia Krajowa**, Home Army). The Polish underground army of resistance during World War II.

9. Czy można niepełnosprawnemu wybaczyć coś, czego sprawnemu się nie wybacza?

Wybaczyć trzeba każdemu wszystko, tak mówi Ewangelia i ja to szanuję.[6] Nie umiem trzymać urazy przez chwilę. Jedynie sobie nigdy nie wybaczam. Natomiast jeśli chodzi o większą tolerancję, to zwykle zachowujemy ją dla kogoś, kto jest słabszy, ma mniejsze możliwości. Ale w stosunku do niepełnosprawnych to ostrożnie z tym, dlatego że można ich dopiero zrobić niepełnosprawnymi. Trzeba od nich wymagać w gruncie rzeczy sprawności, co oni bardzo lubią.

10. Jaka niepełnosprawność wywołuje w Tobie największy lęk?

Żadna.

11. W czym czujesz się niepełnosprawny?

O, jestem potwornie niepełnosprawny. Nazywa to się dysleksja i dysgrafia. Z pisaniem zawsze miałem kłopoty. Definiuję to jako głębokie zaburzenie analizatorów. Żeby zrobić cokolwiek, muszę nadrobić syntezą. Żartuję, że gdy psuje się telefon, a mam go naprawić, to muszę wynaleźć telefon. Po prostu jestem niezdolny do prac stereotypowych. Za każdym razem musi to być zupełnie twórcze.

Żeby skończyć szkołę, musiałem wymyślić jakiś system, żeby oszukać nauczycieli. Czytałem referaty z pustej kartki. A potem cała sztuka polegała na tym, żeby nie dać zeszytu nauczycielowi. Wtedy np. przewracałem się.

12. Jak radzisz sobie z własnymi ograniczeniami?

Mam absolutnie niepodzielną uwagę. W jednej chwili mogę robić tylko jedną rzecz. Jestem wychowawcą i cała sztuka polega na tym, żeby tak mówić do młodzieży, żeby grupa miała poczucie, że mówię do wszystkich, a zarazem każdego widzę i do każdego mówię. To jest wyższa szkoła jazdy, wymaga gigantycznego skupienia i koncentracji.

13. Człowiek niepełnosprawny to . . .

Niepełnosprawność nie jest cechą organizmu. Jest właściwością osobowości. A więc człowiek niepełnosprawny to ktoś, kto poddaje swoje życie. Uznaje, że z pewnych powodów, obojętnie jakich, do niczego wartościowego czy godnego nie nadaje się.

Source: *Integracja* 6/2002, pp. 46–47

---

[6] It is worth noting that Kuroń himself was not religious, but won the respect of those in religious organizations for his tolerant views and social commitment.

I. Wytłumacz znaczenie następujących wyrażeń:

a) zhańbienie rasy
b) trzymać urazę
c) nieść swój krzyż

II. Które z podanych poniżej stwierdzeń są prawdziwe (P), a które fałszywe (F), zgodnie z tekstem?

1   Kuroń ponosił klęski ale zawsze próbował zapanować nad życiem.   P   F
2   Jego zdaniem w każdych okolicznościach można tworzyć sobie grupę
    bliskich, która daje poczucie bezpieczeństwa.   P   F
3   Kuroń nie współczuje nikomu.   P   F
4   Więźniowie we Wronkach B nie byli groźnymi przestępcami.   P   F
5   Przyjaciółka Kuronia Ewa Milewicz jest osobą pełnosprawną.   P   F
6   Jola Misubata była szefem Jacka Kuronia.   P   F
7   Kuroń nigdy nie miał problemów z pisaniem.   P   F
8   W szkole Kuroń czytał referaty z pustej kartki.   P   F
9   Ma on niepodzielną uwagę.   P   F
10 Ludzie niepełnosprawni myślą, że nie są warci niczego godnego.   P   F

III. Odpowiedz na pytania.

1   Na czym według Jacka Kuronia polega szczęście?
2   Co wyniósł Kuroń z okresu pobytu w więzieniu? Dlaszego tam był?
3   Co według Kuronia jest największym nieszczęściem w życiu?
4   Którzy ludzie są najbardziej nieszczęśliwi?
5   Dlaczego Kuroń nie oddziela pojęcia szczęścia od niepełnosprawnych? Dlaczego
    uważa, że ślepota może być względna?
6   Czy zgadzasz się z poglądem Danuty, matki żony Kuronia na temat 'niesienia
    swojego krzyża'? Dlaczego?
7   Jaki według Kuronia jest sens cierpienia?
8   Dlaczego nie jest on przekonany, że większość ludzi unika niepełnosprawnych?
9   Jak zdaniem Kuronia powinniśmy traktować osoby niepełnosprawne w życiu
    codziennym?
10 Czy można niepełnosprawnym wybaczyć więcej niż innym ludziom? Dlaczego?
11 Na czym polega niepełnosprawność Kuronia? Czy zgadzasz się, że są to prawdziwe
    ułomności?
12 Jak radzi sobie Kuroń ze swoimi ograniczeniami?
13 Jak ostatecznie określa Kuroń niepełnosprawność?

IV. Poszukaj w internecie więcej informacji i napisz krótki esej na jeden z tematów:

a) Jacek Kuroń
b) Komitet Obrony Robotników (KOR)
c) Gazeta Wyborcza
d) Sejm Rzeczypospolitej Polskiej
e) Niezależny *Samorządny* Związek Zawodowy 'Solidarność'

Chapter 4: Polska wielu narodów

Wprost: *Maciej Szopa, Tomasz Molga*

Wprost (*Directly*, or *Straight Talk*) is the third-biggest-selling Polish newsweekly (after **Polityka** and **Newsweek Polska**), founded in 1982 with a circulation of just under 200,000. It has a liberal and business-related orientation, specializes in eye-catching covers, and frequently publishes rankings of schools, hospitals, banks, the country's wealthiest people and so forth. **Wprost** has had a succession of editors-in-chief, most recently media star Tomasz Lis, who continues to work as a television journalist and interviewer of prominent people. He has been mentioned as a possible candidate for Polish president. The following text was the lead article of the issue published on 30 January 2010.

The cover shows a black man mustachioed and dressed in the manner of a 17th-century Polish nobleman.

Jeżeli nie podniesiemy szlabanów na wschodnich granicach i nie złagodzimy polityki imigracyjnej, najpierw grozi nam katastrofa demograficzna, a potem gospodarcza – alarmują ekonomiści, a popierają ich niektórzy politycy. **W niedalekiej przyszłości ulice Warszawy powinny być równie różnorodne pod względem etnicznym co Londynu, a cudzoziemcy mogliby wytwarzać nawet 10-15 proc. polskiego PKB.**[1]

Jeśli chcemy utrzymać konkurencyjność naszej gospodarki, już dziś powinniśmy się otworzyć na 2-3 mln imigrantów – mówi prof. Stanisław Gomułka, były wiceminister finansów, ekonomista Business Centre Club. Zdaniem Gomułki wolny rynek potrafi zagospodarować każde ręce chętne do pracy. A imigranci to dla sponiewieranego kryzysem rynku zastrzyk cennej energii. – To ludzie odważni, przedsiębiorczy i utalentowani. Przyjmując ich, Polska zyskiwałaby nie tylko liczebnie, lecz także jakościowo – twierdzi prof. Gomułka.

Otwarcie na cudzoziemców to prosty sposób na łagodzenie skutków starzenia się społeczeństwa. W ciągu kolejnych 30 lat liczba osób w wieku produkcyjnym w Polsce zmniejszy się o ponad 4,5 mln. – Pracę będzie kończyć pokolenie powojennego baby boomu, a na rynek wkroczy mniej liczne pokolenie z początku lat 90. Emigranci są nam pilnie potrzebni – zwraca uwagę dr Piotr Szukalski, demograf z Uniwersytetu Łódzkiego.

Ekonomiści i demografowie już dziś przekonują, że wzrost liczby osób pracujących w Polsce dałby gospodarce niesamowitego „kopa". Dr Wiktor Wojciechowski, ekonomista Forum Obywatelskiego Rozwoju, szacuje, że gdyby podwyższyć udział pracujących w populacji do poziomu Europy Zachodniej (67 proc.), to liczba osób aktywnych zawodowo musiałaby wzrosnąć o ponad 1,9 mln. Dzięki temu moglibyśmy liczyć na wzrost gospodarczy wyższy o 0,8-1,2 proc. rocznie.

Jeśli zestawić liczbę pracujących Polaków (jest ich tylko 15 mln) z pracującymi w Polsce obcokrajowcami (570 tys. plus nawet 300 tys. osób pracujących nielegalnie), to się okaże, że już teraz cudzoziemcy mają znaczący wpływ na naszą gospodarkę. Mogą wypracowywać – zależnie od szacunków – od 3 proc. do 5 proc. PKB. Precyzyjną liczbę trudno wyliczyć ze względu na brak wiarygodnych danych na temat wielkości szarej strefy.

Myśląc o imigrantach, często zapominamy o sporej grupie menedżerów zachodnich firm zatrudnionych w ich polskich oddziałach oraz ich roli w przenoszeniu na polski grunt nowoczesnych metod zarządzania i technologii. Gdyby Enrico Pavoni, obecny prezes Fiat Auto Poland, nie porzucił Rzymu dla Tychów, to nie powstałaby tam największa w Europie fabryka Fiata (w 2009 r. wyprodukowała 600 tys. aut). Pavoni zabiegał też o to, by właśnie w Tychach produkowano najbardziej chodliwe modele aut włoskiego koncernu – pandę i kultową „pięćsetkę".

Bezcenny dla naszej gospodarki okazał się także Thomas Kolaja, Amerykanin, który zjawił się w Polsce w 1990 r. jako stypendysta Fulbrighta. Jako pracownik Ministerstwa Przekształceń Własnościowych uczestniczył w programie prywatyzacji i restrukturyzacji przemysłu chemicznego i farmaceutycznego. 12 lat temu założył w Polsce własną firmę specjalizującą się w restrukturyzacji dużych spółek. Miał swój cichy udział w sukcesie takich firm, jak Zelmer, Okocim czy Opoczno. – Jeśli efekty mojej pracy mierzyć wzrostem notowań akcji spółek, dla których pracowałem, to uzbierałoby się kilka miliardów złotych – śmieje się Kolaja. Dodaje jednak, że nigdy nie traktował swojej pracy tylko jako biznesu. – Polska jest dla mnie fascynującym krajem, a uczestniczenie w przemianach gospodarczych jest wyzwaniem – dodaje.

---

[1]   **PKB (produkt krajowy brutto**, gross national product).

Możemy się pochwalić sporą grupą cudzoziemców, którzy akurat w Polsce postanowili założyć własne firmy. W 2009 r. na listę 100 najbogatszych Polaków „Wprost" awansował Ngoc Tu Tao, Wietnamczyk z polskim paszportem, któremu zawdzięczamy pojawienie się na rynku tzw. chińskich zupek. Należąca do Tao spółka Tan Viet International w Łęgowie koło Gdańska jest jednym z największych importerów i dystrybutorów produktów orientalnych w Polsce.

Warszawa jest drugim po Paryżu największym ośrodkiem emigracyjnym Wietnamczyków na świecie. Mimo to są oni najmniej zasymilowaną mniejszością w Polsce. W podwarszawskim Raszynie „azjatycki deweloper" stworzył osiedle, którego mieszkańcy to w większości handlowcy z pobliskich centrów handlowych w Wólce Kosowskiej. To drugie po osiedlu Za Żelazną Bramą skupisko Azjatów w Warszawie. Wietnamczycy mają też własne sklepy i sieć zaopatrujących je hurtowni. W pobliżu dworca PKS² Stadion znajduje się ich świątynia. Mają również gazety wydawane w języku wietnamskim, a nawet własną ligę futbolową.

Inne mniejszości narodowe nie prowadzą tak bogatego życia w obrębie własnej kultury jak Wietnamczycy. Jak mówią socjologowie, raczej wtapiają się w społeczeństwo. Oczywiście mają swoje restauracje, świątynie czy kluby, w których się spotykają, ale nie na taką skalę jak Wietnamczycy. Ponadto często nie chcą publicznie zdradzać obcego pochodzeniem, ponieważ czują „dystans" Polaków. – Stereotypy sprawiają, że znacznie łatwiej jest nam zauważyć Ormianina parającego się handlem bazarowym niż prowadzącego własny sklep. Zdajemy się widzieć kebaby i orientalne bary, nie zauważając zarazem ekskluzywnych restauracji prowadzonych przez obcokrajowców – mówi dr Artur Paszko, były pełnomocnik wojewody małopolskiego ds. mniejszości narodowych i naukowiec badający zjawiska migracji.

Przyjeżdżający do Polski imigranci wypełniają lukę w polskim rynku pracy, podejmując się zajęć ciężkich i nisko płatnych, najczęściej w rolnictwie i budownictwie. To, że obcokrajowcy są wynagradzani według najniższych stawek, które otrzymują za tę pracę Polacy, sprzyja utrzymywaniu się konkurencyjności produkcji. – Można oczywiście założyć, że uszczelnienie granic stworzyłoby sytuację, w której miejsca pracy w tych branżach zajęliby bezrobotni Polacy – zapewne kosztem konkurencyjności gospodarki. Ale to demagogia – twierdzi Paszko. Poza uszczelnieniem granic należałoby wówczas stworzyć system premiujący mobilność, a system pomocy społecznej z biernego przekształcić w aktywny – zamiast deprawujących zasiłków wprowadzić indywidualne programy aktywizacyjne.

Na razie państwo polskie nie tylko traci podatki, które mogłoby uzyskiwać z prowadzonej przez obcokrajowców – obecnie w szarej strefie – działalności gospodarczej. Przede wszystkim tracimy korzyści, jakie mogłoby przynieść właściwe zagospodarowanie ich wykształcenia i kompetencji. Dwa tygodnie temu lubelska policja zatrzymała 45-letniego ukraińskiego dentystę, który leczył zęby w prowizorycznie urządzonym gabinecie w jednym z domów w gminie Głusk pod Lublinem. Problemem jest to, że nie mógł zdobyć pozwolenia na pracę jako stomatolog (mimo wyższego wykształcenia w tym zawodzie), za to otrzymał pozwolenie na pracę w zawodzie piekarza. Jako niekompetentny piekarz mógł poczynić więcej szkód, niż borując zęby starą maszyną pacjentom sadzanym na fotelu samochodowym. Dla mieszkańców Głuska i okolic liczyło się to, że w kraju, gdzie nieodpłatna opieka dentystyczna jest fikcją, zamiast 120 zł za plombę mogli płacić 30 zł.

---

² **PKS (Państwowa Komunikacja Samochodowa**, State Automotive Communication). The Polish state bus line.

Mitem jest to, że pracować do Polski przyjeżdża jedynie słabo wyedukowana siła robocza. Wśród obcokrajowców, którym do połowy 2009 r. wydano zezwolenia na pracę, było 3,2 tys. przedstawicieli kadry kierowniczej, czyli więcej niż robotników niewykwalifikowanych (2,5 tys. osób). Przeważali specjaliści niższego szczebla – było ich 4,5 tys. Według badań GUS[3] z 2008 r. wśród imigrantów podejmujących w Polsce legalną pracę najwięcej jest osób ze średnim i z wyższym wykształceniem.

Swój „Polish dream" z powodzeniem zrealizował Ekwadorczyk Fabian Eduardo Fiallo Enriquez, który do Polski przyjechał w latach 80. bez większych nadziei i planów. Ukończył Wydział Zarządzania na Uniwersytecie Warszawskim i zaczął pisać doktorat, utrzymując się ze sprzedaży koralików na warszawskiej Starówce. Szybko jednak przerzucił się na udzielanie korepetycji z języka hiszpańskiego i portugalskiego. – Pamiętam, że skłoniła mnie do tego uroda pierwszej dziewczyny, która chciała się uczyć. Po czterech miesiącach miałem już 14 uczniów. To było na początku lat 90. – opowiada Fiallo. Dziś jego Academia de la Lengua to lider wśród szkół językowych w nauce języka portugalskiego. Rywalizuje też o miano najlepszej szkoły hiszpańskiego.

Korzyści długofalowe przynosi przede wszystkim imigracja na stałe, a nie zarobkowa. I to pod warunkiem że nie jest zjawiskiem do końca spontanicznym. Imigrację należy zaplanować tak, jak robiły to wiele lat temu Australia czy Kanada, zapraszając na pobyt stały każdego, kto skończył studia. Eksperci departamentu polityki migracyjnej MSWiA[4] od kilku miesięcy pracują nad nową ustawą o cudzoziemcach. Jej ideą jest maksymalne uproszczenie życia obcokrajowcom przez pomoc w legalizacji pobytu. – Bardzo dużo tracimy na tym, że jesteśmy monokulturą – ocenia Thomas Kolaja i zastanawia się, dlaczego na przykład nie rozdajemy obywatelstwa zdolnym Polakom ze Wschodu. – Zacznijmy zapraszać najmądrzejszych. Gospodarce nic złego by się stało, gdyby jutro na Okęciu wylądowało pięćset Hindusów z doktoratami – zauważa.

Dr Janusz Kochanowski, rzecznik praw obywatelskich, chciałby, aby wprowadzeniu nowych przepisów towarzyszyła abolicja dla obcokrajowców nielegalnie przebywających w Polsce (do tej pory przeprowadzana była ona dwukrotnie: w 2003 r. i 2007 r.). Według Kochanowskiego takie osoby nie mają obecnie żadnej ochrony prawnej, co powoduje, że dość często są oszukiwane, np. przez nieuczciwych pracodawców. Bo przecież nielegalny imigrant nie pójdzie się poskarżyć na policję czy do Państwowej Inspekcji Pracy. W efekcie imigranci, nie mając szans na uczciwe życie, często wchodzą na drogę przestępczą.

Kto osiedla się w Polsce

Ormianie

Najczęściej decydują się na stały pobyt w Polsce, ale dla zdecydowanej większości jest to pobyt nielegalny. Ten nieuregulowany formalnie status nie stanowi przeszkody w osiąganiu względnej stabilizacji życiowej. Przeciwnie, taki status ma określone zalety, np. pozwala utrzymywać całą prowadzoną działalność w szarej strefie, tym samym zwiększając jej

---

[3]   **GUS (Główny Urząd Statystyczny**, Central Office of Statistics).
[4]   MSWiA (**Ministerstwo Spraw Wewnętrznych i Administracji**, Ministry of Internal Affairs and Administration).

opłacalność. Ormianie preferują małe miasta, liczące do 50-60 tys. mieszkańców. W niektórych miejscowościach zdominowali już handel bazarowy (sprzedają głównie odzież i buty). Stanowią ostatnie ogniwo w łańcuchu, zaopatrując się w hurtowniach, lub na wielkich bazarach, np. w Warszawie.

Ponieważ są to osoby na ogół dobrze wykształcone, za jedną z najważniejszych spraw uważają naukę języka polskiego. Oglądają polską telewizję, słuchają radia i czytają prasę.

Ukraińcy i Białorusini

Poza stosunkowo nieliczną grupą nie są zainteresowani osiedleniem się w Polsce na stałe. Celem ich przyjazdów jest handel lub praca sezonowa, głównie w budownictwie i rolnictwie. Ich migracje są sposobem na przetrwanie głębokiego kryzysu ekonomicznego, który dotknął wiekszość gospodarstw domowych na Białorusi i Ukrainie.

Chińczycy

Zajmują się przede wszystkim handlem hurtowym. Stanowią często pierwsze ogniwo w łancuchu handlowym. Konkurentami dla nich są przede wszystkim Wietnamczycy, choć skala ich przedsięwzięć handlowych jest w porównaniu z inicjatywami Chińczyków znacznie mniejsza. Polska dla Azjatów jest mało interesująca, a decyzja o przyjeździe do nas nie jest efektem jakichś szczególnych zabiegów, lecz swego rodzaju delegacją służbową, która jest widziana raczej jako niedogodność, a nie forma nagrody.

Wietnamczycy

Osiedlają się głównie na stałe w dużych miastach. Jednocześnie zachowują wyraźną odrębność lub wręcz izolują się od polskiego otoczenia. Wietnamscy imigranci rekrutują się w znaczej części ze studentów, którzy do 1989r. podejmowali studia w Polsce. Jest to młodzież wywodząca się z rodzin zajmujących raczej wyższe pozycje w wietnamskim społeczenstwie z racji wykształcenia, ale także ponadprzecietnych dochodów. Wielu Wietnamczyków zawarło związki małżeńskie z Polkami. Ich dzieci asymilują się, ale ojcowie w swoich kontaktach zawodowych i towarzystkich korzystają w zasadzie jedynie z wietnamskich sieci powiązań. Decyzja pozostania w Polsce ma również pozaekonomiczne przyczyny. Polska jest w oczach wielu Wietnamczyków krajem „zachodnim", gdzie możliwosci lepszego i ciekawszego życia są wieksze niż w Wietnamie. „Europejscy" Wietnamczycy zostali zaskoczeni na obczyźnie przez przełom epok. Wyjeżdżali z kraju, gdy tkwił on jeszcze w socjalizmie, obecnie musieliby wracać do rzeczywistosci rynkowej. Pojawia się obawa, że wykształcenie zdobyte w Europie Wschodniej może być niewystarczające by się odnaleźć w nowej rzeczywistosci.

Amerykanie, Japończycy, Niemcy, Francuzi, Brytyjczycy

To głównie pracownicy zachodnioeuropejskich i amerykańskich korporacji. Obecność zagranicznycznego kapitału w Polsce wiąże się również z zatrudnieniem tutaj pracowników zagranicznych, którzy są zazwyczaj potrzebni w fazie tworzenia przedstwicielstwa, jak również w późniejszym okresie.

Przyjazd do Polski nie jest koniecznie widziany jako korzystny z punktu widzenia planowania kariery zawodowej. Ze względu na niższe koszty utrzymania pobyt w Polsce daje możliwość zaoszczędzenia pewnej ilości pieniedzy, co jest traktowane jako zabezpieczenie na przyszłość lub mozliwość podjęcia bardziej kosztownych inwestycji w miejscu stałego zamieszkania. Czynnikiem przemawiającym za podjęciem pracy w Polsce jest brak bezwzględnej konkurencji występującej w rodzimych krajach. Występuje nawet nieznana w krajach pochodzenia pomoc i solidarność.

| Gruzini

Pod opieką Urzędu do spraw Cudzoziemców znajduje się ok.1, 5 tys. obywateli Gruzji, którzy w ciągu ostatnich dwóch lat przyjechali do Polski, chcąc uzyskać status uchodźcy. Zatrudnienie podjęła tylko niewielka ich grupa. Część z nich założyla firmy pośredniczące w imporcie win gruzinskich oraz słynnej wody mineralnej Borżomi. Gruzini są najlepiej w Polsce przyjmowanym imigrantami z dawnego ZSRR.[5] Decydyje o tym między innymi historia. Po zajęciu Gruzji przez Rosję Sowiecką wielu oficerów służyło w Polskiej armii i walczyło o wyzwolenie Polski. Wzięli nawet udział w powstaniu warszawskim.

Source: Maciej Szopa, Tomasz Molga, *Wprost* 6 (1410), January 30, 2010

I. Wytłumacz znaczenie następujących wyrażeń:

a) podnieść szlabany
b) dać „kopa"
c) łańcuch handlowy
d) sieć powiązań

II. Które z podanych poniżej stwierdzeń są prawdziwe (P), a które fałszywe (F), zgodnie z tekstem?

1	Ekonomiści alarmują, że Polsce grozi katastrofa demograficzna i gospodarcza.	P	F
2	Imigranci to dodatkowy problem dla dotkniętego kryzysem rynku.	P	F
3	W ciągu następnych 30 lat liczba osób w wieku produkcyjnym w Polsce zwiększy się o ponad 4,5 mln.	P	F
4	Polska może się pochwalić sporą grupą cudzoziemców, którzy założyli tutaj własne firmy.	P	F
5	Japończycy są zainteresowani osiedleniem się w Polsce na stałe.	P	F
6	Chińczycy zajmują się przede wszystkim handlem hurtowym.	P	F
7	Pracownicy zachodnioeuropejskich i amerykańskich korporacji są potrzebni w fazie tworzenia przedstawicielstwa.	P	F
8	W Polsce jest większa konkurencja niż w Europie Zachodniej.	P	F
9	Wietnamczycy są najlepiej zasymilowaną grupą cudzoziemców.	P	F
10	Gruzini są najlepiej przyjmowanymi imigrantami z dawnego ZSRR.	P	F

---

[5] **ZSRR (Związek Socjalistycznych Republik Radzieckich**, Union of Socialist Soviet Republics), i.e. the Soviet Union.

III. Uzupełnij luki w tekście wybierając poprawne słowa z list poniżej.

Swój „Polish dream" (1) _____ Ekwadorczyk Fabian Enriquez, który do Polski przyjechał w latach 80, bez większych (2) _____ i planów. Ukończył studia. zarządzania na Uniwersytecie Warszawskim, i zaczął pisać doktorat utrzymując się z (3) _____ koralikami. Szybko jednak (4) _____ się na dawanie lekcji z języka hiszpańskiego i portugalskiego. Pamiętam, że (5) _____ mnie do tego uroda pierwszej dziewczyny, która chciała się uczyć. Po czterech miesiącach miałem już 14 uczniów. To było na początku lat 90. – (6) _____ Fabian. Dziś jego Academia de la Lengua to (7) _____ wśród szkół językowych w nauce języka portugalskiego. (8) _____ też o miano najlepszej szkoły hiszpańskiego.

	A	B	C
1	zrealizował	wypełnił	znalazł
2	ambicji	nadziei	marzeń
3	produkcji	produkcji	handlu
4	przestawił	przerzucił	przełożył
5	namówiła	skłoniła	zachęciła
6	opisuje	opowiada	twierdzi
7	lider	zwycięzca	champion
8	próbuje	ubiega	rywalizuje

IV. Odpowiedz na poniższe pytania.

1 Co znaczą słowa w pierwszym akapicie artykułu 'podnieść szlabany na wschodnich granicach.' Czy artykuł popiera taką akcję?
2 Jaka jest postawa profesora Gomułki do przyjęcia imigrantów do Polski?
3 Jaki problem rozwiązałoby otwarcie granic Polski? W jaki sposób taki 'kop' wpłynąłby na sytuację ekonomiczną kraju?
4 O czym Polacy często zapominają gdy myślą o imigrantach (na przykład . . . Enrico Pavoni)?
5 Jaka jest historia Thomasa Kolaja, stypendysty Fullbrighta? A Wietnamczyka Ngoc Tu Tao?
6 Gdzie jest największy ośrodek emigracyjny Wietnamczyków na świecie? A gdzie jest drugi?
7 Dlaczego Wietnamczycy są jednocześnie najbardziej i najmniej zasymilowaną mniejszością w Polsce?
8 Jakie są powody do imigracji każdej mniejszości narodowej?
9 Dlaczego Polska przyciąga imigrantów z niektórych zawodów?
10 W jaki sposób obecny napływ nielegalnych imigrantów stanowi problem dla kraju, a w jaki pomaga wypełnić lukę?
11 Jaki 'mit' o imigracji" próbuje obalić ten artykuł?
12 Nad jaką ustawą pracują eksperci departamentu polityki migracyjnej (MSWiA) od kilku miesięcy? Jaka jest idea tej ustawy?
13 Na czym polega szczególnie trudna sytuacja Wietnamskich imigrantów?

14   Jaki, według artykułu, jest profil każdej grupy podanych poniżej imigrantów w Polsce?

    a)   Ormian
    b)   Chińczyków
    c)   Ukraińców i Białorusin
    d)   Wietnamczyków
    e)   Gruzinów

15   Do jakiej grupy imigrantów zaliczani są Amerykanie i Brytyjczycy? Jakie są dla nich pozytywne i negatywne aspekty zatrudnienia w Polsce?

V. Poszukaj w internecie odpowiednich materiałów i przygotuj krótką prezentację na jeden z tematów:

a)   Mniejszości narodowe w Polsce (obecnie i na przestrzeni historii)
b)   Polacy pracujący w Unii Europejskiej
c)   'Polski hydraulik'

Chapter 5: Wszystkie nasze dzienne zdrady

Tygodnik Powszechny: *Tomasz Ponikło z Prof. Mirosławą Grabowską*

Tygodnik Powszechny (*General Weekly*, TP). Founded in 1945, suspended 1953–56, subsequently published until today, a lay Catholic weekly devoted to social and cultural issues. TP counted under communism as liberal press, as it was allowed to express opinions at variance with official doctrine – up to a point. Its single editor-in-chief until 1999 was **Jerzy Turowicz**. After 1956 TP officially became the organ of *Znak* (*Signpost*), one of the few non-communist organizations in the **PRL** (People's Poland) allowed to hold seats in the **Sejm** (Parliament). **Karol Wojtyła** contributed to TP both before and after becoming Pope **Jan Paweł II**. Its aim is the reconciliation of humanistic philosophy with Roman Catholic doctrine. It is accused by church conservatives of being too liberal. The 22 August 2012 issue features an article on Nobel-prize-winning poet **Wisława Szymborska**. The author of the present article, **Tomasz Ponikło**, with a degree in sociology, is a practising journalist and one of the editors of TP. He is co-author of a recent practical guide for Catholics facing divorce. **Professor Mirosława Grabowska** (b. 1949) is a professor of sociology at the University of Warsaw and currently director of CBOS (**Centrum Badania Opinii Społecznej**, Social Opinion Research Centre). Professor Grabowska specializes in the sociology of politics and of religion. The title of this article references the first line of a well-known poem and church hymn by Franciszek Karpiński (1741–1825): '**Wszystkie nasze dzienne sprawy**' (All our daily affairs).

Jedna czwarta Polaków w stałym związku miała romans. Zdrady dotyczą także ludzi wierzących, choć w mniejszym stopniu osób praktykujących religijnie. Kościół mówiąc o kryzysie rodziny, coraz wyraźniej stawia na pracę u podstaw.[1]

– Nie zaskoczyła mnie skala zjawiska – przyznaje prof. Mirosława Grabowska, dyrektor Centrum Badania Opinii Społecznej. – O przypadkach zdrad słyszymy przecież już nie tylko w kręgach towarzyskich i rodzinnych.

---

[1] **praca u podstaw** 'work at the grass-roots level'. A slogan of the 19th-century Positivist movement.

Z lipcowego badania CBOS wynika, że kontakty intymne z osobą w stałym związku lub z kimś innym niż partner wtedy, gdy sami byli w takim związku, przydarzyły się jednej czwartej ankietowanych. Problem badano po raz pierwszy. – Pytania stawialiśmy z uwagą i ostrożnością, właściwie to pionierskie badania w tej intymnej tematyce, a mimo to 14 proc. przyznało się do zdrady – wyjaśnia socjolog. Metodologia pozwoliła badaczom na oszacowanie zjawiska także wśród ludzi, którzy się do niego wprost nie przyznali. Stąd kolejne 11 proc. W sumie: 25.

Prof. Grabowska: – Zdrady nie występują jednak we wszystkich środowiskach z tą samą częstotliwością.

Na zdradę lub romans z osobą w stałym związku częściej decydują się mężczyźni oraz osoby rzadko praktykujące religijnie. To ludzie w przedziale wiekowym 25-34 lata, mieszkający w dużych miastach, dobrze sytuowani finansowo i wykształceni, o lewicowej orientacji politycznej. W życiu zawodowym są członkami kadry kierowniczej, specjalistami wyższego szczebla, pracownikami biurowymi.

– Nie spodziewałam się tak wyraźnej zależności opcji ideowej – komentuje prof. Grabowska. – Wpływ na to mają z pewnością częstość zjawiska w środowisku, jak i społeczne oraz osobiste przyzwolenie na romans.

W środowisku, gdzie dochodzi do zdrad częściej, problem romansu nie wywołuje skrępowania, częściej też dochodzi w nim do przypadkowych kontaktów seksualnych.

Z kolei najrzadziej do zdrad dochodzi wśród ludzi, którzy deklarują udział w praktykach religijnych: raz (18 proc.) lub kilka razy w tygodniu (17 proc.). Wśród praktykujących kilka razy do roku to już 29, a wśród tych, którzy nie praktykują wcale: 42 proc.

– Wyniki są spójne z danymi z innych badań uwzględniających zaangażowanie religijne – wyjaśnia prof. Grabowska. – W tym środowisku występuje mniejsze przyzwolenie osobiste i społeczne na zdradę. Dodatkowe analizy i korelacje zaprezentujemy w następnym raporcie.

Najwięcej romansów miało początek w pracy – 34 proc. – lub w kręgu znajomych i przyjaciół – 25 proc. Dyskoteki, sanatoria, internet mają w tym zaledwie po kilka procent udziału. Swoich partnerów zdradzali w pracy głównie mężczyźni i osoby z wyższym wykształceniem: 49 proc.; z podstawowym: 18. Natomiast kobiety romansowały w kręgu znajomych i przyjaciół (33 proc.). Zdradzający przyznawali, że ich ostatni romans miał charakter przelotny: 85 proc. Zaledwie 14 proc. – głównie wśród kobiet i osób starszych – uznawało go za coś w miarę trwałego.

A konsekwencje romansu: czy znajomość spotkała się z krytyką osób postronnych, czy dowiedział się o niej partner, czy doprowadziła do rozpadu związku? Romansujący zanadto nie odczuli skutków: każde z pytań uzyskało jedną czwartą pozytywnych odpowiedzi.

– Do zdrady nie przyznajemy się partnerowi; tylko jedna trzecia z nich dowiedziała się o romansie. To zrozumiała taktyka ukrywania. Ale to także przejaw prywatyzowania sfery relacji intymnych – tłumaczy prof. Grabowska. – Jeszcze przed kilkudziesięcioma laty zdrada była wydarzeniem społecznym, spotykał nas za nią ostracyzm. Dziś nawet wśród ludzi bardziej konserwatywnych dominuje podejście „nie wtrącania się", nawet kiedy chodzi o własne dziecko. W wyniku m.in. takiej postawy zdrada nie jest wprawdzie akceptowana, ale coraz bardziej tolerowana jako wyłączny wybór człowieka.

Z badań wynika, że nawet ujawnienie romansu w wielu przypadkach nie jest powodem do zakończenia stałego związku. Jedna trzecia orzeczeń rozwodowych w Polsce zapada na podstawie niezgodności charakterów, ale jedna czwarta – w efekcie zdrady. Przyzwolenie na rozwód wzrasta, a dla zdrady pozostaje niskie – do tego stopnia, że rozwód uważamy raczej za rzecz normalną niż za tragedię (odpowiednio 20 i 15 proc.).

Statystyka potwierdza doświadczenie duszpasterskie – komentuje wyniki badań o.[2] Mirosław Pilśniak OP.[3] Znany duszpasterz małżeństw podkreśla, że dla wierzących zdrada jest tragedią, bo stanowi zamach nie tylko na wierność, ale na wyznawane w życiu wartości. – Każda zdrada, nawet świadomie realizowana, jest dramatem – twierdzi.

Pozostaje problem skali. – Statystyka podpowiada, że w grupie rozwodzących się Polaków, a w 2009 r. było to 72 tys. małżeństw, większość to katolicy – zwraca uwagę prof. Grabowska. – Kościół nieśmiało i z opóźnieniem wychodzi do ludzi zdradzonych, po rozwodzie, samotnych lub w nowych związkach – ocenia socjolog. – Ci ostatni zostają „odcięci" od sakramentów, co ma skutki społeczne: wpływa na ocenianie ich przez lokalną społeczność i na zmianę ich stosunku do Kościoła, z którym więzi zazwyczaj istotnie się poluźniają. A specjalistyczne duszpasterstwa to przywilej ludzi żyjących w dużych miastach.

– Faktycznie, duszpasterstwa dla osób opuszczonych przez współmałżonka, ale wiernych sakramentowi, rozwijają się zbyt wolno – przyznaje o. Pilśniak. Ale uważa, że dla małżeństw przeżywających kryzys i dla związków niesakramentalnych propozycji duszpasterskich jest wiele. – Mamy tu do czynienia raczej z brakiem zainteresowania niż z brakiem oferty – twierdzi.

Do tego dochodzi kontekst społeczny: spada liczba zawieranych małżeństw, wchodzą w nie osoby coraz starsze. Rośnie zaś liczba rozwodów i dzieci urodzonych poza małżeństwem oraz popularność związków nieformalnych. Mimo to w pokoleniu obecnych gimnazjalistów wzór stabilnej i trwałej rodziny jest pożądany i budzi szacunek. Co zrozumiałe, skoro w ubiegłorocznym badaniu CBOS ludzie po rozwodzie oceniali się jako szczęśliwi o połowę rzadziej niż małżonkowie, single i wdowcy – po rozpadzie małżeństwa poczucie ogólnego zadowolenia z życia spada dwukrotnie.

Kościół robi krok do przodu i stawia teraz na profilaktykę. Taki kurs symbolicznie przypieczętował Benedykt XVI.[4] Kropkę nad „i" postawił w tegorocznym przemówieniu do roty rzymskiej. We wcześniejszych wystąpieniach przed tym gremium skupiał się na zasadach orzekania nieważności małżeństw – tym razem natomiast na ograniczeniu konieczności prowadzenia takich procesów. A przez dekadę liczba wniosków do sądów biskupich w Polsce podwoiła się: składamy ich przeszło 3,5 tys. rocznie. Papież napomniał i duszpasterzy, i wiernych: nakazał skupić się na duchowym wymiarze ślubowania i do składania przysięgi dopuszczać narzeczonych wyłącznie po gruntownym rozpoznaniu woli i predyspozycji.

– Kościół w Polsce jest w światowej czołówce pod względem skali przygotowania do zawarcia sakramentu małżeństwa – twierdzi o. Pilśniak. – Sam prowadzę nauki przedmałżeńskie. W ciągu roku, w różnych formach przygotowania narzeczonych, spotykam ok. tysiąca osób. Mamy rozbudowaną sieć przychodni, doradców, szkoleniowców. Warto to docenić. Powtarzane krytyczne opinie o kursach łatwo zweryfikować w internecie – mówi duszpasterz – gdzie na forach można znaleźć szczegółowe relacje i ocenę jakości zajęć w ośrodkach, a narzeczeni polecają sobie konkretne miejsca katechezy.

Doradca ruchu „Spotkania Małżeńskie" wskazuje też, że istnieją propozycje duszpasterskie dla wzmocnienia więzi małżonków, choć najczęściej spotyka się propozycje dla całych rodzin.

---

[2] **o.** Abbreviation of **ojciec** 'father' as the title of a priest.

[3] **OP.** From Latin *Ordo Praedicatorum* (order of preachers). The abbreviation identifies the person as a member of the Dominican order of priests, founded in 1216 by St Domenico di Guzman.

[4] **Benedykt XVI.** Joseph Ratzinger (b. 1927), Pope and leader of the Roman Catholic Church from 2005 until he resigned in 2013.

Natomiast co roku „Spotkania" w samej Polsce organizują 80 weekendowych wyjazdów, mających służyć budowaniu relacji małżeńskiej, w których uczestniczy ok. 1200 par. – Trzeba stawiać akcent na budowanie więzi między żoną i mężem, bo to jest najtrudniejsze, i od tego zależy zdrowe funkcjonowanie rodziny. Podstawą są partnerskie relacje męża i żony, na które wskazuje 75 proc. szczęśliwych małżeństw – wyjaśnia o. Pilśniak. – Kiedy pojawiają się dzieci, uwaga z konieczności pada na potomstwo, dlatego w pierwszej kolejności trzeba dbać o wzajemną relację, realizować biblijny postulat jedności w małżeństwie.

Najlepiej więc, jeśli najpierw są wymagające przygotowania do sakramentu, potem praca nad jego realizacją. Duszpasterz podpowiada sprawdzone sposoby, zależne od możliwości ludzi. Codziennie – sześć minut wieczorem dla siebie nawzajem: przez trzy mówi ona, on nie przerywa, przez następne trzy mówi on, ona słucha. Raz na miesiąc – „randka", na której rozmawia się o małżeńskich sprawach (skuteczna, o ile nie ma na ten temat milczenia na co dzień). Raz w roku – tydzień na wyłączność, tylko dla siebie, żona i mąż, bez dzieci.

– Nie powinno się szukać wyłącznie specjalistycznych duszpasterstw, bo małżeństwo to proza życia wiernych, więc trzeba je wciąż bardziej doceniać i szanować – uważa o. Pilśniak.

Kościół chce dbać o tych, którzy źle się mają, ale tak samo chce rozwijać duchowość małżeńską. To kierunek dla chrześcijaństwa na trzecie tysiąclecie.

Kiedy się ono zresztą rozpoczynało, Jan Paweł II w 2001 r. wspólnie beatyfikował w Rzymie pierwszą parę małżeńską: Marię i Alojzego Beltrame Quattrocchich.[5] O chrześcijańż skiej formacji polskich małżonków może więc świadczyć też fakt, ilu z nas słyszało o tej błogosławionej parze. Bo ilu dopuściło się zdrady, z grubsza już wiemy.

Source: Tomasz Ponikło z Prof. Mirosławą Grabowską,
Tygodnik Powszechny 32 (1239), September 7, 2011

I. Które z podanych poniżej stwierdzeń są prawdziwe (P), a które fałszywe (F), zgodnie z tekstem?

1	Problem zdrady badało Centrum Badania Opinii Społecznej.	P	F
2	Prof. Mirosława Grabowska była zaskoczona skalą zjawiska.	P	F
3	Na zdradę lub romans z osobą w stałym związku częściej decydują się mężczyźni w wieku 30-40 lat.	P	F
4	34 proc. romansów miało początek w pracy.	P	F
5	Kobiety romansują w kręgu znajomych.	P	F
6	Połowa orzeczeń rozwodowych w Polsce zapada na podstawie niezgodności charakterów.	P	F
7	W 2009 r. rozwiodło się 72 tys. małżeństw.	P	F
8	Przez dekadę podwoiła się liczba wniosków do sądów biskupich w Polsce.	P	F
9	W „spotkaniach małżeńskich" uczestniczy ok. 2000 par.	P	F

---

[5] **Luigi i Maria Beltrame Quattrocchi** (Luigi: 1880–1951, Maria 1884–1965). An ordinary couple leading 'saintly lives', they were the first lay couple to be beatified together, creating in the church a new model for saintliness.

II. Uzupełnij luki w zdaniach poniższymi słowami.

1	inicjatywy	2	kryzysie	3	napotykają	4	odpowiedzi
5	parafiach	6	pobawić	7	pomoc	8	przychodzi
9	przygotować	10	wywikłać	11	zajmuje		

Mirosław Pilśniak od siedmiu lat _____ się rodzinami. Do tej posługi oddelegował go episkopat. Wiedzieli, na kogo postawić. Pilśniak skończył uczelnie katolickie i świeckie, aby wiedzieć o rodzinie wszystko. Z ojcem Pilśniakiem dzieciaki mogą się _____, a rodzice pogadać o problemach. Ratuje rodziny w _____, rozbite małżeństwa. Poprawia relacje z Bogiem. Za darmo daje chrzty, śluby.

Rodzice często w swych kłopotach_____barierę: nie wiedzą, jak w ich sytuacji prosić o chrzest dziecka, jak _____ się z presji komercji przy Pierwszej Komunii Świętej, jak w trakcie związku cywilnego _____ się do ślubu. Często w swoich _____ są nieznani, dlatego szukają pretekstu, aby porozmawiać z księdzem. Jego fundacja 'Sto pociech' zapewnia też świecką _____ psychologów, prawników. Siłę fundacji stanowią pary, które mają małe dzieci i szukają _____ na pytanie: jak być fajnymi rodzicami.

Msze z udziałem ojca Pilśniaka też są niezwykłe, a kościół ojców Dominikanów na warszawskiej Starówce pęka w szwach, szczególnie z powodu interesującej dziecięcej ewangelii.

Z jego _____ w ośrodkach dominikańskich powstały podobne fundacje. Na osiedlach powstają kluby mam, do których regularnie _____ .800 dzieci.

III. Odpowiedz na poniższe pytania.

1 Jaki procent Polaków przyznaje się do zdrady małżeńskiej? Ile Polaków według ankiety miało romans w stałym związku?
2 Jaką metodologię zastosowali badacze, żeby oszacować właściwą liczbę?
3 Jaki jest religijny profil większości zdradzających?
4 Gdzie najczęściej zaczynają się romanse? Czy jest różnica pomiędzy kobietami i mężczyznami w tym względzie?
5 Jakie jest obecnie podejście społeczeństwa do zdrady w porównaniu z przeszłością?
6 Jakie zaczynają się wyłaniać społeczne normy, które mogą mieć wplyw na skalę rozwodów?
7 Jakie są główne powody rozwodu w Polsce?
8 Dlaczego według ojca Mirosława Pilśniaka zdrada jest tragedią dla praktykujących katolików?
9 Jaki jest psychologiczny wpłw rozwodu na tych, którzy go przeszli?
10 Jaki jest odzew kościoła na rosnącą skalę rozwodów, który symbolicznie przypieczętował papież Benedykt XVI?
11 W jaki sposób kosciół nie podążyl za czasem w kwestii?
12 Pod jakim względem jest kościół w Polsce w czołówce?
13 Co to są 'Spotkania Małżeńskie' i jaki jest ich cel?
14 Jaką poradę daje ojciec Pilśniak na wzmocnienie więzi pomiędzy żona i mężem?

IV. Poszukaj w internecie i napisz krótki esej na jeden z poniższych tematów:

a)   Maria i Luigi Beltrame Quattrorocchi
b)   Centrum Badania Opinii Społecznej
c)   Papież Benedykt XVI
d)   Zakon Benedyktynów
e)   Magazyn *Tygodnik Powszechny*

Chapter 6: Zagęszczeni

Wysokie Obcasy: *Dorota Frontczak*

> **Wysokie Obcasy** (*High Heels*). A high-quality weekly Saturday supplement to **Gazeta Wyborcza** (*Electoral Gazette*), a daily newspaper with national reach. It also comes out in a separate news-stand edition (**Wysokie Obcasy Ekstra**). The magazine is primarily staffed by women, and its contents are to a large extent those of a typical womens' magazine with a mild feminist slant. Its feature articles are well researched and often of general interest, as is this article on apartment overcrowding and Habitat for Humanity Polska.

Co trzeci Polak mieszka w pokoju z więcej niż jedną osobą. Co szósty w budynku niespełniającym norm – zagrzybionym, bez wody i kanalizacji.

Pod oknem tapczan. Przy jednej ścianie dwie komody, przy drugiej szafka na książki, kołyska Roksany, a w kącie przy drzwiach wciśnięte jest łóżeczko Zuzi. Pod łóżkiem zabawki, nad łóżkiem pawlacz. Pieluchy schowane są za tapczanem. Szafa po narodzinach Roksany wyjechała do przedpokoju. Gosowie mieszkają z dwiema córeczkami na dziewięciu metrach. W drugim pokoju 25-metrowego mieszkania (należy do urzędu gminy[1]) mieszka ojciec Michała, jego żona, 22-letni brat i pies ze schroniska. – Na tym osiedlu każdy tak mieszka – mówi Michał Gos. – Jednemu kumplowi matka wyjechała za granicę, to mu się poluzowało. Drugi znalazł pretekst i wyeksmitował siostrę. Inni kombinują, jak się wynieść od rodziców. Szukają 'nurków' – dają im na flaszkę, żeby się u nich zameldować. Jak 'nur' się przekręci,[2] przejmują mieszkanie. To teraz najdroższa dzielnica – tramwaj, autobus, metro, banki. Ludzie walczą o mieszkania jak hieny.

---

[1] **gmina** municipality. The **gmina** is the principal unit of administrative division of Poland at its lowest level.

[2] **przekręcić się** (here:) kick the bucket, i.e. die.

W rodzinie Michała już kolejne pokolenie mieszka w komunałce.[3] Mieszkanie po dziadku przepadło. Rodzice zbyt długo się kłócili, kto ma się tam zameldować.[4] Michał poznał Agatę w okolicznym pubie. Przyjechała do Warszawy ze wsi pod Radomiem. Jest kelnerką w Pizza Hut. Teraz na macierzyńskim. Gosowie próbowali mieszkanie wynajmować. Przez pół roku. Po narodzinach Zuzi zamieszkali w kawalerce za ponad 1 tys. zł za miesiąc – połowę ich budżetu. Agata wtedy nie pracowała. Nie dali rady finansowo. Wrócili do ojca Michała i zaczęli starać się o mieszkanie. Bezowocnie. Przez jedyne okno Gosowie widzą nowy apartamentowiec, w którym 1 m kw. kosztuje 16 tys. zł.

Ani kredyt, ani przydział

Banki proponowały Gosom 200 tys. zł kredytu. W Warszawie na nic to nie starczy. Żeby się ubiegać o mieszkanie komunalne, Gosowie zarabiają za dużo. Na osobę nie może przypadać więcej niż 1140 zł brutto i nie więcej niż 6 m kw. Michał jako motorniczy tramwaju zarabia 3,5 tys. brutto, zarabia też Agata. Kombinowali. Michał brał urlop bezpłatny po kilka dni w miesiącu, żeby mniej zarobić. W końcu odpuścił. – Kolejka długa, a trzeba z czegoś żyć – mówi. Chodził do posłów, burmistrza, pisał do prezydent[5] Hanny Gronkiewicz-Waltz. Wszystko na nic. W wydziale lokalowym powtarzali: 'Trzeba było myśleć, zanim dzieci się zrobiło'. – Gdybyśmy się bili z bratem albo byli uciążliwymi lokatorami, mielibyśmy większe szanse – skarży się Michał. – A tak urzędnicy myślą, że damy sobie radę, bo jesteśmy młodzi. Jak tu się dziwić, że ludzie się nie pobierają, nie mają dzieci? W tym kraju nie ma żadnej polityki mieszkaniowej!

Spacer z wiaderkiem

– Ostatni raz brałam prysznic w lutym zeszłego roku – mówi Basia Tor. Zajmuje się domem, mąż Tomek jest magazynierem w firmie budowlanej. Mieszkają w budynku komunalnym. Mają dwóch synów, wkrótce urodzi się trzeci. Basia się cieszy, bo w szpitalu wreszcie się wykąpie. Na wzgórzu stoją trzy rudery. W pierwszej przez wybite okna widać demolkę. Jeszcze rok temu mieszkali tam ludzie. Ale ich przenieśli, bo budynek miał iść do rozbiórki. Przed drugim budynkiem, starym dworkiem, suszy się pranie. Torowie i siedem innych rodzin mieszkają w budynku trzecim. Jedną z tych rodzin są rodzice Tomka. Pięć lat temu, kiedy ożenił się z Basią, wychowanką Wioski Dziecięcej SOS, poszedł zawalczyć do urzędu miasta. Wiedział, że w budynku zwolniło się jedno mieszkanie, właściwie pokój z prowizoryczną kuchnią. Dostali je. Miało być 'tak na razie', póki nie znajdą czegoś przyzwoitego.

Wspólny korytarz pokryty jest grzybem. Nie ma wody, toalety. Wodę Basia przynosi w wiadrze kilka razy dziennie. – Żeby ugotować, pozmywać, umyć ręce, wykąpać dzieci, uprać

---

[3] **komunałka** communal apartment. Communal apartments are owned and subsidized by the local government and allocated to those most in need. Without going into detail on a complex subject, Polish apartments may be **własnościowe** (owned), **spółdzielcze** (cooperative), **służbowe** (provided by the workplace), **komunalne** (public-supported low-rent) or simply **wynajmowane** (rented).

[4] In Poland one must be officially registered at a place of residence with the local housing authority.

[5] **prezydent** the elected head or mayor of a large city.

– wylicza. Zimą pompa zamarza i żeby w ogóle ciurkała woda, trzeba pompę polewać wrzątkiem. Zamiast toalety jest wspólny wychodek na podwórzu. Już kilka kroków przed nim czuć. Basia: – Dlatego tam nie chodzimy. Załatwiamy się w kuchni do wiaderka, dzieci do nocnika. W niedzielę ludzie wracają z kościoła, a ja maszeruję z gównem w wiaderku.

Latem Torowie spędzają czas na dworze. Dwie osoby w pokoju robią tłok. Kiedy wieczorem rozłożą obie wersalki, nie zostaje skrawek wolnej podłogi. Basia starała się o zamianę mieszkania wielokrotnie: – Błagałam burmistrza, żeby się zlitował i dał mieszkanie w bloku, bo mamy dzieci, płacimy, to dlaczego mieszkamy za karę z patologią, która nie płaci. Siostra męża dostała mieszkanie socjalne, w którym wcześniej była szkoła. Wilgoć cieknie po ścianach – fakt, ale przynajmniej wodę ma. A burmistrz na to, że obowiązkiem każdej młodej rodziny jest wybudować sobie dom.

O godz. 22 rozkładamy namiot

Dorota poznała męża 20 lat temu w rodzinnych stronach, koło Łodzi. Przyjechała za nim na Śląsk, gdzie pracował w kopalni. Pierwsze mieszkanie po ślubie miało 25 m kw. Komunalne. Po narodzinach drugiego syna zrobiło im się ciasno. Przez dwa lata wynajmowali dom w Gliwicach. – Ale było za drogo, chcieliśmy mieć własny dach nad głową i bliżej do pracy – wylicza Dorota, która w Sośnicowicach uczy WF[6] w gimnazjum. W urzędzie udało im się załatwić 40-metrowe mieszkanie[7] na pierwszym piętrze w centrum Sośnicowic.

Sześć lat temu mąż odszedł. Starszy syn Karol ma dziecięce porażenie mózgowe.[8] Do szkolnego autobusu idzie piechotą wsparty na ramieniu mamy. Po domu chodzi, trzymając się mebli, częściej na czworakach po podłodze. Nie może poruszać się na wózku, bo jest za wąsko. Przez środek mieszkania przechodzi ściana z dykty. Oddziela salon, który jest jednocześnie sypialnią Doroty, od pokoju synów. Dykta jest za cienka, żeby zamontować w niej drzwi, więc świeci dziurą. – Karol chodzi spać przed godz. 22 – mówi Dorota. – Żeby mu nie przeszkadzać, robimy 'namiot' – z łóżka zwieszamy koc. Ze względu na Karola Dorota starała się o większe mieszkanie. Gdy lokatorka zza ściany zmarła, wpadła na pomysł, żeby zburzyć ścianę i połączyć mieszkania. Urzędnicy się nie zgodzili: – W papierach są dwa lokale, jedna osoba nie może być najemcą obu. Gdyby Karol był wtedy pełnoletni, mógłby sam się starać o przydział. A tak – przepadło. Ktoś już tam zamieszkał.

Trzy kiszki[9] i miód

Kiedy 12 lat temu Stanisław Pazgan otworzył drzwi do mieszkania, które zaproponowało jego rodzinie miasto, uderzył go smród zgniłej podłogi i odchodów dwóch psów, które spędziły dwa tygodnie zamknięte w mieszkaniu przez poprzednich właścicieli. Dwa lata doprowadzali je do stanu używalności. Kuchnię wybudowali od zera – wcześniej nie było. WC było, ale na klatce, teraz mają już swoje. Dołączyli jeden pokój po sąsiadce. Przebili

---

[6] **WF: wychowanie fizyczne**; in other words, gym.
[7] Poles routinely compare and discuss housing in terms of the square metrage of floor space.
[8] **dziecięce porażenie mózgowe** cerebral palsy.
[9] **kiszka** (here): long cramped narrow room.

ścianę, zamurowali drzwi. Od sześciu lat Pazganowie są rodziną zastępczą[10] dla czworga dzieci (jedno z mukowiscydozą[11]), oprócz nich mają dwoje własnych – Ewelinę i Bartosza. Osiem osób w trzech klitkach na niecałych 50 metrach. W jednym pokoju mieszka najstarsza córka. Nastolatka, należy się jej. W drugiej Pazganowie i najmłodszy Jaś. Pokój robi też za gościnny (niedawno zamurowali istniejące drzwi i wybili nowe obok, 'żeby pokój był ustawniejszy'). W trzecim pokoju, po sąsiadce, pozostałe dzieci.

Żeby wydostać się od Pazganów, trzeba zamknąć wszystkie drzwi od pokoi – otwierają się na wąski korytarz, odcinając drogę – i slalomem minąć rower, odkurzacz i kilkanaście słojów miodu. Stanisław od 25 lat jest pszczelarzem.[12] Ma 120 uli. Zanim Pazganowie osiedlili się na stałe, tułali się pięć lat. Po ślubie w Świebodzinie, z którego oboje pochodzą, ruszyli za pracą do Gliwic. Pod Gliwicami mieszkali za darmo w zamian za opiekę nad domem. Dwa lata później wynajęli mieszkanie w Gliwicach, gdzie Stanisław znalazł pracę w hurtowni stali. Mieszkali tam prawie rok. Na kilka miesięcy wprowadzili się do wujka na gospodarstwo. I znów na dwa lata do Zabrza – do mieszkania w bloku tylko za opłaty. Obecne mieszkanie jest piątym. – Żałujemy, że włożyliśmy w remont tyle pieniędzy – mówi Stanisław. – Ale jak człowiek nie ma gdzie mieszkać, bierze, co dają. Już tak chcieliśmy osiąść.

Stół zza lodówki

Na działce w podwarszawskiej Kobyłce wśród drzewek owocowych stoi murowana budka. Na 28 m kw. mieści się łazienka z pralnią, kuchnia i pokój. Dla oszczędności miejsca wewnątrz domku nie ma żadnych drzwi. Mieszkają tu Ewa Chmielicka, jej mąż Darek i dwie córki – 18-letnia Ania i sześcioletnia Julia. Kabina prysznicowa niemal styka się z pralką i koszem na bieliznę. Zamiast toalety – drewniany wychodek w ogródku, obok klatek z królikami. Woda jest, ale tylko w łazience, w kuchni nie ma kranu. Na lodówce, która stoi w korytarzu, piętrzą się kosmetyki. Każdy centymetr powierzchni jest wykorzystany. W pokoju po lewej stronie biurko Ani, na nim komputer. Obok rozkładany fotel. Po prawej wersalka Julii i tapczan rodziców ustawiony tak, żeby można było oglądać telewizję, leżąc. Telewizor stoi na półce meblościanki. Ledwo go widać spoza góry zabawek i gier złożonych na kupę na podłodze. Gdy przychodzą goście, Darek zza lodówki wyciąga drewniane części i składa z nich stół. Strop jest na wysokości dwóch metrów, nisko. – Można by podnieść – tłumaczy gospodarz. – Ale trzeba by najpierw wzmocnić fundamenty. WC też można by zrobić i rury z wodą do kuchni pociągnąć, ale stare ściany mogą tego nie wytrzymać.

Domek ma ponad 30 lat. Należał do rodziców Ewy; mieszkała tu do szóstego roku życia. Potem rodzice dostali mieszkanie spółdzielcze i wszyscy przeprowadzili się na warszawski Służew. Tam też było ciasno – w jednym pokoju dwaj bracia, w drugim rodzice, w trzecim Ewa z Anią. Kiedy dziewięć lat temu poznała Darka, zdecydowała, że musi zamieszkać osobno. – A ledwie nam wtedy na życie starczało – wspomina. – Ja zarabiałam 700 zł, Darek

---

[10] **rodzina zastępcza** foster family.
[11] **mukowiscydoza** cystic fibrosis.
[12] Stanisław seemingly follows beekeeping as part hobby and part sideline to his regular work. From earliest times Poles have been master beekeepers, honey and beeswax being among the items most frequently traded in prehistoric times with the Roman Empire.

900 zł. Jedyna szansa to był ten domek na działce. Mieszkają tu już osiem lat. Ania lubi siedzieć do późna – zapala sobie lampkę i czyta. Nikomu to nie przeszkadza, choć Ewa i Darek często wstają do pracy w środku nocy. Julia do ścisku przyzwyczajona jest od urodzenia, zasypiała mimo światła, telewizora i rozmów. Ewa jest pielęgniarką, pracuje w szpitalu i sprząta u ludzi. Darek pracuje w zakładzie produkcyjnym. – Musimy dużo pracować – mówi Ewa. – Komplet książek do szkoły Ani kosztuje 700 zł, za przedszkole płacimy 450 zł za miesiąc. Ale to pijak dostanie mieszkanie socjalne, nie my. My nie zasługujemy. A kupić nie ma szans. Metr za 10 tys. zł? Kogo na to stać?

Tanie mieszkanie

Co szósty Polak mieszka w złych warunkach – bez wody i kanalizacji, w budynku zagrzybionym. Co trzeci mieszka w pokoju z więcej niż jedną osobą. Czyli według norm europejskich – w przeludnieniu. 4 mln polskich rodzin nie ma samodzielnego mieszkania. Sytuacja opisanych rodzin wkrótce się zmieni. Zakwalifikowały się do programu organizacji Habitat for Humanity, która na całym świecie buduje tanie domy dla tych, którzy zarabiają za mało, żeby wziąć kredyt. Organizację założył amerykański milioner Millard Fuller. Przez 32 lata działalności Habitat for Humanity wybudował ponad 200 tys. domów. W Polsce w ciągu trzech lat pomógł 200 rodzinom – dla 97 wybudował 14 domów (dwa kolejne – sześcio- i 12-rodzinny – właśnie powstają), pozostałym udzielił nieoprocentowanych pożyczek na remont lub adaptację własnego mieszkania (więcej na www.habitat.pl i www.dachnadglowa. org – tu można podpisać apel do premiera).

Średni koszt budowy domu Habitat to ok. 130-150 tys. zł. Rodzina, która zakwalifikuje się do programu, musi wpłacić 10 proc. wartości mieszkania przy podpisywaniu umowy. Resztę spłaca w nieoprocentowanych ratach przez 20 lat, rata to średnio 500-600 zł miesięcznie. Musi też przepracować 500 godzin na budowie. – My nie dajemy mieszkań w prezencie, dajemy szansę – mówi Dorota Binkiewicz z Habitat for Humanity Poland.

Source: Dorota Frontczak, *Wysokie Obcasy* January 23, 2009

I. Wytłumacz znaczenie następujących wyrażeń:

a) szukać 'nurków'
b) w końcu odpuścić
c) zrobić się ciasno
d) chcieć osiąść

II. Ułóż zdania z powyższymi wyrażeniami.

III. Połącz zdania w logiczną całość.

1	Sytuacja mieszkaniowa w Polsce jest statystycznie	A	ograniczyło dostępność mieszkań wielu osobom.
2	Polska ma najmniej mieszkań na	B	szybciej niż obecnie.
3	Powierzchnia mieszkaniowa na mieszkańca jest	C	sceptycznie na najbliższą przyszłość.
4	Budownictwo mieszkaniowe powinno rozwijać się znacznie	D	najgorsza w Unii Europejskiej.
5	Jest to konieczne by zmniejszyć dystans cywilizacyjny	E	finansowanie przedsięwzięć deweloperskich.
6	Z drugiej strony uwarunkowania ekonomiczne każą patrzeć	F	uzyskać kredyt mieszkaniowy.
7	Obecnie zmniejszenie nakładów na finansowanie budownictwa mieszkaniowego	G	1 000 mieszkańców.
8	Jeszcze rok czy dwa lata temu mogły one	H	do innych krajów UE.
9	Jednocześnie banki niemal całkowicie wstrzymały	I	nowych budów.
10	Nie pozwala to na rozpoczynanie	J	jedną z najmniejszych.

IV. Przeczytaj powyższy tekst i odpowiedz na pytania.

1 Ile metrów kwadratowych przypada na osobę w mieszkaniu Gosów?
2 Dlaczego wszyscy chcą mieszkać w ich dzielnicy?
3 Ile kosztuje metr kwadratowy w nowym apartamentowcu obok? Ile to jest w euro, dolarach, funtach?
4 Dlaczego Gosowie mieszkają teraz u ojca Michała?
5 Gdzie pracuje Michał Gos? Co robi jego żona Agata? Ile pieniędzy miesięcznie mają na życie?
6 Co to jest mieszkanie komunalne i dlaczego Gosowie nie mogą w takim mieszkać?
7 Do kogo zwracał się Michał o pomoc? Jaką dostał odpowiedź z wydziału lokalowego?
8 Opisz warunki mieszkaniowe Torów. Dlaczego mieszkają w takim mieszkaniu? Co powiedział burmistrz, kiedy Basia Tor błagała go, żeby dał rodzinie mieszkanie w bloku?
9 Jakie inne problemy życiowe ma Dorota, oprócz złych warunków mieszkaniowych?
10 Jak Pazganowie przerobili swoje pierwsze mieszkanie, żeby je ulepszyć?
11 Z czym jest największy problem w domku Chmielickich? Czy uważasz, że ich sytuacja mieszkaniowa jest najgorsza ze wszystkich pięciu rodzin?
12 W jaki sposób wkrótce zmieni się sytuacja opisanych rodzin?
13 Jak sądzisz, co się stanie z ich mieszkaniami, kiedy się wyprowadzą?
14 Czy Habitat for Humanity jest w stanie rozwiązać problem braku lokali mieszkaniowych w Polsce?

V. Poszukaj informacji w Internecie i przygotuj krótkie sprawozdania na temat:

a)   Rodzaje mieszkań w Polsce
b)   Urlop macierzyński i ojcowski
c)   Habitat for Humanity
d)   Pszczelarstwo

Chapter 7: Bąk polski

Polityka: *Edyta Gietka*

> ***Polityka*** (*Politics*) is a left-leaning periodical and Poland's largest news weekly. It has its origins in the communist past as an organ of the party's more liberal wing. The magazine today is independent and has a slightly intellectual socially liberal profile, setting it apart from the more conservative ***Wprost*** and the glossier ***Newsweek Poland***. The following article, full of human interest combined with sarcastic criticism of the educational establishment, additionally exhibits the tendency on the part of the Polish press to expect a vast knowledge of cultural commonplaces on the part of its readership with no further explanation needed, relying on shorthand reference to assorted national myths, institutions, personages and preoccupations (see the footnotes). As a check with a dictionary will show, the word **bąk** has many meanings, making for an especially provocative title when combined with the word **polski**.

Produkcja bączka, gadżetu promującego polską prezydencję, była pierwszą dorosłą pracą domową Moniki i Krzyśka, twórców bąka. I lekcją o Polsce

Podczas wizyt wyższego szczebla zagraniczni dyplomaci dostają na wieczną pamiątkę po polskiej prezydencji drewniane bąki, pakowane po dwa,[1] ubrane w ludowe zapaski, z podstawką na biurko. Z suplementu do Dziennika Urzędowego Unii Europejskiej: „[Bączki] dystrybuowane zarówno w kraju, jak i za granicą (...), dają przekaz, że Polska to młody duch Europy (...). Projekt realizuje cele komunikacyjne, które wyrażają dążenie do przedstawienia wizerunku Polski jako inicjatora pozytywnych zmian i państwa z pozytywną energią".

Zanim uzyskały swój status, bączki obracał w rękach sam minister Radosław Sikorski,[2] naradzając się ze spin doktorami od dyplomatycznych protokołów, czy są one gadżetem adekwatnym.

---

[1] **zapakowane po dwa** packaged two to a pack. The distributive use of **po**+accusative (see grammar supplement).

[2] **Radosław Tomasz Sikorski** (b. 1963). A Polish journalist and politician, serving in various Polish administrations. He is presently Minister of Foreign Affairs in Premier Donald Tusk's cabinet, and is married to American journalist and historian Anne Applebaum.

Wymyśliła je para studentów Instytutu Wzornictwa Przemysłowego na warszawskiej ASP.[3] Historia bąka i jego autorów pokazuje walkę starego z nowym.

Bąk a wyższe szkoły niczego[4]

Pięć lat temu Monika Wilczyńska przyjeżdża z Człuchowa[5] studiować architekturę wnętrz na ASP. Krzysiek Smaga, starszy o dwa lata, jest na wzornictwie przemysłowym, w drugim skrzydle tego samego budynku. Poznają się na ławce w parku, popijając studencką *go coffee* w tekturowym kubku. Zahaczają w rozmowie o życiowe plany. On twierdzi, że architektura kształci kaleki. Profesorowie snują się po korytarzach w czarnych golfach, za dużych marynarkach, a na głowie mają berety, bo kreują się na indywidualności. Uczelnia to ich jedyne źródło utrzymania, nigdy nic nie zaprojektowali na zewnątrz.[6] Ona przytakuje. Jest na pierwszym roku. Kiedy zaproponowała, że swój semestralny projekt przyniesie w fotoshopie, panowie w marynarkach zrobili pogadankę na temat współczesnej płytkiej młodzieży. Z pogadanki: sztuka wyższa to nie laptop, ale piórko, atrament i makieta zrobiona chałupniczo, z pianki. A te makiety wyglądają jak domki lalki Barbie.

U niej na wydziale nie puszczają studentów na wymiany zagraniczne. Dziekan powiedział dziewczynie z samorządu,[7] że wracają z zagranicy kłopotliwi, z zadartymi nosami, nieadekwatnie nowatorscy do polskich realiów.

On i ona zostają parą. Uzupełniającą się – ona lubi linie proste, minimalizm, on kształty bardziej płynne, miękkie. Oboje[8] nie lubią pseudoartystycznych happeningów typu: weźmy kawałek pomarańczowego kabla od przedłużacza, wsadźmy to do słoika i zróbmy z tego sztukę.

Ona przenosi się na wzornictwo. Tu przynajmniej są zewnętrzne konkursy. Średnio co semestr przychodzą na wydział panowie w dobrych garniturach. Studenci mówią wtedy: Fucha idzie![9] Superfirmy: radio Trójka,[10] Muzeum Chopina, Nokia, Samsung, ci od Euro,[11]

---

[3] **ASP (Akademia Sztuk Pięknych**, Academy of Fine Arts).
[4] **Bąk a wyższe szkoły niczego** The spinning top and higher schools of nothing. The subtitles in this article parody the expression **Słoń a sprawa polska** 'the elephant and the Polish question', coming out of the Versailles Conference after World War I, referring to the ability of Poles to relate any question to the Polish national issue. In this article one sees how people can project their national complexes onto almost any arbitrary object, like a spinning top.
[5] **Człuchów.** A town and county (**powiat**) seat in northern Poland, some 115 km southwest of Gdańsk.
[6] One needs to take Krzysiek's sarcastic description of his architecture professors, and Monika's description of her own department of interior design, with a grain of salt.
[7] **samorząd studentów** student government.
[8] **oboje** both. The so-called collective numeral is used here because the couple consists of a specific male and female. An all-male twosome would be **obaj** or **obydwaj**; all-female would be **obie** or **obydwie**; and indifferent as to male vs female would be **obu**, **obydwóch** or **obydwu**. See the Grammatical Supplement.
[9] **fucha idzie** (here:) easy bucks.
[10] **radio Trójka.** A Polish national FM radio station carrying both popular and alternative music.
[11] **Euro.** The reference is to Euro 2012, i.e. the European soccer championships, held jointly in Poland and Ukraine, eventually won by Spain. The preparations for Euro 2012, especially improvements to highways and stadiums, lasted for years.

z Biura Miasta Stołecznego Warszawa. Zbierają wszystkich w auli i uroczyście ogłaszają konkurs, np. na stojak rowerowy. Mówią o życiowych szansach i otwartych drzwiach. Polska wypuszcza rocznie 130 absolwentów instytutów wzornictwa. Choć konkursy są obowiązkowe, a studenci wiedzą, że to lipa, nie transakcje, chętnie w to idą. Nikt nie chce skończyć, projektując etykiety na puszki z pasztetem.

Fucha prosi zawsze o to samo: pokażcie świeży gadżet, jakiś sposobik,[12] nową łapę Heyah.[13] Główna nagroda to 3 tys. zł, druga – 2,5 tys., trzecia – 1,5 tys. zł. Fucha myśli: wyłożymy 7 tys. zł, podpiszemy z dzieciakami umowę o zrzeknięciu się praw i niech mają satysfakcję, że ich stojak na rowery stanie przed centrum handlowym.

Ona wpada na bąka[14] dwa lata temu. Tym razem fucha przyszła z Muzeum Etnograficznego w Warszawie. Obowiązkowy konkurs dotyczył gadżetu promującego muzeum. Szczęśliwie nie weszła do pierwszej trójki nagrodzonych, a tym samym nie musiała zrzec się praw do własności intelektualnej. Ale bączka odnotowano w konkursowych protokołach, do których dotarła grupa poszukiwaczy najfajniejszych gadżetów z MSZ.[15]

Bąk a młodość

Na spotkanie w sprawie bąka z komitetem odpowiedzialnym za wybór gadżetów przy Departamencie Przewodnictwa Polski w Radzie UE[16] on przyczesał dredy, ona włożyła obcasy. Pierwsze zaskoczenie było takie, że w skład komitetu zainteresowanego bąkiem na poważnie też wchodzili ludzie przed trzydziestką. Z luźnych rozmów wynikło, że młodość po obu stronach jest celową polityką bączkobiorców,[17] czyli urzędników odpowiedzialnych za polską prezydencję, którzy – uwzględniwszy smoleński patos[18] – wybrali młodych, chcąc uniknąć nawiązań do polityki, martyrologicznej historii, husara z wąsami, wallenrodów,[19] zdradzonych

---

[12] **sposobik**. A diminutive of **sposób** 'way, manner, means', used here in the sense 'something quick and easy'.

[13] **Heyah**. A pay-as-you-go mobile phone service, introduced in 2004, especially popular with young people. Its logo consists of a red cartoonish hand.

[14] **bąka**. Note the animate accusative singular ending of the word for 'spinning top', possibly deriving from the source word **bąk** 'bittern, horsefly, gadfly'.

[15] **MSW** (**Ministerstwo Spraw Wewnętrznych**, Ministry of Internal Affairs). A government agency whose main areas of concern are internal and border security; religion, ethnicity, and minorities; and architecture, construction, and monuments.

[16] **UE** (**Unia Europejska**, European Union). See also the adjective **unijny** used in the sense 'European Union'.

[17] **bączkobiorca** spinning top-taker: a humorous neologism concocted by the article's author, modelled on words like **odbiorca** 'recipient'.

[18] **smoleński patos** Smolensk pathos. The reference is to the **katastrofa pod Smoleńskiem** (Smolensk air disaster) of 10 April 2010, in which 96 people, including the Polish president Lech Kaczyński, his wife, and most of the Polish general staff perished near the town of Smolensk, Russia.

[19] **Wallenrod**. The reference is to **Konrad Wallenrod**, the hero of an 1828 narrative poem by the Polish national poet Adam Mickiewicz, in which Wallenrod, of Lithuanian heritage, risen to the rank of Grand Master within the medieval Germanic Teutonic Knights, intentionally leads his army to defeat in order to avenge the Teutonic Knights' depredations on his country and its people. The point here is that the ministry does not want the prospective 'gadgets' to be associated with any of the country's national tragedies, myths, legends or complexes.

o świcie itp. Chodziło raczej o to, by potraktować kraj jako produkt. Ale niebanalnie. Żadne USB,[20] kubek termiczny, długopis, latarka dynamo. I żeby nie kompromitować się jak gadżetodawca[21] węgierski, który podczas swojej prezydencji rozdawał krawaty z metką *Made in China* na rewersie.

Przyjęto zamówienie MSZ na „wytworzenie i dostarczenie bączków – upominków artystycznych promujących Polskę podczas przewodnictwa Polski w Radzie UE w II połowie 2011 w ilości 12 400". Koszt zestawu – 160 zł. Razem prawie milion złotych. Płatne przy odbiorze bączków.

Warunek: Monika i Krzysiek wszystko mają zrobić sami (już nie ma czasu na procedury przetargowe, które trwałyby pół roku), z ojczystych materiałów (drewno, nie metal, gdyż te gwiżdżące metalicznie bąki robią fabryki w Czechach i Niemczech, w Polsce plastikowe wychodzą z Częstochowy, ale plastik jest kojarzony z Chinami). Wykonać ręcznie, od wycięcia drzewa po toczenie, przez malowanie wirujących regionalnych zapasek, po pudełka (produkcja ma symbolizować niemakdonaldyzację[22] polską). Start – 15 lutego. Do 26 maja bączki muszą być w magazynach MSZ pod groźbą kar finansowych za niedotrzymanie terminu.

To trzy miesiące na stworzenie i zamknięcie linii produkcyjnej. A oni są tylko parą zakochanych wynajmujących kawalerkę.

Bąk a kobiety niepracujące

On ją uspokaja. Dadzą radę. Przecież są studentami dorabiającymi. On ma doświadczenie w reklamie, przy mokapowaniu (z ang. *mock up* – udawać, makieta). Chodzi o to, że nigdy nie reklamuje się produktów realnych. Takie batoniki. Do reklamy nie wyjmuje się ich z taśmy produkcyjnej, tylko robi się z silikonu. Są wtedy idealnie błyszczące i nie roztapiają się pod światłem. On przy pracy w mock upach nauczył się kombinowania, googlowania odpowiednich adresów, np. gdzie o godz. 22. kupić brązowy barwnik do silikonu na batony, bo jest zlecenie na rano.

Na bączki biorą po rodzinie kilkaset tysięcy kredytu. Jej ojciec, weterynarz w Człuchowie, siada przy stole w dużym pokoju, opiera głowę na łokciach i długo zastanawia się, z racji wieku nieprzywykły do ryzyka.

Trzeba założyć firmę. Jak ją nazwać? On ma na nazwisko Smaga, ona Wilczyńska. Wilczyńska Smaga to marketingowo za długo. Ona zgadza się na logo Smaga Projektanci. Przecież się kochają, jeszcze przed bączkami chcieli wziąć ślub, tylko nie mieli za co.

60 proc. kraju jest pokryte Internetem. Googlują. Przejmujący schedę po ojcu Maciej, stolarz z Bochni, też ma Internet. Dogadują się. On ma warsztat na trzy hale, dostęp do polskiej brzozy, której atutem jest fakt, że miękko się toczy, i artystycznie uzdolnione kobiety do malowania. Oni jadą, widzą, że Maciej też jest młody, nie boi się. W czasie, gdy

---

[20] **USB** (*Universal Serial Bus*), the name for a kind of computer port; in other words, no computer gadgetry should be submitted.

[21] **gadżetodawca** gadget-provider. Another humorous neologism, modelled on such words as **zleceniodawca**, a fancy word for 'customer' or 'client'.

[22] **niemakdonaldyzacja** non-McDonaldsization. A clever new word coinage on the part of the author of the article, showing the word-formative potential of the Polish language.

obgadują temat, jego ospała gospodarska żona milcząco podaje kawę i ciasto, bujając dwójkę[23] dzieci.

Stolarz Maciej puszcza ustnie po wsi, że szuka pań do malowania bączków po godzinach. Zaczyna się ferment. Na casting przychodzą woźne, nauczycielki plastyki, sklepowe, gospodynie, przynosząc swoje cacka na dowód, że są utalentowane: bożonarodzeniowe bombki, stroiki, wielkanocne jajka, palemki,[24] wyszywane beciki. Zakwalifikowano 30 pań z pewną ręką i zdolnością umajenia do 30 bączków dziennie.

Kiedy on i ona wywiązali się z umowy, a po 1 lipca bączek zaczął hulać po UE, pojechali odpocząć na Mazury. Wtedy zaczęły dzwonić śniadaniowe telewizje[25] i zapraszać ich (pojedynczo) na swoje kanapy. Oni stawiają warunek: oboje albo żadne.[26] Zapraszający, że to niemożliwe. Kanapy śniadaniowe i wieczorne[27] mają góra trzy miejsca. Musi się na niej zmieścić zwolennik i adwersarz, czegokolwiek, żeby była temperatura dyskusji, do tego neutralny socjolog dla ostudzenia. Nie jadą.

Bąk a nadwrażliwość

Okazało się, że liczni kanapowi goście wyżyli się na bączku, odczytując w nim swoje fobie. Antysemici, że to żydowska zabawka,[28] niezalezni.pl, że to puszczanie oka do zagranicznego biznesu, iż u nas można kręcić lewe interesy albo że Polska od 1989 r. kręci się w kółko. Bąka skrytykowała na swoim blogu Marta Kaczyńska,[29] jako „ot, zabaweczkę o dwuznacznej nazwie". Pytała: „Jak to się ma do budowania autorytetu naszego kraju jako poważnego, liczącego się gracza? Być może pomysłodawcom chodziło o pokazanie obcokrajowcom, że nas, Polaków, cechuje zdolność do autoironii. Nie sądzę jednak, by był to właściwy moment do tego rodzaju żartów". Marta niedawno była w Warszawie i wybrała się z córeczkami do Muzeum Etnograficznego, akurat odbywały się tam targi Etno Design. Córeczki były zachwycone. Najbardziej podobały im się filcowe broszki, a jej torebki wykonane z filcu i okraszone wzorami nawiązującymi do ludowych haftów: „Okazuje się, że pamiątką z

---

[23] **dwójka dzieci**. The nominalized numeral (**dwójka, trójka, czwórka**, etc.) is often used in informal speech to refer to the number of children a couple has. See the Grammatical Supplement.

[24] **palemka** diminutive of **palma**. Weaving elaborate **palmy wielkanocne** 'Easter palms' from dried flowers and grasses is a widely practised Polish folk art.

[25] **śniadaniowe telewizje** morning television talk shows.

[26] **oboje albo żadne** both or neither. Note the neuter singular form **żadne** used in reference to a mixed gender personal group. See the Grammatical Supplement.

[27] **kanapy śniadaniowe i wieczorne** morning and evening sofas; referring to the sofas on which guests and interviewers sit on morning and evening talk shows, creating the illusion of comfort and relaxation. See also the expression **kanapowi goście** 'sofa guests', i.e. guests invited to sit on sofas and discuss their personal stories.

[28] The spinning top apparently reminds some of the Jewish **dreidel** toy, associated with Hanukkah.

[29] **Marta Kaczyńska**. The daughter of former president Lech Kaczyński, a victim of the **katastrofa pod Smoleńskiem**; see note 18. As the **poliglota** mentioned later on points out, the troublesome double or triple meaning of **bąk** in Polish is a problem only for native Poles, not for the **bąk**'s intended recipients, who do not even know the name of the item.

Polski niekoniecznie musi być archaiczny kurzołap rodem ze starej cepelii.[30] Promować piękno i różnorodność naszej kultury można także za pośrednictwem eleganckich i stylowych dodatków".

W ich obronie stanął poliglota, przypominający Marcie, że słowo bąk jest kłopotliwe jedynie w kontekście naszego języka, a jako że jest przeznaczony dla obcokrajowców, nie będzie wywoływać negatywnych skojarzeń. Ktoś zauważył, że PiS[31] to po francusku „wymię", a po angielsku „sikać". Przeciwko poliglocie wystąpiły feministki. Otóż bączki są szowinistyczne. Przedstawiają wizerunek kobiety, Polki, którą okrutny mężczyzna moze w kazdym momencie chwycić za kark i nią zakręcić, pobawić się tą kobietą.[32]

Bąk a marzenia

Urzędnicy unijni stawiają sobie bąki na regałach, a Monika i Krzysiek w wynajmowanej kawalerce w Warszawie żyją z bąkami z odrzutów. Żeby weszły do obiegu, musieli je pozytywnie pogłaskać kontrolerzy jakości z ministerstwa. Nie wchodziła w grę zapaska kujawianki[33] wychodząca za linię pasków, zmatowiona, z bąbelkami powietrza na spódnicy.

Za miesiąc biorą ślub. Starczyło z bąków na wesele i rozkręcenie dalszej produkcji, gdyż dostają dużo zapytań od Polaków, że skoro bączkiem będą bawić się dzieci zagranicznych dyplomatów, dlaczego nie mogą nasze?

Dyrektor Urzędu Pracy w Człuchowie, gdzie jest zarejestrowana Smaga Projektanci, chce kilka na pamiątkę, żeby się chwalić dobrze wykorzystaną unijną dotacją w kwocie 19 tys., którą im ofiarował. Naczelnik Urzędu Skarbowego z Człuchowa pisze, że jest dumny, gdyż oddali w terminie podatek od bączka (23 proc. VAT plus 19 proc. dochodowego). Ma niedługo dzień skarbowca[34] i chciałby rozdać bąki pracownikom.

Na razie jest ustna umowa z MSZ, że wstrzymają się ze sprzedażą, niech bąk będzie kojarzony z prezydencją.

Maciej, stolarz z Bochni, też wypłynął na bąkach. Wcześniej zrobił parę podłóg, gdzieś jakieś schody i tak się żyło. Obecnie toczy z brzozy drewniane meble ogrodowe i stawia nową halę na lakiernię. Jego apatyczna żona też chce od życia więcej. Przez bąki zaktywizowała się, musiała rano rozwozić po kobietach partie do malowania, a wieczorem zbierać bąki. Teraz, wskoczywszy w garsonki, nie wyobraża sobie tamtego życia. Szuka przedszkola dla dzieci.

---

[30] **Cepelia (Centrala Przemysłu Ludowego i Artystycznego**, Central Office of the Art and Folk Industry). Cepelia is an umbrella organization selling the products of several hundred folk-art cooperatives around the country. It used to be associated with cheap tourist trinkets. Now privatized, its branches sell mostly high-end folk art.

[31] **PiS (Prawo i Sprawiedliwość**, Law and Justice). The conservative populist political party which Lech Kaczyński and his brother Jarosław founded in 2001, and under which Jarosław Kaczyński ran unsuccessfully for president in 2010.

[32] A footnote and reference might have been in order here, since it is difficult to imagine feminists being as extreme as the ones whose opinions are mentioned.

[33] **Kujawianka.** A woman from **Kujawy**, an ethnic region in north-central Poland.

[34] **Dzień Skarbowca** tax-collector day. As elsewhere in the world, in Poland seemingly every month, week and day is assigned to some cause or subgroup.

Tato Moniki, weterynarz z Człuchowa, jest przekonany, że oni mogą wszystko. Małe mieszkanko na kredyt? O co chodzi, przecież dacie sobie radę!

Edyta Gietka, *Polityka* 34 (2821), August 17, 2011

I. Połącz wyrażenia z odpowiednimi definicjami.

a) z zadartymi nosami		i) rozgłosił, powiedział wszystkim	
b) lipa, nie transakcje		ii) transakcje, które nie są prawdziwe, są oszustwem	
c) puścił ustnie		iii) dorobił się, zrobił pieniądze na bąkach	
d) wypłynął na bąkach		iv) przekonani, że są lepsi od innych	

II. Które z podanych poniżej stwierdzeń są prawdziwe (P), a które fałszywe (F)?

1 Bąk symbolizował kompromis starego z nowym.   P F
2 Monika i Krzysiek byli w tym samym wieku.   P F
3 Oboje byli na tym samym kierunku studiów.   P F
4 Propozycja Moniki, żeby zrobić swój semestralny projekt w
   fotoshopie spotkała się z aprobatą profesorów.   P F
5 ASP nie puszczała studentów na wymiany zagraniczne.   P F
6 Monika przeniosła się na wzornictwo, bo organizowano tam
   zewnętrzne konkursy.   P F
7 Bąk wygrał konkurs na gadżet promujący Muzeum Etnograficzne
   w Warszawie.   P F
8 Zamówienie MSZ na wytworzenie bączków było warte million złotych.   P F
9 Stolarz Maciej pomógł Monice i Krzyśkowi uruchomić produkcję.   P F
10 Marta Kaczyńska napisała pozytywnie o bąku na swoim blogu.   P F
11 Dochód z bączków pozwolił Monice i Krzyśkowi na opłacenie wesela.   P F
12 Apatyczna żona Maćka przemieniła się w kobietę biznesu.   P F

III. Przeczytaj powyższy tekst i odpowiedz na pytania.

1 Jaka byłaby twoja reakcja jako zagranicznego przedstawiciela gdybyś dostał na pamiątkę polskiego bąka?
2 Jakie zdanie na temat nauczania na ASP mieli Monika i Krzysiek? Na czym Monika oparła swoją opinię?
3 Co obejmuje kierunek wzornictwa? Jaką pracę mogą wykonywać absolwenci tego kierunku?
4 Czy pomysł bąka polskiego narodził się konkretnie w odpowiedzi na ogłoszony konkurs?
5 Na czym polega oryginalność bąka polskiego? Dlaczego dla niektórych ludzi może być on atrakcyjny?

6 Co było zaskakujące, jeśli chodzi o skład komitetu odpowiedzialnego za wybór gadżetów? Jakie to miało implikacje?
7 Jaką gafę popełnił rząd węgierski rozdawając krawaty jako oficjalną pamiątkę?
8 Jakie wyzwanie staje przed Moniką i Krzysztofem kiedy ich projekt wygrywa konkurs?
9 Jakie są warunki produkcji z którymi muszą sobie poradzić? Do kogo zwracają się o pomoc?
10 Jaką rolę odgrywa w ich przypadku internet? Na czyim ukrytym talencie opiera się strona produkcyja projektu?
11 Jakie asbsurdalne wymagania stawia telewizja śniadaniowa zapraszając Monikę i Krzyśka na wywiad?
12 Kto to jest Marta Kaczyńska i na czym polega jej krytyka **bąka polskiego**?
13 Z czego głównie żyją po ślubie Monika i Krzysztof? W czym jest problem?
14 Kto, oprócz Moniki i Krzyśka, ciągnie korzyści z '**bąka polskiego**'?
15 Jak sądzisz, jaka będzie przyszłość Moniki i Krzysztofa?

IV. Poszukaj materiałów w internecie i przygotuj krótkie sprawozdanie na temat:

a) Radosław Sikorski
b) Rożne znaczenia słowa **bąk**

Chapter 8: Leń na pełen etat

Newsweek Polska: *Bartosz Janiszewski*

Newsweek Polska is a Polish weekly news magazine, published as an independent local edition of *Newsweek*. The magazine circulation in March 2009 was 192,000. It is a more provocative and, at the same time, thoughtful magazine than its economically troubled American parent, which converted exclusively to an on-line format in 2012. Among other things, it specializes in investigative reporting, as in this piece on loafing at the workplace. The present article capitalizes on the Polish national proclivity for either exaggeratedly praising or, at other times, exaggeratedly denigrating the Polish national character. Despite the claim that 'the Polish national speciality is wasting time at work', Poles at the office are probably no different from office workers anywhere, and if they do occasionally put their feet up on the desk, it is usually because their work is badly organized by those higher up.

Polska narodowa specjalność to marnowanie czasu w pracy

Rano tuż po wejściu do biura **Krzysiek** kłania się szefowi i od razu biegnie do komputera. Szef nie wie, że Krzyśka do komputera najbardziej przyciąga specjalna ikona, którą schował między folderami na pulpicie monitora. Wystarczy, że kliknie i w przeglądarce otwierają się wszystkie potrzebne rzeczy: forum żeglarskie, cztery skrzynki pocztowe, sklep z płytami winylowymi i portal z newsami. Krzysiek pracuje w firmie zajmującej się sprzedażą zdjęć, najczęściej dla agencji reklamowych. W stopce[1] wiadomości e-mail[2] ma podpis: Junior Account Manager.

Klient, tłumaczył Krzyśkowi szef, przeczyta taki tytuł po angielsku i ma wrażenie, że zajmuje się nim ktoś poważny. Krzysiek, gdyby sam miał sobie dać jakiś tytuł, napisałby, że jest specjalistą ds. kreatywnego bumelowania. Wprawdzie nie układa pasjansa i nie

---

[1] **stopka** footer; or, here, the signature data automatically generated at the bottom of an e-mail message.

[2] **e-mail.** Pronounced 'imejl' (as in English). See also the noun **mail** 'mejl' 'e-mail message', the adjective **e-mailowy** 'imejlowy', and the verb **mailować** *mailuję – jesz* 'to email'. These forms are used routinely around the Polish office.

przegląda głupich obrazków na Demotywatorach,[3] ale w czasie pracy obejrzał już na przykład cały cykl filmów przyrodniczych BBC o małpach i wszystkie wydania historycznych dzienników telewizyjnych. Wyrzuty sumienia? Nie ma, pracę wykonuje przecież dobrze. To nie jego wina, że nie ma więcej zleceń. Kiedy klient dzwoni, przygotowuje dla niego odpowiedni zestaw i wysyła. Kolegom zajmuje to średnio godzinę. Jemu 20 minut. Zaoszczędzony czas przeznacza na przyjemności albo załatwianie ważnych spraw, żeby potem mieć spokój w domu.

Joanna, specjalistka w międzynarodowej korporacji, zawsze melduje się w biurze przed 9, bo szef się nie spóźnia, a od pierwszego dnia w firmie wszyscy mówili jej, że podstawa funkcjonowania w korporacji to robienie dobrego wrażenia. Dlatego często zostaje w pracy po godzinach, chociaż to zupełnie bez sensu, bo pracy nie starcza jej nawet na urzędowe osiem godzin. Ilekroć idzie po kawę albo na plotki do innego działu, stosuje się do głównego przykazania każdej korporacyjnej mrówki: po biurze zawsze należy się poruszać z grubym plikiem „bardzo ważnych papierów". Dzięki temu zawsze wygląda, jakby właśnie coś załatwiała. O godz. 9 Joanna loguje się na Facebooku i sprawdza, kto ze znajomych jest już online, czyli w pracy. W drugim okienku ma otwartą skrzynkę e-mailową. Na wszelki wypadek, bo tak naprawdę e-maili raczej nie czyta. Większość to oferty kupienia czegoś zupełnie niepotrzebnego albo reklamy tabletek powiększających penis. Wszyscy dostają takie e-maile, to najpopularniejszy spam. Ale jeśli szef wpadnie z niespodziewaną wizytą i rzuci okiem na jej ekran, będzie myślał, że Joanna przegląda wiadomości od klientów. Od razu zamknie Facebooka i z poważną miną będzie czytać wiadomość o treści: „Bądź większy nawet o 7 cm już w dwa tygodnie!". Wiadomo, podstawa to dobre wrażenie.

Adam pracuje w Centrum Ekspedycyjno-Rozdzielczym Poczty Polskiej, gdzie przez cały dzień odbiera paczki ze świata i rozdziela je na cały kraj. Kiedy Krzysiek i Joanna włączają komputery, Adam wychodzi właśnie na pierwszego papierosa. Przed 9 nie wolno, taki jest niepisany regulamin zakładu. Pracę zaczyna o 7, ale z wytrzymaniem do pierwszej przerwy na dymka[4] problemu nie ma, bo nigdy w życiu nie palił. Oficjalnie jego kierowniczka myśli, że jest nałogowcem, ale to nie Adama wina, że bez papierosa nie można wyjść z budynku. Gdyby do niej podszedł i powiedział, że chce wyjść na spacer, popukałaby się w głowę.[5] Ale na papierosa proszę bardzo, byle nie częściej niż raz na godzinę. Do godziny 9 Adam wypija dwie kawy. Pierwszą robi od razu po wejściu. Zawsze nastawia pełen czajnik wody, żeby gotowała się dłużej.

Nie ma co się spieszyć, jeszcze 12 godzin pracy. Tutaj nikt się nie spieszy.

Pracowite lenie

Według statystyk jesteśmy wyjątkowymi pracusiami. W ostatnim raporcie Organizacji Współpracy Gospodarczej i Rozwoju (OECD),[6] skupiającej 34 najbardziej rozwinięte państwa

---

[3]	**Demotywatory pl**. An irreverant website devoted to suggestive or humorous snapshot exchanges, and politically incorrect commentary. Derived from the negative form of the verb **motywować** 'motivate'.

[4]	**dymek** *dymka fac an colloq* a smoke. **przerwa na dymka** *colloq.* cigarette break.

[5]	**popukałaby się w głowę** would tap oneself on the head (as a sign that the person is crazy).

[6]	**OECD**. Organization for Economic Cooperation and Development.

świata, Polacy zajmują 2. miejsce pod względem ilości czasu spędzanego w pracy. Z wynikiem średnio 2015[7] pracujących godzin w roku ustępujemy tylko Korei Południowej. W pracy spędzamy o prawie 400 godzin więcej, niż wynosi średnia dla wszystkich państw OECD.

Ale ten raport warto czytać równolegle z drugim opracowanym przez tą[8] samą organizację – dotyczącym produktywności. Tam też jesteśmy na drugim miejscu, tyle że od końca. Mniej produktywni od nas są jedynie Meksykanie. Najlepsi Luksemburczycy są od Polaków kilka razy bardziej wydajni. Socjolodzy próbują tłumaczyć nasze służbowe lenistwo mentalnością zakodowaną w genach od czasów komunizmu, która wciąż każe traktować nam markowanie pracy jak kontestację systemu, tym razem kapitalizmu. Specjaliści od biznesu narzekają z kolei na wciąż bardzo złą w Polsce organizację pracy, która sprzyja lenistwu. Problem jest jednak głębszy, bo chociaż Polacy w służbowym obijaniu się są w światowej czołówce, kłopoty z wydajnością mają dziś pracodawcy na całym świecie.

Nawet Amerykanie, dla których praca jest narodową religią, według badań organizacji badawczej HRM[9] Guide marnują na buszowanie po sieci, pogaduszki albo po prostu patrzenie w sufit średnio prawie dwie godziny dziennie. Ankietowani najczęściej tłumaczą, że mają w pracy za mało zadań, zbyt niską pensję albo brakuje im wyzwań. Tak oto kapitalistyczny świat oparty na etosie pracy wyhodował całe zastępy leni, ale jak przekonywał słynny brytyjski filozof Bertrand Russell, to wcale nie wina słabości ludzkiego charakteru. W eseju „Pochwała lenistwa" pisał, że kult pracowitości to efekt manipulacji, którymi królowie, posiadacze ziemscy, przedsiębiorcy albo po prostu szefowie karmią nas od stuleci, żeby samemu móc pracować mniej albo nie pracować wcale. Russell udowadniał,[10] że dzięki technice moglibyśmy bez szkody dla cywilizacji pracować cztery godziny dziennie. Pracujemy przynajmniej dwa razy więcej, bo w naszym świecie przyjęło się traktować pracę jak obowiązek i jedną z najważniejszych cnót. Musimy się nią wykazywać każdego dnia. Więc się wykazujemy. Siedzimy i udajemy.

Kontrola o zabarwieniu erotycznym

Bumelują nawet ci, którzy służbowo zajmują się kontrolowaniem pracy innych. Parę dni temu do naszej redakcji zgłosiła się pani M., prezes przedsiębiorstwa z branży rolno-spożywczej, które zatrudnia cztery osoby. Tuż przed świętami do jej firmy przyszło dwóch inspektorów z Urzędu Kontroli Skarbowej. Pokazali legitymacje, urzędowe pismo i poinformowali ją, że natychmiast muszą rozpocząć kontrolę. Nie mieli ze sobą laptopa, więc postawili ją przed wyborem: albo udostępni pracownikom firmowy komputer i kontrola przeprowadzona będzie na miejscu, albo cała dokumentacja firmy zostanie wywieziona do biurowca UKS.[11]

---

[7] **2015.** The number is in the Genitive: **dwu tysięcy piętnastu.**
[8] **tą.** As used here, an incorrect form, according to normative grammar, for Accusative sg. Fem. **tę,** considered by many today to be hypercorrect and pedantic. It is difficult to say whether this form escaped an editor's attention or is being used here on purpose.
[9] **HRM** Human Resources Management.
[10] **udowadniał.** The use of the imperfective aspect with certain verbs takes on the nuance of 'try to'; hence 'tried to demonstrate'. See the Grammatical Supplement.
[11] **UKS. Urząd Konroli Skarbowej** Office of Treasury Control.

Prezes[12] oddała im jeden komputer i inspektorzy zaczęli żmudną kontrolę – przeglądanie setek dokumentów z ostatnich lat. Do pracy (czyli do siedziby firmy) przychodzili krótko po 9. Dzień zaczynali od lektury bezpłatnej gazety rozdawanej na warszawskich przystankach autobusowych. Potem był czas na śniadanie, które zawsze wyglądało tak samo: kajzerka krojona nad klawiaturą komputera plus wędlina wyciągana z foliowego woreczka. Na to łyżka musztardy i obowiązkowa herbata do popicia. W biurze jest kuchnia, gdzie można wziąć talerz i zjeść w normalnych warunkach, ale kontrolerzy twierdzili, iż pracy mają tyle, że nie mogą odejść od komputera. Prezes M. nie protestowała. Trochę dziwiła się, że przy tym nawale obowiązków jeden z kontrolerów potrafił przez kilka godzin dziennie rozmawiać przez telefon i zdalnie kierować remontem łazienki w swoim mieszkaniu.

Kontrola miała się zakończyć 21 lutego, czyli po dwóch miesiącach. Inspektorzy nie wyrobili się jednak i przedstawili prezes M. postanowienie o przedłużeniu jej na kolejne dwa miesiące. Ostatecznie skończyli pracę po trzech. Zniknęli z firmy, ale w pamięci (nie swojego) komputera zostawili niespodziankę: pliki z setkami zdjęć. Pan kontroler w kusych slipkach na plaży, pan kontroler w uścisku z kobietą ubraną jedynie w kostium kąpielowy, pan kontroler leży na łóżku, pan kontroler gra w karty. Do tego zdjęcia jakichś pomieszczeń, przydomowego ogródka, kominka, portrety innych osób (pewnie członków rodziny), pejzaże, zdjęcia przyrodnicze, fotki z wyprawy w góry i zwiedzania jakiegoś kościoła. Zdjęcie zatytułowane „Naga dziewczyna" przedstawia ponętną szatynkę z obfitym biustem ubraną jedynie w biżuterię. Natomiast plik „Anielska zabawa" to erotyczna animacja, na której czerwony jak burak diabeł uprawia seks z aniołkiem o twarzy dziecka.

Prezes M. szlag trafił, ale skargi do UKS nie złoży. Wtedy w ogóle nie będzie się mogła opędzić od kontroli. No i nie wiadomo, co kolejni kontrolerzy mogliby zostawić w jej komputerze.

Cyberpodchody

Bumelanctwo byłoby po staremu nudne, gdyby nie nowe technologie. To rozwój internetu pozwolił zwykłemu lenistwu biurowemu wspiąć się na wyższy poziom ewolucyjny. Krzysiek nie odchodzi od komputera w biurze nawet na lunch – zamawia obiad w pobliskim barze chińskim i zjada go przed ekranem. Nie chce marnować czasu. W domu lubi się zrelaksować, w pracy musi więc zrobić wszystkie potrzebne zakupy. Trzy miesiące temu, siedząc w biurze, znalazł sobie w końcu samochód, a przed rokiem wyszukał świetną ofertę sprzedaży niewielkiej żaglówki. Najczęściej jednak kupuje w sieci niewielkie rzeczy i musi przyznać, że czasami z nudów zdarza mu się kupić coś zupełnie niepotrzebnego. Ostatnio na przykład słuchał muzyki filmowej i zachwycił się brzmieniem duduka, armeńskiego fletu. Od razu zamówił sobie taki w internetowym sklepie. I teraz, jedząc kurczaka w cieście, ogląda w sieci lekcje gry na tym instrumencie, bo to flet zupełnie inny niż nasz i nie wystarczy po prostu dmuchać. W internecie zawsze można znaleźć sobie jakieś ciekawe zajęcie. Największa zaleta, mówi Krzysiek, polega jednak na tym, że nikt nie widzi, jak się obijasz. Gdyby ktoś zgłaszał pretensje, zawsze możesz przecież powiedzieć, że szukasz czegoś ważnego.

---

[12] **Prezes.** Note the feminine agreement with this noun, which loses its declinability when referring to a woman: **prezes oddała** 'the chaiman allocated . . . '

To, co robi Krzysiek, jest dziś na tyle powszechne, że naukowcy ukuli nawet specjalną nazwę dla tego zjawiska. Cyberslacking (ang. cyberlenistwo), czyli wykorzystywanie internetu w pracy do celów prywatnych, to dziś największa zmora pracodawców na całym świecie. Badania firmy Gemius[13] pokazują, że internet do celów prywatnych wykorzystuje w pracy ponad 93 proc. Polaków. Według I Ogólnopolskiego Badania Pracowników „Internet w pracy", które przeprowadzono w ubiegłym roku na zlecenie PBI, najchętniej spędzamy w pracy czas na sprawdzaniu prywatnej poczty, przeglądaniu stron WWW, korzystaniu z serwisów społecznościowych, czytaniu internetowych wydań gazet, bankowości online, czatach i robieniu w sieci zakupów. Aż 74 proc. badanych na okoliczność internetowego lenistwa Polaków nie widzi w używaniu sieci w pracy niczego złego, o ile tylko nie wpływa to znacząco na wykonywanie służbowych obowiązków.

Zdaniem szefów, najczęściej jednak wpływa. Problem okazał się na tyle poważny, że na rynku zaczęły się masowo pojawiać firmy kontrolujące internetową aktywność pracowników. Michał Perko, właściciel informatycznej firmy Jeton, twórcy systemu kontroli pracownika Snare, przekonuje, że najskuteczniejszym sposobem na walkę z cyberslackingiem jest odpowiednia prewencja. Pracownikowi nie można po prostu odciąć dostępu do internetu, bo bez niego niewiele mógłby zrobić. Dlatego swoim klientom zakłada w firmowych sieciach selektywne blokady. Wykorzystuje do tego informacje z serwera kategoryzującego wszystkie miejsca w internecie. Dzięki temu szef może zablokować podwładnym możliwość czytania plotkarskich newsów, zostawiając jednocześnie dostęp do potrzebnych informacji, na przykład ze świata biznesu.

Dla tych, którzy mimo blokady chcą mieć nad podwładnymi kontrolę, firmy oferują monitoring miejsc pracy. – Kontrolujący ma konsolę, dzięki której widzi, co dzieje się na ekranach każdego pracownika. Jeśli ktoś obija się na Facebooku, natychmiast to zauważy – tłumaczy Perko. Jego zdaniem do dyscyplinowania cyberleni wystarcza już sama świadomość, że szef obserwuje ich monitor. Raczej się nie zdarza, żeby jego klienci do kontroli delegowali pracownika. Funkcję nadzorców sprawiają najczęściej sami przełożeni. Tyle że paradoksalnie, według badania „Internet w pracy", to właśnie kadra zarządzająca marnuje na cyberslackingu najwięcej czasu. Może dlatego, że, podobnie jak Michał Perko, który też jest przecież szefem, na komputerach nie mają żadnych blokad.

W wielu firmach zainstalowane jest już oprogramowanie, które pozwala śledzić wszystko, co pracownik robi na komputerze. – Pracodawcy nie muszą nikogo monitorować na bieżąco. Po prostu raz w miesiącu szef dostaje wydruk ze statystyką wszystkich działań, które przed komputerem wykonał jego podwładny – mówi Piotr Kubiak z firmy A plus C, która jest autorem programu Statlook. Program zbiera wszystkie statystyczne informacje: pokazuje, jakie strony odwiedza pracownik, ile czasu spędza na każdej z nich, ale też to, jakich programów multimedialnych używał i co naprawdę robił w Wordzie czy Excelu. – Nawet jeśli ktoś przez cały dzień ma otwarty edytor tekstu, ale w ciągu ośmiu godzin wpisał pięć znaków, pracodawca wyczyta to z raportu – tłumaczy Kubiak. Program uwzględnia nawet najbardziej pomysłowych leni i przestaje zliczać znaki powtarzające się kilkanaście razy z rzędu. Taką zmianę programiści Statlooka wprowadzili wtedy, gdy klienci poinformowali ich, że pracownicy otwierali aplikację z dokumentem, a potem wciskali między klawisze ołówek, który miał symulować ich pracę. Sami w tym czasie włączali film albo grali w pasjansa.

---

[13] **PBI/Gemius.** The Polish branch of an international research firm engaged in analysing internet use and related sales and marketing potential.

Kubiak podkreśla jednak, że program nie służy do inwigilacji. Jego głównym celem jest poprawienie zarządzania wydajnością pracy, bo pracownicy nie marnują przecież czasu złośliwie, tylko Statlook, dlatego, że często nie mają co robić. Statlook ma działać motywująco wcale nie na szeregowych pracowników, tylko na ich szefów, którzy źle przydzielają im zadania.

I po pracy

U Adama statystykę wyników pracy robi się raz w tygodniu. Wtedy jest tak zwany dzień liczenia i kontrolerzy sprawdzają, ile worków wypełnia paczkami każdy pracownik. Wszyscy pracują na pełnych obrotach i „robią" przynajmniej po 50 worków. Następnego dnia, kiedy nikt ich już nie liczy, mało kto zapełnia więcej niż 30. Liczenie jest dopiero za dwa dni, więc o godz. 17 Adam już dawno wykonał normę. Patrzy w sufit i zastanawia się, co zrobić, żeby wytrzymać jeszcze dwie godziny. Pracuje w 12-godzinnym systemie pracy, co ma wady i zalety. Zaletą jest to, że co drugi dzień ma wolny. Wadą, że obijanie się przez 12 godzin jest znacznie bardziej męczące niż przez osiem.

Krzysiek z pracy wychodzi punktualnie o 17. Przed wyjściem wyśle jeszcze tylko CV do kilku pracodawców. Według badań Gemiusa 14 proc. cyberslackerów wykorzystuje w pracy internet do szukania nowego etatu. Pewnie tak samo jak Krzysiek chcą sobie znaleźć coś ciekawszego. Bo w gruncie rzeczy całe to pozorowanie pracy jest bardzo męczące.

Source: Bartosz Janiszewski, *Newsweek Polska*, March 28, 2011 with
Igor Ryciak and Adrian Todorczuk

I. Wytłumacz znaczenie następujących wyrażeń.

a) Bumelować
b) Korporacyjna mrówka
c) Popukać się w głowę
c) Prezes M. szlag trafił
d) Serwis społecznościowy

II. Które z podanych poniżej stwierdzeń są prawdziwe (P), a które fałszywe (F), zgodnie z artykułem?

1	Krzysiek pracuje w agencji reklamowej.	P	F
2	Jego szef uważa, że tytuł w języku angielskim sprawia lepsze wrażenie na klientach.	P	F
3	Krzysiek lubi układać pasjansa w godzinach pracy.	P	F
4	Joanna zawsze przychodzi do pracy po godz. 9.	P	F
5	Kiedy Joanna jest na Facebooku, ma równocześnie otwartą skrzynkę e-mailową.	P	F
6	W Centrum Ekspedycyjno-Rozdzielczym Poczty Polskiej pracownicy mają 12-godzinna dniówkę.	P	F

7   Pracownicy mogą wychodzić na papierosa tak często, jak chcą.   P   F
8   Według raportu OECD Polacy spędzają więcej czasu w pracy niż
    Koreańczycy.   P   F
9   Pod względem produktywności Polska jest na drugim miejscu po Meksyku. P   F
10 Zła organizacja pracy w Polsce sprzyja lenistwu.   P   F

III. Przeczytaj powyższy artykuł i odpowiedz na pytania.

1   Co dowiadujemy się o Krzyśku w pierwszym akapicie?
2   Jak usprawiedliwia Krzysiek używanie komputera w pracy do celów prywatnych?
3   Co przeważnie ogląda w internecie w tym czasie? Podaj przykłady.
4   Jaką główną zasadę działania przestrzega Joanna w pracy?
5   Na czym polega ironia zdania 'Joanna sprawdza, kto ze znajomych jest już online,
    czyli w pracy'?
6   Jakie spamy dostaje Joanna najczęściej?
7   Dlaczego szefowa Adama myśli, ze jest on nałogowym palaczem? Dlaczego osoby
    palące muszą wyjść z budynku na papierosa?
8   Jak według artykułu statystyki odzwierciedlają rzeczywistość? Czy statystyki
    zaprzeczają stereotypom o pracowitości i produktywności?
9   Ile rzekomo godzin dziennie marnują Amerykanie w pracy na wykorzystywanie
    internetu w sprawach osobistych?
10 Co powiedział Bertrand Russell na temat marnowania czasu w pracy?
11 Co w przytoczonym przykładzie zajmowało kontrolerom z UKS najwięcej czasu?
    Skąd o tym wiemy?
12 Dlaczego szefowa firmy nie złożyła skargi do UKS?
13 Jak nazwać to co robi Krzysiek i inni opisani w artykule? Czy sytuacja w Polsce jest
    gorsza, czy lepsza niż w innych krajach?
14 Jaki serwis oferuje firma Jeton?
15 Jakie są inne sposoby aby zniechęcić pracowników do używania internetu do celów
    prywatnych?
16 Na czym polega paradoks monitorowania pracowników użytkujących komputery?
17 Jak Piotr Kubiak, autor programu Statlook broni się przed zarzutem, że umożliwia
    szefom szpiegowanie swoich podwładnych?
18 Do czego według badań Gemiusa 14 proc. pracowników wykorzystuje internet w
    pracy? Jaki jest w tym morał?

IV. Artykuł sugeruje, że komputer, a szczególnie internet potencjalnie przyczyniają się do straty czasu pracy. Poszukaj dodatkowych materiałów na ten temat i:

a) Przedyskutuj z kolegami na ile ta sugestia jest prawdziwa, nie tylko w Polsce.
b) Podaj przykłady z własnego doświadczenia jak pracownicy potrafią marnować czas.

Chapter 9: Recenzje filmowe

Trzy wymiary nudy (http://film.wp.pl/)

Information on almost any aspect of Polish current popular news and entertainment (tending at times toward the tabloid) may be found at the internet portal **Wirtualna Polska** (www.wp.pl), including reviews of current films. More specialist information on Polish cinema is archived at **Film Web** (www.filmweb.pl/). Here are reviews from these respective sites of two films that came out in 2011, followed by the decidedly mixed comments of viewers. Jerzy Hoffman's *1920 Bitwa warszawska* came out in 2011 to the accompaniment of much fanfare as the first Polish film shot in 3D, causing theatres around Poland to upgrade their projection equipment to be able to show it. Feliks Falk's *Joanna*, set in war-time Kraków, came out in the same year. For their subject matter both films mine periods in history in which Poles had cause to fear for their continued national existence. They are sure to be available on DVD or on Netflix, enabling one to compare the actual films with the reviews and viewer comments. Polish film critics are notoriously unpredictable as to their likes and dislikes, and their sometimes vicious judgements often fly in the face of public opinion, as these reviews show.

1920 Bitwa Warszawska

Widzowie, wstrzymajcie oddech, oto nadchodzi pierwsza polska produkcja w 3D!!! Murowany hit sezonu, na który w kolejkach przed kinami czekać będą zgnębieni przez wychowawców uczniowie, taśmowo ciągnący na patriotyczne produkcje prawicowcy i chcący się ukulturalnić emeryci ze zniżkowym biletem.

Jerzy Hoffman[1] po raz kolejny bierze na warsztat polską historię: tym razem punktem wyjścia jest dla niego tzw. „Cud nad Wisłą",[2] czyli Bitwa warszawska 1920 roku, której wynik zdecydował o zachowaniu niepodległości przez Polskę i zatrzymaniu rewolucji komunistycznej w Europie. Kawalerzysta Jan (Borys Szyc) dostaje wezwanie na front polsko-bolszewicki. Przed wyjazdem oświadcza się swojej narzeczonej Oli (Natasza Urbańska). Młodzi pobierają się. Na froncie Jan najpierw zostaje niesłusznie oskarżony o zdradę, następnie trafia do bolszewickiej niewoli . . . O losie zakochanej pary a także całego narodu polskiego zdecyduje dopiero kulminacyjne starcie wrogich wojsk.

Dla widzów wybierających się na seans mam dwie dobre wiadomości; pierwsza: Natasza Urbańska jest naprawdę bardzo piękna; druga: producent zapewnia, że w trakcie produkcji nie ucierpiał żaden koń . . . I tyle dobrego.

Całkiem udane efekty wizualne (widać wprawną rękę Hollywoodzkiego wygi Idziaka[3]), które doskonale sprawdzają się w panoramicznych ujęciach, nie zdają egzaminu w bliskim planie; śmigające szable zlewają się ze sobą, twarze żołnierzy są rozedrgane i niewyraźne. Podobno misją autorów było między innymi przybliżenie widzowi niezbyt powszechnie znanego, a ważnego wydarzenia z historii Polski. Nie udało się – osoba, która o „Cudzie nad Wisłą" nie ma pojęcia, nie wyjdzie z kina bogatsza o tę wiedzę. Widać brak sienkiewiczowskiej[4] „podkładki" – narracja w pierwszej połowie filmu gubi się pomiędzy rozlicznymi aktorskimi epizodami; w drugiej widz ogląda głównie szarżujące armie i fruwające bagnety, jednocześnie zachodząc w głowę, którzy to 'nasi'. Drażni też nachalna narodowowyzwoleńcza symbolika – takiego natężenia fruwających krzyży, roztrzaskujących się nagrobków i oddawania ducha z pieśnią na ustach (wszystko sfilmowane w zwolnionym tempie) mogą nie znieść najwytrwalsi. Na poziomie skomplikowania emocjonalnego jest to

---

[1]   **Hoffman, Jerzy** (b. 1932). A Polish film-maker known for lushly filmed historical epics, especially for his film versions of the works of the 19th-century novelist Henryk Sienkiewicz.

[2]   Although over the course of history there have been several military engagements going by the name 'battle of Warsaw', to most **bitwa warszawska** means the repulsion of Soviet forces before Warsaw on 13–25 August 1920 in the **cud nad Wisłą** (Miracle on the Vistula) during the **wojna polsko-bolszewicka** (Polish–Bolshevik War). Despite the expectations of the rest of the world, the Polish army under Marshal Józef Piłsudski repulsed the Red Army, bent on the conquest of Europe, and drove them back far to the east.

[3]   **Idziak, Sławomir** (b. 1945). One of Poland's and Hollywood's most renowned cameramen, nominated for an Academy Award in 2002 for his work on *Blackhawk Down*. He has worked for most of Poland's prominent film directors.

[4]   **sienkiewiczowski** Sienkiewiczian. **Sienkiewicz, Henryk** (1846–1916). One of the most popular Polish writers, primarily of historical fiction, of the second half of the 19th century, recipient of the Nobel Prize for Literature in 1905. While he is known in the west for his 1896 novel **Quo vadis?** about Christianity in the time of Nero, in Poland he is better known for his historical novels set in Poland in the 15th to 17th centuries.

film przeznaczony najwyżej dla młodzieży gimnazjalnej; jednocześnie autorzy z lubością 'cisną' trójwymiar, epatując tandetnymi efektami wylewających się flaków, drżących krwawiących kikutów i podgryzających te szczurów. Panowie, litości: Szeregowca Ryana[5] wszyscy widzieliśmy już po trzy razy . . .

W 'Bitwie . . .' zobaczymy paradę najbardziej znanych twarzy polskiego kina. Na ekranie pojawia się m. in. Adam Ferency, Daniel Olbrychski, Ewa Wiśniewska, Bogusław Linda, Łukasz Garlicki, Jerzy Bończak, Marian Dziędziel a nawet Dariusz Kordek w epizodziku czy występująca w jednej scenie Stanisława Celińska. Niestety 'parada' to określenie, które ma wymiar nie tylko metaforyczny. Często świetnie zagrane partie na tle patetycznej i bombastycznej całości wydają się karykaturalne, pretensjonalne i chaotycznie powtykane w fabułę. Kilka słów o głównych protagonistach: Borys Szyc, najbardziej eksploatowany aktor tzw. 'młodego pokolenia', po doskonałym 'Krecie' zasłużył na odpoczynek i Jerzy Hoffman był na tyle miły by mu go zapewnić. Główny bohater 'Bitwy . . .' – Jan – to postać, do zagrania której Szyc nie musiał zużyć ani krzty talentu i ani kropli energii. Nasz protagonista snuje się leniwie po ekranie, raz na jakiś czas kiwając porozumiewawczo głową, dumnie prostując się na koniu lub (sporadycznie) z emfazą pożerając wydatne usta Oli. Wielki debiut Nataszy Urbańskiej na srebrnym ekranie jest natomiast co najmniej konfundujący. Gra ona bowiem w pewnym sensie własne alter ego z minionej epoki – piękna i natchnioną artystkę kabaretową, która patriotyzm wyraża najpełniej poprzez staranne dopasowanie munduru do makijażu. Wszystkie znaki na niebie i ziemi wskazują, że emfatyczna, pretensjonalna i teatralna do granic Ola to najgorzej zagrana heroina w historii polskich epopei historycznych; jednak coś – być może charakter i zawód ekranowej postaci, a może to dziwne poczucie, że to Hoffman tak widział tę rolę – każe mi okazać Urbańskiej mikroskopijną dozę sympatii (choć współczucie byłoby tu bardziej na miejscu).

Podsumowując: szczerze doceniam brak kompleksów zespołu i wiarę, że 'Polak potrafi'.[6] Choć osobiście nie należę do fanów formatu 3D, '1920: Bitwa warszawska' to naprawdę dobry przykład tej techniki. Polskie kino często oskarża się o kompleksy – tu na pewno ich brak. I może szkoda, bo odrobina skromności by nie zaszkodziła. Bitwę o stworzenie filmu, który byłby spektakularnym widowiskiem, a jednocześnie dobrze napisanym, porywającym (film jest nudny!) i wzruszającym dramatem historycznym twórcy przegrali z kretesem.

Opinie

Kilka dni temu byłam na tym w kinie i film bardzo mi się podoba. Do tego wystąpili w nim super aktorzy. Polecam wszystkim. – Dominika

Właśnie wróciłam z kina. Film podobał mi się bardzo. Ja również nie spałam, wręcz przeciwnie, uroniłam kilka razy łezkę. Fajnie ujrzeć dobrych aktorów, i tych dawno nie widzianych. Natasza zdobyła dla mnie inny wymiar, zapamiętam ją jako delikatną kobietkę, a nie jak do tej pory kobietę wamp. Super film, polecam wszystkim. Kawał dobrej roboty i kawał polskiej historii. Dziękuję. – Ela

---

[5] *Saving Private Ryan* (1998), an American epic war film set during the invasion of Normandy in World War II, directed by Steven Spielberg.

[6] **Polak potrafi** (a Pole can do it) was a slogan dreamed up in the 1970s to buck up national pride, but nowadays it is more often spoken sarcastically, as in the present instance.

Pewnie Pani Anna ma zbyt wielkie ego by czytać opinie na temat swojej recenzji, tak mi przynajmniej wynika z tekstu powyżej. Ale nie mogę odmówić sobie przyjemności krytykowania krytyka. Ja w przeciwieństwie do Niej na tym filmie nie spałem, może dlatego, że nie zdążyłem przed pójściem do kina przeczytać żadnej bzdurnej recenzji. Aby zrozumieć czyjeś dzieło trzeba być przede wszystkim wyzbytym uprzedzeń, a niejaka sprawność umysłowa również by się przydała. Najtrudniej zgodzić się z opinią, że nie wiadomo o co w tym filmie chodzi, podczas gdy film pokazany nawet w Nowej Gwinei będzie przez uważnego widza zrozumiany, czego nie można powiedzieć o tak wychwalanym 'Katyniu'.[7] Jakby tego było mało recenzentka uparcie twierdzi, że to film psychologiczny, chociaż to kino historyczne, mające za zadanie przybliżyć dzisiejszym widzom historię, która została skrzętnie zamieciona pod dywan przynajmniej w temacie objętym tym filmem. A to zadanie realizuje Pan Hofman[8] genialnie, w filmie wszystko jest temu zadaniu podporządkowane – scenariusz, gra aktorów, zdjęcia i muzyka, łącznie stanowią najpiękniejszą lekcję historii w jakiej miałem okazję uczestniczyć. Pani Aniu z pełną życzliwością radzę zmienić zajęcie – z krytyki chlebka nie będzie, może z jakąś inną dziedziną życia będzie Pani po drodze. Gorąco zachęcam do poszukiwań. – Widz1920

Recenzja jest słowo w słowo uzewnętrznieniem tego co czułam po obejrzeniu filmu ! – di

Source: Anna Tatarska, http://film.wp.pl/id,28519,rid,63778,title, Trzy-wymiary-nudy,type,editor,film_recenzja.html

Joanna

'Joanna' Feliksa Falka[9] to po 'Małej maturze 1947' kolejny film tego festiwalu, który obrazuje problem polskich produkcji historycznych: nie brak nam doskonałych techników, którzy dbają o realizacyjną stronę przedsięwzięcia. Ergo: nie brak nawet pieniędzy. Ale wciąż autorzy nie za bardzo mają pomysł, jak o przeszłości opowiadać, więc robią to bardzo schematycznie, staroświecko.

Tę opowieść o kobiecie ukrywającej małą Żydówkę można by od razu pokazywać w telewizji: nikogo nie urazi, ale też głęboko nie poruszy. Nie wywoła żadnych dyskusji, nie każe nam przemyśleć na nowo skomplikowanych polsko-żydowskich relacji z czasów II Wojny Światowej. I nie chodzi o to, że każdy film o tej trudnej tematyce musi podważać dotychczasowy dyskurs albo wzbudzać kontrowersje, ale, na litość, musi przynajmniej opowiadać zajmującą historię.

Fabuła 'Joanny' składa się ze sztamp: młoda kobieta pracująca w kawiarni przygarnia przypadkowo spotykaną dziewczynkę Różę, której matka została zabrana przez nazistów. Początkowo, na prośbę dziecka, stara się odnaleźć aresztowaną. Ale niedługo potem inne problemy będą ją zajmować: musi znaleźć źródło utrzymania, a także chronić tajemnicy

---

[7] **Katyń**. The reference is to the 2007 film by Andrzej Wajda, nominated for an Academy Award for best foreign film. *Katyń* portrays the 1940 murder of some 20,000 Polish army officers by the Soviet NKVD under orders from Joseph Stalin.

[8] **Hofman**. Hoffman actually spells his name with a double f.

[9] **Feliks Falk** (b. 1941). A Polish movie and theatre director as well as the writer of film scripts, stage plays, television plays and radio shows.

przed coraz bardziej wścibskimi ludźmi. Poczucie zagrożenie narasta, a jego kulminacją będzie nocna rewizja w mieszkaniu bohaterki.

Również same postaci filmu nadają się co najwyżej do analizy szkolnej 'Postawy ludzkie w czasie wojny'. Róża – z wielkimi czarnymi oczętami, lokami okalającymi czoło i przekrzywionym berecikiem – jest uosobieniem słodyczy. Joanna to kobieta silna, walcząca niemal samotnie o godność i ludzkie życie. A Niemiec? Oczywiście odezwą się w nim resztki człowieczeństwa. Trudno nie ironizować po obejrzeniu nowego filmu autora **'Komornika'**.[10]

Zamysł pewnie był szczytny: pokazać biedną Polkę, która nie patrzyła bezczynnie na tragedię, ale starała się pomagać w swoim skromnym zakresie. Falk wysyła komunikat: – Patrzcie, mieliśmy też przypadkowych, zapomnianych bohaterów. Niestety ten komunikat jest za bardzo wprost.

Komentarze

| 4 dni temu

właśnie zobaczyłam film i zgadzam się z opinią pani Grochowskiej. film jest nudny, sztywny i skrótowy. aktorzy wygłaszają kwestie zamiast mówić, nie przekazują właściwie żadnej treści. chyba żadna postać nie była na tyle interesująca, by przykuć uwagę. Joanna przemawia do Róży jak do całego audytorium, Róża przestawiana jest tylko z kąta w kąt, nawet ten nieszczęsny Niemiec nie ma absolutnie nic do zaoferowania. jedynym co mi się podobało było to, jak Państwo Podziemne potraktowało bohaterkę. i to, jak stopniowo zostaje ona odcięta od wszystkich. acz o ile starano się pokazać dramat zbrukanej, osamotnionej kobiety (bez skutku, moim zdaniem) o tyle reżyser kompletnie nie wygrał dramatu jakim było podjęcie decyzji o oddaniu Róży. szkoda, bo to byłby dobry motyw. typowa produkcja o trudnych czasach i dziewczynce w berecie (i nie mam tu na myśli Joanny) dla mnie tylko 3. – nikaanuk

| 7 dni temu

Pierwszy raz zdecydowałam się napisać odpowiedź, bo recenzja mnie po prostu powaliła . . . Pani Malwino a jakie emocje może wywołać melodramat o tematyce wojennej? Przedstawił emocje, z którymi ludzie nie dawali sobie rady-miłość mieszała się z nienawiścią, chęć pomocy innym ze strachem o własne życie, nadzieja z brakiem wiary w lepsze jutro . . . Obsada dobrana idealnie . . . Panią Grabowską zawsze ceniłam za grę aktorską, szkoda, że tak mało jej w filmach :(Film polecam, wyciska łzy. Łzy autentyczności. – violatorka

| 17 października 9:52

Ciekawe czy bladź, która wygenerowała powyższą recenzję uważa, że Smarzowski w 'Róży' odszedł od schematów poprzez epatowanie przemocą. – FILioza

---

[10] **Komornik** (*The Bailiff*, 2005). A film by Feliks Falk which won many prizes on its way to being selected as the best Polish film of the year.

24 sierpnia 2011 9:00

To ma być recenzja?! Toż to jakiś bełkot! – grezyl

24 lipca 2011 13:20

Krytycy to niespełnieni ludzie i dlatego potrafią dosrać człowiekowi w pięty. Proszę nie słuchać powyższej recenzentki. Po prostu obejrzeć, bo warto :) – Lucy3ify

17 lipca 2011 21:06

Jeżeli wg[11] Pani ten film nie opowiada zajmującej historii to obawiam się, że ma Pani upośledzoną wrażliwość. I jakże chybione to podsumowanie; Falk nie starał się niczego udowadniać, pokazał uniwersalną historię, dramat, który mógł dotknąć każdego. Najwidoczniej nie rozumie Pani niuansów, nie czyta między wierszami. – intermedium

13 maja 2011 22:49

Słabiutka recenzja droga Pani. Liznęło się na studiach trochę antropologii kulturowej, ale słabo, bo widać nie rozumie Pani pojęć, których Pani używa. Jak można podważać dyskurs? Dyskurs to właśnie podważanie, dyskutowanie, argumentacja! Chodziło o obowiązujący paradygmat zapewne, ale jak pisałem – trzeba się było przykładać do studiowania. Niech Pani da sobie spokój z tą pisaniną, bo o kinematografii nie ma Pani bladego nawet pojęcia. To co Pani napisała jest na poziomie licealistki, słabej licealistki. Animuszem nie da się nadrobić niestety braku wiedzy. O słabym poziomie językowym w ogóle nie wspominam. Wstyd! – DonDario

10 maja 2011 10:21

A Niemiec? Według mnie, jego postawa jest tematem bardzo dyskusyjnym. 'Dobry' to zdecydowanie zbyt wielkie słowo. Na moje oko to pani recenzentka w ogóle filmu nie obejrzała. – Dzadzmara

19 grudnia 2010 18:54

Cóż, krytycy są po to, żeby . . . krytykować:))) A poważnie p. Malwino to poza sztampami, pokazaniem biednej Polki i Róży z wielkimi czarnymi oczętami . . . (ciekawe swoją drogą jak wg. Pani wyglądała żydowska dziewczynka) Falk wysyła komunikat ile trzeba poświęcić i przejść samemu, żeby pokochać i ocalić drugiego człowieka (a w czasach wojny jest to szczególne). I wcale nie uważam Joanny za bohaterkę – była po prostu człowiekiem . . . nikogo nie urazi, ale też głęboko nie poruszy. Nie wywoła żadnych dyskusji, nie każe nam przemyśleń . . . 'O tak, gdyby ten temat znalazł się w rękach np. Tarantini[12] oj działo by się, działo – aż głowa bolałaby nas od myślenia i dyskutowania!!:) – melania1964

---

[11]   **wg** abbreviation of **według** 'according to'.
[12]   The author is referring to the Academy Award-winning American director Quentin Tarantino (b. 1963) known for such films as *Reservoir Dogs* (1992), *Pulp Fiction* (1994), *Inglourious Basterds* (2009) and *Django Unchained* (2012).

18 grudnia 2010 20:59

Ta recenzja jest najlepszym dowodem na to, że nie każdy powinien zabawiać się w recenzenta nawet po jako-takim przygotowaniu z filmoznawstwa. Fabuła jest faktycznie dosyć stereotypowa, ale nie to stanowi o sile tego filmu. jest w nim magia kina, ale jak widać, nie dla wszystkich dostępna. – grezyl

15 grudnia 2010 22:56

Ten tekst recenzją nie jest, pomija ważne aspekty filmu, bardziej przypomina komentarz – 'na żywo' po obejrzeniu filmu. Będzie na pewno przydatny tym co chcą zobaczyć ten film, ponieważ wytyka mu najważniejsze błędy. Przydatny ale obiektywizmu i szerszego spojrzenia nie widzę. Moim zdaniem film jest ciekawy ale nie należy do wybijających się produkcji. – adambrzoza

12 grudnia 2010 19:55

Ta recenczja nie oddaje tego co dzieje się w tym filmie.

Recenzent zapomniał o wielu aspektach: relacjach rodzinnych, honorze, samotności, prawdzie. Zapomniał o tym że film dotyka i pokazuje inaczej słowo patriotyzm. dla mnie film jest bardzo dobry choć bardzo smutny. – jack231

9 grudnia 2010 0:46

Recenzja jest beznadziejna, brakuje wielu przydatnych informacji, autorka nie zna chyba jej schematu. Moim zdaniem film jest bardzo dobry i uważam że to cudowna, wyniosła produkcja, idealnie nadająca się na ekrany kin. Fabuła nie była wcale pospolita, ponieważ mało który film pokazuje przeciętnych ludzi pomagających w czasie wojny, zazwyczaj są to uznani bohaterowie narodowi typu Irena Sendlerowa.[13] – hubi9696

Source: Malwina Grochowska, http://www.filmweb.pl/reviews/Szlachetna+
Polka,+dobry+Niemiec+i+ca%C5%82a+reszta-9731

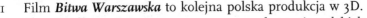

1920 Bitwa Warszawska

I. Które z podanych poniżej stwierdzeń są prawdziwe (P), a które fałszywe (F), zgodnie z recenzją?

1   Film ***Bitwa Warszawska*** to kolejna polska produkcja w 3D.   P   F
2   Jerzy Hoffman jest reżyserem znanym z kręcenia polskich filmów
    historycznych.   P   F

---

[13] **Irena Sendlerowa** (née Krzyżanowska, 1910–2008). Under the organization **Żegota** in World War II, Sendlerowa saved 2,500 children from the Warsaw ghetto, placing them with Polish church missions and families. In 1965 she was recognized by Israel's Yad Vashem as Righteous Among Nations, and in 2003 she received Poland's highest civilian award, the **Order Orła Białego** (Order of the White Eagle).

3   Wynik bitwy zdecydował o zachowaniu niepodległości przez Polskę
    i zatrzymaniu rewolucji komunistycznej w Europie.   P   F
4   Jan i Natasza pobierają się przed wyjazdem Jana na front.   P   F
5   Według recenzentki efekty wizualne, które sprawdzają się w ujęciach
    panoramicznych nie zdają egzaminu w bliskim planie.   P   F
6   Film zdołał przybliżyć widzowi niezbyt powszechnie znane, ale ważne
    wydarzenie z historii Polski.   P   F
7   W filmie grają tylko podrzędni polscy aktorzy.   P   F
8   Rola Jana jest bardzo wymagająca.   P   F
9   Ola to najgorzej zagrana heroina w historii polskich epopei historycznych.   P   F
10 Widzowie zgadzają się z opinią Anny Tatarskiej.   P   F

Joanna

II. Uporządkuj zdania zgodnie z chronologią zdarzeń w tekście.

A   Na prośbę dziecka, Joanna stara się odnaleźć aresztowaną matkę Róży.
B   Młoda kobieta pracująca w kawiarni przygarnia przypadkowo spotykaną żydowską
    dziewczynkę Różę, której matka została zabrana przez nazistów.
C   Poczucie zagrożenia narasta, a jego kulminacją jest nocna rewizja w mieszkaniu
    bohaterki.
D   Zamysł filmu był szczytny: pokazać biedną Polkę, która nie patrzyła bezczynnie na
    tragedię, ale starała się pomagać w swoim skromnym zakresie.
E   Joanna musi znaleźć źródło utrzymania, a także chronić tajemnicę przed wścibskimi
    ludźmi.

III. Uzupełnij luki w zdaniach poniższymi słowami.

a) cenę   b) decyduje   c) obietnicą   d) przygarnia
e) przyjaciel   f) serca   g) smak   h) za chwilę

W życiu Joanny nic nie jest dane na zawsze. Dzisiejszy _____ nagle staje się wrogiem.
Odruch _____ zamienia się w przekleństwo. Gdy pewnego dnia ta samotna kobieta
_____ małą dziewczynkę nie wie, że od tej pory jej życie będzie miało słodko-gorzki
_____. Los w tym filmie _____ o wszystkim. Pozwala ludziom się odnaleźć,
by _____ zadać cios i doprowadzić do rozstania. Podarowuje miłość, za którą trzeba
zapłacić ogromną _____. Wypełnia samotność _____ szczęścia, kruchego jak
szkło.

IV. Odpowiedz na poniższe pytania.

1 Jakie sarkastyczne uwagi w pierwszym akapicie recenzji 'Bitwa Warszawska' wskazują na to, że recenzja będzie negatywna?
2 Jaki jest poboczny wątek filmu?
3 Ile koni zostało rannych w trakcie kręcenia filmu? Dlaczego recenzentka porusza ten temat?
4 Dlaczego recenzentka uważa, że format 3D nie został stosownie wykorzystany?
5 Jak recenzentka ocenia umiejętność reżysera przeniesienia historii na ekran?
6 Co rozumie ona przez 'narodowowyzwoleńczą symbolikę' i dlaczego ją ona irytuje?
7 Dlaczego nie jest ona pod wrażeniem obrazowej przemocy scen bitwy?
8 Jak ona ocenia grę a) Borysa Szyca? B) Nataszy Urbańskiej?
9 Jakimi słowami recenzentka wyraża ostateczne potępienie filmu?
10 Do jakiego stopnia komentarze widzów pokrywają się z komentarzami recenzentki? Co sugeruje 'Widz1920'?
11 Jakie są według recenzentki mocne i słabe strony polskich filmów historycznych?
12 Jakie są według niej dwie najbardziej rażące słabości filmu **Joanna** (akapit 2)?
13 Jak się tłumaczy na angielski wyrażenie '**składa się ze sztamp**'?
14 Na jakich stereotypach według recenzentki opiera się reżyser?
15 Jaki jej zdaniem jest główny komunikat filmu i dlaczego nie został on przekazany?
16 Określ gamę opinii recenzji filmu **Joanna**, które są zawarte w odpowiedziach widzów.
17 Jeśli widziałeś jeden z filmów dyskutowanych tutaj powiedz, czy w zasadzie zgadzasz się z recenzją i dlaczego.

V. Poszukaj w internecie odpowiednich materiałów i napisz krótki esej na jeden z tematów:

a) Jerzy Hoffman
b) Wojna polsko-bolszewicka
c) Sławomir Idziak
d) Borys Szyc

Chapter 10: Polacy nabici w butelkę oliwy

Rzeczpospolita: *Beata Drewnowska*

The daily newspaper ***Rzeczpospolita*** had its origins in communist Poland in 1980 as a party organ existing alongside and supposedly more liberal than the main party organ ***Trybuna Ludu***. It has been independent since 1991 and today, next to ***Gazeta Wyborcza***, it is a widely respected newspaper. Slightly more conservative and nationalistic than its rival, it makes a speciality of reporting on business, government and legal issues. It can roughly be compared to ***The Times*** of London or America's ***Wall Street Journal***. The present article, whose title makes a clever pun out of the idiom **nabić w butelkę** ('make a fool of'), is characteristic of the paper's business and trade concerns.

Połowa oliw extra vergine z polskich sklepów przebadanych przez włoskie laboratorium Chemiservice nie spełnia norm umożliwiających posługiwanie się tą nazwą. Wprowadzanie konsumentów w błąd wykazały także polskie służby

Niemal 132 mln złotych wydali Polacy na oliwy i oleje inne niż rzepakowy i słonecznikowy w 2011 roku – wynika z danych firmy badawczej Nielsen. Ponad 100 mln zł z tej kwoty przeznaczyliśmy na oliwę extra vergine. Niestety, istnieje duże prawdopodobieństwo, że mimo takiej nazwy na etykiecie, nie była to wcale oliwa najwyższej jakości, czyli z pierwszego tłoczenia.

Extra vergine dla wybranych

„Zapach typowy dla sfermentowanej wadliwej hiszpańskiej oliwy, zupełnie bez smaku, tłustawy" – to jeden z opisów oliwy sprzedawanej w Polsce jako extra vergine sporządzony przez włoskie laboratorium Chemiservice. Wady te oraz przekroczony poziom alkilo estrów

– powstających w oliwie w wyniku użycia do jej tłoczenia złej jakości oliwek – dyskwalifikują tę oliwę jako extra vergine.

To jednak nie jedyna podróbka wykryta przez włoskie laboratorium. Takich oliw udających oliwy z pierwszego tłoczenia jest w Polsce znacznie więcej. Chemiservice stwierdziło, że nazwą extra verginie nie powinna posługiwać się połowa z 22 przeanalizowanych przez nią oliw oferowanych pod taką właśnie nazwą.

Badanie zostało przeprowadzone na zlecenie firmy Monini, lidera polskiego rynku oliwy, pod koniec ubiegłego roku. Doszło do niego niemal pół roku po tym, jak weszło w życie nowe rozporządzenie Komisji Europejskiej dotyczące norm jakościowych dla oliw extra vergine.

Aby zapobiegać nieuczciwym praktykom Bruksela dodała w nim kolejny parametr jakościowy, którego poziom świadczy o tym czy oliwa nadal może być nazywana extra vergine. Są to wspomniane wcześniej alkilo-estry. Ich poziom nie może przekraczać 75 mg w kg produktu.

Producenci oliwy z oliwek extra vergine mieli czas do 1 kwietnia 2011 roku na przebadanie swoich oliw pod kątem tego parametru. Jego przekroczenie powinno było skutkować deklasyfikacją oliwy do poziomu verginie.

Tego typu oliwa może trafić na rynek tylko wówczas, jeżeli zostanie poddana rafinacji, czyli procesowi oczyszczania z udziałem rozpuszczalnika. Ma ona nadal wysoki punkt spalania, a więc można na niej smażyć. Nie ma jednak tak wielu właściwości zdrowotnych jak extra vergine. Powinna być więc od niej tańsza. Firma Monini sprzedaje swoje oliwy rektyfikowane o 4-5 zł taniej niż te extra vergine.

Polaka łatwo oszukać

– W przypadku części oliw już w sklepie po dokładniejszym przyjrzeniu się konsument może przekonać się, że nie ma do czynienia z oliwą extra vergine, czyli z produktem najwyższej jakości – wyjaśnia Joanna Świątek reprezentująca firmę Monini.

Problem polega jednak na tym, że wiedza przeciętnego konsumenta w Polsce na temat oliw jest nadal niewielka. Wykorzystując o ten fakt, część firm zafałszowuje nazwy swoich produktów.

– W Polsce brakuje skutecznego egzekwowania przepisów. Nie ma też laboratorium, które mogłoby wykonać tak dokładne badania jak to, które zrobiło Chemiservice – wyjaśnia Joanna Świątek.

W drugim kwartale 2011 roku oliwę przebadały wojewódzkie inspektoraty Inspekcji Jakości Handlowej Artykułów Rolno-Spożywczych w Bydgoszczy, Katowicach, Krakowie i Warszawie. Nie stwierdziły one nieprawidłowości w zakresie parametrów fizykochemicznych oliwy z oliwek. Wykryły jednak, że jest ona źle oznakowana. Nieprawidłowości dotyczyły 17,4 proc. kontrolowanych partii oliwy z oliwek. Udział ten był o nieco ponad 9 pkt. proc. wyższy niż podczas poprzedniej kontroli w pierwszym kwartale 2010 r. Na przykład wśród składników na pierwszym miejscu umieszczono oliwę z oliwek extra vergine, podczas gdy w rzeczywistości produkt zawierał tylko 1 proc. tego składnika. IJHARS informuje, że kwestionowane partie dotyczyły oliwy z Hiszpanii.

Oliwa nie jest jak wino

Wysoka jakość oliwy z oliwek extra vergine jest ściśle związana z właściwym doborem oliwek. Muszą być zdrowe i odpowiednio uprawiane. – Oliwa z oliwek extra vergine wymaga surowca najwyższej jakości, najbardziej sprzyjającymi warunkami do uprawy drzewek oliwnych są dobrze nawodnione tereny, charakteryzujące się łagodnym klimatem o niskich wahaniach temperatur – mówi Joanna Świątek. – Zbiór oliwek powinien odbywać się bezpośrednio z drzewa, ręcznie lub za pomocą specjalnych urządzeń mechanicznych. Istotny dla jakości i smaku oliwy z oliwek extra vergine jest wybór odpowiedniego momentu zbiorów. Oliwki zebrane zanim całkowicie dojrzeją zachowują znajdujące się w nich bardzo cenne substancje działające jako anty-utleniacze, czyli witaminy, polifenole, beta karoten i chlorofil – dodaje.

Oliwa z oliwek extra vergine posiada zazwyczaj od 18-24 miesięcy przydatności do spożycia, ale jej jakość jest najwyższa w pierwszych miesiącach od produkcji. Wskazane jest także, aby była przechowywana w puszce lub ciemnej butelce.

– Oliwa z oliwek, inaczej niż wino, nie nabiera wartości i smaku z wiekiem. Oliwę należy spożywać świeżą, ponieważ z czasem traci swoje cenne właściwości zdrowotne i smakowe. Oliwa, w której można wyczuć nieprzyjemny stęchły zapach lub zjełczały tłuszcz uległa utlenieniu i nie nadaje się do spożycia – mówi Joanna Świątek.

Na rynku dostępna jest także sansa, zwana też pomace lub oliwą z wytłoków oliwnych. Powstaje z pozostałości z tłoczenia przy pomocy rozpuszczalnika, a następnie jest rafinowana. Jej jedynym walorem jest to, że świetnie nadaje się do smażenia.

Europejczycy wydają miliardy na jedzenie z Polski

W tym roku odbiorcy z zagranicy kupią u nas towary spożywcze warte ok. 15,5 miliarda euro. Te optymistyczne prognozy wskazują na kolejny rekord, choć dynamika wzrostu eksportu będzie niższa niż w 2011 roku. Producenci szukają nowych rynków zbytu

Te optymistyczne prognozy wskazują na kolejny rekord, choć dynamika wzrostu eksportu będzie niższa niż w 2011 roku. Producenci szukają nowych rynków zbytu.

– W tym roku wartość eksportu artykułów rolno-spożywczych z Polski może się zwiększyć o 2,4 proc., do niemal 15,5 mld euro – szacuje Wiesław Łopaciuk z Instytutu Ekonomiki Rolnictwa i Gospodarki Żywnościowej. – Niższe tempo rozwoju będzie przede wszystkim efektem spadku cen transakcyjnych – uważa Łopaciuk.

W swojej najnowszej prognozie dla eksportu rolno-spożywczego zakłada także spadek wielkości sprzedaży zagranicznej części naszych towarów, m.in. mleka w proszku, cukru i ziemniaków. W ubiegłym roku eksport artykułów rolno-spożywczych z Polski wyniósł niemal 15,1 mld euro i był o prawie 12 proc. wyższy niż rok wcześniej.

– Nie możemy narzekać na nasz eksport w pierwszym kwartale tego roku, ponieważ jego poziom będzie zbliżony do ubiegłorocznego – mówi „Rz" Dariusz Sapiński, prezes Spółdzielni Mleczarskiej Mlekovita, czołowej firmy mleczarskiej w Polsce. – Obawiam się jednak, że – ze względu na spadek cen na światowym rynku oraz niekorzystny kurs walutowy – kolejne kwartały będą znacznie trudniejsze dla zakładów mleczarskich, które eksportują – dodaje.

Zakłady mleczarskie nie są jedynymi, które obawiają się, że obecny rok nie będzie tak udany dla ich sprzedaży zagranicznej, jak 2011 r.

Przełożenia się niższych niż w 2011 r. cen surowców, półproduktów, a co za tym idzie – cen zbytu na wartość eksportu rolno-spożywczego nie wyklucza także Michał Koleśnikow, ekonomista banku BGŻ[1]. Jego zdaniem korekta cen może nie być jednak tak głęboka, jak jeszcze na początku tego roku oczekiwali analitycy. Dlatego jego zdaniem wartość zagranicznej sprzedaży naszej żywności może pójść w tym roku w górę o 2 – 7 proc., a nie – jak oczekiwał jeszcze w styczniu – o o – 5 proc.

– Narastające kłopoty gospodarcze naszych partnerów handlowych w UE mogą się jednak przełożyć na spadek popytu na żywność z Polski – uważa Koleśnikow. A rynek wspólnotowy jest dla nas strategiczny. Jego udział w wartości polskiego eksportu rolno-spożywczego sięgnął w 2011 r. niemal 80 proc.

Unia pozostanie z pewnością kluczowym odbiorcą naszej żywności także w tym roku i kolejnych latach. Jednak firmy spożywcze szukają dla siebie nowych rynków zbytu również poza Wspólnotą, m.in. w Azji. Atrakcyjnym rynkiem dla naszych eksporterów jest też Rosja. W 2011 r. sprzedaliśmy tam towary spożywcze za prawie 806 mln euro. To o ponad 7 proc. więcej niż w 2010 r.

Do tej pory Polska konkurowała na unijnym rynku niższymi cenami. Dzięki tej przewadze udawało się nam tam sprzedawać z powodzeniem m.in. coraz więcej drobiu oraz wieprzowiny. Niskie pogłowie trzody chlewnej w naszym kraju, a co za tym idzie – wysokie ceny mięsa wieprzowego, sprawiają, że nie jest ono aż tak atrakcyjne dla naszych odbiorców, jak jeszcze kilka lat temu, choć nadal cieszy się dużym zainteresowaniem.

Michał Koleśnikow zwraca uwagę, że w tym roku motorem napędzającym eksport może nie być już nie tylko wieprzowina, ale także wołowina. W ubiegłym roku do rozwijania eksportu żywności naszych producentów zachęcały nie tylko wysokie ceny na światowym rynku, ale także słaby złoty (po przeliczeniu na naszą walutę eksport spożywczy przekroczył 62 miliardy złotych). Początek tego roku przyniósł umocnienie złotego, a analitycy nie wykluczają, że ta tendencja się utrzyma.

Granicą opłacalności eksportu, którą podają firmy spożywcze sprzedające swoje towary za granicę, jest 4 zł za euro. Wczoraj po południu za euro płacono ponad 4,15 zł.

Strumień szkockiej zalewa Polskę

43 milionów funtów brytyjskich wyniósł eksport szkockiej whisky do Polski w 2011 r. – podało UK Trade & Investment. Był o 48 proc. wyższy niż rok wcześniej

Polski rynek jest nadal poza pierwszą dziesiątką największych rynków zbytu narodowego trunku Szkotów. Jednak tempo, w jakim rośnie jego sprzedaż do naszego kraju, jest większe niż w przypadku takich rozwijających się rynków jak Singapur (44 proc.) czy Tajwan (45 proc.). Nie jesteśmy jednak jedyni. W 2011 r. o 48 proc. eksport szkockiej whisky poszedł w górę także do Brazylii.

---

[1] **BGZ. Bank Gospodarki Żywnościowej**, a bank specializing in farm credit.

W ubiegłym roku łączny eksport szkockiej wzrósł o 23 proc. i osiągnął rekordowy poziom 4,23 mld funtów. Głównym rynkiem tego alkoholu są nadal Stany Zjednoczone. Wartość eksportu w roku 2011 wyniosła tam wyniosła 654 mln funtów (wzrost o 31 proc.). Na drugim miejscu plasuje się Francja, gdzie sprzedaż wzrosła o 27 proc. do wartości 535 mln funtów.

Wyniki poprawiło także Stowarzyszenie The Scotch Malt Whisky Society (SMWS) butelkujące i sprzedające whisky single malt wysokiej jakości.

W roku 2011 całkowita sprzedaż SMWS wzrosła o 10 proc., a jego eksport aż o 27 proc. Stowarzyszenie tłumaczy, że do wzrostu przyczyniła się rosnąca popularność whisky poza granicami rodzimego rynku oraz otwarcie trzech nowych placówek, w tym jednej w Polsce.

Największym rynkiem zbytu SMWS poza Wielką Brytanią są Stany Zjednoczone. Kolejne miejsca zajął Tajwan i Japonia, wyprzedzając Francję, która w latach poprzednich stanowiła jeden z czołowych kierunków eksportu.

– Bardzo mnie cieszy fakt, że szlachetna whisky doskonale broni się przed finansowym kryzysem i polityką zaciskania pasa prowadzoną w wielu krajach na świecie. Z satysfakcją mogę stwierdzić, że odnosi się to także do polskiego rynku – mówi Stephen Swinney, Dyrektor The Scotch Malt Whisky Society w Polsce.

Source: Beata Drewnowska, *Rzeczpospolita*, March 29, 2012

Polacy nabici w butelkę

I. Wytłumacz znaczenie następujących wyrażeń.

a)   nabici w butelkę
b)   jedyny walor
c)   cena transakcyjna
d)   kluczowy odbiorca
e)   niekorzystny kurs walutowy
f)   motor napędzający eksport

II. Odpowiedz na poniższe pytania.

1   Jaki był wynik badań oliw extra vergine sprzedawanych w polskich sklepach?
2   Kto przeprowadził te badania i na czyje zlecenie?
3   Jaką rolę w badaniach oliwy odegrała Komisja Europejska? Jaki był nowy parametr jakościowy dodany przez Brukselę?
4   Jakie są przyczyny, dla których na rynek polski często trafiają fałszywe produkty?
5   Jakie warunki muszą spełnić oliwki, żeby oliwa była najwyższej jakości?
6   Jak powinna być przechowywana oliwa i kiedy jest najlepsza?
7   Co się dzieje z oliwami które zostały zdeklasyfikowane do poziomu vergine?

III. Które z podanych poniżej stwierdzeń są prawdziwe (P), a które
fałszywe (F), zgodnie z artykułem?

1   W 2011 r Polacy wydali 132 mln złotych na na oliwę extra vergine.   P   F
2   Według laboratorium Chemiservice 11 przeanalizowanych próbek oliwy
    extra vergine nie jest z pierwszego tłoczenia.   P   F
3   Oliwa extra vergine musi mieć poziom alkilo-estrów powyżej 75 mg
    w kg produktu.   P   F
4   Nieuczciwi producenci oliwy z oliwek często wykorzystują ograniczoną
    wiedzę Polaków na temat oliwy.   P   F
5   W Polsce nie ma laboratorium, które może wykonać dokładne badania,
    ale jest skuteczne egzekwowanie przepisów.   P   F
6   Monini jest liderem polskiego rynku oliwy.   P   F
7   Oliwa nabiera z wiekiem wartości i smaku.   P   F
8   Sansa to nazwa oliwy, która powstaje z pozostałości z tłoczenia.   P   F

IV. Poszukaj informacji w internecie i napisz krótki esej na jeden z
podanych tematów:

a)   Właściwości zdrowotne oliwy extra vergine
b)   Włoska kuchnia
c)   Proces produkcji oliwy

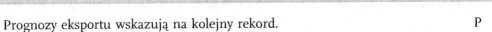

Europejczycy wydają miliardy na jedzenie z Polski

I. Odpowiedz na poniższe pytania.

1   Jaka jest prognoza Instytutu Ekonomiki Rolnictwa i Gospodarki Żywnościowej na
    wzrost eksportu artykułów rolno-spożywczych z Polski w 2012?
2   Jaki czynnik zdecyduje o tempie rozwoju?
3   Jakich towarów będą dotyczyły zmiany? Dlaczego?
4   Jaki wpływ na popyt żywności z Polski mogą mieć kłopoty gospodarcze partnerów
    handlowych w Unii Europejskiej?
5   Gdzie firmy spożywcze szukają nowych rynków?
6   W jaki sposób konkurowała Polska na unijnym rynku do tej pory? Co się zmieniło?

II. Które z podanych poniżej stwierdzeń są prawdziwe (P), a które
fałszywe (F) zgodnie z artykułem?

1   Prognozy eksportu wskazują na kolejny rekord.   P   F
2   Dariusz Sapiński jest szefem Instytutu Ekonomiki Rolnictwa i Gospodarki
    Żywnościowej.   P   F

3 Według Instytutu Ekonomiki wartość eksportu artykułów rolno-spożywczych
   może osiągnąć 15,5 mld euro.   P   F
4 Spadek cen na światowym rynku nie będzie miał wpływu na eksport
   mleka w proszku.   P   F
5 Udział w wartości rynku unijnego w wartości polskiego eksportu rolno-
   spożywczego sięgnął ponad 80 proc. w 2011r.   P   F
6 Rosja jest atrakcyjnym rynkiem dla polskich eksporterów.   P   F
7 Mięso wieprzowe jest nadal atrakcyjne dla odbiorców zagranicznych.   P   F
8 Analitycy obawiają się negatywngo wpływu mocnego złotego na wartość
   eksportu.   P   F

Strumień szkockiej zalewa Polskę

I. Odpowiedz na poniższe pytania.

1 Jaka była wartość eksportu szkockiej whisky do Polski w 2011?
2 Na którym miejscu stoi Polska jako importer whisky?
3 Jakie jest tempo wzrostu sprzedarży do Polski w porównaniu z innymi krajami?
4 Jakie są dwa najważniejsze rynki zbytu dla szkockiej whisky?
5 Jaki wpływ na eksport w 2011 r. miało Stowarzyszenie The Scotch Malt Whiskey
   Society?
6 Jaki kraj jest największym rynkiem zbytu dla SMWS?

II. Które z podanych poniżej stwierdzeń są prawdziwe (P), a które fałszywe (F) zgodnie z artykułem?

1 W 2011r Polska zwiększyła import whiskey o 43 proc.   P   F
2 Polski rynek jest w pierwszej dziesiątce największych rynków
   zybytu szkockiej whiskey.   P   F
3 Wartość eksportu do Stanów Zjednocznych w 2011r. wzrosła o 31 proc.   P   F
4 Francja zajęła drugie miejsce, gdzie sprzedaż whiskey wzrosła
   do wartości 535 mln funtów.   P   F
5 W roku 2011 Stowarzyszenie The Scotch Malt Whiskey Society (SMWS)
   zwiększyło eksport o 10 proc.   P   F
6 w roku 2011 SMW otworzyło placówkę w Polsce.   P   F

III. Napisz lub powiedz.

Przygotuj prezentację na temat The Scotch Malt Whiskey Society.

Chapter 11: Planeta ziemia

Ryszard Kapuściński

> **Ryszard Kapuściński** (1932–2007) was a journalist and foreign correspondent known for the quality of his writing and for continually putting himself in harm's way with his embedded reporting from revolutions and danger spots around the world. Among his best works were ***Cesarz*** (Caesar, 1978), about Ethiopia, and ***Imperium*** (1993), about the last days of the Soviet Union. One of Poland's most frequently translated authors, Kapuściński was at one point raised as a possible candidate for the Nobel Prize for Literature, as his writing could be classified as literary journalism. In other words, he sometimes embellished the truth to make a good story. His widely suspected role as an informer for the Polish security services in 1965–72 would have impeded his selection. The following talk was delivered to the 66th World Congress of the PEN Club,[1] held in Warsaw, in June 1999. It was published in ***Gazeta Wyborcza*** (1999-06-26), a nationally circulated daily newspaper.

Żegnamy wiek XX w przekonaniu, że chwila ta niczego nie kończy, że przeciwnie – wiek nasz powołał do życia szereg sił, zjawisk i fenomenów, które będą rozwijać się w pełni dopiero w nadchodzącym stuleciu.

Zmiana stuleci, a także, w naszym przypadku, tysiącleci, która nastąpi według jednych 1 stycznia 2000, a innych – 1 stycznia 2001, prawdopodobnie nie wywoła żadnych wstrząsów w przyrodzie. Niebo nie zawali się nad nami, żadna gwiazda nie spadnie i nie obróci Ziemi w popiół. A także: znam duże obszary świata, których mieszkańcy nie zwrócą na te daty większej uwagi. Muzułmanie – a jest ich już ponad miliard – żyją, zgodnie z ich kalendarzem, dopiero w XIV wieku. Setki milionów wyznawców innych religii mają własne, odmienne miary obliczania czasu. To tylko w naszym, chrześcijańskim, europejsko-zachodnim kręgu kulturowym osiągnęliśmy kres XX stulecia i drugiego tysiąclecia.

Chociaż moment ten ma znaczenie tylko symboliczne, a przekonanie o jego wadze ogranicza się do naszego europejsko-zachodniego świata, wydarzenia, które dokonały się w

---

[1] **PEN International**. A worldwide association of writers, founded in London in 1921 to promote intellectual co-operation and freedom of expression among writers. It is the world's oldest human rights organization and the oldest international literary organization.

XX wieku, mają wymiar globalny, ich zasięg bowiem i skutki objęły całą planetę. Weźmy choćby i porównajmy mapy świata z początku i końca XX wieku. Są to dwie zupełnie różne mapy. Na pierwszej z nich świat jest podzielony na dwie wyraźne części. Pierwsza jest zaznaczona, powiedzmy, kolorem różowym. Od razu widzimy, że tego koloru jest niedużo, że jest to niewielka grupa państw. Niewielka, ale najważniejsza. To grupa rządząca planetą, właściciele wewnętrznych i zamorskich kolonii, terytoriów podbitych i zależnych. Druga grupa – ogromna – zaznaczona jest, powiedzmy, kolorem żółtym. To wielkie obszary naszego globu zamieszkane przez ludy zależne, poddane, pozbawione własnej podmiotowości politycznej i państwowej.

Otóż jeżeli po stu latach weźmiemy dziś do ręki mapę aktualną, rejestrującą stan rzeczy pod koniec wieku, zobaczymy, że jej kolor jest jednolity, że na naszym globie znajduje się teraz blisko dwieście przynajmniej formalnie, niepodległych państw. Oto ważna ewolucja, jakiej dokonała historia w naszym stuleciu: kilka miliardów naszych sióstr i braci zostało podniesionych do godności obywateli swoich suwerennych państw. Takiego wydarzenia nie było w historii ludzkości i nigdy już więcej nie będzie.

Temu uwieńczonemu powodzeniem dążeniu do wolności i niepodległości, które opanowało ludy planety zwłaszcza od połowy XX wieku, towarzyszyły dwa procesy na skalę nigdy przedtem nie spotykaną. Pierwszym był ogromny, gorączkowy, dynamiczny pęd ludności na wszystkich kontynentach ze wsi do miast, rozumiany jako dążenie, jako szansa poprawy warunków życia. Nasza Ziemia, która na początku wieku była planetą rolników – oraczy i pasterzy (stanowili oni 95 proc. ludności) – jest światem zaludnionym przede wszystkim przez mieszkańców miast.

Drugim procesem było przekształcenie rozproszonych, niespójnych zbiorowości, wspólnot regionalnych i innych społeczności w wielkie społeczeństwo masowe, tak później przenikliwie i trafnie opisane przez Ortegę y Gasseta,[2] Ericha Fromma[3] i innych. Ukształtowanie się ludzkości w społeczeństwo masowe umożliwiło narodziny wielkich ruchów społecznych, które wstrząsnęły naszym stuleciem dwukrotnie – w formie I i II wojny światowej – i wypełniły cały nasz wiek burzliwym i niszczycielskim ciągiem rewolucji, wojen lokalnych i domowych, buntów i przewrotów.

Jednocześnie owe wykorzenione i zdezorientowane masy, które u progu mijającego stulecia zapełniły gwałtownie scenę świata, ułatwiły przez swoją niedojrzałość i frustrację powstanie i rozwój systemów totalitarnych – nazizmu i komunizmu – największego zorganizowanego zła czasów nowożytnych, usiłującego włoczyć całe pokolenia swoich poddanych za druty *Konzentrazionslagers* i gułagów.

„Wiekiem mas" („The Age of Masses") nazwał nasze stulecie wybitny historyk brytyjski Michael Biddiss.[4] Kulę ziemską, na której na początku wieku żyło nieco ponad miliard ludzi, teraz zamieszkuje ponad sześć miliardów. Ludzkość, która dawniej poruszała się po pustkowiach planety w małych, rozproszonych grupach, nagle przemieniła się w tłumy mrowiące się na ulicach miast, stłoczone na drogach świata. To pojawił się ów „samotny

---

[2] **José Ortega y Gasset** (1883–1955) was a Spanish liberal philosopher and essayist working during the first half of the 20th century.
[3] **Erich Fromm** (1900–80). German sociologist, psychoanalyst and humanistic philosopher.
[4] **Michael Biddiss**. A professor of history at Reading University, UK, who among other things chronicled the Nuremburg war crimes trials of 1945–46.

tłum", tak sugestywnie opisany przez Davida Riesmana.[5] Samotny, wykorzeniony z tradycyjnej kultury i środowiska, poszukujący nowej wspólnoty i tożsamości. Ten tłum stał się łatwym łupem wszelkiego typu ideologów, fałszywych proroków, demagogów, populistów, dyktatorów.

Członek owego masowego społeczeństwa – szary, przeciętny, anonimowy człowiek ulicy – został już stokrotnie opisany w powieściach, reportażach i studiach socjologicznych. Jest on właściwie głównym bohaterem niemal całej współczesnej literatury. To on właśnie – bohater Sinclaira i Eliota, Musila i Goytisolo[6] – wchodzi teraz w XXI wiek. Epoka, która go zrodziła, wyposażyła go w szereg łatwo rozpoznawalnych cech. Przede wszystkim brak mu poczucia bezpieczeństwa, a chęć pozbycia się lęku jest jego wielką potrzebą i tęsknotą.

* * * * *

To poczucie bezpieczeństwa i siły daje wspólnota, z którą można się utożsamić, a utożsamiamy się przez wspólny język, tradycje, religie, obyczaje przez przypisywanie im wyjątkowych, nadzwyczajnych cech i wartości. Od tego uznania naszej wyjątkowości już tylko krok do uznania naszej wyższości. Do obawy, że inni będą chcieli ją zakwestionować lub zniszczyć. Więc do czujności wobec innych – do nieufności, podejrzliwości, w końcu – do wrogości. Do gotowości walki na śmierć i życie. Do zemsty, do woli zniszczenia przeciwnika, do jego zagłady.

Takie są w skrócie etapy rodzenia się nacjonalizmu, arogancji i szowinizmu, nienawiści etnicznych, prześladowania i pogardy dla innych: nacjonalizmu, a więc jednej z tych zmór XX wieku, z którą niestety, wejdziemy w wiek XXI.

W ogóle żegnamy wiek XX w przekonaniu, że chwila ta niczego nie kończy, że przeciwnie – wiek nasz powołał do życia szereg sił, zjawisk i fenomenów, które być może będą rozwijać się w pełni dopiero w nadchodzącym stuleciu.

Gdybyśmy chcieli znaleźć jakiś wspólny mianownik dla tych wszystkich trwających wokół nas procesów, tych dokonujących się na naszych oczach transformacji i przeobrażeń, moglibyśmy powiedzieć, że w świecie współczesnym ścierają się dwa przeciwstawne nurty, a mianowicie – tendencja do integracji naszej planety oraz tendencja do jej dezintegracji.

Pojawienie się tych dwóch nurtów z taką siłą i wyrazistością właśnie w wieku XX było możliwe dzięki temu, że: – po pierwsze, w ostatnim stuleciu nastąpił gigantyczny postęp w dziedzinie komunikacji, który po raz pierwszy w dziejach pozwolił zwieść takie pojęcia jak przestrzeń i czas, umożliwiając zmniejszenie naszej planety do rozmiarów globalnej wioski, co stworzyło warunki do integracji świata: – (ale jednocześnie) po drugie, niebywały postęp techniczny i rozwój nauki ukazały narodom, że nie są same na świecie, że jest on wielokulturowy, wieloreligijny, wielorasowy. Człowiek zareagował na to odkrycie innego szokiem, niechęcią, nieufnością, przekonaniem, że aby ocaleć, musi się odgrodzić, odizolować, zamknąć w swojej niszy. Szok wywołany odkryciem różnorodności świata, jego zatłoczeniem

---

[5] **David Riesman** (1909–2002). American sociologist, attorney and educator, author of *The Lonely Crowd*, a landmark study of the American character.

[6] **Upton Sinclair Jr** (1878–1968). American author known especially for his classic muckraking novel *The Jungle*, about the Chicago meat-packing industry. **T. S. Eliot** (1888–1965). Considered by many the most important English-language poet of the 20th century, known especially for *The Love Song of J. Alfred Prufrock* and *The Waste Land*, and the play *Murder in the Cathedral*. **Robert Musil** (1880–1942). Austrian writer, known mainly for his unfinished modernist novel *Der Mann ohne Eigenschaften* (The Man without Qualities). **Juan Goytisolo** (b. 1931). Spanish poet, essayist and novelist.

i pewną niepojętością przyniósł w wielu wypadkach jego odrzucenie, dążność do zasklepiania, do ucieczki w skansen.

* * * * *

W ten sposób w XX wieku zrodził się jeden z paradoksów współczesności, który zresztą będzie z pewnością określał też rzeczywistość przyszłego stulecia. Paradoks ten polega na tym, że: – z jednej strony, komunikacja, elektronika, energia kapitału, masowość produkcji, popkultura, projekty ekologiczne, fakty panowania pokoju światowego działają na rzecz integracji naszego globu, – gdy jednocześnie wszelkie nacjonalizmy, fundamentalizmy, integryzmy, nienawiści etniczne i szowinizmy klanowe starają się popchnąć ludność naszej planety w kierunku dezintegracji, skłócenia, wzajemnej obcości.

Jednakże głównym czynnikiem dezintegrującym naszą planetarną rodzinę człowieczą – bo znajdujemy się w okresie przechodzenia od społeczeństwa masowego do planetarnego – jest panujący niesprawiedliwy podział dóbr między bogatych i biednych. O ile na początku XX wieku główny podział świata to podział między niezależną mniejszością i zależną większością, o ile w połowie wieku tym głównym podziałem staje się podział na narody żyjące w demokracji i te, które znalazły się we władzy dyktatur i reżimów autorytarnych, o tyle obecnie, po okresie dekolonizacji i zakończenia zimnej wojny, linia tego podziału przebiega między tymi, którzy żyją w dostatku, a tymi, którzy skazani są na chroniczny niedostatek, a często i głód. Ta linia przebiega przez całą naszą planetę, jak również wewnątrz większości społeczeństw nawet w krajach rozwiniętych.

Wystarczą dwie cyfry, aby uświadomić sobie zatrważającą ostrość i powagę problemu.

Pierwsza: majątek 358 światowych milionerów przewyższa połączone roczne dochody bliska trzech miliardów ludzi, i druga: długość życia ludzi w krajach Trzeciego Świata jest o połowę krótsza od życia ludzi w krajach zachodnich.

Na jednym krańcu – przytłaczający nadmiar, przeobfitość, spiętrzenie, bogactwo, nadprodukcja, potop gadżetów i błyskotek, na drugim – bieda, slamsy, puste garnki, puste kieszenie, niedostatek, brak wszystkiego, a często – głód. I żadnej szansy, żeby ten dystans skrócić, zasypać przepaść.

* * * * *

Żegnamy wiek, w którym nastąpiło ogromne przyspieszenie tempa życia, w którym rozwinął się kult szybkości i nowości. We współzawodnictwie między tym, co wartościowe, a tym, co nowe, bezwzględne wygrywa nowe. Wszystko podlega przymusowi innowacji. Nowość i innowacja – to boginie naszego świata.

Ale owo szalone tempo zdarzeń i pogoń za nowością przynoszą zalew przeciętności i żałosnego średniactwa, niwelują wszelkie hierarchie, relatywizują wszelkie wartości. Nie mamy nawet czasu, aby się nad tym zastanowić, aby przemyśleć sprawy elementarne.

Tymczasem rzeczywistość wymaga od nas stałej czujności myślenia, ciągłego poszukiwania odpowiedzi na nowe i nowe pytania, których liczba i doniosłość stale rośnie.

Żegnamy dziś XX wiek, który pozostawia wszelkie podstawowe kwestie Europy otwarte i nierozstrzygnięte.

Gdzie przebiegają dziś jej granice? Czy Europa ma swoją tożsamość? Jak ją zdefiniować? Co łączy mieszczucha z Zurychu z wczorajszym kołchoźnikiem spod Tibilisi? Jeżeli powiecie temu mieszczuchowi, że on i ów kołchoźnik są Europejczykami – burzy się, ale jeśli powiecie owemu chłopu, że nie jest Europejczykiem – też się burzy. Który z nich ma rację? Pytania te są szczególnie aktualne dziś, po zakończeniu zimnej wojny, po rozpadzie Związku Radzieckiego i Jugosławii.

* * * * *

Inny temat – miejsce Europy w nowym, wielokulturowym, policentrycznym świecie. Przez pięćset lat Europa niepodzielnie dominowała, była niekwestionowanym centrum świata, wyznaczała naszemu globowi rytm, kierunek rozwoju, a jej instytucje i styl myślenia były wzorcem dla wszystkich ludów planety. Tymczasem w wieku XX zaczęła się detronizacja Europy. Wiek ten, poza wielkimi osiągnięciami Europy, dowiódł, że jak pisze George Steiner[7] – „w jej kulturze tkwią również odruchy ludobójcze", że w tym stuleciu na polach i w miastach naszego kontynentu zginęło ponad 70 milionów ludzi, że tu dokonała się straszliwa apokalipsa Holocaustu. Żadna cywilizacja nie wyróżniła się takimi kontrastami między dobrem i złem jak europejska.

Dziś wchodzimy w nowe stulecie, które stanowi, zwłaszcza dla Europy, trudne wyzwanie. Musi ona znaleźć nowe miejsce i nową rolę na naszej planecie. Nie będzie to łatwe, jako że proces detronizacji jest dla dotkniętego jego skutkami zawsze bolesny i trudny do przyjęcia. Ludność Europy jest wiekowo najstarsza i jej proces starzenia się posuwa. Procent ludności Europy w stosunku do innych kontynentów stale się zmniejsza. Ale najważniejsze – na innych kontynentach rozkwitają i nabierają sił cywilizacje, które już dziś są uważane za modele przyszłości. Centrum świata opuszcza Europę i poprzez Atlantyk stopniowo przesuwa się w kierunku Pacyfiku.

Ale niezależnie od wszystkich przemian, wyzwań i zawirowań świata problem kultury pozostaje zawsze ten sam, niezmienny. Chodzi o to, aby ocalić człowieka z całym jego potencjalnym bogactwem wewnętrznym, pozwolić mu rozwinąć energię w kierunku dobra, zrozumienia innych i pełni człowieczeństwa.

Source: Ryszard Kapuściński, *Gazeta Wyborcza*, June 26, 1999

I. Które z podanych poniżej stwierdzeń są prawdziwe (P), a które fałszywe (F), zgodnie z tekstem?

1 XX wiek zapoczątkował wiele zjawisk i fenomenów. P F
2 Wszystkie narody uważają, że 1 stycznia 2000 r był jednoznacznym
początkiem nowego stulecia. P F
3 Mapa świata na początku XX wieku była podzielona na dwie części. P F
4 Planeta ziemia była na początku planetą rolników. P F
5 Na globie znajduje się prawie 200 formalnie niepodległych państw. P F
6 Odkrycie różnorodności świata spowodowało w wielu przypadkach fascynację
i jego całkowitą akceptację. P F
7 Majątek 358 światowych milionerów nie jest większy niż roczny dochód
3 miliardów ludzi. P F

---

[7] **George Steiner** (b. 1929). Prominent British-American literary critic, essayist, philosopher, novelist, translator and educator.

8   Długość życia ludzi w krajach wschodnich jest 2 razy większa niż ludzi
    Trzeciego Świata.   P   F
9   Rezultatem szybkiego tempa życia i pogoni za nowością jest przeciętność.   P   F
10 Procent ludności Europy w stosunku do innych kontynentów pozostaje
    bez zmian.   P   F

II. Poukładaj poniższe fragmenty tak, by tworzyły logiczną całość. Zdanie rozpoczynające tekst zostało oznaczone numerem 1.

–   Jeżeli przyjrzymy się bliżej budżetowi UE to możemy stwierdzić, że ogólny budżet
    UE to tylko około

1. UE licząca obecnie 27 państw członkowskich z prawie 500 mln populacją jest
    obecnie

–   najsilniejszą gospodarką światową. Wiadomo, że taki stan nie będzie
–   zbyt często realizowane, a jeżeli już to nakłady na nie są zarówno zbyt małe
    finansowo czy też rzeczowo. Aby stać się liczącym mocarstwem Unia Europejska
–   trwał wiecznie. Kwestią najbliższych 15–20 lat jest prześcignięcie gospodarki
    europejskiej
–   1% budżetu wszystkich państw członkowskich, gdzie wydatki na kwestie związane z
    obronnością są relatywnie niskie. Rozpatrując czynnik militarny,
–   przez gospodarkę Chin.
–   który jest równie ważny w stosunkach międzynarodowych, to w tej kwestii
–   zbrojenia, brak wypracowanej wspólnej doktryny wojennej. 'Misje petersburskie',
    uruchomione po traktacie w Maastricht w 1992 roku, nie są
–   możemy wiele Unii zarzucić. Przede wszystkim są to zbyt niskie wydatki na
–   musi wypracować wspólną politykę obronną, szkolenia wojsk, oraz co najważniejsze
    uniezależnić się od NATO i USA.

III. Odpowiedz na poniższe pytania.

1   Dlaczego Kapuściński jest zakłopotany żegnając XX wiek?
2   Dlaczego ludzie wielu kultur nie postrzegają roku 2000 jako początek nowego
    stulecia?
3   Jaka według Kapuścińskiego jest największa różnica pomiędzy mapą świata na
    początku i na końcu XX wieku? Co spowodowało tę różnicę?
4   Jakie uderzające zmiany zaszły w ludności pomiędzy początkiem a końcem XX wieku?
5   Co umożliwiło przemieszczenie się ludności ze wsi do miast?
6   Jakie czynniki według Kapuścińskiego doprowadziły do powstania i rozwoju
    systemów totalitarnych?
7   Jak się zmieniła globalna liczba ludności na przestrzeni XX wieku?
8   Co rozumiemy przez „samotny tłum", określenie stworzone przez Davida Riesmana?
9   Kto według Kapuścińskiego jest typowym bohaterem literatury XX wieku? Jakie są
    jego cechy?

10 Co umożliwiło pojawienie się przeciwstawnych nurtów – tendencji do integracji i dezintegracji, które widzi Kapuściński?

11 Jaki według autora jest główny czynnik dzielący mieszkańców naszej planety na początku XXI wieku?

12 Jakie podaje przykłady niesprawiedliwego podziału świata?

13 Co nazywa autor boginiami naszego świata?

14 Jakie wyzwania stoją przed Europą, szczególnie na początku XXI wieku?

15 Co rozumiemy przez detronizację Europy?

16 Jaki jest zasadniczy problem z kulturą Europy?

IV. Na podstawie własnych poszukiwań w internecie napisz krótki esej na jeden z poniższych tematów:

a) PEN International
b) Ryszard Kapuściński
c) Jeden z autorów cytowanych w przemowie.

Chapter 12: Chwała liberum veto

Adam Zamoyski

Besides being a descendant of one of the great Polish magnate families, who once claimed the town of Zamość, along with other vast land holdings, as one of their possessions, Count Adam Stefan Zamoyski (b. 1949) is a freelance historian and the author of many readable and best-selling books on aspects of Polish, European and world history. Born in New York and educated in Great Britain, besides writing books and essays, he is active in historical preservation in Poland. The present article reviews important aspects of Polish history and its figures from his rather iconoclastic point of view, putting many of the 'facts' that Poles think they know about their country from having learned it in school in a new interpretive light. This article appeared in the newspaper ***Tygodnik Powszechny*** Nr 30 (3237), 24 July 2011. For a sketch of the newspaper, see the text '**Wszystkie nasze dzienne zdrady**'. The article, which is in the form of an interview with Agnieszka Sabor, has been slightly condensed, with omissions indicated by [. . .].

Agnieszka Sabor: Wielu cudzoziemców uważa, że Polacy to naród, który znacznie częściej niż inne nacje (może nawet zbyt często) zajmuje się swoją historią. Czy zgadza się Pan z tą opinią?

Adam Zamoyski: I tak, i nie. Najczęściej Polacy sięgają do historii, by utwierdzić się w swoich kompleksach i poczuciu, że są ofiarą, którą „zdradzono o świcie". Skupiają się na wydarzeniach XX wieku, głównie tragicznych – czego dowodzą niedawne pomysły ministerstwa edukacji, koncentrujące się na tym, by do nich zredukować nauczanie historii w szkołach. Oczywiście, należy zrozumieć fascynację dziejami najnowszymi, których rzetelne badanie było do niedawna niemożliwe, ale przecież nie wolno zamykać się na to, co było wcześniej, a co ukształtowało nas w równym stopniu. Zresztą, program nauczania tego przedmiotu od dawna jest skandaliczny, w głowach uczniów pozostają wyłącznie chaotycznie zapętlone stereotypy: liberum veto[1] doprowadziło do rozbiorów,[2] targowiczanie[3] byli zdrajcami, konfederaci barscy[4] bohaterami, a Kościuszko[5] – naczelnikiem pierwszego powstania narodowego.

[. . .]

Nie był wodzem pierwszego powstania narodowego?

Oczywiście, że nie. Przypomnijmy, w jakich okolicznościach doszło do insurekcji. W dużej mierze do jej wybuchu przyczynił się kryzys ekonomiczny: po II rozbiorze miasta zostały odcięte od swego rolniczego zaplecza, sześć największych banków warszawskich ogłosiło upadłość, trzeba było utrzymywać czterdziestotysięczny garnizon rosyjski i płacić drakońskie cła Prusom . . . Redukowano armię, tym samym tworząc pulę niezadowolonych bezrobotnych.

Wojskowi wywołali insurekcję, ale motłoch warszawski po wypędzeniu Rosjan zaczął rabować i wieszać arystokratów. A o co tak naprawdę chodziło warszawskiemu szewcowi Janowi Kilińskiemu[6] czy chłopu spod Racławic Bartoszowi Głowackiemu[7] – tego nikt nie wie.

Kościuszko zapewne wierzył w jakąś „sprawę narodową", ale świadomość państwowości narodowej wtedy prawie nie istniała, i jak on ją widział, nie jest ewidentne. Czym się różnił

---

[1] **liberum veto** (Latin 'I freely forbid'). The principle in the old Polish Commonwealth (16th to 18th centuries) that all legislation had to carry unanimously, that any member of the nobles' **sejm** (parliament) could veto it.

[2] **rozbiory** the Partitions of Poland: 1772, 1793, 1795. Three successive divisions of Poland among Russia, Prussia and (except for the 2nd partition) Austria, eventually leading to the total incorporation of Polish territory into the lands of its neighbours. The partitions testified to the weakness of the Polish state and the inadequacy of its semi-democratic form of government in the face of the powerful monarchies by which it was surrounded.

[3] **targowiczanie** Targowica conspirators. The Targowica Confederacy, named after a town in Ukraine, was a 1792 reactionary conspiracy of Polish and Lithuanian magnates in response to the 3 May 1791 Constitution (see note 18) which curtailed their powers. The confederacy served as a pretext for the armed intervention of Russia and helped lead to the second and third partitions of Poland in 1793 and 1795 (see note 2).

[4] **konfederaci barscy** the Bar confederates. The Bar confederacy (1768–1772) was an armed alliance of Polish noblemen against the Russian tsarina Catherine the Great and the Polish King Stanisław August Poniatowski in defence of Polish independence, the privileges of the magnates, and the privileged position in Poland of the Catholic faith. Named after the town in which its articles were formulated, the Bar confederacy is considered by some to be the first Polish national uprising. It was eventually suppressed and was a major factor leading to the first partition of Poland in 1772 (see note 2).

[5] **Kościuszko, Tadeusz** (1746–1817). Polish general, leader of the celebrated but unsuccessful 1794 Kościuszko Insurrection against Russian occupation. Earlier he had fought in the American Revolutionary War. He was wounded at the battle of Maciejowice, and he and his men were defeated, captured and taken to Russia. He was later pardoned by the Russian Tsar Paul I, along with 20,000 soldiers.

[6] **Kiliński, Jan** (1760–1819). A Warsaw shoemaker who rose to political prominence in late-18th-century Warsaw. In the Warsaw Uprising of 1794, during the Kościuszko Insurrection (note 5), Kiliński formed a national militia which eventually numbered 20,000 men and he was promoted to the rank of colonel. After years of arrest and exile in Russia following the insurrection's collapse, Kiliński returned to Warsaw and wrote his memoirs.

[7] **Bartosz Głowacki** (c. 1758–94). A peasant soldier in Kościuszko's army who distinguished himself at the battle of Racławice by disarming and capturing a Russian cannon by first tossing his cap over it and snuffing out its wick, thereby becoming a symbol (for 19th-century Polish historians) of a newly born Polish peasant patriotism.

jego Uniwersał Połaniecki,[8] w którym nadawał cudzą ziemię chłopom walczącym w jego szeregach, od tego, co robili komuniści w 1944 r.?

Kołłątaj[9] rabował kościoły. A dowodzący insurekcją w Wilnie Jakub Jasiński[10] wprowadzał metody paryskich jakobinów i pisał do Kościuszki, że powiesiłby stu ludzi dla zbawienia sześciu milionów... Niczego nie zbawili, tylko doprowadzili do trzeciego rozbioru i ostatecznej likwidacji państwa polskiego.

Ta insurekcja czy też rewolucja zmitologizowała się w powstanie narodowe dopiero później, na początku XIX wieku, gdy zaczęto tworzyć nową koncepcję państwowości i narodowości – wtedy z Kościuszki trzeba było zrobić bohatera narodowego.

Zaburzmy i inne stereotypy wyniesione ze szkoły. Zawsze byłam przekonana, że liberum veto i wolna elekcja to dwie niezwykle istotne przyczyny upadku I Rzeczypospolitej.[11] Czy absolutyzm nie był koniecznym etapem w dziejach Europy?

Od dwustu lat bijemy się w piersi, przekonani, że liberum veto ośmiesza nas na arenie międzynarodowej. Słynne hasło „Polska nierządem stoi"[12] odczytujemy wyłącznie pejoratywnie i krytycznie, zapominając, że alternatywą był absolutyzm, który ani nie wynikał z „konieczności dziejowej", ani nie kojarzy nam się zbyt dobrze. Począwszy od XVI wieku Tudorowie, Burbonowie, Habsburgowie, carowie rosyjscy, Hohenzollernowie[13] budowali model władzy scentralizowanej, który krwawo rozbił się w 1914 r.[14] Absolutyzm próbowano odrodzić w czerwonej Rosji i nazistowskich Niemczech, co ostatecznie go skompromitowało.

Krytycyzm wobec demokracji szlacheckiej ma źródło w „protestanckim" twierdzeniu, że miarą sukcesu jest wyłącznie wyliczalny zysk. Rzeczywiście, w tym sensie I Rzeczpospolita przegrała. Jednak w dzisiejszej Europie – przy wszystkich jej wadach – ten sposób myślenia odchodzi na szczęście w niepamięć. Zaś „dziwaczny" ustrój demokracji szlacheckiej zawierał elementy, które stają się dziś atrakcyjne jako budulec cywilizacji Zachodu.

---

[8] **Uniwersał Połaniecki** Połaniec Manifesto. An edict issued on 7 May 1794 by Tadeusz Kościuszko granting land rights to the peasantry. Besides reflecting his beliefs, the document helped to attract the peasants to his cause.

[9] **Hugo Kołłątaj** (1750–1812). Political philosopher and and educational reformer, active in passing the 3 May Constitution (see note 16). He participated in the Kościuszko Insurrection (see note 5), and co--authored with Kościuszko the Połaniec Manifesto (see note 8).

[10] **Jakub Jasiński** (1759–94). A Polish-Lithuanian general active in support of the Kościuszko Insurrection and the May 3 Constitution (see note 18); also a major poet of the Polish Enlightenment. Jasiński was an effective military leader, but much more radical in his politics than Kościuszko (see note 5). He perished in the defense of Warsaw.

[11] **Pierwsza Rzeczpospolita** First, or Nobles' Republic. Often known as the Polish-Lithuanian Commonwealth, or the Commonwealth of Two Nations, the name **Rzeczpospolita** translates Latin res publica. The First Republic dates from the 1569 Union of Lublin and the formalization of the relationship between the Crown of the Polish Kingdom and the Grand Duchy of Lithuania. It was the largest and most populous country of 16th- and 17th-century Europe. The Republic lasted until the third partition of Poland in 1795.

[12] **Polska nierządem stoi** Poland stands in anarchy. A saying from the 17th century, when Poland was ruled by a succession of Saxon kings, who took no special interest in the country, while foreign armies marched across the country with impunity.

[13] **Tudorowie, Burbonowie, Habsburgowie, carowie rosyjscy, Hohenzollernowie.** The royal families in England, France, Austria, Russia and Prussia, respectively.

[14] **1914.** The first year of World War I, marking the end of the great European monarchies (see note 13).

Przypomnijmy, że to z Polski już w XVI wieku szły w świat projekty jakiegoś zjednoczenia europejskiego. Państwo to było też – w zdumiewająco nowoczesny sposób – pacyfistyczne. Polacy uważali, że zawsze można jakoś się dogadać, zaś wydawanie pieniędzy na armię to czyste marnotrawstwo (przecież dziś Zachód utrzymuje armię wyłącznie dlatego, że musi pełnić w świecie funkcję policjanta, której chętnie by się pozbył).

W całej Europie dyskutujemy o kwestiach równościowych, warto więc przypomnieć, że gdy Henryk Walezy,[15] składając w paryskiej katedrze Notre-Dame przysięgę, że będzie wierny obowiązkom monarchy w odległej Polsce, nie chciał odczytać fragmentu dotyczącego wolności wyznania, Jan Zborowski[16] zagroził mu wobec całego dworu francuskiego: „Jeśli nie zaprzysięgniesz, nie będziesz panował". Rzeczpospolita opierała się, i to już od czasów piastowskich,[17] na regionalizmie, silnym poczuciu tożsamości i spójności „małych ojczyzn". Ów nierząd, którym Polska stała, można więc rozumieć jako brak władzy centralnej, która przeszkadzałaby w rozwiązywaniu „spraw powiatowych", istotniejszych ze swej natury.

Tymczasem dziś – wciąż zakompleksieni naszą historią XIX i XX wieku – anachronicznie bronimy scentralizowanego państwa, w pewien sposób absolutystycznego, obcego naszej mentalności (o czym świadczy np. fakt, że i dzisiaj ludzie, którzy dorobili się milionów na prowincji, inaczej niż we Francji czy Wielkiej Brytanii, wcale nie przenoszą się na stałe do stolicy). Zresztą, czy jest sens bronić centralizmu w świecie, w którym ani my nikomu nie zagrażamy, ani nikt, co najwyżej zagubiony terrorysta, nam nie zagraża?

Po co nam tak silna władza w Warszawie, minister kultury czy oświaty? Może większe prerogatywy należą się województwom i powiatom, gdzie korupcja pozostaje zjawiskiem o wiele rzadszym?

Wracając do liberum veto: czy instynkt niezgody, który w nim tkwił, nie przyczynił się aby do tego, że przetrwaliśmy zabory, drugą wojnę światową, komunizm? . . .

Targowiczanie nie byli więc zdrajcami?

Sprawa była nad wyraz skomplikowana. Zacznijmy od konfederacji barskiej, zawiązanej 29 lutego 1768 r. przez braci Józefa i Kazimierza Pułaskich oraz biskupa kamienieckiego Adama Krasińskiego. Owszem, w ich programie pobrzmiewały wzniosłe (i banalne) hasła o świętej wierze katolickiej i narodowej wolności. Jednak w gruncie rzeczy konfederaci dali argumenty Rosji i Prusom, „uprawomocniając" niejako I rozbiór Polski. Francja, na którą tak bardzo

---

[15] **Henryk I Walezy** (Henri de Valois, 1551–89, ruled Poland 1573–75). Poland's first elected king was French and heir to the French throne. In order to be confirmed, he had to swear to uphold the so-called 'golden freedoms' of the Polish nobility, including **liberum veto** (see notes 1 and 16). Another condition was his marriage to Anna Jagiellonka, 30 years his senior, sister of the deceased Polish king Zygmunt II August (1520–72). He reneged on his promise and in 1574 returned to France to accept the newly open throne there, after which Anna and her new fiancé Stefan Batory were elected co-rulers of Poland (see note 21).

[16] **Jan Zborowski** (1538–1603), a Polish hetman of the crown (commander-in-chief of the army) who, in 1573, was sent as an emissary to France to invite Henryk Walezy (French Henri de Valois), heir to the French throne, to become king of Poland; see note 15. Zborowski forced Henryk to pledge to the principles of Polish government known as the **artykuły henrykowskie** (Henrician articles). The articles amounted to Poland's first written constitution.

[17] **Piastowie**. The first historical dynasty of Polish rulers, reigning from 960–1370. The semi-legendary progenitor was **Piast Kołodziej** (Piast the Wheelwright) of Gniezno. The last Piast ruler was **Kazimierz III Wielki** (Kazimierz the Great, 1310–70).

liczyli, zainteresowana początkowo wspieraniem antyrosyjskiej (i antykrólewskiej) opozycji w Polsce, już w 1770 r. wycofała się politycznie z tego rejonu.

A targowiczanie? Pamiętajmy, że do podpisania konfederacji konserwatystów doszło tuż po ustanowieniu Konstytucji 3 Maja,[18] którą widzieli jako początek zamachu stanu i rewolucji – analogicznej do tej, która trwała właśnie we Francji. Wydawało im się, że ratują kraj, broniąc „złotej polskiej wolności" przed zakusami „monarchicznej i demokratycznej rewolucji". To nie było tak, że – jak chciał widzieć Targowicę Wyspiański w „Weselu"[19] – cynicznie sprzedawali Rzeczpospolitą za złoto . . .

[. . .]

Czy kiedy myśli Pan o tym, jak kształtują się dzieje Polski w ostatnich dwudziestu latach, przychodzą Panu do głowy jakieś analogie?

Oczywiście. Jeden tylko przykład, z ubiegłego roku. Kiedy Prawo i Sprawiedliwość[20] przegrało wybory prezydenckie, wielu członków partii Jarosława Kaczyńskiego po prostu nie przyjęło tego faktu do wiadomości. Analogiczne sytuacje kilkakrotnie zdarzały się podczas wolnych elekcji, począwszy od 1587 r. Wtedy, po śmierci Stefana Batorego,[21] konkurowały ze sobą dwa obozy: prohabsburski (wspierany przez papieża i Hiszpanię) oraz antyhabsburski, działający na rzecz Zygmunta Wazy,[22] syna Katarzyny Jagiellonki, siostry Zygmunta Augusta. Gdy wybrano Szweda, jego przeciwnicy po prostu nie uznali tego wyboru, zaś Maksymilian Habsburg i jego zwolennicy stanęli pod murami Krakowa.

[. . .]

Jednocześnie trzeba zauważyć, że przemiany ostatniego dwudziestolecia dokonywały się – wbrew pozorom – w sposób o wiele bardziej spokojny, dojrzały, konsekwentny niż te, które odbudowywały Rzeczpospolitą po okresie zaborów. Przynajmniej w niektórych aspektach.

---

[18]   **Konstytucja 3 maja** (3 May Constitution, 1791). The culmination of the raucous Four-Year Sejm, held with the encouragement of King Stanisław August Poniatowski (1732–98). Its ultimately unsuccessful aim was to rescue the Polish-Lithuanian Commonwealth from its virtually paralytic state due to the privileges enjoyed by the nobles, especially their power of veto (see note 1) over all legislation. Short-lived, the constitution led to a revolt of the nobles under the Targowica confederacy, 1792–93 (see note 3); to the intervention of Russia and Prussia in the second and third partitions of 1793 and 1795 (see note 2); and to the loss of Polish statehood.

[19]   'Wesele' (The Wedding). A symbolist play by Stanisław Wyspiański (1869–1907), first performed in 1901, the most important literary work of the Young Poland period. The action takes place at a wedding in the village of Bronowice near Kraków. Based on a real wedding between a poet and a peasant girl, it mixes real people with historical and legendary figures.

[20]   **Prawo i Sprawiedliwość** (Law and Justice, PiS). A conservative political party established by the Kaczyński brothers, Lech and Jarosław. Lech held the presidency from 2005–2010 and was a victim of the Smoleńsk air disaster of 2010; his twin brother Jarosław was premier in 2006–2007 and stood for the presidency in 2010, but lost to Bronisław Komorowski of the centrist **Platforma Obywatelska** (Civic Platform) party.

[21]   **Batory**, **Stefan** (1533–86, ruled 1576–86). After Anna Jagiellonka was elected queen, the Polish nobility under Jan Zamoyski selected Stefan Batory of Hungary as her husband and king. While the marriage was a disaster, Batory is considered to have been one of the best of the Polish elected kings, especially in military matters.

[22]   **Zygmunt III Waza** (1566–1632). The Wazas were a dynasty of Swedish kings with a branch in Poland initiated with the election of **Zygmunt III Waza** in 1587. The Polish line was Catholic and the Swedish Protestant, and they were at constant war with one another, with negative consequences for Poland's development. The Wazas were elective kings who tried unsuccessfully to return the Polish monarchy to a hereditary one.

Na początku lat 90. ubolewaliśmy, że nie mamy elit intelektualnych ani politycznych, podczas gdy do odbudowy Rzeczypospolitej po 1918 r. zabierali się ludzie świetnie wykształceni, „terminujący" wcześniej w parlamencie austriackim, rosyjskiej Dumie i Reichstagu . . . Mimo to okazało się, że rozwój polityczny II Rzeczypospolitej[23] był raczej żałosny. Inaczej niż po 1989 r., kiedy to okazało się, że 130 partii, które stawiły się do wyborów na początku III Rzeczypospolitej,[24] zredukowało się dziś do kilku. I niezależnie od tego, czy są one mądre, czy głupie, marzycielskie czy racjonalistyczne, dobre czy złe, faktem jest, że nie było żadnej wariackiej próby rokoszu.

Nikt na poważnie nie protestował przeciwko wejściu do NATO czy Unii Europejskiej. Nikt nie zabił prezydenta – tak jak zamordowano Gabriela Narutowicza.[25] Co równie ważne, Polacy – w odróżnieniu od Słowaków, Serbów czy Węgrów – nie zgłaszali po 1989 r. żadnych roszczeń terytorialnych. Kraj – inaczej niż Rumunia i Bałkany – nie spłynął krwią. To świadczy o racjonalizmie i dojrzałości.

Paradoksalnie, temu ostatniemu przysłużyła się klęska 1945 r.: powojenne przesunięcie granic i akcje przesiedleńcze.[26] Polska wbrew całej swej tradycji stała się wtedy homogeniczna. Może to dlatego gloryfikujemy II, a nie III Rzeczpospolitą.

Tak, ale trzeba sobie zadać pytanie: co my tak naprawdę gloryfikujemy? Przede wszystkim wojnę polsko-bolszewicką,[27] a w niektórych rejonach, głównie w dawnej Galicji,[28] trwa także kult marszałka Piłsudskiego. Nie doceniamy natomiast tego, z czego moglibyśmy

---

[23] **Druga Rzeczpospolita** Second Polish Republic, 1918–39. Named 'second' to establish continuity with its predecessor, the 'Old' Republic, or Polish-Lithuanian Commonwealth. The term refers to the Polish state between the two world wars.

[24] **Trzecia Rzeczpospolita** Third Polish Republic. In his inaugural address of 1990, newly elected president Lech Wałęsa declared post-communist Poland to be the 'third' Polish republic, establishing continuity between it and the 'second', or interwar, government. The term is now incorporated into the preamble to the Polish constitution.

[25] **Narutowicz, Gabriel** (1865–1922). A hydroelectric engineer by profession, **Narutowicz** was a fairly unwilling candidate for president in the 1922 elections. He won after several ballots as a compromise candidate with the support of the national minorities and the peasant parties. He was assassinated several days after his inauguration by a fanatic of the National Democrats.

[26] **przesunięcie granic i akcje przesiedleńcze** shifting of borders and resettlement operations. Following the redrawing of Poland's borders at the Yalta Conference of 1945, at which Poland's eastern territories were ceded to the Soviet Union, much of the Polish population east of the border was resettled to towns inside Poland, especially to lands in the west that were forcibly ceded to Poland by Germany.

[27] **wojna polsko-bolszewicka** the Polish–Bolshevik War, 1920. A war following World War I between recently free Poland and recently arisen Soviet Russia, in which the latter attempted to bring communism to Germany and the entire European continent over the body of Poland. The Red Army advanced as far as Warsaw, where Polish forces under the command of **Józef Piłsudski** routed the Soviet forces at the so-called Miracle on the Wisła, 13–25 August 1920, and drove them far to the east. The victory gave Poland control over much of the **kresy** (eastern territories which now belong to Lithuania, Belarus, and Ukraine), at least until 1939.

[28] **Galicja** Ukrainian *Halychyna*, Galicia. The designation for lands under the Austrian Partition as the result of the first and third partitions in 1772 and 1795. From 1741 it was a crown kingdom under Austria-Hungary, and included the large towns of Kraków, Rzeszów, Przemyśl, Lwów (today's Ukrainian *L'viv*) and Stanisławów (today's *Ivano-Frankivsk*). The population was more Polish in the west and more Ukrainian in the east, with Jews comprising roughly a third of the urban population everywhere.

dzisiaj czerpać: osiągnięć polskiej edukacji, systemu sądowniczego, opieki społecznej. W dwudziestoleciu[29] wszystkie te sfery działały znakomicie.

Obecne szkolnictwo polskie to tragedia. Opieka społeczna nie ma w sobie krzty przedwojennego poczucia służby. System sądowniczy to skandal. Jeden tylko przykład: kwestia reprywatyzacji. Żaden rząd po 1989[30] r. nie rozwiązał tego problemu – a w gruncie rzeczy nie chodzi o to, czy majątek będzie zwracany, czy nie (zawsze będą pokrzywdzeni), ale o podjęcie konkretnej, obowiązującej decyzji, pójście w prawo albo w lewo (niech będzie to nawet „gruba kreska"). Na razie każda sprawa jest przekładana z szuflady do szuflady. A za politykę „Pomyślę o tym jutro" płaci podatnik.

Tak więc: mimo bolesnych kosztów wiążących się z reformami ekonomicznymi i finansowymi transformację po 1989 r. przeszliśmy o wiele łagodniej niż proces odbudowy naszego państwa po rozbiorach. Mimo to w wielu sprawach nie potrafimy skorzystać z doświadczeń II Rzeczypospolitej w kwestiach co prawda mniej spektakularnych niż polityka rozumiana jako gra, ale niezbędnych do funkcjonowania państwa.

Czyli okazało się, że w gruncie rzeczy historia niewiele nas nauczyła?

Najwyższy czas przestać narzekać, zawodzić o nieszczęściach, które nas spotkały. Pod wieloma względami Polska znajduje się obecnie w nieporównywalnie lepszej sytuacji niż wiele państw, którym zazdrościmy. Francja, Wielka Brytania czy Niemcy stoją wobec ogromnego wyzwania społeczno-politycznego, które wynika z imperialnej historii Zachodu i wiąże się z napływem gigantycznej rzeszy imigrantów spoza Europy. Widzimy, jak rozpadają się stare społeczności, jak nieskuteczne okazują się kolejne projekty integracyjne, jak trudno o kompromis, gdy zderzają się tak różne wartości jak islam i cywilizacja judeo-chrześcijańska. Okiełznanie tego chaosu będzie się wiązało z gigantycznymi kosztami (nie tylko finansowymi). Skali problemu nie widać z polskiej perspektywy, tymczasem powinniśmy się cieszyć, że jak na razie – nas on nie dotyczy.

Najwyższy czas zastanowić się, w którym momencie naszej historii stoimy, czego chcemy i jakie mamy atuty. Do tego przydaje się historia – zwłaszcza tym, którzy wybrali karierę (i odpowiedzialność) polityczną. PiS, jedyne stronnictwo, które chciało promować jakąś wizję historii, zdobyło się jedynie na projekt IV Rzeczypospolitej[31] – koncepcję jałową, bo opierającą się wyłącznie na doświadczeniach II wojny światowej i okresu PRL-u, postrzeganych zresztą z jednej tylko, warszawskiej perspektywy.

Paradoksalnie, w podobny sposób postępowali władcy PRL-u, którzy wybrali sobie Polskę Piastów i na niej zbudowali propagandę historyczną. Tymczasem każdy, a przede wszystkim mąż stanu, powinien analizować wszystkie wątki, składające się na dzieje naszego kraju, a następnie stworzyć jakąś ich syntezę – ze świadomością, że nie będzie idealna, ale wskaże mu drogę do kształtowania przyszłości.

Source: Adam Zamoyski *Tygodnik Powszechny* 30 (3237), July 24, 2011

---

[29] **Dwudziestolecie międzywojenne**. The twenty-year period between the two world wars, also referred to as the **okres międzywojenny**.

[30] 1989. The year marks the last year of the **Polska Rzeczpospolita Ludowa** (Peoples' Republic of Poland, PRL), i.e. communist Poland.

[31] **Czwarta Rzeczpospolita** the 'Fourth' Polish Republic. A political slogan coined by Lech Kaczyński during his successful presidential campaign of 2005, referring to a somehow purified version of the 'Third' Republic (see note 24).

I. Które z podanych poniżej stwierdzeń są prawdziwe (P), a które fałszywe (F)?

1 Program nauczania historii jest na tak niskim poziomie, że w głowach
uczniów pozostają tylko chaotyczne stereotypy.   P   F
2 Insurekcję wywołał motłoch warszawski.   P   F
3 Kryzys ekonomiczny był w dużej mierze przyczyną insurekcji.   P   F
4 W czasach Kościuszki świadomość państwowości narodowej była bardzo mocna.   P   F
5 Według Zamoyskiego liberum veto było lepszą alternatywą niż absolutyzm.   P   F
6 Projekty zjednoczenia europejskiego rodziły się w Polsce dopiero w XIX wieku.   P   F
7 Już od czasów piastowskich Polska opierała się na silnym poczuciu
tożsamości i spójności regionów.   P   F
8 Wyspiański przedstawił targowiczan w „Weselu" jako cynicznych zdrajców
Rzeczypospolitej.   P   F
9 Po 1989 Polacy zgłaszali roszczenia terytorialne.   P   F
10 Pod względem imigracji Polska jest w lepszej sytuacji niż wiele krajów
zachodnio-europejskich.   P   F

II. Odpowiedz na poniższe pytania:

1 Do jakiego stopnia według Zamoyskiego Polacy interesują się historią swojego kraju?
2 Dlaczego autor uważa, że w polskich szkołach źle uczy się historii?
3 Jakie były okoliczności, w których doszło do insurekcji kościuszkowskiej?
4 Jaki zarzuty kieruje autor pod adresem przywódców insurekcji i ich motywów?
5 Dlaczego Zamoyski wątpi, czy Kościuszko zasługuje na miano narodowego bohatera?
6 Biorąc pod uwagę pochodzenie Zamoyskiego, dlaczego jego pogląd na insurekcję
różni się od większości Polaków?
7 Dlaczego Zamoyski próbuje bronić prawa liberum veto?
8 Jakie podobieństwo widzi między sytuacją w Europie w XVI wieku i obecnie?
9 Jaki jest pogląd Zamoyskiego na scentralizowane państwo?
10 W jakim świetle przedstawia konfederację targowicką 1792r., że targowiczanie nie są
widziani jako zdrajcy?
11 Jakie analogie widzi autor pomiędzy historią Polski ostatnich dwudziestu lat a historią
dalszej przeszłości kraju?
12 Jakie pozytywne znaki widzi Zamoyski w sytuacji politycznej III Rzeczypospolitej w
przeciwieństwie do II Rzeczypospolitej?
13 Jakie były niektóre osiągnięcia Polski w okresie międzywojennym?
14 Dlaczego Zamoyski widzi współczesną Polskę w negatywnym świetle w porównaniu z
Polską okresu międzywojennego?
15 Jaka według niego jest najbardziej pilna sprawa w systemie prawnym, która wymaga
rozwiązania? Dlaczego twoim zdaniem Zamoyski czuje się tak na ten temat?
16 Pod jakimi względami Polska znajduje się w lepszej sytuacji niż wiele innych krajów
europejskich?
17 Dlaczego Zamoyski jest krytyczny w stosunku do partii Prawo i Sprawiedliwość?

III. Uzupełnij podane zdania odpowiednim czasownikiem w czasie teraźniejszym:

uważać, zawierać, dorobić, wierzyć, brzmieć, rozpadać, przenosić

1   Polacy _____, że zawsze można się porozumieć.
2   Przywódca _____ w sprawę narodową.
3   Ustrój demokracji szlacheckiej _____ atrakcyjne elementy.
4   Ludzie, którzy _____ się milionów na prowincji, nie _____ się do stolicy.
5   W ich programie. _____ wzniosłe hasła o narodowej wolności.
6   Widzimy jak _____ się stare społeczności.

IV. Na podstawie własnych poszukiwań w internecie napisz krótki esej na jeden z poniższych tematów:

a)   Liberum veto
b)   Tadeusz Kościuszko
c)   Henryk Walezy
d)   Jedna z postaci wymienionych w notatkach do tekstu
e)   Partia Prawo i Sprawiedliwość lub Platforma Obywatelska

Chapter 13: Ogłoszenie stanu wojennego

Gen. Wojciech Jaruzelski

Stan wojenny (martial law). In view of the rapidly spreading independent trade union movement (**Solidarność**, Solidarity), and the danger of its turning into a call for true national democracy, in order to keep Poland in the communist bloc, martial law was proclaimed on 13 December 1981 by the newly formed **Wojskowa Rada Ocalenia Narodowego** (Military Council for National Salvation, WRON) under head of the army General **Wojciech Jaruzelski**, who was at the same time also Polish premier and first secretary of the communist party. The text of his declaration was published the following day, among other places in **Żołnierz Wolności** (Soldier of Freedom), the army's daily newspaper. Jaruzelski's justification was that he was trying to spare Poland the bloody experiences of Hungary 1956 and Czechoslovakia 1968. Union activists were interned (some 10,000, including most union leaders), various organizations were disbanded (including independent labour unions), and a **godzina policyjna** (curfew) was imposed. Some 800 journalists were removed from their jobs, and the military took control of the mass media, with uniformed officers reading the nightly television news. The martial law period was characterized by **kartki żywnościowe** (food-ration cards) and long queues for an increasingly smaller assortment of goods and products of all sorts. Martial law was lifted on 22 July 1983. Jaruzelski's text is an example of official communist-era rhetoric, making reference to hallowed national symbols, and using the vocabulary of freedom and democracy to justify the imposition of just the opposite. He consistently places the blame for Poland's disastrous political situation not only on Solidarity activists but also on past members of the government who, according to him, abused their positions of authority. A number of them were interned as well.

Obywatelki i obywatele Polskiej Rzeczypospolitej Ludowej!

Zwracam się dziś do Was[1] jako żołnierz i jako szef rządu polskiego. Zwracam się do Was w sprawach wagi najwyższej. Ojczyzna nasza znalazła się nad przepaścią. Dorobek wielu pokoleń, wzniesiony z popiołów polski dom ulega ruinie. Struktury państwa przestają działać. Gasnącej gospodarce zadawane są codziennie nowe ciosy. Warunki życia przytłaczają ludzi coraz większym ciężarem. Przez każdy zakład pracy, przez wiele polskich domów, przebiegają linie bolesnych podziałów. Atmosfera niekończących się konfliktów, nieporozumień, nienawiści – sieje spustoszenie psychiczne, kaleczy tradycje tolerancji. Strajki, gotowość strajkowa, akcje protestacyjne stały się normą. Wciąga się do nich nawet szkolną młodzież. Wczoraj wieczorem wiele budynków publicznych było okupowanych. Padają wezwania do fizycznej rozprawy z „czerwonymi",[2] z ludźmi o odmiennych poglądach. Mnożą się wypadki terroru, pogróżek i samosądów moralnych, a także bezpośredniej przemocy.

Szeroko rozlewa się po kraju fala zuchwałych przestępstw, napadów i włamań. Rosną milionowe fortuny rekinów podziemia gospodarczego. Chaos i demoralizacja przybrały rozmiary klęski. Naród osiągnął granice wytrzymałości psychicznej. Wielu ludzi ogarnia rozpacz. Już nie dni, lecz godziny przybliżają ogólnonarodową katastrofę. Uczciwość wymaga, aby postawić pytanie: Czy musiało do tego dojść? Obejmując urząd prezesa Rady Ministrów[3] wierzyłem, że potrafimy się podźwignąć. Czy zrobiliśmy więc wszystko, aby zatrzymać spiralę kryzysu?

Historia oceni nasze działania. Nie obeszło się bez potknięć. Wyciągamy z nich wnioski. Przede wszystkim jednak minione miesiące były dla rządu czasem pracowitym, borykaniem się z ogromnymi trudnościami. Niestety – gospodarkę narodową uczyniono areną walki politycznej. Rozmyślne torpedowanie rządowych poczynań sprawiło, że efekty są niewspółmierne do włożonego wysiłku, do naszych zamierzeń. Nie można odmówić nam dobrej woli, umiaru, cierpliwości. Czasem było jej może aż zbyt wiele. Nie można nie dostrzec okazywanego przez rząd poszanowania umów społecznych. Szliśmy nawet dalej. Inicjatywa wielkiego porozumienia narodowego[4] zyskała poparcie milionów Polaków. Stworzyła szansę pogłębienia systemu ludowładztwa, rozszerzenia zakresu reform.

Te nadzieje obecnie zawiodły. Przy wspólnym stole zabrakło kierownictwa „Solidarności". Słowa wypowiedziane w Radomiu,[5] obrady w Gdańsku odsłoniły bez reszty prawdziwe zamiary jej przywódczych kręgów. Zamiary te potwierdza w skali masowej codzienna praktyka, narastająca agresywność ekstremistów, jawne dążenie do całkowitego rozbioru socjalistycznej polskiej państwowości. Jak długo można czekać na otrzeźwienie? Jak długo ręka wyciągnięta do zgody ma się spotykać z zaciśniętą pięścią? Mówię to z ciężkim sercem, z ogromną goryczą. W naszym kraju mogło być inaczej. Powinno być inaczej. Dalsze trwanie obecnego stanu prowadziłoby

---

[1]   In written direct address, such as the present declaration, personal pronouns and pronominal adjectives are obligatorily capitalized; see **Wy**, **Wasz** used throughout by Jaruzelski in addressing his audience.

[2]   **czerwoni** the reds, i.e. communists.

[3]   **prezes Rady Ministrów** chairman of the Council of Ministers, i.e. the premier.

[4]   The reference here is to the so-called Gdańsk Accord (**porozumienie**) signed between the government and Lech Wałęsa in September 1980, ending an occupational strike at the **Stocznia Gdańska** (Gdańsk Shipyards) and granting to Solidarity the right to register as a legal independent nation-wide trade union.

[5]   In June 1976 a sudden unannounced increase in food prices provoked spontaneous worker strikes in Warsaw and in Radom, where workers burned down the communist party headquarters and cut the main railway line to Warsaw.

nieuchronnie do katastrofy, do zupełnego chaosu, do nędzy i głodu. Surowa zima mogłaby pomnożyć straty, pochłonąć liczne ofiary. Szczególnie wśród najsłabszych – tych, których chcemy chronić najbardziej. W tej sytuacji bezczynność byłaby wobec narodu przestępstwem.

Trzeba powiedzieć: dość! Trzeba zapobiec, zagrodzić drogę konfrontacji, którą zapowiedzieli otwarcie przywódcy „Solidarności". Musimy to oznajmić właśnie dziś, kiedy znana jest bliska data masowych politycznych demonstracji, w tym również w centrum Warszawy, zwołanych w związku z rocznicą wydarzeń grudniowych.[6] Tamta tragedia powtórzyć się nie może. Nie wolno, nie mamy prawa dopuścić, aby zapowiedziane demonstracje stały się iskrą, od której zapłonąć może cały kraj. Instynkt samozachowawczy narodu musi dojść do głosu. Awanturnikom trzeba skrępować ręce, zanim wtrącą ojczyznę w otchłań bratobójczej walki.

Obywatelki i obywatele!

Wielki jest ciężar odpowiedzialności, jaka spada na mnie w tym dramatycznym momencie polskiej historii. Obowiązkiem moim jest wziąć tę odpowiedzialność – chodzi o przyszłość Polski, o którą moje pokolenie walczyło na wszystkich frontach wojny i której oddało najlepsze lata swego życia. Ogłaszam, że w dniu dzisiejszym ukonstytuowała się Wojskowa Rada Ocalenia Narodowego.[7] Rada Państwa, w zgodzie z postanowieniami Konstytucji, wprowadziła dziś o północy stan wojenny na obszarze całego kraju. Chcę, aby wszyscy zrozumieli motywy i cele naszego działania. Nie zmierzamy do wojskowego zamachu, do wojskowej dyktatury. Naród ma w sobie dość siły, dość mądrości, aby rozwinąć sprawny, demokratyczny system socjalistycznych rządów. W takim systemie siły zbrojne będą mogły pozostawać tam, gdzie jest ich miejsce – w koszarach. Żadnego z polskich problemów nie można na dłuższą metę rozwiązać przemocą. Wojskowa Rada Ocalenia Narodowego nie zastępuje konstytucyjnych organów władzy. Jej jedynym zadaniem jest ochrona porządku prawnego w państwie, stworzenie gwarancji wykonawczych, które umożliwią przywrócenie ładu i dyscypliny. To ostatnia droga, aby zapoczątkować wychodzenie kraju z kryzysu, uratować państwo przed rozpadem. Komitet Obrony Kraju powołał pełnomocników-komisarzy wojskowych na wszystkich szczeblach administracji państwowej oraz w niektórych jednostkach gospodarczych. Pełnomocnicy-komisarze otrzymali prawo nadzorowania działalności organów administracji państwowej – od ministerstw do gmin.[8]

---

[6] **grudzień 1970, wydarzenia grudniowe** December 1970, the December Events. In December 1970 protests broke out across the seacoast region, especially in Gdańsk and Gdynia, in response to a sharp rise in food prices. Workers at the **Stocznia Gdańska** (Gdańsk Shipyards) went on strike and were joined by students and by workers from other factories. Street demonstrations grew increasingly strident and violent. On Thursday 17 December, orders were given for the army to open fire on demonstraters. More than 500 tanks, 5000 policemen, and 27,000 soldiers were brought in to deal with the situation. At least 80 civilians were killed across the region. A consequence of the December events was the replacement of party secretary Władysław Gomułka with Edward Gierek. Food prices were rolled back.

[7] **Wojskowa Rada Ocalenia Narodowego** Military Council for National Salvation, WRON. The acronym had a humorous connotation with the word **wrona** 'crow' or **wrony** 'coal black'. A popular protest graffito of the day was **WRON won za Don** (WRON begone to beyond the Don, i.e. back to Russia).

[8] **gmina** township. Poland is divided into **województwa** (voivodeships), roughly corresponding to states, which are further divided into **powiaty** (counties), and then into **gminy** (townships). The word **gmina** is used here to mean 'down to the local level'.

Proklamacja Wojskowej Rady Ocalenia Narodowego oraz publikowane dziś dekrety określają szczegółowo normy publicznego porządku na okres trwania stanu wojennego. Wojskowa Rada zostanie rozwiązana wówczas, gdy w kraju zapanują rządy prawa, gdy powstaną warunki do normalnego funkcjonowania cywilnej administracji oraz ciał przedstawicielskich. W miarę stabilizowania się sytuacji wewnętrznej ograniczenia swobód w życiu publicznym będą zmniejszane lub uchylane. Niech nikt jednak nie liczy na słabość lub wahanie. W imię interesu narodowego, dokonano zapobiegawczo internowania grupy osób zagrażających bezpieczeństwu państwa. W grupie tej znajdują się ekstremalni działacze „Solidarności" oraz nielegalnych organizacji antypaństwowych. Na polecenie Wojskowej Rady internowano również kilkadziesiąt osób, na których ciąży osobista odpowiedzialność za doprowadzenie w latach siedemdziesiątych do głębokiego kryzysu państwa,- czy za nadużywanie stanowisk dla osobistych korzyści. Wśród osób tych znajdują się między innymi: Edward Gierek, Piotr Jaroszewicz, Zdzisław Grudzień, Jerzy Łukaszewicz, Jan Szydlak, Tadeusz Wrzaszczyk[9] i inni. Pełna lista zostanie opublikowana. Będziemy konsekwentnie oczyszczać polskie życie ze zła – bez względu na to, gdzie się ono rodzi.

Wojskowa Rada zapewni warunki do bezwzględnego zaostrzenia walki z przestępczością. Działalność przestępczych gangów rozpatrywana będzie przez sądy w trybie doraźnym. Osoby trudniące się spekulacją na wielką skalę, czerpiące nielegalne zyski, naruszające normy współżycia społecznego będą ścigane i karane z całą surowością. Majątki zgromadzone w bezprawnej drodze ulegną konfiskacie.

Osoby na stanowiskach kierowniczych, winne zaniedbań służbowych, marnotrawstwa i partykularyzmu, nadużywania władzy i bezdusznego stosunku do spraw obywateli, będą na wniosek pełnomocników-komisarzy wojskowych zwalniane ze stanowisk w trybie dyscyplinarnym. Trzeba przywrócić szacunek do ludzkiej pracy. Zapewnić poszanowanie prawa i porządku, trzeba zagwarantować bezpieczeństwo osobiste każdemu, kto chce spokojnie żyć i spokojnie pracować. Przepisy specjalnego dekretu przewidują darowanie i puszczenie w niepamięć niektórych przestępstw oraz wykroczeń przeciwko interesom państwa popełnionych przed 13 grudnia bieżącego roku. Nie szukamy odwetu, kto bez złej woli dał się ponieść emocjom, uległ fałszywej inspiracji, może skorzystać z tej szansy.

Obywatelki i obywatele!

Żołnierz polski wiernie służył i służy ojczyźnie. Zawsze na pierwszej linii, w każdej społecznej potrzebie. Również dziś z honorem spełni swój obowiązek. Nasz żołnierz ma czyste ręce, nie zna prywaty, lecz twardą służbę. Nie ma innego celu niż dobro narodu. Odwołanie się do pomocy wojska może mieć i ma tylko charakter przejściowy, nadzwyczajny. Wojsko nie zastąpi normalnych mechanizmów socjalistycznej demokracji. Demokrację można jednak

---

[9] The list of former government officials scapegoated by Jaruzelski in his proclamation includes Edward Gierek, first secretary of the **PZPR (Polska Zjednoczona Partia Robotnicza**, Polish Workers' Party), i.e. the Polish communist party in the years 1970–80; Piotr Jaroszewicz, premier under Gierek in 1970–80; and Gierek's close party and government associates Zdzisław Grudzień, Jerzy Łukaszewicz, Jan Szydlak and Tadeusz Wrzaszczyk. All were removed from their posts in the aftermath of the workers' strikes in the cities along the seacoast in 1980 and were subsequently expelled from the party.

wdrażać i rozwijać tylko w państwie silnym i praworządnym. Anarchia jest zaprzeczeniem, jest wrogiem demokracji. Jesteśmy tylko kroplą w strumieniu polskich dziejów. Składają się one nie tylko z chlubnych kart. Są w nich również karty ciemne: liberum veto,[10] prywata, swary. W rezultacie – upadek i klęska. Ten tragiczny krąg trzeba kiedyś przerwać. Nie stać nas na kolejną powtórkę z historii. Pragniemy Polski wielkiej – wielkiej swym dorobkiem, kulturą, formami życia społecznego, pozycją w Europie. Jedyną drogą do tego celu jest socjalizm akceptowany przez społeczeństwo, stale wzbogacany doświadczeniem życia. Taką Polskę będziemy budować. Takiej Polski będziemy bronić. W tym dziele rola szczególna przypada ludziom partii. Mimo popełnionych błędów i gorzkich porażek partia w procesie historycznych przemian jest nadal siłą aktywną i twórczą. Aby skutecznie sprawować swą przewodnią misję, współpracować owocnie z sojuszniczymi siłami,[11] opierać się musi na ludziach prawych, skromnych i odważnych. Na takich, którzy w każdym środowisku zasłużą na miano bojowników o sprawiedliwość społeczną, o dobro kraju. To przede wszystkim rozstrzygnie o autorytecie partii w społeczeństwie. To jest jej perspektywa. Będziemy oczyszczać wiecznie żywe źródła naszej idei z deformacji i wypaczeń. Chronić uniwersalne wartości socjalizmu, wzbogacając je stale o narodowe pierwiastki i tradycje. Na tej drodze socjalistyczne ideały stawać się będą bliższe większości narodu, bezpartyjnym ludziom pracy, młodemu pokoleniu. A także zdrowemu, zwłaszcza robotniczemu, nurtowi „Solidarności", który własnymi siłami i we własnym interesie odsunie od siebie proroków konfrontacji i kontrrewolucji. Tak pojmujemy ideę porozumienia narodowego. Podtrzymujemy ją. Szanujemy wielość światopoglądów. Doceniamy patriotyczne stanowisko Kościoła. Istnieje nadrzędny cel, jednoczący wszystkich myślących, odpowiedzialnych Polaków: miłość ojczyzny, konieczność umocnienia z takim trudem wywalczonej niepodległości, szacunek dla własnego państwa. To najmocniejszy fundament prawdziwego porozumienia.

Obywatelki i obywatele!

Tak, jak nie ma odwrotu od socjalizmu, tak nie ma powrotu do błędnych metod i praktyk sprzed sierpnia 1980 r. Podjęte dziś kroki służą zachowaniu podstawowych przesłanek socjalistycznej odnowy. Wszystkie doniosłe reformy będą kontynuowane w warunkach ładu, rzeczowej dyskusji i dyscypliny. Odnosi się to również do reformy gospodarczej. Nie chcę składać obietnic. Przed nami trudny okres. Po to, aby jutro mogło być lepiej, dziś trzeba uznać twarde realia, zrozumieć konieczność wyrzeczeń. Jedno chciałbym osiągnąć – spokój. Jest to podstawowy warunek, od którego zacząć się powinna lepsza przyszłość. Jesteśmy krajem suwerennym. Z tego kryzysu musimy więc wyjść o własnych siłach. Własnymi rękami musimy odsunąć zagrożenie. Historia nie przebaczyłaby obecnemu pokoleniu zaprzepaszczenia

---

[10] **liberum veto** (Latin for 'I freely forbid'). One of the so-called 'golden freedoms' enjoyed by the Polish nobility in the Polish-Lithuanian Commonwealth in the mid-16th through late 18th centuries. According to this principle, all legislation in the Polish **sejm** (parliament) had to pass unanimously, so that any individual could thwart any legislative initiative. Toward the end of the Commonwealth the **liberum veto** was used by rancorous nobility jealous of their privileges to paralyse the proceedings of the **sejm**, leading to a state of virtual anarchy and national weakness. The preceding article by Zamoyski is devoted to this theme.

[11] **sojusznicze siły** allied forces. The reference is primarily to members of the **Układ Warszawski** (Warsaw Pact), especially the Soviet Union; see note 13 below.

tej szansy. Musimy położyć kres dalszej degradacji, jakiej ulega międzynarodowa pozycja naszego państwa. 36-milionówy kraj w sercu Europy nie może pozostawać w nieskończoność w upokarzającej roli petenta. Nie wolno nam nie dostrzegać, że znów odżywają szydercze opinie o „Rzeczypospolitej, co nierządem stoi".[12] Trzeba uczynić wszystko, by opinie takie trafiły do lamusa historii. W tym trudnym momencie zwracam się do naszych socjalistycznych sojuszników i przyjaciół. Wielce sobie cenimy ich zaufanie oraz stałą pomoc. Sojusz polsko-radziecki jest i pozostanie kamieniem węgielnym polskiej racji stanu, gwarancją nienaruszalności naszych granic. Polska jest i będzie trwałym ogniwem Układu Warszawskiego,[13] niezawodnym członkiem socjalistycznej wspólnoty narodów. Zwracam się również do naszych partnerów w innych krajach, z którymi pragniemy rozwijać dobre, przyjazne stosunki.

Zwracam się do całej opinii światowej. Apelujemy o zrozumienie dla wyjątkowych warunków, jakie w Polsce powstały, dla nadzwyczajnych środków, jakie okazały się konieczne. Nasze działania nie zagrażają nikomu. Mają jeden cel: usunięcie zagrożeń wewnętrznych, a tym samym zapobieżenie niebezpieczeństwu dla pokoju i współpracy międzynarodowej. Zamierzamy dotrzymywać zawartych umów i porozumień. Pragniemy, aby słowo „Polska" budziło zawsze szacunek, sympatię w Europie i w świecie.

Polki i Polacy! Bracia i siostry![14]

Zwracam się do Was wszystkich jako żołnierz, który pamięta dobrze okrucieństwo wojny. Niechaj w tym umęczonym kraju, który zaznał już tyle klęsk, tyle cierpień, nie popłynie ani jedna kropla polskiej krwi. Powstrzymajmy wspólnym wysiłkiem widmo wojny domowej. Nie wznośmy barykad tam, gdzie jest potrzebny most.

Zwracam się do Was, robotnicy polscy: wyrzeknijcie się dla ojczyzny Waszego niezbywalnego prawa do strajku na taki okres, jaki okaże się niezbędny dla przezwyciężenia najostrzejszych trudności. Musimy uczynić wszystko, aby owoce Waszej ciężkiej pracy nigdy już nie poszły na marne.

Zwracam się do Was, bracia chłopi: nie pozwólcie rodakom przymierać głodem. Zadbajcie o polską ziemię, aby wszystkich nas mogła wyżywić.

Zwracam się do Was, obywatele starszych pokoleń: ocalcie od zapomnienia prawdę o latach wojny, o trudnym czasie odbudowy. Przekażcie ją swym synom i wnukom. Przekażcie im swój żarliwy patriotyzm, gotowość wyrzeczeń dla dobra ojczystego kraju.

---

[12] **Rzeczpospolita nierządem stoi** (Poland is in a state of anarchy). A motto from the first half of the 18th century when the country was ruled by Saxon kings. See the Zamoyski text, note 12.

[13] **Układ Warszawski** (the Warsaw Pact). A military alliance of countries in the Soviet Bloc created to counter the 'military threat' of the West's NATO (North Atlantic Treaty Organization). Its members were Albania (until 1968), Bulgaria, Czechoslovakia, East Germany, Poland, Romania, Hungary and the Soviet Union. Its operations came under the Soviet armed forces, and Soviet forces were stationed in the member countries. The Warsaw Pact undertook the invasion of Czechoslovakia in 1968, carried out under the Leonid Brezhnev doctrine of coming to the 'assistance' of member states in danger of straying from the socialist path. The pact ceased to exist in 1991.

[14] Here begins a series of concluding apostrophes to all levels of society by name, more or less obligatory in communist rhetoric.

Zwracam się do Was, polskie matki, żony i siostry: dołóżcie wszelkich starań, aby w polskich rodzinach nie przelewano więcej łez.

Zwracam się do młodych Polek i Polaków, okażcie obywatelską dojrzałość i głęboki namysł nad własną przyszłością, nad przyszłością ojczyzny.

Zwracam się do Was nauczyciele, twórcy nauki i kultury, inżynierowie, lekarze, publicyści: niech na tym groźnym zakręcie naszej historii zwycięży rozum przeciw rozognionym emocjom, intelektualna wykładnia patriotyzmu przeciw zwodniczym mitom.

Do Was się zwracam, moi towarzysze broni – żołnierze Wojska Polskiego w służbie czynnej i w rezerwie: bądźcie wierni przysiędze, jaką składaliście ojczyźnie na dobre i na złe. Od waszej dzisiejszej postawy zależy los kraju.

Zwracam się do Was, funkcjonariusze Milicji Obywatelskiej i Służby Bezpieczeństwa[15]: strzeżcie państwa przed wrogiem, a ludzi pracy przed bezprawiem i przemocą.

Zwracam się do wszystkich obywateli – nadeszła godzina ciężkiej próby. Próbie tej musimy sprostać, dowieść, że' „Polski jesteśmy warci".[16]

Rodacy!

Wobec całego narodu polskiego i wobec całego świata pragnę powtórzyć te nieśmiertelne słowa:

Jeszcze Polska nie zginęła, póki my żyjemy.[17]

Source: *Żołnierz Polski*, December 13, 1981

I. Odpowiedz na poniższe pytania.

1   Jakie polityczne i społeczne frakcje potępia Jaruzelski w swojej przemowie? Do których grup zwraca się szukając poparcia?
2   W jakiej roli Jaruzelski zwraca się do polskich obywateli?
3   Na czym polega ironia w apelu Jaruzelskiego do Polaków aby wrócili do tradycyjnych wartości tolerancji w stosunku do innych?
4   Jaruzelski wymawia słowa „historia oceni nasze działania". Jak oceniła historia jego działania?
5   Czego obawia się Jaruzelski?
6   Jaka według Jaruzelskiego jest rola armii w obecnej sytuacji?
7   Jaka według Jaruzelskiego jest naczelna zasada, która nim kieruje?

---

[15] **Milicja Obywatelska** Citizens' Militia, MO, i.e. the police. The name was a euphemism intended to suggest a voluntary force composed of ordinary citizens. In 1990 the MO was renamed the **Policja**, used before World War II. **Służba Bezpieczeństwa** (Security Service, i.e. the secret police).
[16] **Polski jesteśmy warci**. The phrase is from left-leaning poet Władysław Broniewski (1897–1962). The full citation reads **My pokażemy światu, że Polski jesteśmy warci, byleby but był mocny, byleby karabin był w garści.** (We'll show the world that we are worthy of Poland, as long as our boot is strong and a rifle is in our fist.)
[17] **Jeszcze Polska nie zginęła**, etc. The first line of the Polish national anthem, the **Mazurek Dąbrowskiego**, the song of the Polish Legions under General Jan Henryk Dąbrowski fighting in Italy under Napoleon Bonaparte. The song was composed in 1797 by Józef Wybicki.

II. Przeczytaj uważnie tekst i wyszukaj:

a) przynajmniej 5 zdań, które brzmią szczególnie puste w świetle biegu historii.
b) słowa lub wyrażenia, których prawdziwe znaczenie jest inne od pozornego. Na przykład 'socjalistyczny' w rzeczywistości znaczy 'autorytatywny komunistyczny', 'sojusznicze siły' znaczą 'okupująca sowiecka armia', a 'kraj suwerenny' to kraj satelita Związku Radzieckiego.

III. Wybierz jeden z dwóch podanych tematów, na podstawie artykułów w Wikipedii:

1 Poszukaj dłuższego tekstu omawiającego przebieg Stanu Wojennego w Polsce i, na jego podstawie, zestaw streszczenie (maksymalnie 300 słów) informujące o najważniejszych aspektach tego wydarzenia i okresu.
2 Znajdź życiorys Generała Wojciecha Jaruzelskiego i, na jego podstawie, zestaw biografię (maksymalnie 300 słów) zawierającą najważniejsze momenty w jego życiu.

Literary texts

Chapter 14: Ta z Hamburga

Hanna Krall

Hanna Krall (b. 1935) was born in Warsaw but grew up in Lublin. As a Jewish child, she survived World War II in hiding. Much of her family perished in the Holocaust; its aftermath on the lives of displaced individuals and their sense of identity became the subject of most of her writing. After the war she completed journalism studies in Warsaw and worked for a variety of major newspapers and periodicals, first attracting widespread attention for her long interview with Marek Edelman, at the time the last surviving leader of the Warsaw Ghetto Uprising, *Zdążyć przed Panem Bogiem* (Getting There Before God, translated into English as *Shielding the Flame*, 1997). Most of her works are minimalistic non-judgmental retellings of people's stories, rather in the tradition of Zofia Naułkowka's 1945 vignettes on war crimes *Medaliony* (*Medallions*, i.e. funerary snapshots). By keeping only to the sparest of documented facts, Krall lets her readers raise the important unasked questions and fill in the missing narrative details for themselves. The story *Ta z Hamburga* (That Woman from Hamburg), was published in the collection *Taniec na cudzym weselu* (Dancing at Someone Else's Wedding, Polska Oficyna Wydawnicza, 1993). It became the basis of Jan Jakob Kolski's well-regarded 2000 film *Daleko od okna* (Stay Away from the Window).

Mieszkali daleko stąd. Byli szalenie towarzyscy – tańczyli przez cały karnawał. Lubili wyścigi konne i chętnie grali, choć – naturalnie – z umiarem. Byli zaradni i skrzętni. On był mistrzem malarskim, z czasem dorobił się własnego zakładu i trzech uczniów. Rzeczy banalne, jak malowanie ścian, powierzał uczniom, sobie rezerwował szyldy, zwłaszcza kiedy było w nich dużo liter. Przepadał za literami. Zachwycał go sam ich kształt. Godzinami potrafił kreślić coraz kunsztowniejsze znaki. Czasami smucili się, że nie mają dzieci, ale pocieszali się szybko: mieli siebie. Wszystko działo się dawno temu.

Przekroczyli trzydziestkę[1] tuż przed wybuchem wojny.

Wojna nie zmieniła ich życia, tyle że przestali tańczyć i że pojawiły się nowe słowa w ich zakładzie. Zamawiano teraz tablice ostrzegawcze. Najpierw po polsku – UWAGA, ZAKAZ WJAZDU! Potem po rosyjsku – WNIMANIE, WJEZD WOSPRIESZCZON! Potem po niemiecku – ACHTUNG, EINTRITT VERBOTEN![2]

W zimowy wieczór, w czterdziestym trzecim roku, wrócił do domu z obcą kobietą.

– Ta pani jest Żydówką. Musimy jej pomóc.

Żona spytała czy nikt nie widział ich na klatce schodowej i szybko zrobiła kilka kanapek.

Żydówka była drobna, z czarnymi kręconymi włosami, mimo niebieskich oczu bardzo semicka. Ulokowano ją w pokoju z szafą. (Szafy i Żydzi . . . Być może jeden z ważniejszych symboli naszego wieku. Żyć w szafie . . . Człowiek w szafie . . . W połowie dwudziestego wieku. W środku Europy).

Żydówka wchodziła do szafy na odgłos dzwonka u drzwi, a że gospodarze byli nadal towarzyscy, spędzała w niej długie godziny. Na szczęście była rozsądna. Nie zdarzyło się, by zakaszłała, z szafy nie dolatywał najmniejszy szmer.

Żydówka nie odzywała się pierwsza, a na pytania odpowiadała bardzo krótko.

„Tak, miałam".

„Adwokat".

„W Bełżcu".[3]

„Nie zdążyliśmy, wzięliśmy ślub przed samą wojną".

„Zabrali ich. Nie wiem, w Janowskim, albo też w Bełżcu".

Nie oczekiwała współczucia. Na odwrót, odtrącała je. – Ja żyję – mawiała.

– I ja zamierzam żyć.

Przyglądała się gospodyni (miała na imię Barbara), kiedy prała albo stała przy kuchni. Parę razy próbowała jej pomóc, ale robiła to z irytującą niezdarnością.

Przyglądała się gospodarzowi (miał na imię Jan), kiedy kreślił dla wprawy swoje litery.

– Mógłby pan ćwiczyć na czymś ciekawszym – powiedziała kiedyś.

– Na przykład? Zastanowiła się.

---

[1] **trzydziestka.** Here in the sense: thirtieth year of life.

[2] The description of the changing lettering places the action somewhere in the east, where the Soviet Army first invaded Poland and then withdrew behind the so-called Curzon Line according to the stipulations of the Molotov-Ribbentrop pact of August 23, 1939, signed between the Soviet Union and Nazi Germany. The Curzon Line is roughly equivalent to the current eastern border of Poland. We later learn that the town is Lwów; see note 5.

[3] The notorious **Bełżec** extermination camp was located in southeastern Poland not far from Lublin. Between 430,000 and 500,000 Jews are believed to have been killed here.

– Choćby na tym: „Żył raz Elon lanler liron Elon lania bibon bon bon . . ."[4] Pierwszy raz usłyszeli, że Żydówka się śmieje i oboje podnieśli głowy.

– Co to? – spytali ze zdziwieniem, a rozweselona Żydówka mówiła dalej:

– „Żył raz Liron elon lanler Żył raz na świecie Lanlanler . . ." Widzicie ile świetnych liter? Tuwim – dodała. Ballada Starofrancuska.

– Za dużo L – orzekł Jan – ale mogę napisać STAROFRANCUSKA – i schylił się nad arkuszem.

– Czy ta Żydówka nie mogłaby się nauczyć obierania kartofli? – spytała go wieczorem żona.

– Ta Żydówka ma imię – odparł. – Należy o niej mówić Regina. Pewnego letniego dnia wróciła do domu z zakupami. W przedpokoju wisiała marynarka: mąż przyszedł z pracy trochę wcześniej. Drzwi do pokoju Żydówki były zamknięte na klucz.

Pewnego jesiennego dnia mąż powiedział:

– Regina jest w ciąży.

Odłożyła druty i wyprostowała robótkę. Był to rękaw swetra bodaj, czy może plecy swetra.

– Słuchaj no – szepnął mąż. – Żeby ci przypadkiem nie przyszło do głowy coś głupiego . . . Czy ty mnie słuchasz?

Słuchała go.

– Bo jeżeli coś się stanie . . . – nachylił się nad głową żony i szeptał wprost do jej ucha. – Jeżeli stanie się z nią coś złego, to samo stanie się i z tobą. Czy ty mnie rozumiesz?

Skinęła głową – rozumiała go – i wzięła druty do rąk.

Po paru tygodniach weszła do pokoju Żydówki i bez słowa zabrała z łóżka Jasiek. Rozpruła brzeg i odsypała trochę pierza. Z obu stron przyszyła tasiemki. Schowała poduszkę pod spódnicę. Związane z tyłu tasiemki przypięła dla pewności agrafkami, na wszystko naciągnęła jeszcze jedną spódnicę.

Po miesiącu dosypała pierza, a sąsiadkom zaczęła skarżyć się na mdłości.

Z kolei przecięła na pół dużą poduszkę . . .

Żydówce rósł brzuch, ona powiększała poduszki i poszerzała spódnice – tamtej i sobie.

Poród odebrała zaufana położna. Na szczęście trwał krótko, mimo że Żydówka była wąska w biodrach, a do tego wody płodowe odeszły poprzedniego dnia.

Barbara wyjęła poduszki spod spódnicy i z dzieckiem na rękach obeszła wszystkie sąsiadki. Całowały ją z rozczuleniem. – Nareszcie . . . – mówiły. -Późno, ale ulitował się nad wami Pan Bóg . . . – a ona dziękowała im, pełna radości i dumy.

Dwudziestego dziewiątego maja '44 Barbara i Jan poszli z dzieckiem i parą przyjaciół do parafialnego kościoła („Archidiecezja Lwowska[5], obrz. łac.[6] Parafia św. Marii Magdaleny"

---

[4] The first line of a poem by Julian Tuwim (1894–1953), consisting of nonsense words onomatopoeically and humorously imitating the sounds of French. Tuwim was a major interwar poet of Jewish extraction from the city of Łódź.

[5] Lwów, now L'viv, is a town of around 700,000 inhabitants in western Ukraine. Before the war it was predominantly Polish in population and was a major centre of Polish culture. The city of Lwów was in a part of Poland 'ceded' to Ukraine and the Soviet Union at the Yalta Conference of the Three Great Powers (Britain, Russia and the United States) of 1945.

[6] **obrz. łac. (obrzęd łaciński,** Latin Rite). The term distinguishes the church as Roman Catholic, as opposed to Greek Rite Catholic, equally numerous in this part of Poland. Note that the Latin for Lwów is Leopolis.

– napisano na metryce, którą podpisał ksiądz Szogun i opatrzył pieczęcią owalną: „Officium Parochia, Leopoli . . ." Pośrodku pieczęci było serce, z którego wydostawał się święty płomień). Wieczorem odbyło się skromne przyjęcie. Ze względu na godzinę policyjną goście siedzieli do rana. Żydówka spędziła w szafie całą noc.

Dwudziestego siódmego lipca '44 do miasta weszli Rosjanie.[7]

Dwudziestego ósmego lipca Żydówka zniknęła.

Zostali we troje: Barbara, Jan i trzymiesięczne dziecko o niebieskich oczach, z cieniutkimi, czarnymi loczkami.

Jednym z pierwszych transportów przyjechali do Polski.[8]

Zamieszkali w Częstochowie[9] (przedwojenny znajomy Reginy powiedział im, że z Czężstochowy pochodzili jej dalecy krewni).

Kiedy weszli do mieszkania, Jan odstawił walizkę, położył dziecko i wybiegł z domu.

Nazajutrz wyszedł o świcie.

Szukał jej po całych dniach. Krążył po ulicach, zaglądał do urzędów, pytał o żydowskie mieszkania, zatrzymywał ludzi o żydowskiej powierzchowności . . . Przestał szukać dopiero po wizycie dwóch mężczyzn, którzy się przedstawili jako wysłannicy Reginy. Zaproponowali sporą kwotę i poprosili o zwrot dziecka.

– Nasza córka nie jest na sprzedaż – powiedzieli Barbara i Jan i odprawili gości.

Ich córka była dziewczynką grzeczną i bardzo ładną.

Ojciec rozpieszczał ją. Razem chodzili na mecze, do kin i do cukierni. W domu opowiadał o zachwycie, jaki budziła jej uroda, zwłaszcza włosy, długie do pasa, skręcone w loki francuskie.

Kiedy Helusia miała sześć lat, zaczęły nadchodzić paczki. Przysyłano je z Hamburga, nadawcą była kobieta o obcym, dziwnym nazwisku. – To twoja chrzestna – wyjaśniła Barbara. – Mam nadzieję, że nie będzie miała lekkiej śmierci, ale napisz do niej list i ładnie podziękuj.

Z początku Helusia dyktowała listy, potem pisała je własnoręcznie. „Dziękuję kochanej Cioci, uczę się dobrze, marzę o białym sweterku, może być z angory, ale z moheru lepiej".

W kolejnej paczce nadchodził biały sweterek, Helusia była wniebowzięta, a Barbara mówiła z westchnieniem; – Jeżeli jest Bóg, to ona nie będzie miała lekkiej śmierci. Siadaj i pisz list. Możesz wspomnieć o pierwszej komunii i że przydałaby się biała tafta.

Czasami w paczkach były banknoty. Listów nie było nigdy, tylko raz, między tabliczkami czekolady, leżała fotografia. Przedstawiała ciemną kobietę w czarnej sukni, z długim lisem przerzuconym przez ramię.

---

[7] The Soviet army front moved slowly but inexorably across Poland in its march toward Germany between June 1944 and May 1945, leaving behind more than 600,000 Soviet war dead. On the one hand it liberated Poland, but on the other hand the Soviet army occupied it for nearly fifty years. Lwów became part of the Ukrainian Soviet Socialist Republic.

[8] The Polish inhabitants of the **kresy** or Eastern Territories of Poland who did not leave of their own accord were for the most part forcibly 'repatriated' to Poland after the war. Given the Soviet record toward Poles on its territory in 1937–38 (more than 100,000 were arrested and murdered on Joseph Stalin's orders simply for being Polish), the eagerness of Poles to leave was not surprising. However, the husband has his own reasons.

[9] **Częstochowa**. A city of around 240,000 located on the Warta river in mid-southern Poland. Most of the prewar Polish population of Lwów was resettled to major cities within the boundaries of postwar Poland, especially around Wrocław, former German Breslau.

– To jest srebrny lis – zauważyła Barbara. – Nie jest ona bardzo biedna, ale nie zdążyły się przyjrzeć, bo ojciec wyjął im fotografię z rąk i gdzieś schował.

Helusia nie lubiła zachwytów ojca. Były męczące. Ona uczyła się, albo bawiła z koleżankami, a on siedział i na nią patrzył. Potem brał jej twarz w obie ręce i znów patrzył. Potem zaczynał płakać.

Przestał rysować kunsztowne litery.

Zaczął pić.

Coraz częściej płakał, coraz więcej pił, az umarł. Ale zanim umarł – na parę miesięcy przed jego śmiercią – Helusia wybrała się do Francji. Miała dwadzieścia pięć lat. Zapraszała ją przyjaciółka, żeby Helusia mogła ukoić nerwy sterane niedawnym rozwodem. Przyszła do domu rozpromieniona, z paszportem w ręku. Ojciec był pijany. Obejrzał paszport i ją objął. – Zatrzymaj się w Niemczech – powiedział. – Odwiedź matkę.

– Chrzestną matkę – poprawiła Barbara.

– Matkę – powtórzył ojciec.

– Moja matka siedzi koło mnie i pali papierosa.

– Twoja matka mieszka w Hamburgu – powiedział ojciec i rozpłakał się.

Przesiadła się w Aachen.

Przyjechała do Hamburga o siódmej rano. Zostawiła walizkę na dworcu i kupiła plan. Zaczekała na skwerku, o dziewiątej stanęła przed bramą dużego domu w cichej, eleganckiej dzielnicy. Nacisnęła dzwonek.

– Wer ist das? – spytano zza drzwi.

– Helusia.

– Was?

– Helusia, otwórz.

Drzwi się otworzyły. Na progu stała ona sama, Helusia: z czarnymi, wysoko upiętymi włosami, z niebieskimi oczami i nazbyt pełnym podbródkiem. Helusia, tylko jakby dziwnie postarzała.

– Po co przyjechałaś? – spytała.

– Zobaczyć cię.

– Po co?

– Chciałam zobaczyć moją matkę.

– Kto ci powiedział?

– Ojciec.

Służąca wniosła herbatę. Siedziały w jadalni, wśród białych mebli z malowanymi, drobnymi kwiatkami.

– To prawda, urodziłam cię – powiedziała matka. Musiałam. Na wszystko musiałam się zgodzić. Chciałam żyć.

Nie chcę pamiętać twojego ojca. Nie chcę pamiętać tamtych czasów. Ciebie też nie chcę pamiętać.

(Nie zwracała uwagi na płacz Helusi, coraz głośniejszy, powtarzała w kółko kilka tych samych zdań).

– Bałam się. Musiałam żyć. Przypominasz mi strach. Nie chcę pamiętać.

Nie przychodź tutaj nigdy więcej.

Helusia wyszła ponownie za mąż, za Austriaka. Za spokojnego, nudnego trochę właściciela górskiego hoteliku pod Innsbruckiem.

W rocznicę śmierci ojca przyjechała do Polski. Poszły z matką na cmentarz (matką nazywała Barbarę; o kobiecie, która urodziła ją, mówiła: – Ta z Hamburga). Przy herbacie Barbara powiedziała:
– Po mojej śmierci wszystko znajdziesz w szufladzie z pokrywkami.
Na co Helusia żachnęła się; następnie wyznała, że jest w ciąży i że trochę się boi porodu.
– Nie masz się czego bać! – zawołała Barbara. – Ja byłam starsza niż ty i jeszcze chudsza i wody mi za wcześnie odeszły, a urodziłam cię bez kłopotu.
Helusia przestraszyła się, ale Barbara zachowywała się całkiem normalnie.
– Czy mam zawiadomić Tę z Hamburga, jak dziecko się urodzi?
– Rób jak chcesz... Dużo krzywd wyrządziła mi ta kobieta, ale ty rób jak chcesz. Mój Boże – zamyśliła się Barbara. – Jacy my byliśmy bez niej szczęśliwi. Jacy weseli. Gdyby nie ona, bylibyśmy szczęśliwi do końca życia...
Gdyby nie ona, nie miałabyś mnie – pomyślała Helusia, ale nie mogła tego powiedzieć matce, która urodziła ją bez kłopotu, mimo że była starsza i chudsza.
W szufladzie, którą otworzyła Helusia po pogrzebie Barbary, między pokrywkami do garnków, leżały dwie duże koperty, W jednej był plik banknotów stumarkowych. W drugiej był zeszyt, podzielony na rubryki: „Data" i „Kwota". Barbara odkładała i zapisywała każdy banknot otrzymany z Hamburga.
Helusia kupiła za te pieniądze długie, srebrne lisy. Uszyła do nich czarną sukienkę, ale okazało się, że lisy są źle wyprawione, obłażą i w ogóle nie nadają się do czerni.
Kilka miesięcy po ślubie opowiedziała mężowi o dwóch matkach. Nie znała jeszcze niemieckiego. Szafa wiedziała jak jest – Schrank. Poduszka -Kissen – też wiedziała. ukrywać – znalazła w słowniku: verstecken. Strach też w słowniku: Angst.
Kiedy opowiedziała drugi raz, dwudziestoletniemu synowi, znała już wszystkie słowa. Mimo to nie umiała mu odpowiedzieć na kilka oczywistych pytań: dlaczego babcia Barbara nie rzuciła dziadka? Dlaczego babcia Regina uciekła bez ciebie? czy babcia Regina w ogóle cię nie kocha?
– Nie wiem – powtarzała – skąd mogę wiedzieć to wszystko?
– Weź słownik – poradził mąż.
Dwadzieścia dwa lata po pierwszej rozmowie, ta z Hamburga zaprosiła Helusię na parę dni. Pokazała jej stare zdjęcia. Grała jej na fortepianie mazurki Szopena.
(– Wojna przerwała mi studia w konserwatorium – powiedziała z westchnieniem). Recytowała Tuwima. Opowiadała o mężczyznach. Miała po wojnie dwóch mężów, którzy ją uwielbiali. Dzieci nie miała, ale obaj mężowie uwielbiali ją. – A jak twój mąż? – spytała.
Helusia wyznała, że jej drugie małżeństwo właśnie się rozpada.
– To dlatego, że kupił kilka hoteli... Nie wraca na noc... Powiedział, że powinnam sobie ułożyć nowe życie...
Mówiła nie jak do „Tej z Hamburga", lecz jak do matki, ale Ta z Hamburga przestraszyła się:
– Na mnie nie licz. Każdy musi przeżyć sam. Trzeba umieć przeżyć. Ja umiałam i ty musisz umieć...
– Przeżyłaś dzięki moim rodzicom – przypomniała Helusia.
– Dzięki twojej matce – poprawiła Ta z Hamburga. – To prawda, tylko dzięki niej. Wystarczyło otworzyć drzwi i przejść parę metrów. Posterunek był po drugiej stronie ulicy. To nadzwyczajne, że nie otworzyła drzwi. Dziwiłam się, że tego nie robi. Czy ona coś ci o mnie mówiła?

– Mówiła, że gdyby nie ty . . .
– Ja musiałam. Ja chciałam żyć.
Zaczęła się trząść. Powtarzała coraz głośniej, coraz szybciej, te same zdania:
– Ja bałam się. Ja musiałam.
Ja chciałam.
Nie przychodź tutaj . . .
– Czego pani właściwie chce? – spytał adwokat, do którego poszła po powrocie z Hamburga. – Jej miłości pani chce czy jej majątku? Jeśli o miłość chodzi, to moja kancelaria tym się nie zajmuje. A jeśli o majątek, to sprawa jest niemniej trudna. Przede wszystkim trzeba udowodnić, że ona jest pani matką. Ma pani na to świadków? Nie? A widzi pani. Należało spisać oświadczenie pani Barbary S. Należało potwierdzić je u notariusza. W tej chwili pozostaje badanie krwi . . . Czy jest pani zdecydowana wnieść sprawę? Więc po co pani przyszła do kancelarii adwokackiej?
– To czyja ty właściwie jesteś? I kim jesteś? – spytał ją syn.
– Jestem twoją matką – powiedziała, chociaż dla pointy powinna powiedzieć:
– Jestem tą, która przeżyła.
Ale tak odpowiadają tylko w amerykańskich nowoczesnych powieściach.

I. Odpowiedz na poniższe pytania.

1   O czym świadczyło to, że Regina potrafiła recytować poezję, ale była niezręczna w pracach domowych?
2   Co można powiedzieć o Reginie, kiedy wypowiada słowa – „zamierzam żyć"? Jaki mają związek z resztą opowiadania?
3   Dlaczego drzwi do pokoju Reginy były zamknięte, kiedy Barbara wróciła do domu z zakupami?
4   Kiedy Jan powiedział do żony „Żeby ci przypadkiem nie przyszło do głowy coś głupiego . . .", co chciał przez to powiedzieć?
5   Jak Barbara przyjęła wiadomość, że Regina jest w ciąży?
6   Jak rodzina znalazła się w Częstochowie zaraz po wojnie?
7   Dlaczego Jan wybiegł z domu po przyjeździe do Częstochowy?
8   Jakim typem kobiety była Barbara?
9   Do kogo uderzająco była podobna Helusia. Na jakiej podstawie tak sądzisz?
10 Czy sądzisz, ze Helusia kochała ojca? Uzasadnij swoje zdanie.
11 Czy na kimś w tym opowiadaniu ciąży wina? Jeśli tak, to na kim i za co?
12 Dlaczego Barbara zapisywała każdy banknot otrzymany z Hamburga, ale nie wydawała tych pieniędzy?
13 Co zrobiła Helusia z pieniędzmi, które znalazła po śmierci matki? Dlaczego?
14 Komu była wdzięczna kobieta z Hamburga i dlaczego?
15 Jaki twoim zdaniem był powód dla którego Helusia wyszła za mąż za Austriaka, chociaż nie znała niemieckiego?
16 Dlaczego Helusia nie doznała satysfakcji w kancelarii hamburskiego adwokata?

II. Według autorki odpowiadając na pytanie syna kim jest, Helusia powinna powiedzieć „Jestem tą, która przeżyła". Zinterpretuj tę odpowiedź.

III. Ułóż pytania na które poniższe stwierdzenia stanowią odpowiedzi.

a) „Tak, miałam"
b) „Adwokat"
c) „W Bełżcu"
d) „Nie zdążyliśmy, wzięliśmy ślub przed samą wojną"
e) „Zabrali ich. Nie wiem, w Janowskim, albo też w Bełżcu"

IV. Napisz kilka zdań co myśli i czuje na końcu wojny każda z trzech głównych postaci – Jan, Barbara i Regina na temat przebiegu wydarzeń podczas wojny.

V. Na podstawie własnych poszukiwań w internecie napisz krótki esej na jeden z poniższych tematów:

a) Pakt Ribbentrop-Mołotow
b) Obóz zagłady w Bełżcu
c) Linia Curzona
d) Akcja Polska NKWD
e) 'Ziemie odzyskane'

Chapter 15: Wizyta

Janusz Głowacki

Janusz Głowacki (b. 1938) became widely known in the 1960s and 1970s as a writer of shorter literary forms: satirical sketches, short stories, plays and filmscripts. He has gained most recognition internationally for his plays translated into English. **Kopciuch**, translated as **Cinders**, about the rough life in a girls' reform school, was considered the best play of 1981 by **The Times**. Głowacki stayed abroad following the imposition of martial law by the communist government in 1981, and eventually settled in New York, where he continues to contribute to Polish literature, most recently with his *Good Night, Dżerzi*, a novelistic treatment of the last days of the Polish émigré novelist Jerzy Kosiński. The present story, highlighting the country–town dichotomy and the flight of young people to the latter, as well as the age-old conflicts arising out of property interest that remain regardless of the political system (the story takes place in the PRL 'People's Poland'), is contained in the collection *Polowanie na muchy i inne opowiadania* (*Hunting for Flies and Other Stories*, PIW, Warszawa, 1974).

Photograph by Grzegorz Jakubowski

Koło siódmej wieczorem ciężkie kroki i kołatanie. Teresa jest już przy drzwiach, myśląc, że przyjechali wcześniej, że Andrzej z Bodziem[1] będą dopiero za godzinę, że będzie musiała sama ich przyjmować. Zdenerwowana, nienawidząc Andrzeja za to niepotrzebne wyjście i jednocześnie czując jednak ulgę, że już są, otwiera drzwi rozjaśniając się w uśmiechu.

---

[1] **Andrzej z Bodziem** Andrzej and Bodzio. Bodzio would be a nickname for either Bogdan or Bogusław.

A oni już tam stoją, oboje zakutani w kurty, grube chusty, zawsze wyglądające brudno – on w kaloszach, ona w trzewikach wysokich, przydeptanych, mali oboje i bardzo starzy. Więc Teresa, uśmiechając się w tym następnym momencie już łatwiej, zaprasza do środka i wypełniając lęk przed ciszą za głośno i za szybko pyta o podróż, tłok, mówi, że Andrzej z synkiem będą za chwilę. Oni, nieufni, czujni, ostrożnie wchodzą na lśniącą posadzkę, która od razu im się nie podoba, bo jest obca, inna i niepotrzebna. Ciągle niewiele mówiąc wyłaniają się z tych kurt i chust, robią się jeszcze mniejsi i jeszcze starsi. Potem, uroczyście prowadzeni, wchodzą do stołowego, gdzie kwiaty zdobyte z trudem w zimie, Matka Boska i ślubna fotografia na ich cześć zawieszone nad niskim, modnym tapczanem, radio solidne, szerokie, lśniące politurą i bogato obite krzesła.

Siadają na tych krzesłach przy stole nakrytym biało i teraz zaczynają się dla Teresy najtrudniejsze momenty. Bo oni o nic nie pytają, nie patrzą na pokój, tylko na nią – bardzo spokojnie, jakby jej nigdy przedtem nie widzieli. Opowiadając, jak to mieszkanie w nowych blokach zdobyli, Teresa wie, że nie słuchają, że jej nie lubią za to, że jest z miasta, że może to przez nią Andrzej ze wsi uciekł, odszedł od nich i od ziemi obojętnie, bez żalu, czego nigdy nie przebaczą, bo nie mogą zrozumieć. Patrzą na nią, trzydziestoletnią, zgrabną, ale już trochę tyjącą, z włosami jasnymi, ostrzyżonymi za krótko, w spódnicy też chyba za krótkiej i w sweterku czarnym za obcisłym. Niechęci się w ich oczach gromadzi coraz więcej. Więc Teresa urywa. Wybiega do kuchni, ale zaraz wraca, proponuje herbatę, bo chociaż kaloryfery dobrze grzeją, oni przemarzli i raz po raz pocierają spierzchnięte, czerwone dłonie z brudnymi paznokciami. Potem, żeby ciągle coś robić, szynkę i chleb cienko pokrojone stawia na stole. I jeszcze jedną i drugą karafkę z przygotowaną przez Andrzeja nalewką.[2] Potem znów mówi tylko ona. Ale jest już lepiej, bo za piętnaście minut wraca Andrzej, więc swobodniej opowiada o pracy Andrzeja w Prezydium Powiatowej Rady,[3] o swojej w szkole, o synku Bodziu, do ojca podobnym i dziadka.

Stary mówi oszczędnie, starczym, skrzekliwym głosem, bo chociaż sam trzyma się jeszcze prosto, głos ma już umarły. Tylko ona, bez wieku, pocięta zmarszczkami, ciągle zimna, patrzy ostro i nie może zrozumieć, co się podobało w tej jazgotce jej synowi. Głosu nie zdziera, tylko czeka, bo przyjechali z interesem poważnym, robić zgodę, a czas rozmowy jeszcze nie nadszedł.

Teresa nalewa do kieliszków, ale oni dziękują, czekają na syna, i znów się robi gorzej. Ale teraz już zgrzyta klucz w drzwiach i wchodzi Andrzej, palto lodenowe i kapelusz rzucając na wieszak i zrywając futerko z Bodzia. Teresa oddycha z ulgą, kiedy Andrzej spiesząc się matkę i ojca w rękę całuje,[4] a Bodzio tym wyćwiczonym „dziadku, babciu" wyłom w chłodzie robi. Potem siedzą przy stole, a Bodzio przegląda zdjęcia na tapczanie

---

[2]   **nalewka** home-made liqueur. In Poland people often keep a special homemade 'nalewka' in readiness for special occasions. The beverage is usually made from pure grain alcohol (i.e. 200 proof) poured over specially selected fruit or other condiment, and is typically sipped by the drop, practically with reverence, i.e. not necessarily as in this story.

[3]   **Prezydium Rady Powiatowej** Presidium of the Powiat Council. In the 1970s, this would have marked Andrzej as a communist party activist in a mid-size town. The word **powiat** is sometimes translated as 'county'. There are currently 379 **powiaty** in Poland. The **powiat** is a secondary administrative unit below the **województwo** ('voivodeship'), of which there are currently 16.

[4]   **ojca i matkę w rękę całuje.** A rather old-fashioned way of greeting one's parents after an absence, which persists especially in the countryside.

i wszystko jest, jak zaplanowali, więc można już chwilę odsapnąć przed tą zasadniczą rozmową, która już teraz odbędzie się na pewno, a o której możliwych wspaniałych następstwach aż strach pomyśleć.

Na razie Andrzej, wysoki, w czarnym wyprasowanym garniturze, srebrzystym krawacie przy białej koszuli, w stroju, w którym starzy niechętnie syna nie kochanego poznają, zaprasza do picia. Podnosi kieliszek myśląc, że oni zupełnie się nie zmienili, a przed oczami stają mu wspomnienia ze wsi, z ich domu – ani wzruszające, ani wesołe. Ale wznosząc ten kieliszek uśmiecha się serdecznie, ciepło, chociaż z napięciem dla Teresy bardzo widocznym właśnie dlatego, że ona teraz prawie tak samo jak on czuje i myśli.

– Więc zdrowie rodziców kochanych za to, że odwiedzili, i w ogóle!

Wypili. Matka szybko, obojętnie, stary zakaszlał się, poczerwieniał od razu. Zagryźli szynką, chlebem. Po chwili Andrzej znów nalał – wypili.

– Więc oto, synu, jesteśmy – zachrypiał stary. – Oto jesteśmy.

Wypili. Teraz zakrztusiła się Teresa, uśmiechnęła przepraszająco. Dla niej picie już się skończyło.

– A Bodzio grzeczny chłopak, zdrowy – pochwalił znów stary.

I tak idzie ta rozmowa, klucząca, ostrożna, powykręcana, dotykająca tylko i uciekająca od tej sprawy jedynej i najważniejszej. Więc teraz Andrzej o brata Macieja pyta, potem o pogrzeb drugiego, Ignaca, na którym nie był, bo właśnie odbywał wojsko. Potem lekko o konie, bydło i, już blisko tej sprawy, znów odskakuje. Głównie Andrzej pyta, stary odpowiada. Teresa raz i drugi spróbowała się wtrącić, potem na tapczanie przy Bodziu pozornie obojętna uważnie słucha. Stara też już nie pije, przechyliła głowę na bok, patrzy czujnie wyblakłymi oczami. I ta rozmowa kołuje dalej, a Andrzej wiejskie wspomnienia, wtedy jątrzące niesprawiedliwością, teraz odległe już i ostygłe, odnajduje w sobie. Obraz wsi mocno przyćmiony powraca w skrzeku starego, nie tyle w znaczeniu słów, ile w dźwięku i tonacji.

Stary rzecz też snuje delikatnie, statecznie szukając wspomnień zbliżających, nie dzielących.

I tak kołują, raz po raz zderzając się kieliszkami, aż stary po przerwie dłuższej odchrząknął, poprawił się w krześle, spojrzał na starą.

– Wiadomym ci jest, Andrzeju, cel naszego przyjazdu. Jako rodzonemu synowi należeć ci się po nas miała po równi z bratem twoim Maciejem gospodarka. Teraz, jako żeś od nas z ziemi odszedł,[5] podług ustawy ostatniej prawo swoje potraciłeś. Jednakże, jako że i ustawy na nowe się zmieniają, i my po polsku i chrześcijańsku obowiązek swój rodzicielski znamy, uzgodniliśmy z Maciejem spłacić należną ci po śmierci naszej twoją część zaraz, z pożytkiem dla stron obu. Maciejowi ziemi jest teraz potrzeba, jako że żenić się zamierza, a przed ślubem wykazać musi. Na to zgodę listami wyraziłeś i przez co właśnie zgodnie z zapowiedzią jesteśmy, pokazując, że żalu nie mamy i zgody chcemy.

Spojrzał na matkę, szybko wychylił kieliszek, zagryzł, zakrztusił się i chrypiał dalej:

– Tak więc przybywamy do was uzgodnić sprawę, co my chcemy, co wy. Niech każdy powie, co ma na myśli i sercu, a zgodę zrobimy.

Wtedy Andrzej grzecznie, układnie ucieszył się słowami ojca. Do zgody on jest pierwszy. Nie przez niekochanie ziemi i rodziny odszedł, tylko pędzony ciekawością do świata.

---

[5] **jako żeś od ziemi odszedł** since you have left the land. The construction shows the 2nd pers. sg. verb ending **-eś** detached from **odszedłeś** and reattached to the 'dummy' particle **że**, a characteristic of relaxed colloquial speech.

Ojciec kiwnął głową i szybko podniósł kieliszek.

– Dosyć już. – Stara ostro odsunęła butelkę. – Zostaw, mówię.

Andrzej roześmiał się na te nic nie zmienione od tamtych czasów rządy matki i kieliszki znowu napełnił. Stara rzuciła tylko ramionami i swój odsunęła. Tymczasem stary, raz sprawę rozpocząwszy, nie kołując wykłada. Teresa, jak to zresztą było zaplanowane, wzięła śpiącego Bodzia na ręce, zaniosła do łóżeczka przygotowanego w kuchni. Wracając usłyszała właśnie, jak Andrzej przeciw wymienionej długiej, opatrzonej wieloma zerami liczbie ostro protestuje. Zatrzymała się dłużej w drzwiach, bo ta liczba, chociaż przecież spodziewali się czegoś takiego, uderzyła ją jednak, oszołomiła konkretnością. Wypowiedziana, przetworzyła się w jej myślach w większe mieszkanie w wielkim mieście, koniec nie lubianej pracy, urzędniczej pensji – futra, teatry. Potem usłyszała, że Andrzej właśnie ze względu na nią i syna, powołując się na ich wspólne szczęście, sumy tej nie przyjmuje jako za małej. I chce jej się krzyczeć, ale wie, że Andrzejowi można ufać, bo jest sprytny i po chłopsku, i po miejsku, i widzi w nim tylko lekko przyćmione wódką skupienie. Słyszy dalej, jak stary namawia, spocony, coraz bardziej czerwony na gębie, i jak Andrzej, rozchełstany, upiera się, że należy mu się więcej, że ma prawo.

– Aż łeb starego jest coraz bliżej obrusa i on sam, po pijacku, serdecznie zgodliwy, przytakiwać zaczyna, zgadzać się: – Słusznie, synu, słusznie.

– Cicho, ty! – syknęła stara. I sama już, napięta, sprężona, jakby jeszcze zmalała, zupełnie nie pijana, mając z góry nad Andrzejem dawną przewagę szacunku, który w nim teraz powraca, i właśnie trzeźwości – przejmuje sprawę.

– A ty, Andrzeju, wiesz, że dopiero po naszej śmierci mógłbyś próbować swego dochodzić. A my z ojcem pożyjemy.

– Czego wam z całego serca życzę! – Andrzej, spocony, zmierzwiony, przechylił się do przodu. – Ale na krzywdę się zgodzić nie mogę. I tak, kochani, dodajcie dwadzieścia tysięcy.[6]

– Słusznie, synu. – Stary rozlewając nalewkę trzęsącą się ręką podnosi kieliszek. – Słusznie. Stara nie zwraca już na niego uwagi. – Nie postąpimy.

Do niej należy decyzja i tylko już w jej stronę Andrzej, trochę bełkotliwie: – Sumienia nie macie. Bez sumienia ludzie.

– A ty co? Jak na ziemi żyłeś, nie do roboty ci było. Co innego miałeś w głowie.

Oczy jej nieprzyjaźnieją jeszcze bardziej i u Andrzeja znów powracają te dawne obrazy, rozkołysane wódką i roztkliwieniem nad sobą.

– A co? Oczkiem w głowie wam nie byłem. Trzech nas było. Oni u was we wszystkim pierwsi przede mną. – Machnął ręką. Kieliszek rozprysnął się na podłodze. – Uczyć się chciałem. Postąpicie dwadzieścia?

Stara roześmiała się niespodziewanie, ostro, skrzekliwie.

– I nauczyłeś się. Z komunistami robić porządki. Że też ta Matka Boska ze ściany chce na ciebie patrzeć. Za mało cię stary bił, przez to teraz takie czasy, tacy jak ty rządzą. Pięć dołożę.

– Dwadzieścia.

– Pięć.

---

[6] Because of the non-convertibility of the zloty into another 'hard' currency in 1974, and because of the discrepancies between the official exchange rate and the black market rate during this time, it is difficult to give a good estimate of the purchasing power of 20,000 zlotys in 1974. One has to assume that it was significant.

Teresa chciała mu, bełkocącemu, przerwać, sprawę zakończyć, dla niej już wygraną. Bała się teraz jego uporu pijackiego, już bez sprytu. Bała się, żeby się te pieniądze z powrotem w nieokreślone nie zamieniły. Ale on nie zważał na jej machania, a wtrącić się wprost – nie miała odwagi. Tam wciąż te dwie liczby padały, Andrzej ze łzami już swoją wymawiał, a matka dalej spokojnie swoją.

– Gówniarzu, skurwysynu, za mało cię waliłem – zerwał się jeszcze stary, podrzucił łeb i znowu się zwalił na krzesło.

– Pięć.

I Andrzej wreszcie, zupełnie już przekonany jej opanowaniem, wódką roztkliwiony: – Zgadzam się, chłopy ciemne – zapłakał. – Zgadzam się jako lepszy i mądrzejszy. Na wasze nieszczęście się zgadzam. – I utwierdzając się w tym roztkliwieniu, łzy brudną ręką rozmazując: – Niech się Maciej, mój brat, zadławi tą ziemią moją ukochaną, której widzieć nie chcę.

Teraz stara, ciągle ostra, wszystko wiedząca, wyciągnęła papiery przedtem schowane pod krzesłem i na oczach rozluźnionej Teresy, która teraz mogła już podejść, Andrzej, zaśliniony, przekrwiony, odpychając starego, co głośno chrapiąc na niego napierał, nabazgrał swoje nazwisko pod liczbą przygotowaną, którą stara przewidziała z góry i na swoim postawiła. Po czym papier schowała uważnie i wtedy dopiero razem z Teresą – ani wroga, ani zadowolona – przeciągnęła kolejno kościstymi silnymi rękami chrapiącego starego, potem Andrzeja, poplamionych, lepkich, i kładły ich w ubraniach w czystą pościel, przygotowaną specjalnie na ten przyjazd. Wreszcie sama skuliła się obok, zwinęła przy nich, znów bardzo mała i bardzo stara – zasnęła spokojnie od razu.

Dopiero wtedy, słysząc chrapanie tych trojga, sprawdziwszy przedtem, jak mały śpi, gasząc światło, wymęczona nieludzko i odprężana Teresa zaczęła liczyć.

I. Sparafrazuj następujące wrażenia.

a) wyłom w chłodzie robi
b) ta rozmowa klucząca, ostrożna, powykręcana
c) w skrzeku starego
d) oczkiem w głowie wam nie byłem
e) za mało cię waliłem

II. Odpowiedz na poniższe pytania.

1   Kiedy dowiadujemy się, do kogo odnosi się zaimek „ich"?
2   W którym momencie rozumiemy jaki jest cel wizyty rodziców Andrzeja?
3   Co można powiedzieć o Teresie na widok lśniącej posadzki? Co czuli goście Teresy?
4   Czym podróżowali goście?
5   Czy obraz Matki Boskiej i ślubna fotografia Teresy i Andrzeja zostały zawieszone nad tapczanem na cześć rodziców? Dlaczego zazwyczaj tam nie wisiały?
6   Czego rodzice nie są w stanie zrozumieć?
7   Gdzie pracuje Teresa? Jaką ma pracę Andrzej i co sugeruje jego ciemny garnitur?
8   Jaką rolę spełnia nalewka w rozwijającej się akcji?

9 Kto w towarzystwie pije najwięcej, a kto najmniej? Dlaczego to ma znaczenie?
10 Dlaczego Andrzej nie akceptuje od razu kwoty zaproponowanej przez ojca? Za co są te pieniądze? Na co ta kwota przetwarza się w myślach Teresy?
11 Kto przewodzi negocjacjom? Skąd o tym wiemy?
12 Ilu było synów w rodzinie i co się z nimi stało?
13 Dlaczego wspomnienia Andrzeja i rodziców z okresu kiedy mieszkali razem na wsi są bolesne dla obu stron?
14 Dlaczego Andrzej i Maciej nawzajem się nie znoszą?
15 Na jaką kwotę, wcześniej ustaloną przez matkę, zostały przygotowane papiery?
16 Co zrobiła Teresa pomimo ogromnego zmęczenia, kiedy goście i mąż zasnęli?
17 Czy Głowacki w jakiś sposób krytykuje:

   a) partię komunistyczną lub rząd
   b) Kościół katolicki
   c) mentalność i zachowanie ludzi ze wsi

III. Wyszukaj w tekście fragmenty, które potwierdzają, że Teresa i Andrzej wcześniej zaplanowali ten wieczór.

IV. Matka Andrzeja okrefla Teresę jako "jazgotka". Napisz, jaki typ kobiety określa się tym mianem.

Chapter 16: Jak Gyom został starszym panem

Leszek Kołakowski

Leszek Kołakowski (1927–2009) was an eminent philosopher of history and co-creator of the Polish school of the history of ideas at the University of Warsaw. An early Marxist and communist party member, Kołakowski spent the first part of his career pursuing the idea of Marxism with a human face, only to abandon the whole enterprise later in life, calling Marxism the biggest hoax of the 20th century. His widely read essay **Kapłan i błazen** (The Priest and the Jester) analysed the antipodes of the intelligentsia's engagement with socialism, ranging from the true believer to the sceptic. After the March 1968 events, Kołakowski was fired from his university post without the right to publish because of his anti-government stance in lectures, and was thus forced into exile. He taught at Berkeley, Yale, Chicago, and finally at Oxford. He died in Oxford but is buried in Poland in the **Powązki** cemetery in Warsaw. Kołakowski's 14 philosopical tales from the fantastic realm of Lailonia (1963) were the basis of an animated television series that lasted from 1997 to 2011.

Gyom był sprzedawcą lodów malinowych w mieście Batum. Był jeszcze młodym człowiekiem, a jego żona Mek-Mek była jeszcze młodsza. Jednakże Gyom uważał, że ludzie młodzi nie mają szans na dobre posady w Lailonii. Postanowił tedy zostać starszym panem i obmyślał wszystkie środki, jakie są do tego potrzebne.

— Mek-Mek — powiedział do żony — postanowiłem zostać starszym panem.

— Ani mi się waż! — krzyknęła Mek-Mek. — Nie chcę wcale mieć męża starca.

— Zapuszczę sobie długą brodę i wąsy — mówił Gyom.

— Wykluczone! — powiedziała Mek-Mek stanowczo.

— Będę nosił parasol.

— Nigdy się na to nie zgodzę!

– Będę nosił melonik.

– Wypraszam sobie stanowczo!

– Będę nosił kalosze.

– Po moim trupie!

– Będę nosił okulary.

– Nie ma mowy!

– Ależ Mek-Mek, bądź rozsądna. Wiesz przecież, że starsi panowie w Lailonii mają lepsze posady i więcej zarabiają.

– Nie chcę żadnych posad i nie pozwalam ci absolutnie zostawać starszym panem.

– No to nie – powiedział Gyom. Ale w duchu pomyślał sobie, że znajdzie sposób na przekonanie Mek-Mek albo przynajmniej tak ją oszuka, że zostanie starszym panem, a Mek-Mek wcale tego nie zauważy.

Rzeczywiście, następnego dnia Gyom zrobił kilka prostych zabiegów. Kupił dużą ilość różowego plastra i zakleił nim całą dolną część twarzy, gdzie rośnie broda i wąsy: postanowił bowiem, że broda i wąsy będą rosły pod plastrem i jego żona nic nie zauważy. Kupił także parasol, ale żeby nosić go niepostrzeżenie kupił jednocześnie pusty futerał do kontrabasu i wsadził parasol do środka. Kupił melonik, ale żeby go ukryć nasadził ponadto na głowę duże blaszane pudło na śmiecie; było to dość niewygodne, ale za to melonik był niewidoczny. Odział się wreszcie w kalosze, a na nie nałożył duże wyplatane koszyki, pomalowane na czerwono dla niepoznaki i przymocował je sznurkami do nóg. Wsadził też okulary i schował je pod maską gazową, w której oberwał dolną część, bo była niepotrzebna.

Teraz Gyom był bardzo zadowolony. Chodził sobie po mieście z twarzą zaklejoną plastrem na dole i z kawałem maski gazowej na górze, z blaszanym pudłem na głowie, wyplatanymi koszami na nogach i z futerałem od kontrabasu w ręku. Mek-Mek nie zauważyła wcale, że Gyom ją oszukał, spacerowała z nim po mieście i myślała, że Gyom jest nadal młodym człowiekiem, tymczasem Gyom był w rzeczywistości brodaty i chodził w okularach, z parasolem, w kaloszach i w meloniku.

Jednakże rychło wyszło na jaw, że Gyom nie osiągnął celu, o który chodziło. Mek-Mek nie zauważyła wprawdzie jego przemiany w starszego pana, ale inni ludzie także nie mogli tego zauważyć, bo również nie widzieli jego brody, melonika, kaloszy, okularów i parasola; wszystko przecież było ukryte. Dlatego, kiedy Gyom szedł ulicą, nikt nie myślał, że to idzie starszy pan, ale wszyscy uważali go za zwyczajnego młodego człowieka. Tylko niektórzy znajomi mówili mu, że trochę jakby przybladł ostatnio. Tak więc Gyom mimo starań nie dostał lepszej posady, bo gdziekolwiek się zwrócił po inne zajęcie, mówiono mu: „Ależ jest pan jeszcze młodym człowiekiem, nie może pan objąć takiego stanowiska. Gdyby pan miał brodę, okulary, parasol, melonik – wtedy co innego. Ale tak?"

Sprawa przedstawiała się tedy niedobrze i Gyom nadal, jak przedtem, sprzedawał lody malinowe. Jednakże nie ustawał w wysiłkach, żeby zostać starszym panem i wpadł na nowy pomysł. Zrobił sobie dwie duże tabliczki blaszane z napisem „STARSZY PAN" i zawiesił jedną na plecach, a drugą na brzuchu, aby każdy, kto go zobaczy z którejkolwiek strony, wiedział od razu, z kim ma do czynienia. Niestety, i to się nie udało. Wprawdzie ludzie czytali tabliczki, ale gdy spoglądali na Gyoma zaraz mówili: „Ależ to nie jest żaden starszy pan! To młody człowiek! Nie ma ani brody, ani okularów, ani melonika, ani kaloszy, ani parasola. Nie, przyjacielu, nie oszukasz nas, jesteś zwyczajnym młodym człowiekiem!"

Gyom gryzł się bardzo swym niepowodzeniem i tak mu się przejadły te bezskuteczne starania, że postanowił zdobyć się na odwagę. Zerwał sobie plastry, pod którymi tymczasem wyrosła już broda i wąsy, zrzucił maskę gazową, zdjął blaszane pudło z głowy i kosze z nóg, wyjął parasol z futerału od kontrabasu i tak brodaty, w okularach, meloniku, kaloszach i z parasolem pokazał się pewnego ranka swojej żonie Mek-Mek.

Mek-Mek, kiedy go zobaczyła, krzyknęła z przerażenia.

– Gyom, coś ty z siebie zrobił – zawołała. – Wyglądasz jak dziwadło! Zrobiłeś się starszym panem! A ja cię błagałam, żebyś tego nie robił! – I zapłakała gorzko.

– Mek-Mek, uspokój się, kochanie – pocieszał ją Gyom. -Zrobiłem to dla ciebie, bo chodzi mi o to, żeby dostać lepsze zajęcie i więcej zarabiać. W ten sposób będę mógł ci kupić znacznie więcej wody kolońskiej i szminki do malowania.

Mek-Mek jednak płakała dalej tak długo, że Gyom zmartwiony poszedł na miasto, bo nie chciał dłużej słuchać jej płaczu. Pogniewali się na siebie i przez trzy dni wcale ze sobą nie rozmawiali. Gyom nawet trochę żałował swojego kroku, ale już było za późno; wszystko już się stało i nic nie można było zrobić: już miał brodę, okulary na nosie, kalosze na nogach, parasol w ręku i melonik na głowie. Tego już nie dało się naprawić.

Gyom został więc starszym panem i tak go traktowali wszyscy przechodnie na ulicach. Zdjął nawet tabliczki z pleców i z brzucha, bo już były niepotrzebne, skoro każdy i tak wiedział, że Gyom jest starszym panem. Zaczął szukać nowej posady i rzeczywiście udało mu się niebawem zostać w wielkim hotelu wyjmowaczem kwiatów z wazonów. Teraz zarabiał lepiej, cieszył się powszechnym szacunkiem i był zadowolony. Żeby przekonać Mek-Mek o korzyściach tej przemiany, kupił jej rzeczywiście bardzo dużo szminki i Mek-Mek mogła teraz chodzić wymalowana szminką od stóp do głów, a nie tylko, jak przedtem, karminować sobie wargi. Widząc to, Mek-Mek przekonała się jednak, że Gyom dobrze zrobił, bo dzięki temu chodziła po mieście cała w czerwieni i wszyscy wiedzieli, że nie jest byle kim, ale żoną wyjmowacza kwiatów z wazonów w bardzo wielkim hotelu.

Jednak pewnego dnia zdarzyło się nieszczęście. Gyom przed pracą poszedł, jak to nieraz czynił, wykąpać się w basenie. Zostawił na brzegu swój parasol, melonik, okulary i kalosze, a sam wskoczył do wody. Wróciwszy po chwili, zobaczył ze zgrozą, że wszystko ktoś mu ukradł. Gyom wpadł w rozpacz, ale musiał już pójść do pracy i poszedł bez melonika, parasola, okularów i kaloszy. Pocieszał się, że broda mu jednak została. Ale dyrektor hotelu, gdy tylko go zobaczył, bardzo się zdziwił: „Gyom – powiedział. – Został pan młodym człowiekiem, jak widzę. A przecież wie pan, że na odpowiedzialnym stanowisku wyjmowacza kwiatów z wazonów nie możemy w naszym hotelu zatrudniać młodych ludzi, ale tylko starszych panów. Zwalniam pana z pracy!

– Ależ ja mam brodę i wąsy – powiedział Gyom z rozpaczą.

– Broda i wąsy nie robią jeszcze starszego pana – odrzekł dyrektor stanowczo. – Dopiero melonik, okulary, kalosze i parasol! Bez tego nie ma starszego pana.

Gyom wyszedł wściekły. Tak go rozzłościła ta przygoda, że poszedł do fryzjera i kazał sobie zgolić brodę i wąsy. Postanowił, że znów zostanie młodym człowiekiem. Ale kiedy wrócił ogolony do domu, Mek-Mek załamała ręce. „Gyom – zawołała surowo – widzę, że zostałeś z powrotem młodym człowiekiem! Czy myślisz, że ja się na to zgodzę?"

– Ależ, Mek-Mek – powiedział Gyom – przecież nie chciałaś przedtem, żebym był starszym panem.

– Ale muszę mieć dosyć szminki, żeby się cała uróżowić. A jako młody człowiek nie będziesz zarabiał tyle, żeby mi kupować szminkę.

Potem Mek-Mek oświadczyła stanowczo, że nie chce mieć młodego człowieka za męża. Opuściła Gyoma i wyszła za mąż za pewnego starszego pana, który dużo zarabiał, ponieważ czesał jamniki w zakładzie fryzjerskim dla piesków i słynął jako najlepszy czesacz jamników w całej Lailonii. Gyom został sam i z powrotem zaczął pracować jako sprzedawca lodów malinowych.

Na tym historia mogłaby się zakończyć, gdyby nie pewne dodatkowe wydarzenia. W kilka tygodni potem, kiedy Gyom został ponownie młodym człowiekiem, policja złapała złodzieja, który ukradł kiedyś melonik, parasol, kalosze i okulary należące do Gyoma. Okazało się, że złodziej miał te rzeczy u siebie, a policja odnalazła je i zwróciła właścicielowi. Gyom uradowany włożył kalosze, okulary i melonik, wziął w rękę parasol i udał się do dyrektora hotelu, w którym kiedyś pracował. Chciał poprosić, aby przyjęto go z powrotem do dawnej pracy, bo już znowu jest starszym panem. Ale dyrektor bardzo był zdziwiony jego żądaniem.

– Ależ, Gyom – powiedział – przecież nie ma pan brody ani wąsów.

– Ale przecież mam melonik, kalosze, okulary i parasol.

– Melonik, okulary, kalosze i parasol nie robią jeszcze starszego pana – powiedział dyrektor stanowczo. – Dopiero broda i wąsy! Bez tego nie ma starszego pana.

Gyom wyszedł bardzo zmartwiony, że znowu nie udało mu się zostać starszym panem. Pośpieszył jeszcze do Mek-Mek prosząc, żeby wróciła do niego, bo już jest znowu starszym panem (nie był naprawdę, ale tak mówił). Mek-Mek jednak zauważyła od razu oszustwo i wyśmiała go powiadając, że nie może mieć za męża kogoś, kto nie ma ani brody, ani wąsów i tylko udaje starszego pana. Gyom wrócił smutny do domu i przez cztery godziny usilnie zapuszczał wąsy i brodę. Jednak wyników nie było. Tymczasem przyszła nowa klęska. Powiedziano mu, że nie może już pracować na stanowisku sprzedawcy lodów malinowych, ponieważ na tej posadzie zatrudnia się tylko młodych ludzi, tymczasem nie jest pewne, czy Gyom nie jest czasem starszym panem: nosi przecież melonik, okulary, kalosze i parasol, a choć nie ma brody i wąsów, to jednak cała sprawa wygląda dwuznacznie.

Nie mając pracy. Gyom postanowił, że zostanie niemowlęciem, bo przecież musi mieć co jeść, a niemowlęciem każdy się zajmie. Położył się w parku na pieluszce, machał rękami i nogami i udawał podrzutka, licząc na to, że ktoś go zabierze i nakarmi. Niestety, zdradził go melonik, który zapomniał zdjąć, chociaż wyrzucił okulary, kalosze i parasol.

Policjant, który go znalazł w parku, zauważył więc od razu, że Gyom nie jest wcale niemowlęciem, i przykazał mu surowo, żeby przestał udawać. Gyom wrócił do domu i ze złości zaczął zjadać własny melonik, który tak haniebnie zdradził go przed policjantem. Nie pomogły prośby i płacze: melonik został zjedzony w ciągu kilku minut.

Od tego czasu życie Gyoma stało się męczarnią. Bez przerwy się zmieniał i usiłował zostać raz starszym panem, raz młodym człowiekiem, raz niemowlęciem. Ale za każdym razem czegoś tam brakowało, podstęp się wykrywał i różni ludzie jeszcze krzyczeli na Gyoma i grozili mu. Nic nie wychodziło z tych przemian i Gyom do dziś, mimo niepowodzeń, przedzierzga się ciągle i przebiera to tak, to owak.

Gyom jest naprawdę bardzo biedny. Dlatego, jeśli zdarzy wam się na przykład zobaczyć w parku krzyczące niemowlę, to nawet gdyby było w meloniku albo w kaloszach, musicie się nim zaopiekować. Jest to właśnie Gyom, który chce, żeby ktoś się nim zajął i ktoś go nakarmił.

Source: Leszek Kołakowski, *13 bajek z Królestwa Lailonii* dla dużych i małych
(Czytelnik: Warszawa, 1963)

I. Połącz podane wyrażenia z ich synonimami.

1 Po moim trupie   a) nie życzę sobie,
2 Wykluczone   b) nie ośmiel się, nie próbuj
3 Ani mi się waż   c) sprzeciwiam się absolutnie, nigdy się na to nie zgodzę
4 Wypraszam sobie   d) to jest nie do przyjęcia, nie ma mowy

II. Odpowiedz na poniższe pytania.

1 Dlaczego Gyom postanowił zostać starszym panem?
2 Jak zareagowała jego żona na pomysł męża?
3 Co zrobił Gyom, żeby zmienić się w starca? Czy osiągnął swój cel?
4 Jaki był nowy pomysł Gyoma? Czy był lepszy od poprzedniego?
5 Jaki był rezultat kolejnej próby przemiany Gyoma?
6 Co spowodowało powrót Gyoma do postaci młodego człowieka?
7 Jaka tym razem była reakcja Mek-Mek? Dlaczego?
8 Dlaczego Gyom stracił posadę sprzedawcy lodów?
9 Jaka była ostatnia przemiana Gyoma?
10 Co sądzisz o ciągłej potrzebie Gyoma przeobrażania się w kogos innego?

III. Połącz zdania w logiczną całość.

1 W Lailonii tylko starsi ludzie mieli szanse   a) starego męża.
2 Długa broda i wąsy są typowe dla   b) ma do czynienia.
3 Mek-Mek nie chciała mieć   c) znaleźć dobrą posadę.
4 Wszyscy uważali go za   d) na dobre posady
5 Każdy, kto go zobaczył wiedział, z kim   e) młodego człowieka.
6 Szukał nowej pracy i wkrótce udało mu się   f) starszych panów.

IV. Uzupełnij podane zdania odpowiednim rzeczownikiem we właściwej formie.

koszyk, tabliczka, szacunek, kobieta, melonik

1 Jego żona była młodą _____
2 Na nogi założył _____, które pomalował na czerwono.
3 Zaczął zarabiać lepiej i cieszył się powszechnym _____
4 Był brodaty, nosił okulary , a na głowie miał _____
5 Przechodnie czytali _____, które Gyom założył na plecy i na brzuch.

Wisława Szymborska

Wisława Szymborska (1923–2012), one of the major postwar voices of Polish poetry, and winner of the Nobel Prize for Literature in 2006, lived most of her life in Kraków. Known as the Greta Garbo of Polish literature for 'wanting to be left alone', Szymborska felt uncomfortable in crowds and specialized mostly in small contemplative poetic forms. Her reputation rested on several hundred poems, written at the rate of only a few dozen per year. They are often whimsical and adopt unusual points of view. Because of their concreteness her poems lend themselves to translation, and she became greatly admired around the world following her 2006 Nobel win. Szymborska was called an 'anti-Platonist' for trying to build up her own world around her from scratch, using as building blocks the material of everyday reality. In this world concrete objects count as much as the people that rub against them. Depending on perspective, two drops of water can be as similar as two peas in a pod or as different as night and day. A person can get to know another person as much as they can a stone. She often contemplates herself and her own mortality from an ironic distance. At times a poetic jokester, Szymborska's literary ouevre includes limericks and a series of two-line so-called 'betterments' (**lepieje**) criticizing restaurant food, as in 'Lepiej w głowę dostać drągiem, Niż się tutaj raczyć pstrągiem' (It's better to be beaten on the head with a knout, than in this establishment to sample the trout). The poem 'Nic dwa razy się nie zdarza' (Nothing ever happens twice), included below, was turned into a popular rock song.

Rozmowa z kamieniem

Pukam do drzwi kamienia.
– To ja, wpuść mnie.
Chce wejść do twego wnętrza,
rozejrzeć się dokoła,
nabrać ciebie jak tchu.

– Odejdź – mówi kamień. –
Jestem szczelnie zamknięty.
Nawet rozbite na części
będziemy szczelnie zamknięte.
Nawet starte na piasek
nie wpuścimy nikogo.

Pukam do drzwi kamienia.
– To ja, wpuść mnie.
Przychodzę z ciekawości czystej.
Życie jest dla niej jedyną okazją.
Zamierzam przejść się po twoim pałacu,
a potem jeszcze zwiedzić liść i krople wody.
Niewiele czasu na to wszystko mam.
Moja śmiertelność powinna Cię wzruszyć.

– Jestem z kamienia – mówi kamień –
i z konieczności musze zachować powagę.
Odejdź stad.
Nie mam mięśni śmiechu.

Pukam do drzwi kamienia.
– To ja, wpuść mnie.
Słyszałam, że są w tobie wielkie puste sale,
nie oglądane, piękne nadaremnie,
głuche, bez echa czyichkolwiek kroków.
Przyznaj, ze sam niedużo o tym wiesz.

– Wielkie i puste sale – mówi kamień –
ale w nich miejsca nie ma.
Piękne, być może, ale poza gustem
twoich ubogich zmysłów.
Możesz mnie poznać, nie zaznasz mnie nigdy.
Cala powierzchnia zwracam się ku tobie,
a całym wnętrzem leże odwrócony.

Pukam do drzwi kamienia.
– To ja, wpuść mnie.
Nie szukam w tobie przytułku na wieczność
Nie jestem nieszczęśliwa.
Nie jestem bezdomna.
Mój świat jest wart powrotu.
Wejdę i wyjdę z pustymi rękami.
A na dowód, ze byłam prawdziwie obecna,
nie przedstawię niczego prócz słów,
którym nikt nie da wiary.

– Nie wejdziesz – mówi kamień. –
Brak ci zmysłu udziału.
Nawet wzrok wyostrzony aż do wszechwidzenia[1]
nie przyda ci się na nic bez zmysłu udziału.
Nie wejdziesz, masz zaledwie zamysł tego zmysłu,
ledwie jego zawiązek, wyobraźnie.

Pukam do drzwi kamienia.
– To ja, wpuść mnie.
Nie mogę czekać dwóch tysięcy wieków
na wejście pod twój dach.

– Jeżeli mi nie wierzysz – mówi kamień –
zwróć się do liścia, powie to, co ja.
Do kropli wody, powie to, co liść.
Na koniec spytaj włosa z własnej głowy.
śmiech mnie rozpiera, śmiech, olbrzymi śmiech,
którym śmiać się nie umiem.

Pukam do drzwi kamienia.
– To ja, wpuść mnie.

– Nie mam drzwi – mówi kamień.

Miłość od pierwszego wejrzenia

Oboje są przekonani,
że połączyło ich uczucie nagłe.
Piękna jest taka pewność,
ale niepewność piękniejsza.

---

[1] **wszechwidzenie** all-seeingness, i.e. the ability to see everything.

Sądzą, że skoro nie znali się wcześniej,
nic między nimi nigdy się nie działo.
A co na to ulice, schody, korytarze,
na których mogli się od dawna mijać?

Chciałabym ich zapytać,
czy nie pamiętają –
może w drzwiach obrotowych
kiedyś twarzą w twarz?
jakieś „przepraszam" w ścisku?
głos „pomyłka" w słuchawce?
– ale znam ich odpowiedź.
Nie, nie pamiętają.

Bardzo by ich zdziwiło,
że od dłuższego już czasu
bawił się nimi przypadek.
Jeszcze nie całkiem gotów
zamienić się dla nich w los,
zbliżał ich i oddalał,
zabiegał im drogę
i tłumiąc chichot
odskakiwał w bok.

Były znaki, sygnały,
cóż z tego, że nieczytelne.
Może trzy lata temu
albo w zeszły wtorek
pewien listek przefrunął
z ramienia na ramię?
Było coś zgubionego i podniesionego.
Kto wie, czy już nie piłka
w zaroślach dzieciństwa?

Były klamki i dzwonki,
na których zawczasu
dotyk kładł się na dotyk.
Walizki obok siebie w przechowalni.
Był może pewnej nocy jednakowy sen,
natychmiast po zbudzeniu zamazany.

Każdy przecież początek
to tylko ciąg dalszy,
a księga zdarzeń
zawsze otwarta w połowie.

Kot w pustym mieszkaniu

Umrzeć – tego nie robi się kotu.
Bo co ma począć kot
w pustym mieszkaniu.
Wdrapywać się na ściany.
Ocierać między meblami.
Nic niby tu nie zmienione,
a jednak pozamieniane.
Niby nie przesunięte,
a jednak porozsuwane.
I wieczorami lampa już nie świeci.

Słychać kroki na schodach,
ale to nie te.
Ręka, co kładzie rybę na talerzyk,
także nie ta, co kładła.

Coś się tu nie zaczyna
w swojej zwykłej porze.
Coś się tu nie odbywa
jak powinno.
Ktoś tutaj był i był,
a potem nagle zniknął
i uporczywie go nie ma.

Do wszystkich szaf się zajrzało.
Przez półki przebiegło.
Wcisnęło się pod dywan i sprawdziło.
Nawet złamało zakaz
i rozrzuciło papiery.
Co więcej jest do zrobienia.
Spać i czekać.

Niech no on tylko wróci,
niech no się pokaże.
Już on się dowie,
że tak z kotem nie można.
Będzie się szło w jego stronę
jakby się wcale nie chciało,
pomalutku,
na bardzo obrażonych łapach.
I żadnych skoków pisków na początek.

Przy winie

Spojrzał, dodał mi urody,
a ja wzięłam ją jak swoją.
Szczęśliwa, połknęłam gwiazdę.

Pozwoliłam się wymyślić
na podobieństwo odbicia
w jego oczach. Tańczę, tańczę
w zatrzęsieniu nagłych skrzydeł.

Stół jest stołem, wino winem
w kieliszku, co jest kieliszkiem
i stoi stojąc na stole.
A ja jestem urojona,
urojona nie do wiary,
urojona aż do krwi.

Mówię mu, co chce: o mrówkach
umierających z miłości
pod gwiazdozbiorem dmuchawca.
Przysięgam, że biała róża,
pokropiona winem, śpiewa.

Śmieję się, przechylam głowę
ostrożnie, jakbym sprawdzała
wynalazek. Tańczę, tańczę
w zdumionej skórze, w objęciu,
które mnie stwarza.

Ewa z żebra, Venus z piany,
Minerwa z głowy Jowisza
były bardziej rzeczywiste.

Kiedy on nie patrzy na mnie,
szukam swojego odbicia
na ścianie. I widzę tylko
gwóźdź, z którego zdjęto obraz.

Nic dwa razy

Nic dwa razy się nie zdarza
i nie zdarzy. Z tej przyczyny
zrodziliśmy się bez wprawy
i pomrzemy bez rutyny.

Choćbyśmy uczniami byli
najtępszymi w szkole świata,
nie będziemy repetować
żadnej zimy ani lata.

Żaden dzień się nie powtórzy,
nie ma dwóch, podobnych nocy,
dwóch tych samych pocałunków;
dwóch jednakich spojrzeń w oczy.

Wczoraj, kiedy twoje imię
ktoś wymówił przy mnie głośno,
tak mi było, jakby róża
przez otwarte wpadła okno.

Dziś, kiedy jesteśmy razem,
odwróciłam twarz ku ścianie.
Róża? Jak wygląda róża?
Czy to kwiat? A może kamień?

Czemu ty się, zła godzino,
z niepotrzebnym mieszasz lękiem?
Jesteś – a więc musisz minąć.
Miniesz – a więc to jest piękne.

Uśmiechnięci, wpółobjęci[2]
spróbujemy szukać zgody,
choć różnimy się od siebie
jak dwie krople czystej wody.

Source: Wisława Szymborska, "Wiersze wybrane" (Wydawnictwo a5: Kraków, 2000)

I. Uzupełnij luki w zdaniach poniższymi słowam.

działem	**zostały**	**debiutowała**	**doceniona**	**uhonorowała**	**całokształt**
laureatką	**maturę**	**przyrodniczych**	**konsekwencji**	**urodziła**	**uniwersalna**

Wisława Szymborska _____ się 2 lipca 1923 roku w wielkopolskim Bninie, koło Poz-
nania. Wybitna Polska poetka, która do perfekcji potrafiła operować konceptem poetyckim
i ironią. Warto dodać, że pokolenie Szymborskiej było nasileniem historycznych _____
(wojna, powstanie warszawskie, niemieckie i sowieckie łagry, stalinizm i jego opresji). Od
1931 roku mieszkała w Krakowie, gdzie uczęszczała do Gimnazjum ss.[3] Urszulanek,[4] potem

---

[2] **wpółobjęci** with one's arms around each other.
[3] **ss.** Abbreviation for **siostry**
[4] **Urszulanki.** Ursuline Sisters, an order of nuns founded in Italy in the 16th century.

przyszło jej zdawać _____ podczas wojny. W latach 1945–48 studiowała na Uniwersytecie Jagiellońskim filologię polską i socjologię. Jako czytelnik-amator zagłębiała się w tajniki filozofii, nauk _____oraz historii sztuki. W 1952-1966 pracowała w redakcji Życia Literackiego,[5] gdzie przez wiele lat kierowała _____ poezji, a do roku 1981 miała stały felieton „Lektury nadobowiązkowe". Wersje książkowe _____ wydane w Krakowie w latach 1973, 1981 i 1992. _____ 14 marca 1945 roku zamieszczając w dodatku „Walka" do „Dziennika polskiego"[6] jeden ze swoich wierszy „Szukam słowa". Warto dodać, że autorka miała wówczas tylko 22 lata. Pierwszy tom poezji wydała w roku 1952, nosił tytuł „Dlatego żyjemy".

Przez całe swoje życie pisała wiersze i jej praca została _____. Otrzmała Nagrodą Goethego[7] (1991) i Nagrodą Herdera[8] (1995). Rok 1996 okazał się wielkim świętem literatury i kultury polskiej. 'Wielka i skromna' poetka polska została również _____Nagrody Nobla w dziedzinie literatury. Jej poezja znalazła drogę do wielkiego świata, okazała się _____, nasycona tradycją a zarazem bardzo współczesna. Królewska Akademia_____ Wisławę Szymborską tą prestiżową nagrodą za _____ twórczości poetyckiej.

II. Odpowiedz na poniższe pytania.

Rozmowa z kamieniem

1 Czy w wierszu „Rozmowa z kamieniem" udaje się poetce nawiązać rozmowę z kamieniem?
2 Z czego wynika trudność w nawiązaniu kontaktu?

   a) z odmienności języka którym posługują się rozmówcy
   b) z odmienności ich światów (wyszukaj przykłady)

3 Opisz świat wewnętrzny kamienia.

Miłość od pierwszego wejrzenia

1 Czy zdaniem Szymborskiej miłość od pierwszego wejrzenia jest zupełnie nowym doświadczeniem w życiu zakochanych, czy kontynuacją czegoś co zaczęło się wcześniej? Jakimi słowami zaczyna się strofa, która wyraża jej opinię? Czy zgadzasz się z poetką? Dlaczego?

Kot w pustym mieszkaniu

1 Jaką tematykę porusza Szymborska w wierszu 'Kot w pustym mieszkaniu'?
2 Jak zachowuje się kot?
3 Jak kot postrzega przedmioty w mieszkaniu po smierci swojego pana?
4 Jakie emocje przeważają w tym wierszu? Napisz kilka zdań na ten temat.

---

[5] „Życie Literackie". An influential Krakow literary weekly in existence from 1951 to 1991.
[6] „Dziennik polski". A regional daily newspaper founded in 1945 with its headquarters in Kraków.
[7] **Nagroda Goethego** (*Goethepreis der Stadt Frankfurt*). A German prize awarded for achievements in literature, named after the poet Johann Wolfgang Goethe (1749–1832).
[8] **Nagroda Herdera** (*Herder-Preis*). A prize awarded to writers from Eastern Europe, named after the German philosopher and poet Johann Gottfried von Herder (1744–1803).

Przy winie

1   W jaki stan wprawia poetkę kieliszek wina w obecności ukochanego?
2   Co znaczą słowa 'widzę tylko gwóźdź z którego zdjęto obraz'.

Nic dwa razy

1   O czym jest wiersz 'Nic dwa razy'?

 a) o życiu?
 b) o śmierci?

2   Jaka jest myśl przewodnia?

 a) stałość
 b) przemijanie

3   Jak interpretujesz dwa sprzeczne opisy róży: . . . *tak mi było, jakby róża przez otwarte wpadła okno* i *Róża? Jak wygląda róża? Czy to kwiat? A może kamień?* Czy doznałeś kiedyś podobnego uczucia? Napisz krótki esej.

Chapter 18: Deus Ex

Olga Tokarczuk

Olga Tokarczuk (b. 1962) is a major contemporary literary figure specializing in short literary forms, but also a novelist and poet. She is a psychologist by training, but now a full-time writer. Tokarczuk won the 2008 **Nike**[1] prize for *Bieguni* (Runners), a novel interweaving various stories united by travel. She lives in **Dolny Śląsk** (Lower Silesia) and, besides travelling and giving readings, leads creative writing seminars at the university in Opole. Her most popular work to date is ***Prawiek i inne czasy*** (Primeval and Other Times, 1996), which documents eighty years of life, beginning in 1914, in a fictional village in the heart of Poland. Her 2000 short story 'Żurek' (White Barszcz) was turned into a major motion picture. Tokarczuk is not especially a writer of science fiction, but it is difficult to say whether the present story fits into that genre anyway (this can be one of the points of discussion).

D. był prawdziwym geniuszem komputerowym, choć żył z zasiłku. Czasem przyjmował jakieś zlecenia, a wszystko po to, żeby nie musieć wychodzić ze swojego mieszkania, małego zagraconego pokoju i tego miejsca przed ołtarzem klawiatury, gdzie toczyło się całe życie, życie jego i świata.

---

[1] **Nike**. Nike was the Greek goddess of victory. A statue of Nike stands along the major Warsaw artery **Trasa W-Z** (the W-Z Roadway), commemorating the heroes of Warsaw, 1939–45. The annual Nike book, with a trophy modelled after the statue, is awarded and promoted by the newspaper **Gazeta Wyborcza** (Electoral Gazette) and its owner, the Agora Foundation. It is followed with great interest in the national press. Its aim is to select, in a three-stage process, the best work of fiction of the previous year, with priority given to novels. The award has been in existence since 1997.

Zawsze pierwsze wysiadały mu oczy, zaczynały szczypać, łzawić, więc niechętnie wstawał i szedł do okna, za którym ziała głębią ruchliwa, wąska ulica. Unosił się nad nią kurz spieczonej upałami ziemi, zmieszany ze spalinami. W tej przestrzeni D. prostował, jak skrzydła, zmęczony wzrok. Widział tylko ścianę kamienicy naprzeciwko i prostokąty okien, za którymi poruszał się czasem jakiś cień. W dole przesuwały się wypłowiałe samochody. To mniej więcej widział D., kiedy patrzył przez swoje okno, ale dla D. taki widok miał tę samą konsystencję co sen — rozmazaną, nieciągłą, alogiczną. Jego wzrok nie zatrzymywał się na szczegółach, nie kontemplował kształtu gzymsu ani ludzkiej twarzy po tamtej stronie szyby. D. tylko patrzył.

— To złudzenie, majak — mówiła jego długowłosa żona buddystka, dzieląc się z nim sałatką. W jej głosie była zawsze śpiewna nuta dziecięcych wyliczanek,[2] zwłaszcza gdy zaczynała swoje ulubione zdanie:

— Ja jestem ja, ty jesteś ty . . .

Zdanie to nie miało końca.

D. zaczynał cokolwiek widzieć, gdy siadał przed ekranem swojego komputera. Miał wtedy przed sobą porządek, nieskończoną harmonię, prostotę dróg, które prowadzą do celu, jasność wyborów, ogromny potencjał myśli. Zaraz za tym doświadczał spokoju, jaki bierze się ze świadomości bycia wolnym. W pewnych granicach. Ale czy można mówić o jakichkolwiek granicach, kiedy tworzy się światy?

Bo D. naprawdę tworzył światy. Zaczął od tworzenia miast, najpierw tych małych, z rynkami pełnymi straganów, potem już wielkich metropolii. Program lepiej się sprawdzał na miastach dużych, tych, których granice niepostrzeżenie wymykają się pamięci. Szczególnie lubił stwarzać miasta nad brzegami mórz, portowe okna na świat, pełne 23 stoczni, doków i dźwigów. Zaczynał zawsze od elektryfikacji terenu, ciągnął sieć wysokiego napięcia i budował bezpieczne elektrownie. Potem stawiał fabryki, zawsze z myślą o ludziach, których niedługo tu wprowadzi. Ludzie muszą mieć pracę. Jego osiedla mieszkaniowe były ładnie położone i ekologiczne. Zdecydowanie wolał budownictwo jednorodzinne, bez żadnej wielkiej płyty. Pamiętał o oczyszczalni ścieków, utylizacji śmieci i tych wszystkich innych koniecznych rzeczach, których brakowało w rozmytym złudzeniu za oknem.

Wewnętrzny czas komputera odliczał miesiące i lata, a mieszkańcy jego miast rozmnażali się i starzeli. Budował im także stadiony i lunaparki ku pocieszeniu serc. Jego miasta rozwijały się i ogromniały. D. przyzwyczaił się już, że w pewnym momencie przedmieścia zaczynały się degenerować, psuły harmonię, musiał na nie zwracać szczególną uwagę. Był to jakiś wewnętrzny proces, nieodłączny od istnienia miasta. Miasta się starzały. Wewnętrzni komputerowi ludzie obdarzeni byli instynktem, który kazał im opuszczać miasta bliskie śmierci. Gdzie wtedy szli? Gdzie indziej, gdzie mogli trwać w zawieszeniu, czekając, aż palce D. przywrócą ich do istnienia.

Zawsze działała ta sama zasada: miasta zostawione samym sobie i sztucznemu, wewnętrznemu czasowi, nie porządkowane, nie naprawiane, degenerowały się i popadały w niszczenie, posłuszne wszechobecnej i nieśmiertelnej entropii. Im więcej czasu i wysiłku poświęcił D. jakiejś strukturze, tym łatwiej ulegała ona rozpadowi. Zatykały się oczyszczalnie, parki zamieniały się w obszary największej przestępczości, stadiony — w więzienia, a plaże — w cmentarze zatrutych ropą ptaków.

Wtedy D., zmęczony i rozczarowany, spuszczał na swoje miasta sztormy, pożary, powodzie, plagi szczurów i szarańczy.

---

[2]   **wyliczanka** counting rhyme, i.e. a rhyme children use to include or exclude someone from a game.

Podczas gdy D. stwarzał, a potem — ze smutnej konieczności — niszczył swoje miasta, jego żona uprawiała w sąsiednim pokoju niekończące się medytacje, przerywane tylko od czasu do czasu powolną aktywnością przyrządzania lekkiego posiłku i układaniem rzeczy na swoich miejscach. Każdy jej ruch był praktyką zen w sztuce prowadzenia domu. Czasem stawała za jego plecami i przyglądała się procesowi tworzenia (i niszczenia) miast, ale i wtedy D. słyszał, jak praktykowała oddychanie do brzucha. Wieczorem wychodziła na dwie godziny do pracy. Sprzątała luksusowy sklep pełen godnych pożądania dóbr, na których nawet nie zatrzymywała wzroku. Myła podłogi systematycznie i dogłębnie, praktykując zen w sztuce sprzątania sklepu.

— Kochasz mnie? — słyszał wieczorem jej śpiewny głos, gdy czekała na niego w łóżku. Naciskał wtedy klawisz ESCAPE i na ekranie pokazywały się dwa okienka TAK i NIE. Klikał TAK i komputer szemrając, przygotowywał światy do snu.

— Rozkosz nie jest przyjemnością . . . — zaczynała sennie jego żona, gdy D. szukał na jej ciele klawisza ENTER.

Gdy miasta ostatecznie go znudziły, D. zdobył program, który od dawna bardzo chciał mieć. Nazywał się SemiLife i symulował proces ewolucji.

D. dostawał młodą planetę zalaną pierwotnym oceanem. W praoceanie jak śmieci pływały aminokwasy. Od nich się zaczynało. W tej grze nie było przypadku. Był D. Teraz całymi dniami łączył aminokwasy w białka, skręcał je w prawo i w lewo, zwiększał i obniżał temperaturę i ciśnienie. Walił w powierzchnię wody błyskawicami. Rozpalony ciekawością przyspieszał czas. Wieczorem, gdy jego długowłosa żona wyszła do pracy, otrzymał pierwsze jednokomórkowce. W nocy pojawiły się na lądzie pierwsze prymitywne płazy. Rano Ziemią zawładnęły gady. Wiedział, co będzie dalej, i dlatego zniszczył planetę.

— Czy chcesz opuścić SemiLife? TAK/NIE — zapytał komputer.

D. nacisnął TAK i podszedł do okna, za którym majaczyła zatopiona w złudzeniu ulica. D. zobaczył po raz pierwszy, że rozpad drążył miasto-złudzenie za oknem równie skutecznie jak jego miasta. Szare, wychudzone gołębie obsiadły łuszczący się na tynkach gzyms. Nie padało od miesiąca. Żółta chmura spalin parła w niebo jak dusza kogoś, kto właśnie umarł.

— Kochasz mnie? — komputer pytał w jego śnie.

D. zauważył wtedy, że na klawiaturze pojawił się dodatkowy klawisz: NIE WIEM. Gdy go nacisnął, obudził się. Kobieta, która leżała przy nim każdej nocy, miała twarz piękną i spokojną. Jej oczy oglądały doskonałą twarz Pustki.

Tej nocy D. stworzył człowieka. Ale był to człowiek słaby i nijaki. Miał łapy, ptasią twarz i oczy bez źrenic. D. przyglądał się jego chaotycznemu życiu płynącemu w przyspieszonym komputerowym czasie. Życiu wypełnionemu poszukiwaniem jedzenia i wiecznym lękiem. Dlatego D. uznał z żalem, że należy człowieka zniszczyć i zacząć jeszcze raz, od początku. Zesłał więc potop i deszcz ognia, bo nic innego nie przyszło mu do głowy. Jednak to słabe stworzenie jakoś przetrwało i D. męczył się pełen poczucia winy i żalu. Zrobił sobie kawę i smakował jej gorycz akurat wtedy, gdy bezbarwny świt zaczął wlewać się przez okna do jego pokoju.

Przestał w jakikolwiek sposób interweniować w życie stworzonej przez siebie nijakiej istoty i widział, jak w idący swoimi drogami program wdzierają się fale rozpadu. Ludzie walczyli ze sobą o swoje urojone bogactwa, o mętne idee, o żony, budowle i cmentarze. W czasie kiedy palił papierosa, w wewnętrznym komputerowym świecie wybuchło i wypaliło się kilka wojen. Przez spustoszone połacie Ziemi przetaczały się całe plemiona, wędrowały pozbawione krajów ludy. D. usnął na krześle przed ekranem, a kiedy się obudził, w programie

SemiLife nie było już żywych stworzeń. Płynął pusty czas wspomagany szemraniem komputera.

— Czy chcesz zagrać jeszcze raz? TAK/NIE — zapytał niebiesko ekran.

— NIE.

Przez następny tydzień D. opracowywał nowy program, nową grę, która miała szansę naprawić wszystko. Musiał już na początku pozbyć się tendencji do rozpadu. W tej grze będzie można stworzyć świat od początku, jeszcze raz, bezbłędnie. Nazwał ją SemiUniverse.

W niedzielę zaczął grać po raz pierwszy.

— Zobacz — powiedział do swojej kobiety, która przysiadła na poręczy krzesła z palcami ułożonymi w lecznicze mudry[3] — oto jest Nic, które zawiera nieskończoną liczbę wymiarów wszystkiego.

I czekali cały dzień i całą noc, ale Nic nie chciało się rozwijać, było bowiem doskonałe. D. podchodził do okna i patrzył z wysokości na osowiałe od spalin i pragnienia gołębie.

— Nic nie rób — powiedziała jego żona i spojrzała na niego spod przymkniętych powiek.

— Tak jest dobrze, niech tak trwa.

— Jesteś pewien, że nie chcesz oddzielić Światła od Ciemności? — TAK/NIE — zapytał komputer.

— I TAK, i NIE — odpowiedział D.

Zobaczyli teraz wielki wybuch. Byli świadkami wyłaniania się z pierwotnej Całości czterech wielkich sił. Widzieli, jak powstawał czas, który w swym zalążku wyglądał niczym kropla trucizny, Współczuli przestrzeni rozrywanej wybuchem, a z jej gniewu brała się materia i zwijała się zaraz w ogniste kule ziejące złością.

I zobaczył D., że nic nie było dobre, więc wstał i wyjrzał przez okno, gdzie usychający z pragnienia świat czekał na deszcz.

Olga Tokarczuk *Dom dzienny, dom nocny* (Wałbrzych: Ruta, 1998)

I. Przeczytaj opowiadanie i zaznacz: P-gdy stwierdzenie jest prawdziwe; F-gdy jest fałszywe; BI-gdy w tekście brak informacji na dany temat.

1 D. Przyjmował zlecania, bo nie chciał wychodzić ze swojego mieszkania. P F BI
2 Żona D. była wrogo do niego nastawiona ponieważ spędzał cały czas
   przed komputerem. P F BI
3 Pierwszy program, który używał D. do tworzenia światów był
   podarunkiem od przyjaciela. P F BI
4 D. najbardziej lubił tworzyć miasta nad morzem. P F BI
5 Żona D. miała ciemne włosy. P F BI
6 D. stworzył człowieka, który miał małe oczy i przenikliwe spojrzenie. P F BI
7 W nowym, idealnym świecie "Nic„ nie było żadnego rozwoju. P F BI

---

[3] **mudra.** A Sanskrit word literally meaning 'that which brings happiness'. Mudras are hand and finger movements used in sacral dance and in yoga aimed at attaining spiritual harmony.

II. Odpowiedz na poniższe pytania:

1 Dlaczego D. żyje z zasiłków, skoro jest komputerowym geniuszem?
2 Jak wygląda świat za oknem D. i jego żony? Dlaczego ta informacja jest istotna dla opowiadania?
3 Jaki rodzaj programu używa D.? Jak sądzisz, dlaczego D. jest nim zafascynowany?
4 Co sugeruje tytuł opowiadania?
5 Na czym polega problem z miastami tworzonymi w komputerze?
6 D. spuszcza klęski żywiołowe i plagi na swoje miasta. Z czym ci się to kojarzy?
7 W jaki sposób D. widzi życie jako grę komputerową?
8 Dlaczego D. zniszczył pierwszy model swojej planety? Skąd wiedział co nastąpi?
9 Jaki jest symbolizm rozpoczęcia gry w SemiUniverse w niedzielę?
10 Co się wydarzyło gdy D. zasnął przed swoim komputerem?
11 Co oznacza odpowiedź Tak/Nie i co się dzieje, gdy D. naciska jeden z klawiszy? Który klawisz naciska?
12 Czy główne motywy tego opowiadania są optymistyczne, pesymistyczne, czy jeszcze inne?

III. Jak interpretujesz słowa żony D. 'rozkosz nie jest przyjemnoscią' Czy wypowiedziałaby te słowa, gdyby nie była buddystką? Przedstaw swoją opinię na piśmie.

IV. Na podstawie własnych poszukiwań w internecie przygotuj prezentację na temat Buddyzmu i jego filozofii.

V. Czy uważasz, że to opowiadanie można zaliczyć do gatunku literackiego fantastyki naukowej? Jeśli sądzisz, że tak, w którym momencie staje się fantastyką naukową? Przygotuj pisemną wypowiedź.

Chapter 19: Bicie po twarzy (opowiadanie sekundanta)

Józef Hen

Born Józef Henryk Cukier in 1923, **Józef Hen** is a writer of Jewish extraction who spent most of the war in the Soviet Union, where he eventually joined the **Ludowe Wojsko Polskie** (Polish People's Army) under Soviet command. He got his literary start as a writer for military publications. He was never a 'communist' writer, but his wartime credentials provided him with a good entrée into the Polish literary scene, and for a number of years he was president of the Polish Writers Union. Hen is a 'man's writer', his favourite topics being based on his wartime experiences, sports stories and male–female relationships seen from the male point of view. In a sense he reminds one of the earlier American ironist Ring Lardner (1885–1933), except that his stories often have an uplifting conclusion, as in the present story, in which rough characters show an unexpected streak of humanity. His work has with time come to be more appreciated, and his memoirs about growing up Jewish in interwar Warsaw, *Nowolipie Street*, have just been translated into English.

Przyznaję się – trochę mi palce latały, kiedym mu zawiązywał rękawice. Przeżywałem to już tyle razy, wszystkie te finałowe historie, a przecież za każdym razem zachowuję się jak panna na wydaniu. Może to i dobrze, może bez tego to by mi się już dawno cała ta zabawa znudziła i wolałbym kwiatki w ogródku podlewać niż uczyć dorosłych chłopów prać po mordzie. Teraz też tak było: ręce mi latały – jakże, mój pupilek w finale mistrzostw Europy w wadze lekkiej – nic rozsądnego z siebie wydobyć nie mogłem, mówiłem tylko: 'Głowa do góry, Stefek. Głowa do góry. On jest twój. Zachowaj siły na końcówkę, to się ceni'.

Stefan był spokojniejszy niż ja.

– Bez nerw, panie Wicku. Zrobię tego turka na szaro.

– No widzisz. On już, bracie, psychicznie leży.

– Myśli pan, że się boi?

Może się trochę boi, ale to nie to. Dziecko mu umarło. Idź, przywitaj się.

Stefan odwrócił się i wyszedł na środek ringu. Perroquet już na niego czekał. To był szczupły, śniady, czarnowłosy Francuz. Na powitanie uśmiechnął się blado do naszego Stefana. Czułem już nosem mistrzowski tytuł. Wiedziałem, że Francuz był szybki i dobry technik, ale to za mało na mojego chłopaka. Karaś umiał bić. Miał to, co najprościej nazwać talentem. Urodził się do boksu. Nieomylny lewy prosty, serie, pójście za ciosem – co kto lubi. A najważniejsze, że miał tę intuicję i refleks, bez których najsumienniejszy pięściarz jest tylko wyrobnikiem. Błyskotliwość Perroqueta nie na wiele tu się mogła zdać. Do tego ta paskudna tragedia rodzinna. Nie wątpiłem, że wybiła Francuza z konceptu.

Sędzią był potężny, łysy Włoch. Włoszysko obmacał im ręce i coś tam, jak zwykle, nagadał. Stefan wrócił do swojego rogu. Zapytał:

– Co pan mówił o jego dziecku?

– Umarło. W nocy odbył się poród, nad ranem umarło.

– To pech.

– Paskudna historia. Depesza przyszła w południe. Facet na pewno nerwowo wykończony. Stefan przebierał nogami w pudełku z kalafonią. – Żona żyje? – spytał.

– Żyje. Ale stan nie najlepszy.

– W takim dniu!

– Tak. Chciał dwa zające ustrzelić: medal i dziecko. Uważaj, ring wolny. Idź na całego.

Zabrzmiał gong i nasz chłopak odwrócił się gwałtownie.

Dwoma susami znalazł się na środku ringu. Przez chwilę jego szerokie plecy kołysały się z boku na bok i nagle dwie suche lewe, jedna po drugiej, znalazły się na szczęce Francuza. Francuz odskoczył, próbował odpowiedzieć serią, ale Karaś złapał wszystko na rękawice i zaraz sam przeszedł do ataku. Francuz cofał się, Karaś szedł za nim. Tamten ustępował, kłując tylko lewą, długą, chudą i jakby łamliwą. Nie, to nie było na mojego Stefana. Lewa Karasia runęła na szczękę Perroqueta, w ostatniej chwili natrafiła na blok rękawic, powędrowała niżej, na żołądek, znów garda Francuza, trzeci cios wreszcie siedział, i to mocno. Aż mnie w gardle ścisnęło. Jak ten chłopiec boksuje!

Artysta! Teraz powinien znów zaatakować lewą i pójść za ciosem. Kto wie, czy sędzia nie przerwie walki przed czasem . . .

Lewa znowu siedziała. Teraz tylko poprawić. W tej chwili dostrzegłem oczy Francuza: duże, przerażone źrenice człowieka, którego biją. Nic z nieodzownego skupienia, nic z zaciekłości – tylko przerażenie. I chyba jeszcze krzywda. A może mi się tylko zdawało. O jakiej krzywdzie może być mowa, kiedy się jest bokserem? Wiadomo przecież z góry: albo ty skórę łoisz, albo tobie łoją. Na to się jest przygotowanym.

Cios, na który czekałem, nie nastąpił. Jakby się w Stefanku coś załamało. To, co się dalej działo, było zdumiewające: rzekłbyś, inny bokser. Żaden cios Karasia nie dosięgał celu. Jeżeli mu coś wyszło, to tak słabo, jakby tuż przed ciałem Francuza ręka traciła siłę. Perroquet kilkakrotnie przechodził do ataku i Karaś spóźniał się z obroną. Publiczność przyglądała się walce niezadowolona. Nie było gwizdów[1] ani krzyków – to nie to, co u nas, panie szanowny – czułem jednak owo rozczarowanie tysięcy ludzi, tak dotkliwe, jakbym ja był wszystkiemu winien. Pot wystąpi mi na czoło, a ten redaktorek z 'Przeglądu'[2], co to zawsze wszystko lepiej wie, tym razem się ze mnie nie nabijał, tylko pytał zdumiony:

– Co to jest, panie Wicku? Co to jest?

Aja skąd mogłem wiedzieć? Kiedy Stefan wrócił do swojego rogu, napadłem na niego:

– Chłopie, co z tobą? Na miłość boską – przecież nie straciłeś chyba formy w ciągu jednej nocy?

Stefan siedział na krześle, rozkraczywszy nogi, a ja wachlowałem ręcznikiem jego osowiałą twarz.

– Będzie chryja, panie Wicku – powiedział.

– Nie bój się, runda była wyrównana.

– Ale będzie chryja.

– Dlaczego?

– Nie mogę go bić.

Wzdrygnąłem się. – Co powiadasz?

– Nie mogę go bić. Jak sobie przypomnę o tym dziecku, od razu się coś we mnie zmienia. Nie mogę go bić. Nie mogę bić faceta, któremu właśnie umarł dzieciak.

– Idiota – warknąłem.

– Ja wiem, panie Wicku. Ja wiem. Ale nie mogę. Pan widział jego oczy?

– Do diabła, to przecież nie jest bicie! To jest sport! Taka zabawa jak . . . jak w oczko. W oczko byś go ograł? – Ograłbym.

– No więc?

– Nie mogę go bić. To nie jest oczko. To jest bicie.

– Ale z Nowakiem i Millerem bijesz się. Są twoimi przyjaciółmi i nokautujesz ich. A takiego turka . . . – Spróbuję, panie Wicku.

– Idź na całego. Bez głupstw, Stefku. Zbieraj punkty! – krzyknąłem, bo uderzono już w gong.

Zeskoczyłem z ringu i przyglądałem się walce, jeśli to można było nazwać walką. Chociaż sekundant Perroqueta, niski, starszawy facet z brzuszkiem, na pewno był z niej zadowolony. Perroquet po gongu od razu ruszył do ataku. Wcale mnie to nie zmartwiło. Będzie dobrze, niech rozjuszy Stefana. Byłbym wiele dał, żeby Francuzowi wyszedł jakiś cios. Ale Karasia nie tak łatwo trafić. I chociaż Perroquet bił dużo, nieraz celnie, rzadko wychodziło mu to czysto.

Karaś bronił się. Oddychał szybko, twarz mu poczerwieniała, policzek miał w jednym miejscu rozcięty. Bronił się pracowicie, ale nie odpowiadał tym, co mogłoby mu zapewnić sukces: kontrą. Nie przechodził do przeciwnatarcia. Ręce pracowały sztywno, jak nigdy. Raz potknął się i część publiczności skwitowała to tłumionym śmiechem.

Redaktorek z 'Przeglądu' dawał mi znaki na migi. Pokiwałem smutno głową i zrobiłem kółko na czole. Ma fioła ten nasz Karaś, oto cała prawda. Jak mu coś strzeli do łba, to umarł w butach. Akurat w finale mistrzostw!

Znów miałem Stefana przed sobą na krzesełku. – To samo? – spytałem ponuro.

Skinął głową.

---

[1] Whistling would signal dissatisfaction with the progress of the match.

[2] **redaktorek z 'Przeglądu'**. reporter from '**Przegląd Sportowy**', Poland's oldest and largest sports paper, founded in 1921, with a daily circulation of around 100,000.

– Filozof! Poeta! – złościłem się. – Trzeba było zostać gryzipiórkiem, a nie pchać się do boksu!

Stefan nie odpowiadał.

– Zobaczysz, jak cię przywitają w kraju – powiedziałem. – Ten łachudra redaktor, ten redaktorek już szykuje artykuł 'Kompromitacja Karasia'. Przeczytasz jego wymądrzania się, to zrozumiesz, coś nabroił.

– Pan myśli, że ja nie chcę wygrać?

– Nie wiem, czego ty chcesz. Wiem, że takiego boksera jeszcze nie miałem. Miałem już złodziejów, poetów, majdaniarzy, aktorów, rzeźników, polityków – kogo chcesz. Ale każdy wiedział, że bić – to bić.

– No właśnie.

– Zamknij gębę. Oddychaj swobodnie. Ja gadam!

Zaczerpnąłem tchu. Chciałem zdążyć wszystko powiedzieć. Włoczyć do tego głupiego łba tę jedną prawdę, że musi wygrać. Reszta mnie nie obchodziła. Zacząłem go agitować:

– Kilka milionów ludzi czeka w kraju, żebyś mu nabił mordę. Tu, na cudzoziemskiej sali, ma być grany nasz hymn. Jak grają hymn, to każdy Polak płacze. Kusociński[3] płakał. Chychła[4] płakał. Nie ma mocnych! Cały świat wtedy wie, że Polska jeszcze nie zginęła[5]. Co ty, psia twoja mać, sobie myślisz? To jest jak wojna! Na wojnie to myślisz co? Każda twoja kula trafia drania? Leży przed tobą jakiś tam Niemiec, może mu dziecko umarło, a ty go w czapę, i po nim.

– To jest Francuz.

– Francuz czy Niemiec – jeden diabeł. Boks nie wybiera. Nie filozofuj. Bij.

Stefan podniósł się.

– On ma przewagę punktową? – spytał.

– A coś ty myślał? Ale jest do odrobienia.

– Dla jego żony to byłaby jakaś pociecha, ten tytuł?

Byłem bliski rozpaczy.

– Chłopie! Co ty sobie nim głowę zawracasz? O swoim marnym losie myśl! O swoim powrocie do kraju. Jak cię wygwiżdżą. Jak ci się dziewucha w twarz roześmieje.

Musiałem przerwać, bo znów uderzono w gong. Ostatnia runda. Odchodząc, Stefan zdążył dotknąć rękawicą mojej dłoni. Niby że dobra, panie Wicku, zrobi się.

Od razu przy pierwszej akcji posłałem spojrzenie redaktorowi.

Spójrz, pętaku, przekonaj się, co znaczy moja szkoła. Stefan zapędził Francuza do rogu i zaczął go tam okładać seriami. Publiczność rozgrzała się, rozkrzyczała: ,Karash! Karash!'. Ja z emocji wstrzymałem oddech. Po drugiej stronie sznurów francuski sekundant otworzył szeroko usta. Takiego lania się nie spodziewał. Dobrze! Znaj klasę!

Perroquet zasłonił się blokiem z rękawic. Potem nagle schylił się i dał nura pod ramieniem Stefka. Wylądował na środku ringu. Stefan zrobił prawidłowy zwrot. Stali naprzeciw siebie,

---

[3] **Kusociński, Janusz** (1927–40). Interwar long-distance runner, 10,000-meter gold medallist at the 1932 Los Angeles Olympics. Kusociński was murdered by the Nazis as part of their terror campaign to eliminate well-known Polish cultural icons.

[4] **Chychła, Zygmunt** (1926–2009). Polish welterweight boxer who won Poland's first Olympic gold medal after World War II, at the Helsinki summer Olympics in 1952.

[5] **Jeszcze Polska nie zginęła** Poland has not perished yet. The first line of the General Dąbrowski Mazurka, the Polish national anthem.

gotując się do akcji. Perroquet znów wpatrywał się w Karasia tymi swoimi szeroko otwartymi oczyma bitego zwierzęcia. Wyglądał jak pies skrzywdzony przez własnego pana. Karaś zaatakował, ale jego cios nie doszedł celu. Znowu nie był w stanie bić tamtego. Wszystko było stracone.

Zaczęło się wzajemne obtańcowywanie: Niezbyt szybkie, bo to zawsze trzecia runda. Więcej punktów zbierał Francuz. Polak boksował z roztargnieniem, wzrok uciekał mu gdzieś w bok, jakby stamtąd oczekiwał zakończenia tej mitręgi. Już się nawet na niego nie złościłem. Żal mi go było, przecież opiekowałem się nim niemal od pierwszego kroku bokserskiego. Redaktorek też mi już nie dokuczał, siedział ponuro, stukając nerwowo kulkowym piórem o pulpit.

Publiczność milczała zawiedziona. Ożywiła się, kiedy Francuz wykorzystał chwilę roztargnienia Polaka i władował mu dwa ciosy w żołądek. Karaś stracił gardę i wtedy dostał czysty cios w szczękę. 'Koniec' – pomyślałem. Ale te ciosy właśnie rozwścieczyły Stefana. Wydały mu się nielojalnością. Jak to – to ja cię, bracie, szanuję, całą, panie, filozofię tworzę, a ty mnie ordynarnie lejesz? W ucho łobuza! W Stefanku obudził się warszawiak z przedmieścia.[6] Wdał się w bijatykę. Francuz nie wytrzymał, zaczął się cofać. A Stefan leje. Lu go z lewej, lu go z prawej. Potem coraz techniczniej, według sztuki pięściarskiej. Wreszcie przy głośnym 'och' widowni – hak z prawej, aż gościem zatrzęsło. Francuz upadł na kolana.

Sędzia odesłał Stefana do rogu. Odszedł powoli, z pochyloną głowa.

A sędzia liczył.

Przy sześciu rozległ się gong. Bo to były ostatnie chwile walki. Francuski sekundant już był na ringu i pomagał swemu pupilowi wstać. Od razu dał mu soli rzeźwiących. Stefan podszedł do sekundanta i dziękował mu za walkę. Sekundant poklepał go po ramieniu, a Perroquet kilkakrotnie kiwnął głową. Musieli być obaj szczęśliwi, że mają to już za sobą.

Stefan zbliżył się do mnie pobladły i spytał:

– Kto wygrał?

– Jednak on.

– Na pewno?

– Chyba tak. Za późno wziąłeś się do roboty.

– Wygwiżdżają mnie na lotnisku?

– No, co znowu – pocieszałem go. – Wicemistrz Europy to też nieźle.

– Panie Wicku, jeżeli ja jestem taki ciężki frajer, to może lepiej, żebym przestał boksować?

– Daj spokój, chłopie. Wicemistrz Europy – wiesz, co to jest wicemistrz Europy?

Gruby Włoch przywołał obu bokserów. Stanął między nimi – chwila oczekiwania – i podniósł do góry rękę Francuza. Rozległo się kilka gwizdów. Trzasnęły blice aparatów fotograficznych. Zagrano Marsyliankę.[7] A mogli grać nasz hymn. No, ale trudno, Marsylianki też mogę posłuchać. Potem publiczność długo wiwatowała. Francuz uśmiechał się rozpromieniony. Twarz Polaka była kamienna. Odezwał się do Perroqueta:

– Votre femme . . .

– Merci, merci – dziękował uprzejmie Francuz.

– Heureuse . . . Votre femme heureuse . . . żona będzie szczęśliwa, n'est ce pas?

---

[6] **warszawiak z przedmieścia** outskirts of Warsaw; in practice probably either the Czerniaków district along the left side of the Wisła or the Praga district along the right, both with reputations for being rough neighbourhoods.

[7] **Marsylianka** *La Marseillaise*, the French national anthem.

A Francuz tylko „merci, merci", jakby więcej nie znał słów we własnym języku.
Podeszliśmy z redaktorkiem do jego sekundanta.

– Powiedz mu pan po ichniemu – powiedziałem redaktorowi. – Powiedz mu pan, że w Warszawie Stefan wykończy jego mistrza w drugiej rundzie. Powiedz mu pan.

Francuz wysłuchał i zaczął coś ze śmiechem tłumaczyć.

– Mówi, że Perroquet przechodzi na zawodowstwo[8] – tłumaczył redaktor. – Dzięki dzisiejszej walce będzie miał niezły kontrakt.

– Powiedz mu pan, że to była lipa, a nie walka – mówiłem, drżąc z gniewu. – Żeby nie ta historia z dzieckiem, toby się przekonali, co wart jest Karaś.

– Tak, ta historia z dzieckiem jest okropna – przyznał francuski sekundant. – Nie wiemy wprost, jak go o tym powiadomić.

– Powiadomić?

– Oui. Trzymaliśmy to przed Perroquetem w tajemnicy. Powiemy mu o tym dopiero jutro. Proszę panów o dyskrecję.

Pobiegłem do szatni. Karaś siedział zgarbiony w kąciku, czekając na masaż. Potrząsnąłem jego ramieniem i wyrzuciłem z siebie:

– Ty ciemięgo! Ty ofermo! On o niczym nie wiedział! O niczym! Mogłeś w niego bić jak w bęben. O niczym nie wiedział!

Podniósł na mnie oczy zmęczone i matowe jak śliwki, kiedy pokryte są jeszcze puszkiem. Rozłożył bezradnie ręce i powiedział:

– No i co z tego, panie Wicku? Co z tego?

Source: Józef Hen, *Szoste najmłodsze i inne opowiadania* (W.A.B.: Warszawa, 2011)

I. Wytłumacz znaczenie następujących wyrażeń.

a) ustrzelić dwa zające
b) panna na wydaniu
c) mieć fioła

II. Przeczytaj opowiadanie i zaznacz: P-gdy stwierdzenie jest prawdziwe; F-gdy jest fałszywe; BI-gdy w tekście brak informacji na dany temat.

1	Trener był spokojny przed meczem.	P	F	BI
2	Stefek był pupilkiem Wicka.	P	F	BI
3	Walka o tytuł Mistrz Europy miała miejsce w Paryżu	P	F	BI
4	Sędzią był potężny, łysy Francuz.	P	F	BI
5	Cios Stefka na który czekał Wicek nie nastąpił.	P	F	BI
6	Redaktor z „Przeglądu" był zadowolony, że Stefek źle boksował.	P	F	BI
7	Mecz bokserki na poziomie zawodowym trwa 12 rund.	P	F	BI
8	Stefek odzyskał dobrą formę w drugiej rundzie.	P	F	BI
9	Stefek pokonał Perroqueta.	P	F	BI

---

[8] The French boxer has the option of turning professional, the Polish not, as in theory athletes in the PRL (People's Poland) were all amateurs.

III. Odpowiedz na poniższe pytania.

1   Kto jest narratorem tego opowiadania, a kto jest odbiorcą?
2   Skąd trener dowiedział się o śmierci dziecka Perroqueta?
3   Jakie atrybuty Stefka wskazują na to, że jest lepszym bokserem niż Perroquet?
4   Dlaczego po dobrym początku, Stefek nagle źle walczy?
5   Dlaczego trener martwi się co 'redaktorek z Przeglądu' myśli o tym meczu?
6   Polski trener ma nadzieję, że coś się wydarzy w drugiej rundzie. O co chodzi?
7   Jakich argumentów używa trener próbując rozbudzić Stefka do walki?
8   Co w końcu rozbudza Stefka? Dlaczego jest już za późno?
9   Dlaczego Stefek odchodzi do rogu z pochyloną głową?
10 Czym martwi się Stefek po zakończeniu meczu?
11 Polski trener prosi, żeby dziennikarz z 'Przeglądu Sportowego' powiedział coś francuskiemu trenerowi? O jakie słowa chodzi?
12 Jakie twoim zdaniem zareaguje Perroquet gdy dowie się o śmierci swojego dziecka?
13 Czy zgadzasz się z uwagą Stefka po zakończeniu meczu 'Co z tego, Panie Wicku?' Dlaczego?
14 Na czym polega ironia w tym opowiadaniu?

 IV. Czy sądzisz, że Stefek i Perroquet spotkają się jeszcze kiedyś na ringu? Dlaczego? Przedstaw swoją opinie w postaci komentarza sportowego.

 V. Poszukaj w internecie informacji i napisz krótki esej na jeden z poniższych tematów:

a)   La Marseillaise
b)   Marsz (Mazurek) Dąbrowskiego

Chapter 20: Depka-Rzepka

Paweł Huelle

An important trend in contemporary Polish literature is a preoccupation with recreating the vanished memory and never-recorded stories of the '**inni**' (others), i.e. the non-Poles and pre-Poles who historically occupied the space of today's country: Germans in the north and around Wrocław; Jews in Warsaw, Kraków, Łódź and elsewhere; Ukrainians in the southeast. Before 1989, because of government hypersensitivity on the subject, most such themes were taboo. A prominent author in this regard is **Paweł Huelle** 'Ile' (b. 1957) whose stories are set in the historical landscape of Gdańsk and elsewhere in **Pomorze** (Pomerania) among Germans, **Kaszuby** (Kashubians), and **Olendrzy** 'Hollanders', i.e. 16th- and 17th-century Mennonite settlers from Holland. In the present story, the dangers of the Baltic Sea, heavily mined by the Germans in World War II, are magically intertwined with an ancient Kashubian legend about Baltic 'land pirates', one of whose ancestors may or may not have been the relative of a contemporary resident of the fishing village where the narrator sets out to buy fish for the family's Christmas Eve table. In the story's title, the author draws on the tradition of humorously rhymed literary antagonists, inaugurated in Polish by Adam Mickiewicz in his 19th-century novel in verse **Pan Tadeusz** (Master Thaddeus).

W tamtych czasach[1] kupno czegokolwiek – nawet ryby – urastało do rangi problemu. W naszym mieście krążył nawet na ten temat dowcip, a właściwie anegdota. Dlaczego przed wojną nawet w Drohobyczu[2] można było kupić śledzie? Bo ówczesna Polska miała niecałych

---

[1] **w tamtych czasach**. One is talking here about almost any time in the **PRL** (People's Republic of Poland), i.e. communist Poland, but especially the 1970s, when ordinary food items mysteriously disappeared from store shelves.

[2] **Drohobycz**. A town of around 78,000 in contemporary Ukraine, which before the war belonged to Poland. One may surmise that the family was resettled from Drohobycz to around Gdańsk after World War II.

dwieście kilometrów wybrzeża.[3] A dlaczego po wojnie nie można było kupić ryby nawet w portowym mieście? Ponieważ wówczas Polska miała tego wybrzeża ponad pięćset kilometrów.[4]

Drugim, zgoła nieoczekiwanym akcentem humorystycznym była w tej sprawie kreskówka reklamowa, wyświetlana gdzieś w połowie lat siedemdziesiątych na ekranach kin – po obowiązkowej kronice[5] oraz tak zwanym dodatku. Na ekranie pojawiała się ryba sygnowana znakiem Centrali Zakładów Rybnych, mówiąca wprost do widzów – 'ryba tego ci nie powie, ale wzmacnia twoje zdrowie – dokonuj zakupów w CZR!!!'. Zgromadzona w sali kinowej publiczność ryczała po tej reklamie ze śmiechu, ponieważ półki sklepów – w tym także rybnych – świeciły pustkami. Dlaczego o tym mówię?

Ponieważ wspominam Wigilię[6]. A skoro wspominam Wigilię, nie sposób uciec od rybnego wątku.

W mojej rodzinie panowała pod tym względem jednomyślność, odkąd – wyrokiem Stalina i pozostałej części Wielkiej Trójki[7] – zostaliśmy osiedleni w Gdańsku. Otóż w rodzinie mojej dokonała się na skutek owej przymusowej emigracji pewna istotna zmiana upodobań kulinarnych. Nie karpie (zalatujące mułem), nie szczupaki (potwornie ościste), ale właśnie dorsze – ogromne i świeże – stały się podstawą wigilijnego menu. Mój ojciec, który do miasta nad zatoką[8] przyjechał w roku 1946, z łezką w oku wspominał wyprawy na Bonsak (czyli Wyspę Sobieszewską[9]), gdzie od rybaków, w latach czterdziestych i pięćdziesiątych, kupowało się rybę świeżą i wędzoną. Oczywiście poza strukturami Centrali Zakładów Rybnych.[10] Pamiętam wielkie płaty dorsza, smażone przez mamę nie tylko zresztą w Wigilię. Wędzone kawałki węgorza, kiedy na imieniny ojca odwiedzał nas wuj Henryk – bohater

---

[3] Following World War I, according to the Versailles Treaty of 1918, Poland was granted access to the Baltic Sea via the narrow so-called **Korytarz Polski** (Polish Corridor), along both sides of the **Wisła** (Vistula) river.

[4] After World War II, Poland was given control over most of former **Prusy Wschodnie** (East Prussia) and the city of Gdańsk (German *Danzig*), greatly increasing the length of its boundary with the Baltic Sea. The surrealistic humour of the joke depends on one's sense in communist Poland that the more things seemed superficially to get better, the worse they actually got.

[5] **obowiązkowa kronika** obligatory newsreel, i.e. the **Polska Kronika Filmowa** (Polish Newsreel). A weekly short news magazine covering current events and featuring stories about Poland and the world, preceding the feature film in Polish cinemas from 1945 to 1994. Although often used for propaganda, the quality of the Polish newsreel was high, and occasionally important social problems, such as the plight of working women, would be highlighted in brief documentaries.

[6] **Wigilia** (Christmas Eve and Supper). The meal is multi-course (twelve by tradition, of which each must be tasted). It is meatless, with **karp** (carp) or at least some kind of fish being practically obligatory, as well as **barszcz** (beet soup) with **uszka** (ear-shaped dumplings).

[7] **Wielka Trójka** (the Three Great Powers): Britain, Russia and the United States, represented respectively by Winston Churchill, Joseph Stalin and Theodore Roosevelt, dictated the terms of post-World-War-II Europe at the Yalta Conference of 1945. According to the pact, former East Prussia was to be ceded to Poland. The predominantly German population of former East Prussia was mostly forcibly 'repatriated' to Germany, while the resulting empty land was resettled by Poles displaced from the **kresy** ('eastern borderlands'), now belonging to Lithuania, Belarus and Ukraine.

[8] **nad zatoką**, i.e. **Zatoka Gdańska** 'Gdańsk Bay'.

[9] **Wyspa Sobieszewska** Sobieszewo Island; in German *Bohnsack*. An island in Gdańsk Bay, where the Wisła flows into the Baltic.

[10] In other words, privately and on the 'grey market'.

powstania warszawskiego.[11] Także sandacze – pyszne i delikatne – przywożone autobusem z Bonsaku na rozmaite rodzinne uroczystości.

Jesteśmy wszakże w latach siedemdziesiątych, kiedy o kupno ryby – nawet na Bonsaku – było coraz trudniej. Słowem – bryndza.[12] A właśnie zbliżała się Wigilia.

Wydelegowany zostałem do tej podróży niczym tajny agent[13]: na jednej karteczce miałem zapisany adres rybaków spod Jastarni. Na drugiej – rozkład jazdy pociągów (w tym powrotnych) relacji Gdynia-Hel. Trzecia zawierała spis zakupów, ostatecznie przekreślony przez moją matkę, z dopiskiem – bierz, co będzie . . .

Pan Depka mieszkał w szopie. Było to skrzyżowanie typowej kaszubskiej checzy[14] z czymś w rodzaju warsztatu i magazynu: tyleż rybackiego, co szkutniczego. Nawet się nie zdziwił, kiedy wkroczyłem do środka i wyjawiłem swoje referencje – 'od pana inżyniera, co to maszyny kutrów wam rychtował'. Ale nie rozmawialiśmy o silnikach. Alojz Depka był poruszony i razem z panem Rzepką dyskutował – nad buseczkami (kieliszkami) wódki – cóż to się stało parę tygodni temu, kiedy to na zatokę wypłynął Józk[15] Konkel, szyper maszoperii. Otóż – po pierwsze – nie był to czas połowów. Po drugie – na wodzie stało się coś takiego, o czym zarówno Depka, jak i Rzepka rozmawiali ściszonymi głosami.

Zjawisko to od lat prześladowało rybaków na zatoce. Czasami – nie wiadomo dlaczego akurat w tym, a nie innym momencie – na wodzie, zwłaszcza w okolicach starej torpedowni – pojawiała się pomarańczowa kula. Niczym piorun kulisty – 'wieldżi' – to jest po kaszubsku – ogromny. Nikt nie wiedział, co to jest w istocie. Bywało, że w zderzeniu z łodzią kula ta paliła kuter i całą załogę na popiół – jak miało to miejsce w roku sześćdziesiątym trzecim, za maszopa Ponkego. Nikt nie ocalał.

Bywało, że pomarańczowa kula – przyssawszy się do dziobu – ciągnęła łódź dobrych naście mil[16] z zawrotną prędkością, by roztrzaskać ją gdzieś hen, koło ruskiej granicy[17] albo w pobliżu Gdańska. Otóż właśnie 'diacheł' ten zapewne nie pochodził z przyzwoitej kaszubskiej rodziny diabłów – swojskich i do opanowania. Był to prawdziwy zły, na którego nie działały znane od wieków modlitwy, kropienie święconą wodą, zamawiania. Akurat kiedy wszedłem do szopy Depki, rozmawiali z panem Rzepką o tym ostatnim nieszczęśliwym

---

[11] **powstanie warszawskie** Warsaw Uprising, 8 August 1944–3 October 1944. An insurrection in World War II against the Nazi occupation. It turned into a general uprising of the entire Warsaw population. Its aim was to place the country in Polish hands before the Soviets arrived, bringing with them certain occupation (which eventually happened). The Soviet army, on the other side of the Wisła, did not assist the insurgents or allow Allied air forces to lend assistance themselves. After 63 days the uprising was crushed with heavy loss of life, much of it meted out as indiscriminate retaliation by the Nazis against the civilian population.

[12] **bryndza** sheep cheese; figuratively, 'tough times'.

[13] **tajny agent** secret agent. Ironically, the hopeful buyer of Christmas-Eve fish in Poland of the 1970s (on the sea coast, no less) is elevated by the author to the rank of a 'secret agent'.

[14] **checza** hut, cottage. The reading uses many Kashubian words, this being one of them.

[15] **Józk**. The text has several Kashubian names, different from standard Polish in having the last syllable truncated or reduced. The standard name here would be **Józek**, familiar for **Józef**.

[16] **dobrych naście mil** a good dozen or so miles. It is of interest that the speaker uses miles instead of kilometres.

[17] **ruska granica** the Russian border. To the east of Gdańsk Bay lies a part of former East Prussia belonging to Russia (at that time, the Soviet Union), cut off from the Russian mainland. The word **ruski** 'Russian' is commonly and rather pejoratively used by the person in the street instead of standard **rosyjski** for referring to things Russian.

wypadku. Józk Konkel wypłynął niedaleko, jak to się mówi – na odległość oka. Nawet Hanka widziała go z brzegu – zarzucił nie sieci, ale tylko parę sznurów i ciągnął je na wolnym biegu – 'na dorożkę'.[18] W szklistym powietrzu unosiła się zapowiedź siarczystego mrozu, ale woda nie miała w sobie jeszcze owej lodowej kaszki, która uprzedza zamarznięcie zatoki.

– Wa – powiedział pan Depka – to poszło tak szybko!

– Widzieliśmy tylko błysk – dodał pan Rzepka – i tyle z Józka zostało.

Poczęstowany gorzałką o sile co najmniej siedemdziesięciu stopni[19] słuchałem ich rozmowy. Po każdym takim wypadku przyjeżdżała specjalna komisja. Jak za fuhrera, a wcześniej kajzera.[20] Ale żadna komisja – czy to wojskowa, czy policyjna, czy ubecka[21] – nigdy nie wyjaśniła tej zagadki, składając opis wydarzenia i przesłuchania naocznych świadków w przepastne, tajne archiwa.

– Kiedy Ruskie[22] zabrały się do węszenia – ciągnął Depka – jeszcze za Chruszczowa,[23] to nam zamkli[24] całą wodę do rybaczenia na miesiąc. Pływali tym swoim U-Bootem[25] w jedną stronę, w drugą stronę i nic.

– Ale – dodał zaraz Rzepka – którejś nocy obudził nas straszny huk. Cały sowiecki U-Boot wyleciał w powietrze, tylko tłusta plama unosiła się na wodzie parę dni. Wielka ognista kula jak zawsze pojawiła się od strony torpedowni.

– Wa – nie zgodził się Depka – wcale nie. Wtedy to ona przyszła z północy.

Przez moment kłócili się na ten temat, ale spokojnie, jak gdyby dla czystej przyjemności.

– No ale co to jest naprawdę? – spytałem naiwnie. – Może to jakieś wyjątkowe zjawisko atmosferyczne? Do tej pory nigdzie na świecie niezanotowane?!

Alojz Depka oraz Ignac Rzepka spojrzeli na mnie z politowaniem. Czy miastowy[26] mógł cokolwiek zrozumieć?

Buseczki, czyli kieliszki, znowu się napełniły. Przegryźliśmy wędzoną pomuchlą. I nagle, jak gdybym otworzył karty księgi, potoczyła się opowieść: zdumiewająco barwna, bardzo stara.

Dlaczego Hel[27] – we wszystkich językach żeglarzy – oznaczał to samo, po prostu piekło? No bo mieszkańcy przysiółków wiecznie zasypywanych piaskiem to byli prawdziwi słudzy

---

[18] **na dorożkę**, i.e. dragging the lines behind him.

[19] **gorzałka o sile co najmniej siedemdziesięciu stopni** home brew at a strength of at least 70 per cent, i.e. 140 proof. **Gorzałka** is an old word for vodka, but here, because of the strength, it is surely of home manufacture, ordinary vodka being 40 per cent, or 80 proof.

[20] **jak za fuhrera, a wcześniej kajzera**, i.e. as under Hitler, and earlier under Kaiser Wilhelm II, King of Prussia 1888–1919. While East Prussia (currently northern Poland) belonged to Prussia and, after World War I, to Germany, the city of Gdańsk (German *Danzig*) was a **wolne miasto** 'free city' under the protection of the League of Nations.

[21] **ubecki**. An adjective from **UB**, standing for **Urząd Bezpieczeństwa**, the Office of Security, i.e. the communist secret police.

[22] **ruskie**. See note 17, and note the lack of stem-consonant softening in the word, suggesting contempt. Russian forces occupied Poland for almost 50 years after World War II.

[23] **Nikita Khruszchev** (1894–1971), leader of the Soviet Union in the years 1953–64. The preposition **za**+genitive means 'during the reign of'.

[24] **zamkli**. dialectal and substandard for **zamknęli**.

[25] **U-Boot**. German abbreviation for *Untersee Boot* 'underwater boat', i.e. submarine.

[26] **miastowy** here: someone from the city; a townsperson.

[27] **Hel**, **Półwysep Helski** Hel and the Hel Peninsula. A very thin line of land – a giant sand bar, really – that juts out into the Baltic from Władysławowo, creating the **Zatoka Pucka** (Puck Bay), with the town of Hel at its end. The peninsula ranges from around 200–300 m across at its narrowest point to 3 km across at Hel. The town was an important defence outpost in both world wars.

diabła, piekielnicy. Zwłaszcza w czas jesiennych sztormów rozpalali na strandzie ognie – fałszywe drogowskazy. Rozbite statki dostarczały miejscowym wielu dóbr. Znali książęce prawo brzegowe i wiedzieli doskonale, że wszystko, co wyniesie woda – należy do principsa.[28] Dlatego po każdej spowodowanej katastrofie wszystkich ocalałych rozbitków zabijano. Żeby nie było świadków. Nawet – co zdarzało się niezwykle rzadko – kiedy rozbitkiem była kobieta.

Złe duchy sprzyjały procederowi. Żadna kara, żadne nieszczęścia nie spadały na lądowych piratów.

Dopiero kiedy z nawałnicy na brzeg wydostał się człowiek w biskupich szatach, po raz pierwszy złamano żelazną zasadę: Nikt nie odważył się zabić kapłana. Przykuto go łańcuchem w jednej z checz, gdzie przez dziesięć lat musiał obracać żarna. Dopiero przejeżdżający nieopodal urzędnik księcia Świętopełka[29] – usłyszawszy nucone przez niewolnika łacińskie psalmy – powrócił do wsi z eskortą i wyzwolił biskupa Sedenzę, który dziesięć lat wcześniej płynął jako legat papieża Innocentego IV[30] do duńskiego króla Eryka,[31] no i trafił w czasie burzy na Hel, czyli do piekła.

Wyrok księcia Świętopełka był okrutny, ale sprawiedliwy. Co drugi mężczyzna z wioski poszedł na powróz.

A niejakiego Depkę – pirackiego herszta – najpierw wysmarowano smołą. Potem przywiązano do masztu jego łodzi i obłożono tę pałubę chrustem. Płonąca łódź na oczach wszystkich mieszkańców strandu (także tych dyndających już na sznurach) długo krążyła po wodzie, popychana niewidzialnym prądem. I od tamtego czasu – kończył opowieść Alojz Depka – kto spotka tę płonącą łódź, musi zginąć. Czy nasz, czy Niemiec, Szwed czy Rusek.

Do Wigilii pozostawały dwa dni. Gdy stałem na przystanku kolejowym w zupełnych już ciemnościach, sam jeden, słysząc szum morza po obu stronach wąskiego, piaszczystego lądu, pomyślałem, że ta historia zapisana została przecież przez kronikarzy: musiała się legatowi przytrafić pomiędzy rokiem 1243 a 1254, ponieważ w tych latach panował na stolicy Piotrowej[32] Innocenty IV, który Sedenzę posłał do Eryka IV – króla Danii.

W pustym przedziale pachniało rybami: w mojej torbie spoczywały śledzie i trzy sporych rozmiarów dorsze, a także turbot – którego nigdy wcześniej nie jedliśmy, także na wigilię. Czy Alojz Depka był potomkiem pirata, z którego wyrok księcia Świętopełka uczynił żywą pochodnię, tego nie dowiedziałem się już nigdy. Pamiętam, że kiedy pociąg wolno toczył się nad samym brzegiem morza, już niedaleko Pucka, za oknem pojawiły się pierwsze tamtego roku gęste płatki śniegu. Turbot był fantastyczny i absolutnie zdystansował dorsze.

Source: Paweł Huelle, *Opowieści chłodnego morza* (Znak: Kraków, 2008)

---

[28] **princeps** 'prince', i.e. ruler of a principality under the authority of a greater power. At first the prince of Gdańsk Pomerania ruled as the representative of the ruler in Kraków. Later, the principality became independent.

[29] **Świętopełk II Wielki** Prince Świętopełk the Great, c. 1195–1266, thought by some to be Kashubian, ruled in Gdańsk Pomerania from around 1220 until his death.

[30] **Pope Innocent IV** (c. 1195–1254, pope from 1243 until his death).

[31] **King Eric IV of Denmark**, ruled 1241–50.

[32] **stolica Piotrowa** Peter's capital, i.e. Rome.

I. Które z podanych poniżej stwierdzeń są prawdziwe (P), a które fałszywe (F)?

1   Po wojnie Polska miała niecałe dwieście kilometrów wybrzeża.   P   F
2   Ojciec narratora przyjechał do Gdańska w 1946 roku.   P   F
3   Autor, który został wysłany przez rodzinę po ryby na Wigilię dostał dwie kartki.   P   F
4   Alojzy Depka zdziwił się, kiedy zobaczył autora w swojej szopie.   P   F
5   Pomarańczowa kula, która pojawiała się na wodzie paliła kutry i załogę
    w zderzeniu z łodzią.
6   Piraci nie zabijali kobiet.   P   F
7   Rosyjska komisja, która przyjechała zbadać przyczynę wypadku odpłynęła
    z niczym.   P   F
8   W czasie jesiennych sztormów piraci na Helu zwabiali żeglarzy paląc
    na strandzie ognie, które służyły jako fałszywe drogowskazy.   P   F
9   Biskup Sedenza był posłem papieża Innocentego IV.   P   F
10 Kara za spowodowane katastrofy spotkała piratów dopiero z ręki
    księcia Świętopełka.   P   F

II. Uporządkuj zdania zgodnie z chronologią zdarzeń w tekście.

A   Zjawisko to od lat prześladowało rybaków na zatoce. Czasami – nie wiadomo
    dlaczego akurat w tym, a nie innym momencie – na wodzie, zwłaszcza w okolicach
    starej torpedowni – pojawiała się pomarańczowa kula.
B   Bywało, że pomarańczowa kula – przyssawszy się do dziobu – ciągnęła łódź dobrych
    kilkanaście mil z zawrotną prędkością, by roztrzaskać ją gdzieś koło ruskiej granicy,
    albo koło Gdańska.
C   Nikt nie wiedział, co to jest w istocie. Bywało, że w zderzeniu z łodzią kula ta paliła
    kuter i całą załogę na popiół – jak miało to miejsce w roku sześćdziesiątym trzecim,
    za maszopa Ponkego. Nikt nie ocalał
D   Diabeł, który był sprawcą katastrofy zapewne nie pochodził z przyzwoitej kaszubskiej
    rodziny diabłów – swojskich i do opanowania. Był to prawdziwy zły, na którego nie
    działały znane od wieków modlitwy, kropienie święconą wodą, zamawiania.
E   Kiedy Ruska komisja zabrała się do badania tego wypadku, cały sowiecki U-boot
    wyleciał w powietrze.
F   Parę tygodni temu, kiedy na zatokę wypłynął Józk Konkel na wodzie stało się coś
    takiego, o czym zarówno Depka, jak i Rzepka rozmawiali ściszonymi głosami.
G   Mieszkańcy przysiółków wiecznie zasypywanych piaskiem to byli prawdziwi słudzy
    diabła, piekielnicy. Zwłaszcza w czas jesiennych sztormów rozpalali na strandzie
    ognie – fałszywe drogowskazy. Rozbite statki dostarczały miejscowym wielu dóbr.
H   Znali książęce prawo brzegowe i wiedzieli doskonale, że wszystko, co wyniesie woda
    – należy do księcia. Dlatego po każdej spowodowanej katastrofie wszystkich ocalałych
    rozbitków zabijano. Żeby nie było świadków. Nawet – co zdarzało się niezwykle
    rzadko – kiedy rozbitkiem była kobieta.
I   Wyrok księcia Świętopełka był okrutny, ale sprawiedliwy. Co drugi mężczyzna z
    wioski poszedł na powróz.

J   A niejakiego Depkę – pirackiego herszta – najpierw wysmarowano smołą. Potem przywiązano do masztu jego łodzi i obłożono tę pałubę chrustem. Płonąca łódź na oczach wszystkich mieszkańców strandu długo krążyła po wodzie, popychana niewidzialnym prądem.

K   Dopiero kiedy z nawałnicy na brzeg wydostał się człowiek w biskupich szatach, po raz pierwszy złamano żelazną zasadę: Nikt nie odważył się zabić kapłana. Przykuto go łańcuchem w jednej z checz, gdzie przez dziesięć lat musiał obracać żarna.

L   Od tamtego czasu kto spotka tę płonącą łódź, musi zginąć. Czy nasz, czy Niemiec, Szwed czy Rusek.

M   Dopiero przejeżdżający nieopodal urzędnik księcia Świętopełka usłyszawszy nucone przez niewolnika łacińskie psalmy – powrócił do wsi z eskortą i wyzwolił biskupa Sedenzę.

III. Odpowiedz na poniższe pytania:

1   Czy uważasz, że krytyka komunistycznego reżimu lat 1970-tych jest jednym z mocnych motywów tego opowiadania?

2   Co wiesz na temat tradycyjnej polskiej wigilii? Czy znasz kogoś w kręgu rodzinnym lub znajomych kto obchodzi wigilię, zachowując wszystkie tradycje? Na czym one polegają?

3   Dlaczego autor opowiadania mówi, że 'nie sposób uciec od rybnego wątku'?

4   Dlaczego widzowie w kinie w latach siedemdziesiątych uważali, że reklama wyświetlana na ekranach kin była śmieszna?

5   Jak sądzisz, dlaczego autor określa kronikę filmową jako 'obowiązkową'?

6   Dlaczego matka narratora przekreśliła listę zakupów?

7   Czym ponoć zajmował się pan Depka? Jak autor trafił do niego?

8   Jak sadzisz, czy etymologia ludowa nazwy Hel przedstawiona przez narratora jest poprawna? Dlaczego?

9   Czy możesz oszacować wiek autora gdy opowiadał tę historię? Na czym opierasz swoje przypuszczenia?

10 Jak sądzisz, dlaczego książę Świętopełk wydał taki srogi wyrok, po długim okresie tolerowania piractwa? Czy dostrzegasz ironię w słowach narratora, że kara była okrutna, ale sprawiedliwa?

11 Autor twierdzi, że nie nigdy się nie dowiedział, czy Alojz Depka był potomkiem pirata. Jak mógłby to ustalić ?

IV. Zrób listę kaszubskich słów użytych w opowiadaniu i podaj ich znaczenie.

V. Zrób listę narodowości i grup etnicznych, które są wymienione w opowiadaniu.

VI. Poszukaj w internecie odpowiednich materiałów i napisz krótki esej na jeden z tematów:

a) Książę Świętopełk II Wielki
b) Papież Innocent IV
c) Język kaszubski
d) Historia Półwyspu Hel
e) Tradycje wigilijne *w* Polsce

Grammatical supplement for help in reading

Polish has a well-developed system of verbal adjectives (participles), verbal adverbs (gerunds) and verbal nouns, in both Perfective and Imperfective aspects. The verb of illustration in the chart below is **pisać** *piszę piszesz impf., pf.* **napisać** (*write*).

	Imperfective	Perfective
Gerund	**pisząc** while writing	**napisawszy** having written
Active Participle	**piszący** (who is) writing	–
Passive Participle	**pisany** written (impf.)	**napisany** written (pf.)
Verbal Noun	**pisanie** the writing (impf.)	**napisanie** the writing (pf.)

Gerunds

A gerund is a verb form without personal endings, the person of the verb being inferred from context. The IMPERFECTIVE GERUND can often be translated as 'while doing something'; thus **pisząc** means *while writing*. The PERFECTIVE GERUND usually means *after having done something*; thus **napisawszy** means *after having written*. Gerunds are used to incorporate one sentence into another when the subject of both sentences is the same:

Czytając gazetę, palił fajkę. While reading the paper, he smoked a pipe.
Zjadłszy kolację, wstał i wyszedł. Having finished supper, he stood up and left.

Gerunds do not take any endings.

The Imperfective Gerund

The Imperfective Gerund may be formed by adding **-c** to the 3rd pers. pl. of an imperfective verb only: **czytają**, hence **czytając** (*while reading*); **idą**, hence **idąc** (*while going*).

The Perfective Gerund

The Perfective Gerund may be formed from the 3rd pers. sg. masc. past tense of a perfective verb. After vowel + **ł**, replace **ł** with **-wszy**: **przeczytał**, hence **przeczytawszy** (*having read*);

zrobił, hence **zrobiwszy** (*having done*). After consonant+**ł**, add **–szy**: **wyszedł**, hence **wyszedłszy** (*having left*), **wyniósł**, hence **wyniósłszy** (*having carried out*). The Perfective Gerund is going out of use, and is hardly ever used in speech.

Participles

A participle is an adjective derived from a verb, which still retains many of the properties of the verb, for example, both aspect and the ability to take a complement. The imperfective active participle is often translated as a relative clause: 'who or what is doing', and it is often separated from the noun it modifies by its complement:

Czytający gazetę człowiek nic nie zauważył The man reading the paper noticed nothing.

Participles take a full set of gender-number-case endings, as any adjective.

The Imperfective Active Participle

The Imperfective Active Participle may be formed by adding adjective endings to the imperfective gerund: **czytając**, hence **czytający czytająca czytające**, masc. pers. pl. **czytający** (*who is reading*); **idąc**, hence **idący idąca idące**, masc. pers. pl. **idący** (*who is going*).

Passive participles

Passive participles describe objects on which an action has been carried out. The Imperfective Passive Participle **czytany** means 'being read'. The Perfective Passive Participle **przeczytany** means 'having been read'. The latter is the more frequently used, often in construction with the verb **zostać** or, sometimes, imperfectively, **być**.

Ta książka została już przeczytana. That book has already been read.
Ta książka była często czytana. That book was often read.

The Passive Participle is formed from the infinitive stem, as follows:

1   Verbs with infinitives in **-ać** and **-eć** form the Passive Participle in **-any -ana -ane -ani**: **napisać** (*write*), hence **napisany napisana napisane**, masc. pers. pl. **napisani** (*written*); **widzieć** (*see*), hence **widziany widziana widziane**, masc. pers. pl. **widziani** (*seen*).
2   Verbs with infinitives in **-ić** and **-yć** form the Passive Participle in **-ony -ona -one -eni**, added to a stem like that of the 1st pers. sg. present: **zawstydzić** -*dzę* -*dzisz* (*embarrass*), hence **zawstydzony zawstydzona zawstydzone**, masc. pers. pl. **zawstydzeni** (*embarrassed*). Monosyllabic verbs in **-ić** and **-yć** like **pić**, **myć**, and their derivatives like **wypić** (*drink*) and **umyć** (*wash*), do not follow this rule; see below, 4.
3   Verbs with infinitives in **-ść**, **-źć**, **-c** form the Passive Participle in **-ony -ona -one -eni**, added to a stem like that of the 2nd pers. sg. present: **wynieść** -*niosę* -*niesiesz* (*carry out*), hence **wyniesiony wyniesiona wyniesione**, masc. pers. pl. **wyniesieni** (*carried out*);

przegryźć *-zę -ziesz* (*bite through*), hence **przegryziony przegryziona przegryzione**, masc. pers. pl. **przegryzieni** (*bitten through*); **upiec** *-piekę -pieczesz* (*bake*), hence **upieczony upieczona upieczone**, masc. pers. pl. **upieczeni** (*baked*). Irregular: **znaleźć** *znajdę znajdziesz* (*find*), **znaleziony znaleziona znalezione**, masc. pers. pl. **znalezieni** (*found*).

4 Verbs with infinitives in vowels other than **a** and **e** plus **ć**, and monosyllabic verbs in **-ić** and **-yć** drop **ć** and add **-ty -ta -te -ci**: **zepsuć** *-uję -ujesz* (*spoil*), hence **zepsuty zepsuta zepsute**, masc. pers. pl. **zepsuci** (*spoiled*); **użyć** *-yję -yjesz* (*use*), hence **użyty użyta użyte**, masc. pers. pl. **użyci** (*used*). Verbs in **-nąć** form the Passive Participle in **-nięty** (**-a -e**): **zamknąć** *-nę -niesz* (*lock, shut, close*), hence **zamknięty zamknięta zamknięte**, masc. pers. pl. **zamknięci** (*locked, shut, closed*). Other verbs in **-ąć** form the Passive Participle in **-ęty -ęta -ęte -ęci**: **zacząć** *-cznę, -czniesz* (*begin*), hence **zaczęty zaczęta zaczęte**, masc. pers. pl. **zaczęci** (*begun*).

Verbal nouns

A verbal noun is a noun derived from a verb which still retains many of the properties of the verb, including aspect. Both **czytanie** and **przeczytanie** are usually translated as 'reading', the first referring to the action, the second to the accomplishment. Verbal nouns often occur with the prepositions **przy** (*while, during*), **przed** (*before*), and **po** (*after*), and they are often followed by a noun in the Genitive case: **Po przeczytaniu tej książki pójdę spać** (*After reading that book-G I'll go to bed*). Additionally, verbal nouns often occur in phrases following the preposition **do**, as in **woda do picia** *drinking water*, **nic do zrobienia** *nothing to do*, and so on.

The Verbal Noun is formed on a stem like that of the masculine personal plural of the Passive Participle (see just above). This means that participles in **-ony** form the Verbal Noun in **-enie**: **podniesiony**, masc. pers. pl. **podniesieni**, hence **podniesienie** (*elevation*). Participles in **-ty** form the Verbal Noun in **-cie**: **zatruty**, masc. pers. pl. **zatruci**, hence **zatrucie** (*poisoning*).

Gerunds and participles formed from verbs in **się** retain **się**, while Verbal Nouns formed from verbs in **się** sometimes lose the **się**: **golić się** (*shave oneself*), **goląc się** (*while shaving onself*), but usually **golenie** (*shaving*), although **golenie się** is not wrong.

Some verbs rarely form the Verbal Noun but, instead, use an Independent Noun. For example, **obawa** (*fear*) is the de facto Verbal Noun of **bać się** (*be afraid*) or **obawiać się** (*fear*).

Verbal aspect and semantic classes of verbs

Here is not the appropriate place to discuss the basics of Polish Perfective and Imperfective aspect use and formation, which can be found in a good first-year textbook. When reading Polish, it is important to keep in mind the semantic class of the verb with which one is dealing. In general, verbs may be Actional (referring to acts and actions) or Stative (referring to open-ended conditions). Within Actional verbs one may distinguish those that are naturally (a) Non-Goal-Directed Activities, (b) Goal-Directed Activities, (c) Accomplishments, (d) Results, and (e) Instantaneous occurrences.

The Perfective of a Statal verb or a Non-Goal-Directed Activity usually adds a shade of meaning to the basic meaning of the verb. The prefix po- (as in pograć) usually means 'for a bit', and the prefix za- usually means 'begin' (as in zagrać).

The Perfective form of a Goal-Directed verb signals success in achieving the implied goal:

Przeczytałem twój artykuł. I finished reading your article.

With verbs of natural Accomplishment or Result, where performance of an act implies its successful performance, the Imperfective form can signal that the action was an attempt that did not achieve its goal:

Mama przekonywała Ewę, żeby została. Mother tried to persuade Ewa to remain.

The Imperfective of a verb of Instantaneous Action will most often signal a repetitive action. Compare:

On stuknął się palcem w czoło. He tapped his finger to his forehead.
On stukał się palcem w czoło. He tapped his finger (repeatedly) to his forehead.

Nominative case numeral expressions

Ordinary numerals

1   The NUMBER 1 takes the same endings as **ten ta to** *this/that*, hence **jeden koń** *one horse*, **jedna krowa** *one cow*, **jedno drzewo** *one tree*. Of course, the number 1 takes singular verb agreement.

2   NUMBERS 2, 3, 4. In the Nominative case the numbers 2 (**dwa**, fem. **dwie**, masc. pers. **dwaj**), 3 (**trzy**, masc. pers. **trzej**), 4 (**cztery**, masc. pers. **czterej**) take the plural of the noun: **dwa konie** (*two horses*), **dwie krowy** (*two cows*), **dwaj chłopcy** (*two boys*). Numbers 2, 3, 4 take Nominative plural verb agreement:

   Dwa konie stały. Two horses were standing.
   Czterej chłopcy się bawili. Four boys were playing.

   The masc. pers. forms **dwaj, trzej, czterej** are increasingly used only in writing, the Genitive forms being used instead: **dwóch** (or **dwu**), **trzech, czterech**. These forms take the Genitive plural of the counted noun, and neuter singular verb agreement, similar to numerals 5 and above; see point 4 below.

3   'BOTH'. The numeral 'both' has forms similar to those for 'two': **oba/obydwa**, fem. **obie/ obydwie**, masc. pers. **obaj/obydwaj**. The forms **obydwa, obydwie, obydwaj** are used more often in speech: **obydwa uniwersytety** (*both universities*), **obydwie szkoły** (*both schools*), **obydwaj mężczyźni** (*both men*). For the collective **oboje**, see below under Collective Numerals.

4   NUMBERS 5 AND ABOVE. Numbers five and above are followed by the Genitive plural of the counted noun, as though one were saying 'five of horses', and so on. See **pięć koni** (*five horses*), **sześć krów** (*six cows*), **siedem zeszytów** (*seven notebooks*).

The masculine personal versions of numbers 5 and above end in **-u**, like the Genitive:

	masc.-fem.-neut.	masc. pers.	masc. pers. examples
5	**pięć**	**pięciu**	**pięciu mężczyzn** 5 *men*
10	**dziesięć**	**dziesięciu**	**dziesięciu chłopców** 10 *boys*

Numbers 5 and above take neuter singular verb agreement:

Pięć książek leżało. Five books were lying.
Sześciu studentów uczyło się. Six students were studying.

Before non-masculine personal subjects, possessive pronouns will usually be in the Nominal plural:

Moje pięć sióstr jest zamężnych. My five sisters are married.

Compare:

Moich pięciu braci jest żonatych. My five brothers are married.

Since such constructions are felt to be awkward, they are often avoided.

5 COMPOUND NUMERALS. Compound numerals follow the lead of the final number. Numbers ending in 2, 3, 4 take the Nominative plural; while numbers ending in 5, 6, 7, 8, 9, 0 take the Genitive plural:

dwadzieścia trzy zeszyty 23 notebooks
dwadzieścia pięć zeszytów 25 notebooks

Compound numbers ending in 1 end in an unchanging **jeden**, no matter what the gender of the noun, and take the Genitive plural of the counted noun (and neuter singular verb agreement):

Dwadzieścia jeden zeszytów zostało. 21 notebooks were left.

One does not use **dwaj, trzej, czterej** in compound numerals; hence

dwudziestu dwóch chłopców 22 boys

6 USING **osoba**. The numeral system for counting people is so complex that one often simply uses the feminine word **osoba** (*person*), whatever the gender composition of the group:

dwie osoby two persons
dziewięć osób nine persons

7 USING **sztuka**. When counting large numbers of animals and objects (not people), people sometimes find it easiest to use the feminine word **sztuka** 'piece, count':

siedemdziesiąt sześć sztuk bydła 76 count cattle

Collective numerals

Collective numerals are used with animal young; with mixed male-female groups; and with plural-only nouns. In poetic use, collective numerals may be used with paired body parts such as eyes or hands. Most frequently used are the collective numerals 2–12: **2 dwoje, 3 troje, 4 czworo, 5 pięcioro, 6 sześcioro, 7 siedmioro, 8 ośmioro, 9 dziewięcioro, 10 dziesięcioro, 11 jedenaścioro, 12 dwanaścioro**. The word *both* has its own collective form: **oboje**.

Nominative case uses of the collective numeral take the counted noun in the Genitive plural; see: **pięcioro dzieci** (*five children*), **czworo ludzi** (*four people*), **dwoje drzwi** (*two doors*). Note that with the number 1, plural-only nouns either take the form **jedne** (**jedne drzwi** *one door*) or, if the item consists of paired parts, use **para** (*pair*): **para nożyczek** (*a pair of scissors*).

By far the most frequent use of the collective numeral is with words for people and children. It is virtually obligatory with **dzieci**: **siedmioro dzieci** (*seven children*). With **ludzie** (*people*), the use of the collective numeral suggests strongly that the group is of mixed (male and female) gender: **sześcioro ludzi** (*six people (men and women)*).

Verb agreement with the collective numeral is usually neuter singular, although with groups of people it can be Nominative plural:

Na ulicy stało (stali) dwoje ludzi. Two people were standing on the corner.

Reified numerals

Reified (substantivized) numerals, which are feminine nouns ending in **-ka**, are used to refer to items by numerical designation:

1	jedynka	5	piątka	9	dziewiątka
2	dwójka	6	szóstka	10	dziesiątka
3	trójka	7	siedemka	11	jedenastka
4	czwórka	8	ósemka	12	dwunastka

and so on. For example, **dziesiątka** could be used to refer to room number 10; a 10-mm wrench; a bus number 10; **polska jednastka** (*the Polish eleven*) refers to a soccer team; and so on. Reified numerals may be used colloquially in place of collective numerals, especially when referring to the number of children a couple has:

Siostra ma trójkę dzieci. My sister has three kids.

Distributive use of numerals

Polish distinguishes between 'I gave the children an apple' (i.e. there was only one apple to distribute among them) and 'I gave the children an apple each'. The distributive sense is expressed with **po**+L *with the number '1' and* **po**+A with higher numbers. See:

Dałem dzieciom po jabłku. I gave the children each an apple.
Dałem dzieciom po dwa jabłka. I gave the children two apples each.

Compare also:

Kupiłem cukierki po złotówce. I bought candies for a zloty each.
Kupiłem cukierki za złotówkę. I bought candies for a zloty (total).

Expressing dates

1   A date by itself is expressed with the masculine form of the ordinal numeral (agreeing with **dzień**, which is usually omitted), followed by the Genitive of the month:

pierwszy maja 1 May
jedenasty grudnia 11 December

Note that in Polish the last two numbers of an ordinal are expressed by the ordinal form:

dwudziesty piąty lutego the 25th of February

2   'The year X' is expressed as follows: **rok tysiąc dziewięćset sześćdziesiąty drugi** (*the year 1962*); **rok dwutysięczny** (*the year 2000*); **rok dwa tysiące jedenasty** (*the year 2011*).

3   'On the date', i.e. when something happened, is expressed by putting the entire expression in the Genitive. If the number is compound (above 20), both numerals, as we have seen, appear in the ordinal form:

dwudziestego drugiego listopada on November 21st
trzydiestego pierwszego sierpnia on August 31st

4   'On the date, including the year' when something happened, is expressed by putting the entire expression in the Genitive:

ósmego maja tysiąc dziewięćset czterdziestego piątego roku on 8 May 1945

5   'In the year X' is expressed with the Locative case after the preposition **w: w roku tysiąc dziewięćset sześćdziesiątym drugim** (*in 1962*). The form **roku** can either precede or follow the expression (**w tysiąc dziewięćset sześćdziesiątym drugim roku**); it is sometimes omitted.

6   If one puts **w roku** or, especially, **w latach** at the beginning of a year expression, one can dispense with any further syntax and simply give the number: **w roku dwa tysiące jedynaście** (*in 2011*). **w latach tysiąc dziewięćset sześćdziesiąt siedem-sześćdziesiąt dziewięć** (*in the years 1967–69*).

7   In writing, the oblique case of an ordinal numeral expressing a date or year is often signalled with a period: **w latach 60. 'w latach sześćdziesiątych'** (*in the 1960s*).

Word order

Word order in sentences

English is a good example of a 'subject-object' language, in that the first noun encountered in a clause will be taken to be the Subject, and the following material will be assigned to the Predicate. Polish, by contrast, is a topic-comment language, in that whether the first noun phrase encountered in a clause is or is not the grammatical subject of the verb, it will be taken to be the *Topic* of the sentence, i.e. what the sentence is truly about. If the noun is personal, the sentence will usually reflect the *Point of View* of that person. The rest of the sentence will be taken to be the *Comment* on the Topic. The final phrase in a sentence typically contains the part of the Comment that can be called the *Focus*, bearing the sentence's main stress. In other words, the Focus answers the main question to which the sentence implicitly responds. Background information in a Polish sentence, setting the time and place of an action, typically goes in initial position.

As an example, take the sentence **Na zimę bociany odlatują na południa do Afryki**, and compare it to its English translation: *Storks fly south to Africa for the winter*. The Background (**na zimę**) is placed at the beginning. The Topic, which is also the grammatical subject with which the verb (**odlatują**) agrees, is **bociany**, and it comes next. The rest of the sentence, saying something about the **bociany**, comprises the Comment. The verb **odlatują** adds some information, but not too much: it is what one would expect, based on one's general knowledge, that storks would be doing in the winter, i.e. flying away. The phrase **na południe** is also rather expected, i.e. most people *know* that birds 'fly south in the winter'. The real Focus of the sentence is **do Afryki**. The sentence as if answers the question: 'Given that it is winter, and storks fly south then, where specifically do they go?' The answer is: 'to Africa'.

The principle of increasing informational 'load' can be used to explain most crucial questions about why words in a sentence often appear in a different order in Polish and English. For example, in Polish adverbs subordinately modifying verbs usually occur before the verb unless the adverb carries sentential stress. Compare Polish **On dobrze mówi po polsku** to *He speaks Polish well*. One can say **On mówi po polsku dobrze**, but that puts special stress on the fact that he speaks it especially well.

So called *inversion* in Polish occurs when the subject and object of a sentence, as it were, change places, i.e. the object comes first and the subject comes last. This contruction often corresponds to the passive voice in English. See:

> **Wąż zjada męża.** The snake is eating the husband. (Active voice)
> **Węża zjada mąż.** The snake is being eaten by the husband. (Passive voice)

These two sentences adopt the Point of View, as it were, of the snake, whether it is initiating the action or being the object of it. Switching the order around has the same referential meaning but changes the Point of View to that of the husband:

> **Mąż zjada węża.** The husband is eating the snake. (Active voice)
> **Męża zjada mąż.** The husband is being eaten by the snake. (Passive voice)

It is not that Polish does not have a Passive voice (see under Passive Participle above); it just does not always need one to express what the Passive voice is used to express in English: a change in Point of View.

Sometimes case endings are not enough to disambiguate noun roles. For example, the sentence.

Dzieci lubią krasnoludki.

could mean either that *children like gnomes*, or that *gnomes like children*. In instances like this one has to ask what the logical Topic is, i.e. whether the text as a whole is concerned more with children or with gnomes.

Inversion is not limited only to subjects and objects but to subjects and complements of any kind. See

Na spotkanie przychodzą nauczycielki, sklepowe, gospodynie . . . The meeting is being attended by teachers, shop-keepers, housewives . . .

Dziewczynkom najbardziej podobały się lalki. The little girls liked the dolls best of all.

Adjective-Noun order

Adjectives usually precede the noun they modify except for certain set expressions like **Dzień dobry!** (*hello!*), **język polski** (*Polish language*) and some others. However, if an adjective names the *type* of a noun, especially if the adjective is derived from a noun, especially a proper noun, it will often follow the noun, as in **wzornictwo przemysłowe** (*industrial design*), **centrum handlowe** (*shopping centre*), **konkurs chopinowski** (*Chopin competition*), **stojak rowerowy** (*bicycle stand*) and so on. Adjectives of quality, by contrast, precede the noun: **drogi hotel** (*expensive hotel*), **przyjemny wieczór** (*pleasant evening*), **ciekawy film** (*interesting movie*) and so on.

The placement of an adjective after a noun is often used for contrastive emphasis, as in **kubek tekturowy** paper cup (as opposed to a cup made out of a different material). Compare to **tekturowy kubek**, which simply describes the object for what it is. Sometimes the difference corresponds to the difference in English intonation between *black bird* (a bird that is black) and *blackbird* (a kind of bird). See **śpiewający ptak** (*a bird that is singing*) vs **ptak śpiewający** (*song-bird*). Sometimes either order is acceptable, as in **semestralny projekt** or **projekt semestralny** (*semester project*).

Institutional names often feature a noun and two adjectives, in which case one of the adjectives will precede the noun and the other will follow it, as in **Centralny Urząd Statystyczny** (*Central Statistics Office*). **Narodowy Bank Polski** (*Polish National Bank*).

Key to exercises

1 Biografia – Maria Skłodowska Curie

I. zorganizowały, przemówiła, była, byl, został, zajmowały, miał, urządzał, przyjmował
II. 1F, 2J, 3A, 4B, 5C, 6D, 7I, 8G, 9H

2 Historia kina w Polsce

I. 1G, 2I, 3B, 4H, 5F, 6D, 7J, 8E, 9A, 10C
II. 1F, 2P, 3P, 4P, 5P, 6F, 7P, 8P, 9F, 10P

3 Nie wierzę w zło: rozmowa z Jackiem Kuroniem

II. 1P, 2P, 3F, 4F, 5F, 6F, 7F, 8P, 9P, 10P

4 Polska wielu narodów

II. 1P, 2F, 3P, 4P, 5F, 6P, 7P, 8F, 9F, 10P
III. 1A, 2B, 3C, 4A, 5B, 6B, 7A, 8C

5 Wszystkie nasze dzienne zdrady

I. 1P, 2F, 3F, 4P, 5P, 6F, 7P, 8P, 9F
II. 11, 6, 2, 3, 10, 9, 5, 7, 4, 1, 8

6 Zagęszczeni

III. 1D, 2G, 3J, 4B, 5H, 6C, 7A, 8F, 9E, 10I

7 Bąk polski

I. a) iv, b) ii, c) i, d) iii
II. 1F, 2F, 3F, 4F, 5P, 6P, 7P, 8P, 9P, 10F, 11P, 12P

8 Leń na pełen etat

II. 1F, 2P, 3F, 4F, 5P, 6P, 7F, 8F, 9F, 10P

9 Recenzje filmowe

I. 1F, 2P, 3P, 4P, 5P, 6F, 7F, 8F, 9P, 10F
II. B, A, E, C, D
III. e, f, d, g, b, h, a, c

10 Polacy nabici w butelkę oliwy

III. 1F, 2P, 3F, 4P, 5F, 6P, 7F, 8P

Europejczycy wydają miliardy na jedzenie z Polski

II. 1P, 2F, 3P, 4F, 5F, 6P, 7P, 8P

Strumień szkockiej zalewa Polskę

II. 1F, 2F, 3P, 4P, 5F, 6P

11 Planeta ziemia: Ryszard Kapuściński

I. 1P, 2F, 3P, 4P, 5P, 6F, 7F, 8P, 9P, 10F
II. UE licząca obecnie 27 państw członkowskich z prawie 500 mln populacją jest obecnie najsilniejszą gospodarką światową. Wiadomo, że taki stan nie będzie trwał wiecznie. Kwestią najbliższych 15-20 lat jest prześcignięcie gospodarki europejskiej przez gospodarkę Chin. Jeżeli przyjrzymy się bliżej budżetowi UE to możemy stwierdzić, że ogólny budżet tejże organizacji to tylko około 1% budżetu wszystkich państw członkowskich, gdzie wydatki na kwestie związane z obronnością są relatywnie niskie. Rozpatrując czynnik militarny, który jest równie ważny w stosunkach międzynarodowych, to w tej kwestii możemy wiele Unii zarzucić. Przede wszystkim są to zbyt niskie wydatki na zbrojenia, brak wypracowanej wspólnej doktryny wojennej. 'Misje petersberskie', uruchomione

po traktacie w Maastricht w 1992 roku, nie są zbyt często realizowane, a jeżeli już to nakłady na nie są zarówno zbyt małe finansowo czy też rzeczowo. Aby stać się liczącym mocarstwem Unia Europejska musi wypracować wspólną politykę obronną, szkolenia wojsk, oraz co najważniejsze u niezależnić się od NATO i USA.

12 Chwała liberum veto: Adam Zamoyski

I.   1P, 2F, 3P, 4F, 5P, 6F, 7P, 8P, 9F, 10P
III. uważają, wierzy, zawiera, dorabiają, przenoszą, brzmią, rozpadają

16 Jak Gyom został starszym panem: Leszek Kołakowski

I.   1c, 2d, 3b, 4a
III. 1d, 2f, 3a, 4e, 5b, 6c
IV. 1. kobietą, 2. koszyki, 3. szacunkiem, 4. melonik, 5. tabliczki

17 Wybór poezji: Wisława Szymborska

II. urodziła się, konsekwencji, maturę, przyrodniczych, działem, zostały, debiutowała, doceniona, laureatką, uniwersalna, uhonorowała, całokształt

18 Deus Ex: Olga Tokarczuk

I.   1P, 2F, 3BI, 4P, 5BI, 6F, 7P

19 Bicie po twarzy (opowiadanie sekundanta): Józef Hen

II. 1F, 2P, 3BI, 4P, 5F, 6F, 7BI, 8P

20 Depka-Rzepka: Paweł Huelle

I.   1F, 2P, 3F, 4F, 5P, 6F, 7F, 8P, 9P, 10P
II. F, A, B, C, E, D, G, H, K, M, I, J, L

Glossary

A

absolutny absolute

absolutystyczny absolutist

absolutyzm absolutism

absolwent graduate (*of a school*)

acz albeit

adekwatny adequate

adwersarz adversary

adwokat lawyer, attorney, barrister. egg liqueur

adwokatka *-tek from adwokat*

afro-azjatycki Afro-Asian

agat *agacie* agate

agencja agency. ~ **prasowa** news agency, bureau

agent *agencie* agent, representative

agitować *impf* agitate

agrafka *-fek* safety pin

agresywność aggressivity

ajent *ajenci* agent (*esp foreign*). *old-fash for agent*

AK *abbrev of Armia Krajowa* Home Army

akapit paragraph

akcent accent, stress, emphasis

akceptacja acceptance

akceptować *impf, pf* **zaakceptować** accept

akowiec *akowca Npl* -y member *from AK*

akowski *from AK*

akt *akcie* act *NApl* -a deed, document, certificate. nude (*portrait*). *pl* records, archives, file. **w ~tach** on file

aktualizacja actualization

aktualny actual, real, present. **aktualnie** at present

aktywizacja activation, stimulation to activity

aktywność activity, being active

alarmować *impf, pf* **zaalarmować** raise alarm

aleja avenue. *pl* boulevard

aleksandryn alexandrine (*verse pattern*)

ależ but! really! ~ **oczywiście!** but *of* course!

alkil alkyl

alkowa *-ków* alcove

alogiczny alogical

alternatywa alternative

aluzja allusion. **robić ~zje** *do+G* allude to, hint at

amator devotee, amateur

ambicja ambition, self respect

ambona pulpit

Amerykanin *Npl* -anie *Gpl* -anów American

aminokwas amino acid

amok frenzy. **w ~ku** out *from* control

amunicja ammunition. **ostra ~** live ammunition

anachroniczny anachronistic

analityk *analitycy* analyst

analizator *-a* analyser

analogia analogy

analogiczny analogous

anarchia anarchy

andrzejki *-jek pl form* St Andrew's Eve, Nov. 29

anegdota *anegdocie* anecdote

anemia anaemia

angielski English. **język ~** English language

angora angora (*rabbit or wool*)

anielski *from anioł* angelic

animacja animation (*in film*)

animowany animated (*film*)

animusz spirit, mettle, courage, animus

aniołek *aniołka from anioł*

ankieta questionnaire, survey, poll

ankietować *impf* survey

anonimowy anonymous. **anonimowo**

antonim antonym

antropologia anthropology

antykoncepcyjny contraceptive

antykwa Roman typeface

antypaństwowy anti-government

antysemita *antysemicie* antisemite
apartament efficiency apartment, suite *from* rooms
apartamentowiec *apartamentowca* apartment building
apatyczny apathetic. **apatycznie**
apel appeal, plea, roll-call
apelacyjny *from apelacja*. appellate
apelować *impf, pf* **zaapelować** *do+G* appeal to
aplikacja 1 legal apprenticeship. 2 application
apokalipsa apocalypse
aprobata approbation, approval, assent, blessing
arbuz *-a* watermelon. **dać ~za** reject marriage proposal
archidiecezja archdiocese
archiwum archive, registry
arcy- *prefix* arch- *as in* **arcybiskup** archbishop
arena arena (*also political*)
aresztowany arrested, under arrest. *as* prisoner
argument *often-pl* argument
arkusz *-a* sheet (*of paper*), drawing board. **~ kalkulacyjny** spreadsheet
armeński Armenian
artysta *Lsg artyście* artist, performer, entertainer
artystyczny artistic. **artystycznie**
arystokrata *arystokraci* aristocrat
asesor *Npl -owie* assessor, agent of the court
aspekt aspect (*also grammatical*), facet, dimension
asymilować *impf, pf* **zasymilować** assimilate. **~ się** become assimilated
atak attack, onslaught, fit, bout, seizure. offensive
atakować *impf, pf* **zaatakować** attack, strike
ateistka *f* atheist
atelier *indecl* atelier, photographer's shop, studio
Atlantyk Atlantic Ocean
atrakcja attraction, appeal, diversion. **~je miejscowe** local attractions, sights, highlights
atrakcyjny attractive, appealing, desirable, handsome
atrament ink
atrapa display model
atrybut attribute
atut *atucie* trump, asset, best feature
audycja broadcast, audition, programme (*radio, TV*)
audytorium audience. auditorium, hall
augustowski Augustinian (*late 18th century*)
aukcja auction, sale

aula auditorium, lecture hall, meeting room
austriacki Austrian
Austriak Austrian
aut *sports* out
autentyczność authenticity
autentyczny authentic, unfeigned. **autentycznie**
autocasco '-*kasko*' *indecl* auto insurance
autoironia self-irony
automat automatic (*pistol*). coin-operated machine
autor author
autorytatywny authoritative
autorski *from autor, autorstwo*. **film ~** auteur film. **prawo ~kie** copyright
autorytarny authoritarian
autorytet authority
awans advance, advancement, promotion. **robić ~se** +*D* make advances toward
awansować *impf, pf* **zaawansować** advance, promote. to receive an advancement, promotion
awantura row, fight, uproar, unpleasant scene. **karczemna ~** bar-room brawl
awanturnik reckless person, rabble-rouser. intriguer
awaryjny *from awaria*. **lądowanie ~ne** crash landing. **wyjście ~ne** emergency exit
azbest asbestos
azjatycki Asiatic

B

baba old woman, country woman. *pej* woman
babi (*babia babie*) from *baba pej* woman's **~bie lato** Indian summer
bachor *pej* brat
baczenie attention, heedfulness, care. **dawać ~ na**+*A* look after s.o.
baczność attention, heed. **stać na ~** stand at attention. **mieć na ~ści przed**+*I* take heed of
badacz researcher, investigator
badawczy research, exploratory. inquisitive, searching
bagażnik *-a* trunk, boot (*of car*), luggage rack
bagażownia *Gpl -ni* left luggage room
bagnet *Gsg -u bagnecie* bayonet
bakalie *pl form* dried tropical fruit (*raisins, dates, etc.*)
bakier. *phr* **na ~** off kilter, aslant. **być na ~** *z*+*I* be at odds with
bałkański Balkan

bambetle *pl form* G *-li colloq* things, belongings

banalny banal, trivial

bananowy *from banan* **młodzież ~wa** the coddled youth

banialuki *pl only* Gpl *-uk* stuff and nonsense

banknot bank note, bill

bankowość banking, banking operations

barbakan *hist* barbican

barbaryzm barbarism

bariera barrier. **~ dźwięku** sound barrier

bark *us pl* shoulder. **brać coś na ~ki** take s.t. on

barski *hist* Bar. **Konfederacja ~** Bar Confederacy

barwnik pigment, dye

barwny coloured, colourful, vivid

bary *pl form* G *-ów* broad shoulders. **wziąć się za ~ z kimś** fight or struggle with s.o.

barykada barricade

basen basin, tank, bedpan, swimming pool, dock

baton *-u or -a* candy-bar

batuta (*director's*) baton. **pod ~tą** +G conducted by

bawełna *bawełnia* cotton. **owinąć w ~nę** pull the wool over s.o.'s eyes, sugar-coat

baza base, basis, grass roots. **~ danych** data base

bazar bazaar

bazgrać *bazgrzę impf, pf* **nabazgrać** scrawl, scribble

bąbelek *bąbelka from bąbel*

bączek *bączka from bąk, us. in sense* top (*toy*)

bąk 1 bittern (*bird*), horsefly, gadfly. 2 *fac an* blunder. fart. 3 top (*toy*). 4 tot. 5 dinghy

bąkać *impf, pf* **bąknąć** *-nę -niesz*, mumble, blurt out

be 1 *in phr* **ani be ani me** duh (*to s.o. stupid*). 2 *indecl child's speech* bad. **jesteś be** you're naughty

beatyfikować *impf* beatify

becik *-a* baby's bedding

beczka *-czek* barrel, cask, tun. **z ~ki** on tap (*beer*)

bedeker *fac an* travel guide

bednarstwo barrel-making, the cooper's trade

beksa *pej* cry-baby, bawler

bela 1 bale. 2 ten reams (*of paper*). 3 *aug of belka*

bełkot *bełkocie* stammer, stutter, slur, gibberish

bełkotać *-koc(z)ę impf, pf* **zabełkotać** stammer

benedyktyn Benedictine

beret beret

bety *pl only* G *-ów coll* bedding, personal effects

bez *bzu* lilac. **~ czarny** elder (shrub)

beza meringue

bezbarwny colourless, pallid, drab

bezbłędny faultless, error-free

bezcenny priceless, invaluable

bezczynność inactivity

bezczynny inactive, idle

bezdomny homeless. *as* homeless person

bezdroże Gpl *-y* tracklessness, wasteland, wilderness. **iść na ~ża** go astray

bezduszny soulless, unfeeling, heartless, callous

beznadziejny hopeless, forlorn, abysmal, useless

bezokolicznik *-a gram* infinitive

bezowocny fruitless

bezpartyjny not belonging to a political party, unallied

bezpieczeństwo safety, security. **pas ~wa** seat belt

bezpieczny safe, secure. **bezpiecznie** safely, securely

bezpłatny free, gratis, without charge, complimentary

bezpodmiotowy *gram* subjectless

bezpośredni direct, immediate, straightforward

bezprawie *sg-only* lawlessness

bezprawny lawless, illegal, wrongful

bezproblemowy problem-free

bezradny helpless

bezrobotny out *from* work, jobless, unemployed

bezsilność powerlessness

bezsilny powerless, impotent

bezskuteczny ineffectual, inefficacious

bezwzględny impartial, complete, absolute, ruthless

bęben *bębna* drum

białko *-łek* white (*of egg, eye*) albumen, protein

Białorusin Belarusian

Białoruś Belarus. **na Białorusi**

biblijny biblical

bicie beating

bicie beating, ringing, peal. **~ serca** heartbeat

bicz *-a* whip. scourge. **jak z ~cza strzelił** *or* **trząsł** in no time

bieda poverty. **od ~dy** out *from* necessity

biedak *Npl biedacy* pauper

biedzić się *impf* trouble or worry self *nad+I* over

bieg 1 course, run, race, sprint, flight. **biegiem** at a run. 2 speed, gear (*car, bicycle*). **~ jałowy** neutral (*gear*)

biegun *-a* pole (*of the compass*), rocker (*of chair*). **fotel na ~ nach** rocking chair. **koń na ~nach** rocking horse

bielak *Npl -ki* albino
bieluchny *path from biały*
bierny passive. strona ~na passive voice
bieżący current, on-going. woda ~ca running
water. bieżąco. na ~ au courant, in touch
bijatyka fist fight, brawl
bila billiard ball
bilans *Npl -e* balance, account
biodro *-der or biódr* hip, haunch
biskup bishop
bit bit (*of digital information*)
bitewny *from bitwa.* zapał ~ fury of the battle
bitwa battle, combat
bity *bici* beaten. ~ta śmietana whipped cream
biurowiec *biurowca* office building
biust *biuście* bust, bosom (*of woman*)
biznes (*commercial*) business
biżuteria jewellery
blacha *blasze* sheet metal, baking sheet, griddle
blacharz sheet-metal worker, tinsmith
blady *bladzi* pale, wan, pallid
blaszany made of sheet tin. instrumenty ~ne
brass (*musical*) instruments
blenda 1 blind window. 2 (*photographic*)
diaphragm. 3 blende. ~uranowa pitchblende
blichtr glitter
bloger blogger (*on internet*)
blok 1. apartment block 2. (*political*) bloc 3. pad
(*of paper*) 4. pulley
blokada 1 blockade, stoppage, closure,
congestion. 2 *sports* tackle
blokować *impf, pf* zablokować bar, block, jam.
~ się become jammed
błagać *impf, pf* ubłagać beseech, implore, plead,
beg
błahy trivial, trite, trifling, insignificant,
inconsequential
bławatny *old-fash.* sklep ~ fabric store
błąd *błędu* error, mistake. wprowadzić w ~
mislead
błędny erroneous, mistaken, wrong, false,
spurious, misguided, unsound. ~ne koło
vicious circle
błękitny azure
błogi *błodzy* blissful, blessed. ~ stan bliss. błogo
blissfully
błogosławiony *błogosławieni* blessed
błona membrane, film. ~ pławna web (*e.g. on
duck*)
błysk flash, shine, glint, twinkle

błyskawica lightning
błyskawiczny instant, like lightning. kawa ~na
instant coffee. błyskawicznie instantaneously
błyskotka *-tek* trinket, gew-gaw
błyskotliwy flashy, witty, scintillating
błyskowy. lampa ~wa flash (*in camera*)
błyszczący shining, flashing, glittering, brilliant,
glossy
błyszczeć *-czy us 3p impf, pf* błysnąć shine, flash,
glitter. *see also błyskać*
bm. *abbrev of bieżącego miesiąca* of the current
month
bobkowy laurel. liście ~we bay leaves
boczek *boczka from bok.* bacon
boczny *from bok* side, lateral, sidelong. ~na
droga side road. bocznie sidewise, sideways,
laterally
bogactwo (*often pl*) wealth. *pl* riches
bogaty *bogaci* rich, well-to-do, well off, opulent.
~ w coś abundant in. *as the rich*
bogini goddess
bohater *Npl -owie* hero, protagonist, main
character
bohaterka *-rek* heroine
boja *G Gpl boi* buoy
bojownik *Npl bojownicy* combatant, fighter,
champion
bojowy militant. gotowość ~wa military
readiness
bok side, flank. bokiem sideways. na boku on
the side
boks boxing (*sport*)
bokser boxer (*also dog*)
boksować *impf* punch. ~ się *z+I* box
boleć 1 ~ hurt, 2. be sorry, regret
boleń *boleni* asp (*large fish from the carp family*)
bolszewik *bolshevik*
bomba bomb, bombshell. smash hit, sensation
bombka *-bek* Christmas tree ornament. small
glass (*of beer*)
bon coupon, voucher
boom (economic) boom
borykać się *impf z+I* struggle with, grapple with
bosak *-a* 1 grapple, boat-hook. 2 *in phr* na ~ka
barefoot
boski *from bóg* god-like, divine, heavenly
bowiem since, for, because
bożenarodzeniowy *from Boże Narodzenie*
boży god's, of god. Boże Narodzenie Christmas.
po bożemu honestly, piously

bój *boju* fight, combat, battle

bóść *or* **bodnąć** butt, gore

br. *Abbrev of bieżącego roku* of the current year

bracia brethren, brothers

brać *braci sg only poet* brotherhood, brethren

brakować lack, be out of, be short of. **niewiele brakowało i** . . . another moment and . . .

brama *bramie* gate, gateway

bramka *-mek from brama.* (*soccer*) goal

branża branch (*of store, economy, etc.*), line

bratać się *impf, pf* **pobratać się** *z+I* fraternize with

bratobójczy fratricidal

brawo bravo. **bić ~** applaud

broczyć *impf, pf* **ubroczyć** stain (*with blood*). **~ się krwią** bleed

broda *bród* beard, chin

brodaty *brodaci* bearded, shaggy

brodawka *-wek* wart

bronić defend

broń *broni* weapon, firearm, arm, arms. **biała ~** sword

broszka *-szek from brosza*

bród *brodu* ford (*in river*). **w ~** in abundance, galore

brudny dirty, filthy, soiled, squalid, sordid. **brudno. na ~** in rough outline

Bruksela Brussels

brukselka *-lek* brussel sprout

brutto *indecl* gross (*measure*)

bruździć *impf, pf* **nabruździć** *+D* put a crimp in s.o.'s plans

bryndza 1 soft sheep's cheese. *colloq* misfortune

brytfanna frying pan

Brytyjczyk British citizen

brzeg shore, bank, coast, edge, brink, verge, rim. **do ~gu** to the brim. **pierwszy z ~gu** anyone

brzemienny pregnant (*pause*), burdened, weighed down

brzmieć sound, resound, resonate, ring

brzmienie sound, resonance, tenor, import, contents

brzoza *brzóz* birch (*tree*)

buda *budzie* shed, shack, hovel. **psia ~** doghouse. hansom cab. *coll* police wagon, school

buddysta Buddhist

budka *-dek* shed, booth

budowa 1 building, construction project. **w ~wie** under construction. 2 build, physique

budować *impf, pf* **pobudować, wybudować** *or* **zbudować** build, construct

budowanie building, construction

budowla building, edifice, structure

budownictwo construction, architecture

budujący uplifting, constructive. *as* builder

budulec *budulca -a* building material, timber

budzić *impf, pf* **obudzić** *or* **zbudzić** rouse, arouse, awaken. *pf* **wzbudzić** elicit. **~ się** *intrans* wake up

bujać (się) *impf* rock, swing, sway, float. roam far and wide. *without* **się** tell lies

bujany . **~ fotel ~** rocking chair. **~ konik** rocking horse

buława truncheon, club, staff

bumelactwo bumming about

bumelant *pej* lay-about, loafer

bumelować loaf, lounge about

bundz kind *from* bryndza (*soft sheep's cheese*)

bunt mutiny, rebellion, revolt, sedition

buntować się *impf przeciwko+D* rebel against

burak *-a* beet. **~ cukrowy** sugar-beet

burbon bourbon (whisky)

burczeć *-czy us 3p impf, pf* **burknąć** *-nie* grumble, grunt, growl (*of stomach*)

burgund Burgundy wine. *as* burgundy (*colour*)

burmistrz mayor

burta gunwale, board (*of ship*). **lewa ~** port. **prawa ~** starboard. **za ~tą** overboard

bury mottled grey, dark grey with specks of brown

burza storm, tempest. **~ mózgów** brain-storm

burzowy *or* **burzliwy** stormy, tempestuous, tumultuous

burzyć *impf, pf* **wyburzyć** destroy, demolish. **~ się** seethe

buszować *impf, pf* **pobuszować** pillage, plunder, bustle

but shoe, boot

butelkować *impf* bottle

bycie being

bydło *sg only* cattle

byle just so that. **~ co** any old thing. **~ jak** any old way. **~ jaki** any old kind

bzdurny nonsensical

bzik *fac an* craze. **mieć ~ka** be crazy, have a hang-up

bzikować *impf same as mieć bzika*

C

cackać się *impf z+I* treat with kid gloves, humour

cacko toy, gimcrack, knick-knack, gew-gaw. a beaut

cal *-a* inch

całkiem completely, entirely, wholly, quite, rather

całkowity *całkowici* entire, utter, total. **liczba ~** integer

całokształt totality, whole, ensemble

całość whole, unity, entirety. **w ~ści** entirely, as a whole

całować *impf, pf* **pocałować, całować** kiss

car *NApl -owie* tsar

CBA *abbrev of Centralne Biuro Antykorupcyjny (Central Anticorruption Office)*

CBOS *abbrev of Centrum Badania Opinii Społecznej* Centre for Social Opinion Research

cd. *abbrev of ciąg dalszy* continuation

ceber *cebra* bucket. **leje jak z ~bra** raining cats and dogs

cech guild, craft

cecha *cesze* trait, characteristic, feature

cechować *impf, pf* **nacechować** characterize, mark. *intrans* **~ się** *+I* be characterized by

cegielnia *Gpl -ni* brick factory, brickyard

cel *Gpl -ów* aim, goal, target, destination. **bez ~lu** aimlessly. **w ~lu** *+G* with the aim of

cela cell (*in prison, monastery*)

celny 1 well-aimed, accurate

celowy *from cel* purposeful, sensible, deliberate, intentional. **celowo** on purpose, intentionally

cenić *impf, pf* **ocenić** value, prize, treasure

cennik price list

cenny valuable

centralizm centralism

centralizować centralize

Cepelia *abbrev of Centrala Przemysłu Ludowego i Artystycznego (Polish folk art cooperative)*

cesarski Caesarian. **cięcie ~kie** Caesarian section

chadecki *abbrev of Chrześciańsko-demokratyczny (Christian Democratic)*

chała *chale* trash

chałupa hovel, shanty, shack, hut, cottage

chałupniczy *from chałupnictwo –* cottage industry

cham, *f* **chamka** boor, cur

chandra. mieć ~rę have the blues

chaotyczny chaotic, rambling

charakterystyczny *dla+G* characteristic, typical of

charakteryzować *impf, pf* **ucharakteryzować** characterize, make up as. *intr* **~ się** be characterized by

charkać *impf, pf* **charknąć** *-ne* cough up, clear throat

charlak *Npl -ki* feeble, frail, infirm person

chata *chacie* hut, cottage. **czym ~ bogata** what's mine is yours

chcąc nie chcąc *phr* willy-nilly

chcący. phr dla ~cego nie nic trudnego where there's a will there's a way

chemia chemistry

chemik *Npl chemicy* chemist, chemistry teacher

cherlak *pej Npl -ki* invalid, sickly person

cherubin *Npl -ny* cherubim

chęć *chęci* desire, wish *do+G* for. **mieć dobre chęci** mean well. **z chęcią** eagerly, willingly, gladly

chętka *-tek from chęć.* caprice, frivolity

chętny eager, desirous, willing, keen

chichot *chichocie* giggle

Chiny *pl only G Chin* China

chiński Chinese. **po ~sku** in Chinese

chlew *-u -or -a* pigsty

chlorofil chlorophyll

chlubny praiseworthy, glorious

chłonąć *impf, pf* **pochłonąć** absorb, swallow up

chłop *oft pej Dsg -u* peasant, farmer. fellow, man, guy

chłopak *Npl -ki* boy, boyfriend

chłód *chłodu* cold, chill

chociażby let's say

choć although, though, even though, albeit, at least

choćby even if

chodliwy easy to sell

choina Scots pine

cholera cholera. *as imprec vulg* damn! shit! **do jasnej ~ry** goddammit. **jak ~** like hell

cholewa boot-top

chowany. bawić się w ~nego play hide-and-seek

chór chorus, choir. **~rem** in a chorus

chrapać *chrapię impf, pf* **chrapnąć** snore

chroniczny chronic

chronić *impf, pf* **schronić** or **uchronić** protect. *intrans* **~ się** take cover, take shelter

chronologia chronology

chrust *chruście* brushwood, forest cover, kindling

chryja *chryi colloq* altercation, tiff

chrypieć *impf* croak, rasp, be hoarse

chrząkać *impf, pf* chrząknąć clear throat, grunt (*incl pig*)

chrzest *chrztu chrzcie* christening, baptism

chrzestny god-, *as in* córka ~na god-daughter. matka ~na god-mother. ojciec ~ny god-father

chrześcijaństwo Christianity

chuderlak *pej Npl -ki* weakling

chudy thin, skinny, lean, scrawny. ~de mleko skim milk

chuj *vulg* prick, dick. ~ mnie to obchodzi what the fuck do I care?

chuligan *-ni or -ny* hooligan, ruffian

chusta *chuście* scarf, muffler, kerchief

chwalić *impf, pf* pochwalić praise, commend. ~ się boast

chwycić *pf, impf* chwytać seize, grasp, catch hold of, grip, seize. za+A reach for (*a weapon, etc.*). (*fish*) bite. ~ się +G grasp for, resort to

chybić *pf, impf* chybiać 1. +G miss (*a target*). 2. +D sight. na chybił trafił at random. ani chybi no doubt about it

chybiony *chybieni* mistaken, wrong-headed, off the mark

chylić *impf, pf* uchylić *oft* +G bend, incline, nod. ~ się 1. bend, incline, tend toward. 2. od+G decline from

ciało *ciele* body, flesh

ciasny tight, narrow, cramped (*space*)

ciasto dough, cake, batter

ciąg stretch, course, sequence, draft. w ~gu +G in the course of, during. ~ dalszy continuation, sequel

ciągły constant, continuous. ciągle constantly

ciągnąć *impf, pf* pociągnąć draw, drag, pull, haul, tug, continue (*talking, etc.*). ~ się stretch, extend

ciąża pregnancy. być w ~ży pregnant. zajść w ~żę become pregnant

ciążyć *impf* +D na +L weigh heavily on (*s.o.'s conscience, etc.*)

cichość quiet, quietness

cichy *cisi* quiet, low (*voice*). quiet! cicho bądź! be quiet!

ciec *or* cieknąć *impf, pf* pociec drop, leak, trickle

ciekawość curiosity. z ~ści out of curiosity

ciemięga *pf pej* dullard

ciemność *oft pl* dark, darkness

cienki *ciency* thin, fine

cień *cienia Gpl cieniów* shadow, shade, trace. usunąć w ~ +A overshadow

cierpieć *impf, pf* ścierpeć *or* ucierpieć suffer, endure). nie ~ not abide, loathe, nie ~ zwłok brook no delay

cierpienie suffering, anguish, distress

cierpliwość patience

cierpnąć 1 *impf, pf* ścierpnąć grow numb, ścierpła mu skóra his skin began to crawl

cieszyć *impf, pf* ucieszyć please, delight, gladden. ~ się z+G be glad of. +I enjoy (*life, etc.*)

ciężar weight, burden

ciężarowy freight. samochód ~ truck

cios blow, stroke (*of fate*)

cioteczny *from ciotka* on one's mother's side. ~ny brat, ~na siostra maternal cousin

ciszyć *impf, pf* ściszyć quiet down, silence. *intr* ~ się quiet or calm down

ciśnienie pressure (*air, blood, etc.*)

ciśnieniomierz *-a* barometer, blood-pressure monitor

ciup *in phr* wargi *or* usta w ~ with one's lips pursed

ciura *Gpl -ów hist* camp-follower, lout, bumpkin

ciurkać *impf* trickle, drip

ciut *part often reduplicated* a wee bit, a teeny bit

cło *ceł* customs, duty, tariff. kontrola ~na customs station. opłata ~na customs duty

cmentarz *-a* cemetery. na ~rzu in the cemetery

cmentarzysko *aug of cmentarz* burial ground

cnota *cnót cnocie* virtue

cofać *impf, pf* cofnąć set back, back up, retract, reverse, withdraw. *intrans* ~ się recede, back off

córka *-rek* daughter

cud *Npl cuda L cudzie* miracle, marvel, wonder. jakimś ~dem by some miracle

cudak *Npl -ki* eccentric person

cudowny wonderful, marvellous, miraculous, precocious. ~ne dziecko child prodigy

cudzoziemiec *cudzoziemca* foreigner

cudzy foreign, alien, strange, another's

cugle *pl form G -li* reins

cukiernia *Gpl -rni or -rń* sweet-shop, confectionery

cukiernictwo confectioner's trade

cuma mooring rope

cyber- *pref* cyber-, *as in* cyber-złodziej cyber-thief

cyfra number, numeral, digit

cykl cycle, series
cyniczny cynical
cytować *impf, pf* **zacytować** quote, cite
cywilny civil. **stan ~** marital status. **urząd stanu ~nego** vital statistics office
czar attractiveness. *in pl* magic, charm, sorcery, spell(s)
czara *old-fash* goblet, wine-cup
czarnowłosy black-haired
czarnowidzwo pessimism
czaszka *-szek* skull, cranium
czat (*internet*) chat
czaty *pl form G* -ów outpost. **być na ~tach** lie in wait
cząstka *-tek from* część small part, particle, segment
czcić *impf, pf* **uczcić** worship, honour, venerate, glorify
czcionka *-nek* type, typestyle, font, character (*in printing*). **gruba** *or* **tłusta ~** bold-face
czego *G from* co. *colloq and rude* why?
czemu *D from* **co** *qv.* **czemu?** why? how come? **po czemu?** how much each?
czereśnia *Gpl* -ni cherry, cherry tree
czerń *czerni us sg* black, blackness
czerpać *czerpię impf, pf* **zaczerpnąć** draw (*water*), ladle, extract (knowledge)
czerstwy 1 stale (*bread*). 2 hale, hearty, vigorous
czerwienić (się) *impf, pf* **oczerwienić** redden, be red
czerwień *czerwieni* red, redness
czerwoność. rozgrzany *or* **rozpalony do ~ści** red-hot
częstotliwość iterativity, frequency
część *części* part, portion, component. **w przeważającej ~ści** for the most part
człon element, member. **~ zdania** clause
człowieczeństwo humanity
człowiek *Npl* **ludzie** *GApl* **ludzi** *Ipl* **ludźmi** man, human, person, one. *pl* people
czoło *czół L* **czele, czole** brow. **na czele** +G in charge of, at the head of, at the forefront of. **stawiać ~** D confront
czołówka *-wek* forefront, front ranks, credits (*film*)
czterdziestoletni forty-year-old
czterolitrowy four-litre
czubatka *-tek* crested hen
czucie feeling, sensation
czuć 1 feel, sense, smell. *intrans* **~ się** feel. **źle się czuję** I feel bad. 2 *infin only* one can feel, sense, smell

czujka *-jek mil* reconnaissance detachment
czujność vigilance
czułość tenderness, sensitivity
czuwać watch, guard, be vigilant, not sleep. **~** *nad+I* watch over. **~** **przy**+L sit up with
czworak *phr.* **na ~kach** on all fours
czyżby? *inter* is that so? can that be?
czyli or, in other words
czym *IL from* co. in that, all the (more). **~ prędzej** as fast as possible, all the faster. **po czym** whereupon
czynić *impf, pf* **uczynić** do, make, render (*a service*)
czynienie. mieć do ~nia z+I have to do with
czynnik *-a* factor, consideration. (*chemical*) agent
czynny active, operating, open (*of store or office*)
czynszować *impf, pf* **oczynszować** *hist* levy rent
czysta *as* plain vodka
czyszczący. środek ~ cleanser, cleaning agent
czyszczenie cleaning. **chemiczne ~** dry cleaning

D

dach roof
dal distance. **skok w ~** long-jump. **w ~li** at a distance
z ~la at a distance, from afar
daleki *dalecy* far, distant. **daleko** *or, esp fig,* **dalece. z daleka** from afar. **ciąg ~** continuation
dalszy further, subsequent. **ciąg ~** continuation
dana *decl like* datum. *pl* data
dane *pl decl like G* **danych** facts, data, givens. **~ wyjściowe** (*computer*) output
Dania Denmark
dansing dance club, dance bar
dany given. **w ~nej sytuacji** in a given situation
dar gift, talent. **~ mowy** gift for speaking
darmo *obs* in vain. **za ~** for free, gratis, for nothing
darować *or* **darowywać** *impf, pf* **podarować** +D 1 give, present. 2 forgive, overlook
darzyć *impf* +A, +I bestow, grant, accord. **~ kogoś uczuciem** have feelings for s.o.
daszek visor, peak of (*military*) cap
dawać *daję impf see* **dać. dawaj!** come on! let's go!
dawca *Npl* -y *Gpl* -ów donor. **~ krwi** blood donor
dawniej *comp from* **dawny** formerly
dążenie *do*+G striving for
dążność yearning, longing, striving

dążyć *impf do+G* aim at, strive toward

dbać *dbam impf o+A* take care of, care about.
~ **o siebie** look out for s.o.

debatować *impf nad+I* debate about

debiut debut

debiutować *impf, pf* **zadebiutować**

dech *tchu* breath

defekt defect, fault, (*mechanical*) failure,
malfunction, breakdown (*of equipment*),
flat (*tyre*)

defensywa *sg-only mil* defensive

degenerować się *impf, pf* **zdegenerować się**
intr degenerate

degradować *impf, pf* **zdegradować** degrade,
demote, relegate

dekada decade, ten days

deklarować declare (*goods, etc.*). ~ **się**, *pf*
zdeklarować się *za/ przeciw +I* come out in
favour of/against

dekolt neckline, cleavage

dekoracja decoration. scenery (*in theatre*).
~ **wnętrz** interior decoration

dekret decree

delegacja delegation, business trip

delegat delegate, deputy

delegować *impf, pf* **wydelegować** delegate

demagog demagogue

demagogia demagoguery

demograf demographer

demograficzny demographic. **demograficznie**

demolka *coll* demolition

demon *Npl* -*ny* demon

demonstrować *impf, pf* **zademonstrować** take
part in demonstration

dentysta *dentyście* dentist

departament department (*of foreign govt.*)

depesza telegram, wire, cable, dispatch

deprawować *impf, pf* **zdeprawować** deprave,
debauch

desant *mil* (*military*) landing, raid

deseń *desenia* pattern, decorative design

detronizować *impf, pf* **zdetronizować** dethrone

deweloper developer (*of real estate, etc.*)

dewiza motto, leading idea, stock in trade.
us pl (*hard*) currency

dezintegracja disintegration

dezynfekujący . **środek** ~ disinfectant

diabeł devil. **diabli wiedzą** the devil only knows.
idź do diabła go to hell! **niech go ~li wezmą!**
devil take it!

dialogowy *from dialog*. **lista ~wa** shooting script
(*transcript of film dialogue*)

diament [*arch dyjament*] diamond

diamentowy *from diament*

dłoń *dłoni Ipl dłońmi* palm of hand. **jak na dłoni**
in front of oneself

dłubać *dłubię impf, pf* **podłubać** poke. ~ **w nosie**
pick nose

długofalowy long-wave (*radio*), long-range

długopis ball-point pen

długość length

długowłosy long-haired

dłużyć się -*ży 3p-only impf* last, stretch in time

dmuchać *impf, pf* **dmuchnąć** puff

dmuchawiec *dmuchawca bot* puff-ball

dniówka -*wek* work-day, day's pay

dno *den Gpl den* bottom. **do dna** to the bottom

doba period, age, era, 24 hours. **całą ~bę** all
hours. **na ~bę** per diem

dobić put out of misery by killing. ~**targu** strike
a bargain. ~ **się** *do* arrive at a goal

dobiec *or* dobiegnąć *impf* **dobiegać** +*G* reach by
running. ~ **końca** draw to an end, draw to a
close

dobór choice, assortment, selection. ~ **naturalny**
natural selection

dodobrany *aj*. ~**na para** a well-suited couple

dobro property, well-being, welfare

dobroć *dobroci* goodness, kindness *dla+G*
toward

dobyć *pf, impf* **dobywać** *old-fash* +*G* reach for,
pull out (*knife, sword, etc.*). ~ **głosu** speak

docenić *pf, mpf* **doceniać** appreciate, **nie~**
underestimate

dochodowy profitable, **podatek ~wy** income tax

dochód income, revenue

dodać *pf, impf* **dodawać** add

dodatek *dodatku* supplement, addition, additive,
accessory. **na ~** in addition, **w ~tku** in
addition to

dodatni positive, plus

dodawanie addition. **znak ~nia** plus sign

dogadać się *pf, impf* **dogadywać się** *do+G z+I*
come to an agreement or understanding
with s.o.

dogłębny in-depth (*analysis, etc.*)

dogodzić *pf, impf* **dogadzać** +*D* please, suit.
trudno mu dogodzić it's hard to please him

dojmujący acute, sharp (*pain, etc.*), poignant.
dojmująco

dojrzałość maturity. **egzamin** ~ści high-school graduation examination

dojrzały *dojrzali* mature, ripe, adult

dojrzeć 1 *dojrzeję pf, impf* **dojrzewać** ripen, mature

dojrzeć 2 *-jrzę pf, impf* **doglądać** +G inspect, oversee

dojście access

dojść *pf, impf* **dochodzić** *do+G* come to, arrive at, reach, accomplish. ~ **do wniosku** conclude

dok dock

dokarmić *pf, impf* **dokarmiać** supplementally feed

dokazać *dokażę pf, impf* **dokazywać** +G achieve, show off. ~ **swego** have one's own way

dokładny exact, exacting, precise, accurate, thorough

dokoła all around

dokonać *pf, impf* **dokonywać** +G accomplish, perform (*action*). ~ **się** come to pass, be accomplished

dokonany perfective (*aspect*)

dokończenie final part

dokończyć *pf, impf* **dokańczać** finish, complete. finish off

doktorat doctorate

doktorski doctoral (*dissertation, studies, etc.*)

doktryna doctrine

dokuczyć *pf, impf* **dokuczać** +D annoy, bother, irk, tease

dola *doli* fate, plight, lot

dolecieć *pf, impf* **dolatywać** come flying, fly to, reach (*sound*)

dolny lower

dołączyć *pf, impf* **dołączać** *am -asz* annex, add, attach *do+G* to. *intrans* ~ **się** join

dołożyć *dołóż pf, impf* **dokładać** *do+G* add to, pile on

domiar *in phr* **na** ~ **złego** to make matters worse

dominikański Dominican

dominować *impf, pf* **zdominować** *nad+I* predominate, prevail, dominate, take the upper hand

domówić *pf, impf* **domawiać** say to the end

donica *aug* flower-pot

doniesienie *often pl* report, intelligence

donieść *pf, impf* **donosić** *o+L* inform or report on. ~ **się** be reported

doniosłość importance, weightiness, significance, relevance

dopasować *pf, impf* **dopasowywać** fit, match. ~ **się** *do+G* fit in with

dopiąć *pf, impf* **dopinać** finish buttoning. ~ **swego** attain one's end, have one's way

dopiero only, only just (*us in time sense*). ~ **co** only now. **dopisek** *dopisku* postscript

dopomóc *pf, impf* **dopomagać** help, support, come to one's aid. **tak Boże dopomóż** so help me God

doprowadzić *pf, impf* **doprowadzać** *do+G* lead to, bring about

dopuścić *pf, impf* **dopuszczać** *do+G* allow, let happen, let pass, admit into. ~ **się** +G commit (*crime, etc.*)

doradca *Npl -y Gpl -ów* counsellor, adviser, aide

doraźny makeshift, ad hoc, improvised, circumstantial. **w trybie ~nym** in short order

doręczyciel transmitter, mail-carrier

dorobek possessions, literary output, professional accomplishment

dorobić *pf, impf* **dorabiać** supplement earnings

dorożka *-żek* hansom cab

dorsz cod

dosiąc *dosięgnę pf* reach, hit (*by aiming*)

doskonale fine, excellent, perfectly

doskonały *doskonali* excellent, perfect

dospać *pf, impf* **dosypiać** get enough sleep

dostarczyć *pf, impf* **dostarczać** +D +G provide, supply s.o. with s.t.

dostatek abundance, affluence. **żyć w ~tku** be well off

dostęp access

dostępny *do+G* accessible, available to

dostrzec *pf, impf* **dostrzegać** discern, perceive, tell

dosypać *pf, impf* **dosypywać** fill up (*by sprinkling with grain, sugar, sand, etc.*)

doświadczać see *doświadczyć*

doświadczenie experience

doświadczyć *pf, impf* **doświadczać** +G experience

dotacja subvention, subsidy

dotkliwy painful, severe, intense, grievous. **dotkliwie**

dotknąć *pf, impf* **dotykać** +G touch, feel, affect, hurt

dotknięty *domknięci* hurt, afflicted, offended

dotrzeć *dotrę dotrzesz dotarł pf, impf* **docierać** *do+G* get through to

dotrzymać *pf, impf* **dotrzymywać** +G or +A keep (*word, promise, company*)

dotychczas heretofore, hitherto, till now

dotychczasowy previous, until now

dotyczący +G concerning

dotyczyć *impf us-3p* +G concern, apply to, concern

dotyk touch

dowcip joke, humour, wit

dowiedzieć się *pf, impf* **dowiadywać się** +G find s.t. out. *o*+L learn about

dowieść *pf, impf* **dowodzić** +G prove. +I lead

dowolny optional, at will. **w ~ sposób** in any way, as one likes

dowód *dowodu* proof, evidence. **~ osobisty** personal identification

dowóz *-wozu* transportation, hauling

doza dose, dosage

doziemny *aj,* **punkt ~** perigee

doznać *pf, impf* **doznawać** +G experience, undergo

dożywotni lifelong, for as long as one lives

draka row (*fight*)

drakoński draconian

dramat tragedy, drama

dramatyczny dramatic, spectacular

drań rascal

drapak dać ~ka decamp, cut and run

drażnić *impf* tease, irritate, grate on

drążyć *impf, pf* **wydrążyć** 1 drill, bore, excavate. **~ temat** dwell on a subject. 2 bother, annoy, pester

dredy *pl form* dreadlocks

dreptać *impf, pf* **zadreptać** take mincing steps, toddle

drewno wood, timber

drętwy numb. **~wa mowa** cant

drgać *impf, pf* **drgnąć** tremble, twitch, vibrate, start

drogowskaz road sign, signpost

dróżka *-żek from droga* path

dwukrotnie twice

drut *drucie* wire, knitting needle. **~ kolczasty** barbed wire. **robić na ~tach** knit

drwić *drwią impf, pf* **zadrwić** *z*+G mock, jeer at, deride

drzemka *-mek* nap, catnap

drżący trembling, tremulous

drżeć *impf, pf* **zadrżeć** quake, quiver, tremble, shiver

ds. *abbrev of do spraw* +G concerning, responsible for

duch spirit, ghost, apparition

duchowość spirituality

dukać *impf* stammer

duma pride, self-respect. Ukrainian heroic song

dumny *z*+G proud

duński Danish. **po ~sku** in Danish

dupa *vulg* ass

dusza soul, heart. **nie było żywej ~szy** there wasn't a living soul

duszek *duszka from duch.* sprite. **wypić ~szkiem** drink in a single gulp

duszność. mieć ~ści be short of breath

duszpasterstwo priesthood, ministry

duszpasterz priest, pastor

dwojaczki *pl form G -ków or f. -czek* twins

dwór *dworu* 1 manor, manor house. 2 (*royal*) court. **na dworze** outside

dwuznaczny ambiguous, equivocal

dycha ten-spot (banknote)

dyć. a dyć *part dial* but

dykta *dykcie* plywood

dyktando *indecl* dictation. **pod ~** under dictation, compulsion

dyktator dictator

dyktatura dictatorship

dyktować *impf, pf* **poddyktować** dictate

dyl *-a* joist. **dać dyla** leg it

dynamika dynamics

dynamo dynamo

dyndać *impf coll* swing, dangle

dyplomata diplomat

dyplomatyczny diplomatic

dyscyplina discipline

dyscyplinować *impf* discipline

dysgrafia dysgraphia (inability to write coherently)

dyskoteka disco, discotheque. *slang* flashing lights on police car

dyskurs discourse

dyskwalifikować *impf, pf* **zdyskwalifikować** disqualify

dysleksja dyslexia

dystans distance

dystansować się *impf od*+G distance o.s. from

dystrybuować *impf* distribute

dywizja (*military*) division

dziad old man, ancestor. **stary ~** old **dziady** fogey

dział *dziale* area, branch, section, department

działacz activist

działalność operation, activity
działka -*łek* allotment, plot (*of land*), garden plot
działo *dziale* cannon, heavy gun
dzidziuś *dzidziusia coll* baby
dzieciak *colloq* child, kid, brat
dzieciństwo childhood. **od ~wa** since childhood
dziedzictwo inheritance, heritage
dzieje *pl form G* -*ów* history
dziekan dean
dzielić -*lę* -*lisz impf, pf* **podzielić** share, divide.
  ~ się +*I* share, be divided
dzielnica section, province, district, quarter, part
  of town
dziennikarz journalist
dzierżawa *dzierżawie* lease, tenancy. **wziąć coś w
  ~wę** take out a lease on s.t.
dzierżawny. opłata ~na rent, lease payment
dziesięciokrotny ten-fold
dziesięciolecie ten-year period, tenth anniversary
dziewucha *dziewusze colloq* lass, girl
dziękczynienie thanksgiving. **Dzień ~nia**
  Thanksgiving Day
dziób *dziobu* -*a* 1 beak. 2 bow or prow of ship.
  przymknij ~ shut your trap
dzisiejszy present. **w ~szych czasach** nowadays
dziura hole, cavity, hole in the wall (*place*).
  szukać ~ry w całym nitpick
dziw strange thing, wonder. **nie ~, że . . .** no
  wonder that . . .
dziwaczny odd, eccentric, bizarre, outlandish
dziwadło oddity
dźwięczeć -*impf, pf* **zadźwięczeć** ring, resound
dźwięk sound
dźwig hoist, lift, crane, (*industrial*) elevator

E

edytor -*a.* **~ tekstów** text editor, word processor
efekt effect. **dla ~tu** for effect. **w efekcie** in effect
efemeryczny ephemeral
egida. pod ~dą +*G* under the protection or
  sponsorship of
egzekwować *impf, pf* **wyegzekwować** , carry out,
  enforce
eko *indecl* eco
ekonomista economist
ekran screen (*film, television*). **na ~nie** now
  playing
ekranizacja setting to film
eks- *prefix in sense of 'ex-', 'former', as in*
  eks-prezydent ex-president

ekskluzywny exclusive
eksmitować *impf, pf* **wyeksmitować** evict
ekspedytor shipping agent
eksperyment experiment
eksploatować *impf, pf* **wyeksploatować** exploit,
  utilize
eksplozja explosion
eksport export
eksporter exporter
ekspozytor agent
ekspres express (*train, letter, newspaper, service*).
  coffee-maker
ekspresowy express (*train, service*). **~ termin**
  ASAP. **list ~** special-delivery letter
ekstra *indecl* super
ekstremalny extreme (*esp sport*)
ekstremista extremist
Ekwadorczyk Ecuadorian
elegancki elegant, smartly dressed, chic,
  ritzy
elektronik *Npl elektronicy* electronic
  engineer
elektronika electronics
elektrownia electric power station, plant
elektrowóz -*wozu* electric locomotive
elementarny elementary, rudimentary.
  elementarnie
elita *elicie* elite, select
elitarny elite, select. **elitarnie**
email *or* **e-mail** 'imejl' e-mail
emeryt retiree, senior citizen
emerytura retirement. **na ~rze** retired. **przejść
  na ~rę** retire
emfatyczny emphatic
emfaza emphasis
emigracyjny *from emigracja*
emigrant emigrant
emitować *impf, pf* **wyemitować** emit (*money,
  radio signal, etc.*)
emocja emotion
endecja *based on Narodowa Demokracja* ND
  (*right-wing political party between the world
  wars*)
entropia entropy
epizod episode
epoka *epoce* epoch, period
epopeja *or* **epos** epic poem
era era. **naszej ery (NE)** AD. **przed naszą erą
  (PNE)** BC
ergonomiczny ergonomic

erotyczny erotic

esbek *colloq abbrev of SB (Służba Bezpieczeństwa)* member of the communist Polish security forces

esej essay

eskorta military escort

ester *estru* ester

etap stage, period, leg *(of journey)*

etat job position. **na pełny ~** full time

etatyzacja job security system

etatyzm statism, state control of business

etniczny ethnic

etnograficzny ethnographical

etos *mi.* **~ pracy** work ethic

etykieta *etykiecie* etiquette

eugenika eugenics

euro *indecl* euro *(monetary unit)*

Europejczyk European

ewakuacyjny *from ewakuacja* escape *(route, plan, etc.)*

Ewangelia Evangel, Gospel

EWG *abbrev of Europejska Wspólnota Gospodarcza (European Economic Union)*

ewidentny evident, obvious. **ewidentnie** clearly, patently

F

fabularny. **film ~** feature film

fabuła *fabule* plot, story line

facet *colloq faceci* guy, fellow, chap, bloke

fach trade, line of work

fajny *colloq* fine, great, neat. **fajnie** *or* **fajno**

faktyczny virtual, actual, factual. **faktycznie** as a matter of fact, indeed, actually

fala wave. **z ~lą** *fig* with the current. **przeciwko ~li** *fig* against the tide. **być na ~li** be on the rise

falstart false start

fałszywy false, fake, phoney, counterfeit, bogus

fan *colloq* fan

fantastyczny fantastic, fabulous, marvellous, highly imaginative, fictional

fantastyka the fantastic. **~ naukowa** science fiction

fantom phantom. anatomical model

farmaceutyczny pharmaceutical

fascynujący fascinating

faza phase, stage

feministka *(female)* feminist

fenomen phenomenon

ferment fermentation, ferment, state of excitement

fermentować *impf, pf* **sfermentować** ferment

festiwal festival, celebration. **~ filmu** film festival

feta fête, extravaganza

fetować *impf* celebrate, fête

figa *fidze* fig. **pokazać ~gę** +D thumb one's nose at s.o. *(by showing one's thumb between one's fingers)*

figura figure, major chess piece, **ważna ~** big-shot

filc felt

filia branch *(office)*

filiżanka *-nek* teacup, coffee cup

filmologia filmology, film studies

filmować *impf, pf* **sfilmować** film

filmowiec *filmowca* film person

filmoznawstwo film studies

filmówka *-wek colloq* film school

filozof *-owie* philosopher

filozofia philosophy

filozofować *impf* philosophize

finał *finale us sg* final(s) of contest

finałowy *from finał*

finanse *pl form G -ów* finances

finansować *impf, pf* **sfinansować** finance

fioł *-a* eccentricity, mania, craze, hang-up

fizyczny physical. **robotnik ~** manual labourer. **fizycznie**

fizyk *fizycy* physicist

fizyka physics

fizykochemiczny physicochemical

flaki *pl form G -ów* tripe. guts, innards

flaszka *-szek* flask

flet *flecie* flute. **~ prosty** recorder

fletnia *(folk)* flute. **~ Pana** Pan pipes

folder brochure. folder

folgować *impf +D* enjoy. **~ sobie** take one's ease, relax

folia *(sheet)* plastic

foliowy *from folia or folio.* **torba ~wa** plastic bag. **kwas ~wy** folic acid

fon phone *(in linguistics)*

fora. *phr* **fora ze dwora!** get out!

forma form, physical shape, mould. **być w ~mie** be in shape, on form

formalny formal. **formalnie** technically

fortepian *(grand)* piano

fortuna fortune, fate

fory *pl form G -ów* **mieć ~ u kogoś** enjoy s.o.'s favour

fotka *-tek* photo
fotografia photography, photograph
fotograficzny photographic. **fotograficznie**
fragment fragment, excerpt
frajer *colloq* jerk, sucker
francuski French
Francuz Frenchman
fruwać *impf, pf* **frunąć** *-nę-niesz* fly, flit
fucha *fusze colloq* sideline, moonlighting
fujara 1 pan-pipe. 2 *pej* bumpkin
fundament foundation
fundamentalizm fundamentalism
funkcja function
funkcjonariusz functionary, official
funkcjonować *impf* function
funt pound
futerał *futerale* case
futro *-ter* fur, pelt, fur coat
futrzarstwo the fur business

G

gabinet office, private office
gad reptile, vermin
gadać *impf, pf* **pogadać** chat, talk on, prate, prattle
gadżet gadget, gizmo
gafa *colloq* blunder, faux pas
Galicja Galicia
gałęzi(a)sty branchy
gałganieć *impf, pf* **zgałganieć** *colloq old-fash* go to pot
gałgankowy made of rags
gama 1 range, gamut. 2 (*musical*) scale
gang gang
gapa *pej* booby. **jechać na ~pę** ride without a ticket
gapić się stare, gape *w+A* at. *pf see* **zagapić się**
gar *-a* 1 large pot. 2 *colloq* bosh
garbować *impf, pf* **wygarbować** tan (*hides*)
garda guard (*in boxing or on sword*)
gardło *-deł gardle* throat
garnek pot
garnitur suit
garnizon garrison
garsonka two-piece woman's dress suit
garść handful, fist. **trzymać w garści** hold in one's hand. **wziąć się w garść** pull o.s. together
gasić *impf, pf* **ugasić** *or* **zgasić** extinguish, quench (*thirst*), put out (*fire*), stub out (*cigarette*), turn off (*light*)

gasnąć die down, become extinguished
gatunek *gatunku* kind, type, species
gawron 1 rook (*bird*), grackle. 2 *pej* on-looker
gazowany carbonated. **woda ~na** soda water, carbonated water
gen gene
generał general (*military*)
generować *impf, pf* **wygenerować** generate
geneza genesis, origins
genialny ingenious
geniusz genius
gest gesture
geszeft shady or shoddy business dealings
gęba *vulg* lip, mouth, gob
gęsiego single file
gibki *gibcy* slim, lithe, supple
gicz shank (of meat)
giermek *giermka Npl -kowie or -ki* squire, armour-bearer, member of knight's retinue. (*chess*) bishop
giewont (*cigarette brand in communist Poland named after a Tatra mountain peak*)
gigantyczny gigantic
gimnazjalista *old-fash* school-boy
gimnazjum grammar school, middle school, junior high school
ginąć *impf, pf* **zginąć** die, perish, die out, vanish. **zginęło ci coś?** did you lose something?
gliniak *-a* earthenware pot
glob globe
globalny global
gloryfikować *impf* glorify
gładki smooth, sleek, even. **gładko. pójść ~** go smoothly
głaskać *impf, pf* **pogłaskać** *or* **głasnąć** stroke
głąb 1 heart (*of artichoke, etc.*)
głąb 2 depth, depths
głębia depth, profundity
głodowy strajk ~ hunger strike
głos voice, vote. **na cały ~** at the top of one's lungs. **na ~** out loud. **oddać ~** cast vote. **śpiewać na ~sy** sing in harmony. **zabrać ~** take the floor
głosowanie vote, voting, poll, ballot. **tajne ~** secret ballot
głowić się *impf* ponder *nad+I* over
głód *głodu* hunger, starvation, famine. **o głodzie** while hungry
głuchy *głusi also as* deaf. **~ telefon** dead line
głupstwo stupidity, idiocy. *pl* nonsense

gmach large building, edifice

gmin *arch* commonfolk, populace

gmina township, community, commune, parish. **Izba Gmin** House of Commons

gnębić *impf* oppress

gnić *impf, pf* zgnić rot.*pf see also* zagnić

gniew anger, wrath

gniewać się *impf, pf* rozgniewać się be angry *na+A* at. *w.o.* się anger

godność *godności* dignity, name

godny *or* godzien worthy *+G* of, deserving of. ~ pożądania desirable

godowy festive, wedding. **okres ~wy** rut (*mating season*). **taniec ~** mating dance

godzić *impf, pf* pogodzić *kogoś z+I* reconcile to. ~ się reconcile oneself to

gogle *pl for G -li* goggles

goić się *impf, pf* zagoić mend, heal over (*of wound*)

golas *pej* naked man. **na ~sa** naked, in the altogether

golf golf. turtleneck sweater

gołąb pigeon, dove

gołębica hen pigeon

goły bare, naked. **~łym okiem** with the naked eye. **~łymi rękami** with one's bare hands. **pod ~łym niebem** under the open sky

gomułkowczyzna Gomułka period in Polish politics (*and what went along with it, 1956–70*)

gong gong

gończy. **list ~** warrant (*for arrest*)

googlować 'gug-' *impf, pf* wygooglować to Google (*search on the internet*)

gorączkowość feverishness

gorycz bitterness, life's pain

gorzeć *or* goreć *impf us 3p* blaze, flame, burn, glow

gorzki bitter

gospodarka economy, farming

gospodarstwo farm, household. ~ **domowe** household economy

gospodarz host, landlord

gospodyni hostess, housewife, landlady

gówniarz *vulg* shit, shit-head

gówno *us sg* excrement, shit

gra *gier grze* game, sport, play. **wchodzić w grę** come into play. **gra słów** pun

gracz player

granda squabble, ruckus

grane. **co jest grane?** what's going on?

gremium entire organization

groch *us sg* pea, peas. ~ **z kapustą** hodgepodge. ~ **o ścianę** wasted effort

grochowina *us pl* pea-pod

gromadzić *impf, f* nagromadzić *or* zgromadzić accumulate, hoard. ~ się gather together, assemble

gromić *impf, pf* zgromić 1 smite, smash. 2 inveigh against

grozić *impf, pf* zagrozić *+D +I* menace, threaten s.o. with

groźba *gróźb* threat, menace

grób *grobu* grave, tomb

grudzień *grudnia* December (*month*)

grunt *gruncie* ground, basis, foundation, the main thing. **w ~ncie rzeczy** basically, essentially

gruntowny basic, fundamental, thorough

Gruzja Georgia (*country*)

gruźlica tuberculosis

gryzipiórek *gryzipiórka* pen-pusher

gryźć *impf, pf* ugryźć *or* pogryźć bite, gnaw. **gryzie cię sumienie** your conscience is bothering you. ~ **się** fret

grzać *impf, pf* zagrzać warm. ~ **się** warm self

grzech sin. ~ it's a sin

grzęda 1 row, patch, (*plant*) bed. 2 roost, perch

grzmocić *impf, pf* grzmotnąć-*nę* hit, strike

grzyb mushroom, fungus

grzybica mycosis, yeast infection. ~ **stóp** athlete's foot

gułag Gulag (*Soviet prison camp*)

gumiak *-a* rubber shoe, rubber boot, galosh

GUS *abbrev of Główny Urząd Statystyczny* Central Office of Statistics

gust *guście* taste, sense of style

guz *guzie* lump, bump, swelling. **nabić komuś ~za** hit someone on the head

guzik *-a* button. **to ~ mnie obchodzi** I don't care a fig for it

gwałt violence, rape. **~tem** *or* **na gwałt** violently, by force

gwałtowny violent, impetuous, hot-headed, vehement

gwarancja guarantee, warranty

gwarantować *impf, pf* zagwarantować guarantee

gwardia guard. **stara ~** the old guard

gwiazdozbiór *gwiazdozbioru* constellation

Gwinea Guinea

gwizd *gwiździe* whistle (*sound*)
gwizdać *impf, pf* **gwizdnąć** whistle. *pf colloq*
    swipe
gwóźdź 1 nail. *arch* peg. 2 *colloq* highlight
gzyms cornice, mantelpiece

H
haft an embroidery
hak *-a* hook. **drabina ~wa** hook ladder
hala 1 hall, covered market. 2 mountain pasture
handel trade, business, commerce.
    ~ narkotykami drug traffic
handlować *impf +I* trade in, traffic in
haniebny disgraceful, shameful. **haniebnie**
hantle *pl form G -li* dumb-bells
hańbić *impf, pf* **zhańbić** disgrace
harcerka *from harcerz*
harcerz scout
harować *impf* sweat, labour, toil *przy+L* at
harówa, harówka *us sg* drudge work
hartować *impf, pf* **zahartować** temper. harden,
    inure
hasło slogan, motto, watchword, password,
    entry (*in dictionary*)
haust *mi.* **jednym ~tem** at a single draught
heca fine state of affairs, funny happening.
    to ci ~ there's a fine kettle of fish for you
hel helium
hen far away, over there, yonder
heroina heroin
herszt *Npl -owie* ring-leader, pirate captain
het *old-fash* yonder. *see* **hen**
hiena hyena
Hindus Hindu. East Asian
hipoteza hypothesis
historyk historian
Hiszpania Spain
hiszpański Spanish. **po ~sku** in Spanish
hit *colloq* hit (*song, etc.*)
hitlerowski Nazi
Holandia Holland
holocaust *holocauście* holocaust
hołdować *impf, pf* **zhołdować** *+D* favour, honour.
    pay tribute to, adhere to
homogeniczny homogeneous
honour honour
honourować *impf, pf* **uhonorować** honour
honourowy honourable
horror horror, horror film
hotelarstwo hotel trade

huba kind of mushroom
huczeć *impf, pf* **zahuczeć** or **huknąć** resound,
    roar. whoop, be boisterous
huk roar, boom, peal, report (*of explosion*)
hulać *impf, pf* **pohulać** carouse, revel
hurt wholesale trade. **~tem** at wholesale price,
    everything included
hurtownia wholesaler's
huta *hucie* steel, iron, or glass works. foundry,
    smeltery
hydraulik *Npl hydraulicy* plumber
hymn hymn, anthem
hyś *or* **hyź** *colloq.* **mieć hysia** *or* **hyzia** have a
    screw loose

I
ideolog ideologue
ideowy ideological
idiota *oft pej* idiot. *colloq* dope
igła *igieł igle* needle. **szukać igły w stogu siana**
    look for a needle in a haystack
igrać *impf* play, frolic. *z+I* make sport of, play
    around with. **~ z losem** trifle with fate
ikona icon
ikra roe. **mieć ~rę** have energy
ilekroć every time, as often as
imieninowy *from imieniny*
imieniny *pl form G imienin* name-day
imigrant immigrant
imperialny imperial
imperium empire
import import, importation
Indie *pl form G -ii* India
indywidualność individuality
indywidualny individual
informator informant. *as* guide
inicjator initiator
inicjatywa initiative
inspektor inspector, superintendent (*of police*)
inspektorat inspectorate
instalować *impf, pf* **zainstalować** install
instynkt instinct
instytucja institution
instytut *instytucie* institute
integracyjny *from integracja.* **impreza ~na** mixer
    (*get-to-know e.o. party*)
intelektualny intellectual. **intelektualnie**
inteligencja 1 intelligence. 2 intelligentsia
interpretować *impf, pf* **zinterpretować** interpret
internet *internecie* internet, world wide web

internetowa strona webpage, website
internować *impf* detain, intern
internowanie internment
interweniować *impf, pf* **zainterweniować**
  intervene
intymny intimate
inwigilacja surveillance
inwigilować *impf* proctor, monitor, invigilate
inżynier *Npp -rzy or -owie* engineer
ironia irony
ironizować *impf* be ironic
irytować *impf, pf* **zirytować** irritate. ~ **się** be
  irritated by
iskra *-kier* spark
Islam *sg-only* Islam
istnieć *impf, pf* **zaistnieć** exist
istnienie existence
istota essence, gist, being. ~ **ludzka** human
  being. **w ~tocie** in essence
istotny essential. **istotnie** really, truly, indeed
itd. *abbrev of i tak dalej* etc.
itp. *abbrev of i temu podobne (and so on)*
izba chamber. **wyższa ~, niższa ~** upper/lower
  house *(of parliament)*. ~ **reprezentantów**
  house of representatives
izolować *impf, or* **odizolować** isolate. insulate

J

jadalny edible
jadłospis menu
jagielloński Jagiellonian *(e.g. university, dynasty)*
Jakobin Jacobin
jakoby as if, as though, as it were. supposedly,
  allegedly
jakość *jakości* quality
jakże so very, how so, however much
jałowy empty, arid, barren
jama pit, cavity. **jama ustna** oral cavity
jamnik dachshund *(dog)*
Japończyk Japanese
jar ravine
jarmarczny *from jarmark*
jarosz vegetarian
jarzyć się *impf* glow
jasiek *jaśka* throw pillow
jaw *phr.* **wyjść na ~** come to light
jawa *in phr* I **na jawie** while awake
jawić się *-wi us 3p impf* appear, loom
jawny obvious, open, overt, apparent, manifest.
  jawnie openly

jazgotać *jazgoc(z)ę -c(z)esz impf* clamour, yell,
  be raucous
jazgotliwy raucous
jaźń *jaźni* ego, the self
jątrzyć się *impf* fester, rankle
jednać *impf* reconcile, conciliate. *pf see pojednać,*
  zjednać
jednakowy identical, equal
jednakże *or* nonetheless, notwithstanding
jednoczesny simultaneous, concurrent, at the
  same time. **jednocześnie** simultaneously,
  concurrently
jednoczyć *impf, pf* **zjednoczyć** unify, unite. ~ **się**
  be united
jednogłosowy of a single voice
jednokrotny one time, a single. **jednokrotnie** once
jednolitość uniformity, homogeneity
jednolity uniform, homogeneous, flat *(rate)*.
  jednolicie
jednomyślność unanimity, consensus
jednorodzinny single-family *(e.g. dwelling)*
jednostka individual, entity, unit
jedność unity
jednotorowy single-track
jedynak only child
jedyny only, sole, single. **jeden ~** one and only,
  a single
jedynie merely, solely, only
Jehowa Jehovah. **Świadek ~wy** Jehovah's witness
jelito *jelicie* bowel, intestine. ~ **cienkie** small
  intestine. ~ **grube** large intestine
jerzyk swift *(bird)*
jodła *-deł* fir *(tree)*
jota iota. **ani na ~tę** not a bit (jot, whit)
jubilerstwo jewellery trade
judeochrześcijański Judeo-Christian
junior junior *(in sports)*

K

k. *abbr of* **koło** +G near
kabel *kabla* cable, line, lead. *colloq* informer
kabina booth, cabin, cubicle
kabotaż coasting. coastal trade
kadr *(film)* frame
kadra cadre, staff, personnel. *pl* work force
kadź vat, tub
kaftan *-a.* ~ **bezpieczeństwa** straight-jacket
kalafonia resin
kaleczyć *impf, pf* **skaleczyć** hurt, injure. ~ **się**
  hurt o.s.

kaleka *pej* cripple, disabled person
kaloryfer *-a* radiator
kalosz *-a Gpl -y* galosh
kamera chamber. (*movie, TV*) camera
kamieniarstwo stone-cutting trade
kamienica older-style apartment house, town
  house
kamienny rock-solid
kamień *kamienia* stone, rock, flint, gem
Kanada Canada
kanalizacja sewage system
kanał *kanale* canal, (*TV*) channel, ditch, sewer.
  ~ **La Manche** English Channel
kanapa sofa, couch
kancelaria administrative office
kapelusz *-a* hat
kapitalizm capitalism
kapitał (*financial*) capital
kapitulować *impf, pf* **skapitalizować** capitulate
kapłan priest
kapusta cabbage, **groch z ~tą** mishmash
karafka *-fek* carafe, decanter
karany convicted, punished
karaś *karasia* crucian (*kind of carp*)
karb notch, knurl, score. **na ~ +G** because of
  wziąć kogoś w ~by whip s.o. into shape
kariera career, success. **robić ~rę** succeed
kark back of neck. **siedzieć komuś na ~ku** be a
  bother
karmić *impf, pf* **nakarmić** feed. ~ **się** feed +I on
karnawał *karnawale* carnival
karny penal, punitive, disciplinary
karo diamonds (*in cards*). **król ~** king of
  diamonds
karoseria auto body
karoten carotene
karp *karpia* carp
kary black (*horse*)
karykatura caricature
kaspijski. Morze ~kie Caspian Sea
kasta caste
kastel *mi.* **pan (pani) kastelu** lord (lady) of the
  manor
kaszkiet visored cap
kaszubski Kashubian
katarakta cataract (*waterfall, clouding of eyesight*)
Katarzynki *pl form G -nek* St Catherine's Eve,
  November 24 (*and attendant ceremonies*)
katastrofa bad crash, accident, catastrophe,
  calamity

katecheza religious instruction
katedra cathedral, professorial chair
kategoryzować *impf* categorize
katolik *Npl katolicy* Catholic
Kaukaz Caucasus. **na ~zie**
kawalerka bachelor apartment
kawalerzysta cavalry officer, cavalier
kawał 1 piece, chunk. **po ~łku** by bits, 2
  (*narrated*) joke
kazalnica pulpit
kazić *impf* corrupt, debauch, mar
kądziel distaff. **po ~li** on the distaff (mother's)
  side
kciuk *-a* thumb. **trzymać ~ki** keep one's fingers
  crossed
kg. *abbrev of kilogram*
kieł fang, tusk
kiermasz village fair. ~ **książki** book fair
kierownictwo leadership, directorship,
  management
kierować *impf, pf* **pokierować** +I direct, manage
kijek *kijka from kij.* ~ **narciarski** ski pole
kikut *-a* stump (*of amputated limb*)
kil *-u or -a* keel
kilim wall-hanging, tapestry
kinematograf cinematographer
kinematografia cinematography
kinoman film enthusiast, film buff
kiszka kind of sausage. *colloq* intestine. inner
  tube
kita bushy tail. **odwalić ~tę** *kick the bucket* (*die*)
kiwać *impf, pf* **kiwnąć** or **pokiwać** nod, becko
klamka door-handle, door-knob, latch
klapa 1 lapel, flap, valve. 2 *colloq* flop
klapować *impf colloq* fit. **coś nie ~puje** sthing's
  not right
klaps clap, smack, slap. **dać ~sa** slap. take (in
  movies)
klasyczny classic, classical. ~ **przykład** prime
  example. **klasycznie**
klatka cage. ~ **piersiowa** chest. ~ **schodowa**
  stairwell
klawiatura keyboard
klawisz key (*on typewriter, piano*), button (*on
  radio, etc.*)
klęczeć or **klękać** *impf, pf* **klęknąć** or **uklęknąć**
  kneel
klęska defeat, catastrophe, calamity
klikać *impf, pf* **kliknąć** click (*with a computer
  mouse*)

klimat climate
klinowy wedge-shaped
klitka -rek tiny room, hovel
klosz -a lampshade (esp glass)
klub club
kluczyć impf weave one's way, zigzag
kłam mi. zadać ~ +D give the lie to
kłamca liar
kłaniać się bow down. ~niać się greet, bid farewell
kłaść impf, pf położyć put, lay, place
kłuć impf, pf ukłuć or skłuć prick, sting, stab
knuć impf, pf uknuć scheme, hatch plot
kobyła mare
kocioł kotła pot
koić koję koisz koją kój impf, pf ukoić calm,
    soothe
kojarzyć impf, pf skojarzyć connect, associate
kokos coconut. zrobić ~sy make a pile of money
kokoszka young hen, brooding hen
kolczuga chain-mail shirt
kolczyk earring
kolejność order, succession, sequence
koligacja alliance, social or business connection
kolonia colony, settlement. pl summer camp
Kolonia Köln (town)
kołatać impf, pf zakołatać knock kołchoźnica
    from kołchoźnik
kołować impf circle, taxi
kołysać impf, pf zakołysać swing, rock, roll
kołyska cradle
kombinować impf, pf wykombinować contrive,
    scheme
komentarz commentary
komentować impf, pf skomentować comment on
komercja commerce
kominek fireplace
komisarz police-officer, commissar,
    commissionaire
komoda chest of drawers, bureau, dresser
komornik 1 bailiff, debt collector. 2 tenant
    farmer
kompetencja competence, scope of authority
komplet full set
kompletny complete, full
komplikować impf skomplikować complicate
kompromis compromise. iść na ~ compromise
kompromitacja disgrace, fiasco, debacle
komunalny communal
komunałka -łek coll communal apartment
komunia communion (in Christian church)

komunikacja transport, communication
komunikat communication, dispatch
komunista komuniście communist
komunizm communism
koncentracja concentration
koncentrować impf, pf skoncentrować
    concentrate (on)
koncepcja conception, idea
koncept clever idea
koncern concern (large corporation), consortium
koncesja concession, business licence, franchise
kondensowany. mleko ~ne condensed milk
kondycja condition. być w dobrej ~ji be in good
    (physical) shape
konfederacja confederation, confederacy,
    conspiracy
konfederat conspirator
konfekcja ready-made women's clothing
konfiskata confiscation, confiscated amount
konflikt conflict
konfrontacja confrontation, juxtaposition
konfundować impf confound, perplex
konfuzja arch confusion, perplexity
konieczność necessity. z ~ści of necessity
konkretny concrete
konkurencja competition
konkurować impf, pf skonkurować compete z+I
    with
konkurs contest
konsekwencja 1. consequence. w ~ji as a
    consequence
konsekwentny consistent
konserwatorium conservatory
konserwatysta konserwatyście conservative
konsola 1 console. 2 bracket
konstytucja constitution
konsument consumer
konsumpcyjny consumable. towary ~ne
    consumer goods
kontakt contact, (light) switch. być w ~kcie be in
    touch
kontemplować impf contemplate
kontestacja contestation
konto (bank) account
kontra counter-punch
kontrakt contract
kontraktować impf, pf zakontraktować z+I enter
    into a contract with
kontrast contrast
kontrolować impf, pf skontrolować control, verify

kontrowersja controversy
kontrrewolucja counter-revolution
kontynent continent
kontyngent contingent, trade quota
kontynuować *impf* continue, carry on
koń horse. **zrobić w konia** make a fool of
końcówka (*grammatical*) ending
kop *colloq* kick. **dać ~pa** +D give the boot to
kopalnia mine
kopcić *impf* smoke (*of candle or lamp*)
koprodukcja co-production
kopyto hoof. **ruszyć z ~ta** take off, *get started quickly*
koreański Korean
korepetycja private lessons, tutoring
korona crown (*also dental*), monarchy
korzystać *impf, pf* **skorzystać z** . . . make use, take advantage of
korzystny favourable, profitable, advantageous
korzyść benefit, advantage. **~ własna** self-interest
kos blackbird
kosmetyk cosmetic
kosmiczny cosmic. **przestrzeń ~na** outer-space. **statek ~** spacecraft. **kosmicznie**
kostium suit, costume. **~ kąpielowy** swimsuit
koszary *pl form* G **-szar** barracks
koszt cost, expense. **~ty stałe** overhead. **moim ~tem** at my expense
kosztorys estimated budget
kościec *kośćca* skeletal system
kość *kości* bone. **~ niezgody** bone of contention
kotłować *impf* +D annoy. **~ się** churn, boil, seethe, roil
kozera *in phr* **nie bez ~ry** not without cause
kpić sobie *impf* make fun of, scoff at
kra ice floe
Kraków Cracow
kran tap, faucet
kraniec extreme, far reach
krasnoludek *krasnoludka* gnome, dwarf
krawat -*a* necktie
krąg circle, sphere
krążenie circulation **układ ~nia** circulatory system
kredyt *kredycie* credit
kreować *impf* create
kres end, term. *pl* borderland (*former eastern Poland*)
kreska line, stroke, dash, kreska (*acute accent mark*)

kreskówka -*wek* (*animated*) cartoon
kreślić trace, draw. *pf see* **wykreślić**
kret mole
kretes *mi.* **z ~sem** completely
kręcić *impf, pf* **pokręcić** twist, turn. shoot (*film*)
kręg -*a* vertebra
krępować *impf, pf* **skrępować** constrain. **~ się** feel constrained, ill at ease, embarrassed
krocie *pl form* lots
krok step, pace, stride. **dotrzymać ~ku** keep pace with
kromka slice, (*of bread*)
kronika chronicle. **~ filmowa** newsreel
kronikarz chronicler
kropić *impf, pf* **pokropić** sprinkle
kropla drop (*of liquid*)
kroplić się *impf, pf* **skroplić się** form drops, condense
król king
królik rabbit
krótkometrażowy. film ~ film short
kruchy crumbly, brittle, poorly (*in health*)
krupa hulled grain. *pl* groats. pellets
krwawy bloody. lurid. **krwawo**
kryć *impf, pf* **ukryć** hide. **~ się** hide o.s
kryształowy made of crystal
krytyk *krytycy* critic
krytykować *pf* **skrytykować** criticize. **ostro ~** excoriate
kryzys crisis. **~ gospodarczy** depression
krzta particle, whit. **ani ~ty** not a whit
krzywda *krzywdzie* wrong, injustice, harm
krzywdzić *impf, pf* **skrzywdzić** hurt, injure
krzywy crooked. **~wa przysięga** false oath. **~wo patrzeć** *na+A* look askance at
krzyż – cross
ksiądz (*Catholic*) priest. *as form of address* father
książę prince, duke
księgować *impf* note, register, enter (*in books*)
księstwo principality, duchy. *as title* prince and princess
kształcić *impf* educate. **~ się** be formed, educated
kubek mug, paper or plastic cup
kucharski culinary. **książka ~ka** cookbook
kuchnia kitchen, cooking, cuisine
Kujawiak Kujavian (*inhabitant of the Kujawy region*)
kukułczy *from kukułka.* **~cze gniazdo** cuckoo's nest

kukurydziany *from kukurydza.* **płatki ~ne** corn flakes

kula 1 ball, sphere. bullet. shot (*in track and field*)

kula 2 crutch. **chodzić o ~lach** walk on crutches

kulić się *impf, pf* **skulić się** cringe, hunch over

kulinarny culinary

kulisy wings (*of theatre*). **za ~sami** behind the scenes, backstage

kulminacja culmination

kult cult

kulturalny cultured

kumpel *colloq* buddy, pal, chum, sidekick

kunsztowny artful, craftsmanlike

kupa pile. **do ~py** as a whole, together

kupno purchase

kurz dust

kurzyć *impf colloq* smoke (*pipe, etc.*). *intrans* **~ się** gather dust, smoke

kusy cropped, bob-tailed. **kuso**

kuszący tempting, seductive, inviting. **kusząco**

kuśnierstwo fur trade

kuter *kutra* cutter (*boat*)

kw. *abbrev of kwadradowy* square (*measure*)

kwalifikować *impf, pf* **zakwalifikować** qualify, classify

kwarta *krarcie* quart. **pół ~ty** pint

kwasić *impf, pf* **zakwasić** pickle, ferment **kwatera** (*living*) quarters, billets. **na ~rze** in lodgings

kwaterunkowy. biuro ~we housing office

kwestia matter, issue, question. line in a play

kwestionować *impf, pf* **zakwestionować** question

kwita quits. **jesteśmy kwita** it's quits between us

kwota *kwocie* sum, amount

L

labouratorium laboratory

lać *impf* 1 pour, rain heavily. **lać się** pour. **~ wodę** bea

lada 1 counter. **spod lady** under-the-counter

lada chwilę any moment. **~ dzień** any day

lakierować *impf, pf* **polakierować** paint, varnish

lalka *-lek* doll, puppet

lampart leopard

lamus trash pile, rubbish heap, discard pile (*in cards*)

lanie 1 pouring. 2 beating, spanking

larum uproar, turmoil. **podnieść ~** raise the alarm

latarka flashlight

ląd land (*as opposed to sea, air*). **~ stały** mainland

leczyć *impf, pf* **wyleczyć** treat, cure. **~ się** be treated

ledwo barely, just, scarcely *same as ledwie*

legalny legal, lawful. **legalnie**

legat legation, envoy

legia legion. **Legia** *name of Warsaw sports club*

legowisko den, lair

lektura reading, reading matter

lenić się *impf* be lazy

leń lazy-bones, sluggard

lepić *impf, pf* **ulepić** fashion, model, paste, stick

lepki sticky, clammy, viscid, viscous

lewicowy *from lewica.* leftist

leżakować *impf* age (*of wine or liquor*)

lęk fear of, dread of, anxiety, angst, phobia

liczebny *from liczba* numerous, abundant

liczny numerous. **licznie**

liczyć count. **~ się z** reckon on. take into consideration

lider leader

liga *lidze* (*political or sports*) league

likwidować *impf, pf* **zlikwidować** liquidate

lin tench (*fish*)

linia line. **~ lotnicza** airline

lipa linden, lime (*tree*). *colloq* hogwash

listowny in written form. **listownie** by mail

litość pity. **bez ~ści** mercilessly **na ~ boską** for God's sake

litować się *impf, pf* **ulitować się** *nad+I* take pity on

Litwa Lithuania (*country*). **na ~wie** in Lithuania

lizać *impf, pf* **liznąć** *lick.* **palce ~** yum-yum!

lodowcowy glacial, ice-age

logiczny logical. **logicznie**

logować się *impf, pf* **zalogować się** log in (*on computer*)

lok lock, curl (*of hair*)

lokal place, locale, bar, night-spot

lokalny local. **lokalnie**

lokata *lokacie* deposit, investment

lokator tenant, occupant

lokum place, abode

los fate, chance, destiny, outcome

lot *locie* flight

lśniący shining, glittering, glistening

lubelski *from Lublin*

lubiany much-loved, popular

luby *old-fash* dear, darling

ludobójczy genocidal

ludowy folk, people's. *Polska ~wa* People's Poland
ludzkość humanity, humankind
luft *vent* (*in mine*). **do ~tu** good for nothing
luka loop-hole, gap
luksusowy *from luksus luxury* (*class, etc.*). **luksusowo**
lump *pej* man *from* the masses. bum
luzować *impf, pf* **poluzować** 1 ease up on, slacken
luźny loose, casual (clothing, etc.). **luźno** loosely
lwowski *from* Lwów

Ł

łach, łachman *pl* rag
łachudra *pej* rogue, rascal
łaciński Latin. **Ameryka ~ka** Latin America
ład order, harmony. **bez ładu i składu** without rhyme or reason
łagodny gentle, mild, placid
łagodzić *impf, pf* **ułagodzić** *or* **złagodzić** placate, ease
łakomić się *impf, pf* **złakomić się** *na+A* be greedy for
łamać *impf, pf* **złamać** *or* **połamać** break. **~ sobie głowę nad czymś** puzzle over
łańcuch *-a* chain
łatwość ease. **z ~ścią** with ease
łączność *łączności* contact, connection, communication
łączny joint, united, combined. **łącznie** inclusive/ly
łączyć *impf, pf* **połączyć** *or* **złączyć** join, link, unite, combine, amalgamate. **~ się** be united, joined
łeb head of animal, noggin
łgarz liar
łobuz *pej* scoundrel, thug
łowić *impf, pf* **połowić** *or* **ułowić** chase, hunt, catch
Łódź *Łodzi town* Łódź
łódź *łodzi* boat
łuk bow, bend, arch, arc, curve
łup loot, plunder. *pl* spoils. **paść ~pem** *+G* fall prey to
łuszczyć się *impf, pf* **złuszczyć się** peel off
łza *łez* tear
łzawić się *impf, pf* **załzawić się** water, fill with tears

M

m.in. *abbrev* = *między innymi* among other things

machać *impf, pf* **machnąć** wave. **~ ręką** wave one's hand
macierzyński maternal. **urlop ~** maternity leave
macierzysty *home*. **spółka ~ta** parent company
maczuga *maczudze* club, cudgel
magazyn warehouse, storeroom, stockroom, depot
magia magic
magnetyczny magnetic. **magnetycznie**
mail e-mail (*an e-mail message*)
mailować *impf* e-mail (*send an e-mail message*)
majaczyć *impf* hallucinate, loom, be delirious
majak hallucination
majątek fortune, estate, property, inheritance
majdan effects, stuff
majster *majstra majstrowie* foreman, master craftsman. **~ do wszystkiego** jack of all trades
mak poppy, poppy-seed(s). **jak ~kiem zasiał** dead silent
makieta *makiecie* dummy, mock-up, model
maksyma maxim, saying
maksymalny maximal, the most possible. **maksymalnie**
malwa mallow, hollyhock
mała *phr* **bez ~ła** almost, all but
małoletni under-age
Małopolska Little Poland (*region of southern Poland*)
małość meanness
małżeństwo marriage, married couple
małżonek *małżonka Npl -owie* spouse
mamić *impf* lure, entice
manipulacja manipulation, transaction
mara. nocna ~ nightmare
margines margin, periphery. **uwaga na ~sie** side remark
marionetkowy *from marionetka*. **rząd ~** puppet government
markować *impf* mark, indicate
marmur marble
marnotrawny wasteful, prodigal. **syn ~** prodigal son
marnować *impf, pf* **zmarnować** waste, ruin, spoil. **~ się** become spoiled
marny weak, wretched, poor, miserable
marszałek *marszałka Npl -owie* marshal
martwy dead, lifeless. **~wa natura** still life
martyrologia martyrology
maryjny *from Maria*. of the Virgin Mary
marynarka 1. navy 2. sportscoat

marzenie dream, daydream, aspiration
marzyć *impf, pf* wymarzyć *o+L* dream, daydream about
masa mass, a gob. *pl* the masses
maska mask, hood (*of car*)
masowość mass quality
maszerować *impf, pf* pomaszerować march
maszoperia fishing cooperative
maszt mast, flagpole
mata mat
materia matter
materiał filmowy footage
matnia dead end, snare, stalemate
matowy matte (*finish*). ~we okno frosted window
matrymonialny matrimonial. biuro ~ne dating
service
matura high-school diploma examinations
mącić *impf, pf* zmącić stir up, disturb, *muddle*
mądrość wisdom
mdlić *impf, pf* zemdlić sicken
mdłość *us pl* nausea
meblościanka *-nek* wall unit (*shelves, cabinets,
etc.*)
medytacja meditation
Mekykan | in Mexican
meldować *impf, pf* zameldować report. ~ się
register at
melodramat melodrama
melonik *-a* derby hat
menedżer manager
mentalność mentality
meta *mecie sport* finish line. na dłuższą ~tę long
range
metaforyczny metaphorical. metaforycznie
metka *-tek* tag, label
metropolia metropolis
metryka certificate (*of birth, death, etc.*), pedigree
męczarnia *oft pl* torment, torture. umrzeć w
~niach die in agony, die an agonizing death
męczyć *impf, pf* zmęczyć, wymęczyć, *or*
pomęczyć torment, tire. ~ się agonize over,
get worn out
mętny obscure, vague, cloudy, murky. mętnie
mgnienie flash, wink. w ~niu oka in the blink
of an eye
mianować *impf na+A* name, nominate,
appoint to
miara measure. na ~rę to measure. w ~rę in
moderation. w dużej mierze to a large extent
miąć *impf, pf* zmiąć crush, crumple

miejscowy local. miejscowo
mielić *impf, pf* zmielić *or* zemleć grind, mince
mierzyć *impf* measure, size up, ~ się *z* to
measure up to
mieszać *impf, pf* wymieszać, *or* zmieszać mix.
mess up
mieszczuch *pej* city person
mieścić *impf, pf* zmieścić. ~ w sobie hold,
contain
międzywojenny interwar
mięsień muscle
mięsożerny carnivorous. zwierzę ~ne carnivore
mig flash. wink. sign (*with the eyes*). w ~ in a
flash
migotać *impf* glimmer, glisten, flicker, sparkle,
twinkle
migracja migration
migracyjny migratory
mijać *impf, pf* minąć pass, elapse
mikroskopijny microscopic
mila mile (*1.6 km*)
miliard *-a* billion
milicja militia, police (*Poland, 1945–1990*)
milion *-a* million
militarny military
mina 1 countenance, expression. 2 mine
(*explosive*)
minerał *minerale* mineral
minimalizm minimalism
miniony past, by-gone
minus minus. drawback
misa pan, tray, bowl, basin
misja mission
mistrzostwo championship
mit myth
mitręga *mitrędze* waste of time, drudgery
mniejszość minority
mnogi *arch* many, numberous. liczba ~ga plural
number
mnożyć *impf, pf* pomnożyć multiply. ~ się
multiply
mobilność mobility
mocarstwo world power
modlitwa *za+A* prayer
mokasyn *-a* moccasin
MON *abbr of Ministerstwo Obrony Narodowej*
(Ministry of National Defence)
monarchia monarchy
monitor (*computer*) monitor
monitoring security cameras

monito(ro)wać *impf* monitor
monokultura monoculture
monopartia one-party system
monopol 1 monopoly. 2 liquor store
montować *impf, pf* **zmontować** assemble,
   put together
moralny moral. **moralnie**
morał *morale* moral
morda muzzle, face, mug
morderstwo murder
morzyć *impf, pf* **zamorzyć** starve s.o.
morzyć *impf, pf* **zmorzyć** harass, starve,
   overcome
mość *mości title* **wasza królewska** ~ your royal
   highness
motłoch riffraff, rabble, the mob
motyw motive, reason, motif
motywować *impf, pf* **umotywować** motivate
mozolić się *-lę -lisz nad+I* slog away at, toil
możny powerful, wealthy. *mppl* magnates
mózgownica brain pan
mróz frost. **cztery stopnie mrozu** 4 degrees
   below zero
mrużyć *impf, pf* **zmrużyć** squint. **nie** ~ **oka** not
   sleep a wink
mrzonka pipe dream, daydream
MSZ *abbrev of Ministerstwo Spraw Zagranicznych*
   (*Ministry of Foreign Affairs*)
msza *mszy (liturgical)* mass
mścić *impf, pf* **pomścić** avenge, right a wrong
multimedialny multimedia
muł 1 *mule* mule
muł 2 *mule* silt, slime
mundur uniform
murować *impf* wall up, brick up *pf see*
   wymurować
murowany laid with stone. absolutely certain
musztarda mustard
muszy *from mucha.* **waga** ~**sza** fly-weight
muzułmanin *Npl -anie Gpl -anów* Muslim

N

n.e. *abbrev of naszej ery* AD
na pewno *phr* for sure
nabazgrać *-grzę -grzesz pf* crudely sketch
nabić *pf, impf* **nabijać** strike, hit, whack, beat,
   thrash. ~ **w butelkę** make a fool of. ~ **się z**
   kogoś make fun of
nabiegać *-am -aszx impf +I* swell, engorge.
   ~ **krwią** *swell with blood*

nabiegły. ~ **krwią** bloodshot
nabrać *pf, impf* **nabierać** 1. +G take in, gather
nabroić *pf* do mischief
nabrzmieć *pf, impf* **nabrzmiewać** swell
nabywczy *from nabywca.* **siła** ~**cza** purchasing
   power
nachalny pushy, pesky. **nachalnie**
nachylić *pf, impf* **nachylać** incline. ~ **się** *nad*
   bend lover
naciągać *impf, pf* **naciągnąć** stretch, tighten
naciskać *impf, pf* **nacisnąć** press, put pressure
   na+A on
nacja nation
nacjonalizm nationalism
naczelnik *Npl naczelnicy* leader, head, chief
nadać *pf, impf* **nadawać** *nadaję* broadcast, **nadal**
   still, continually. ~ **coś robić** keep doing s.t.
nadaremnie *or* **nadaremno** in vain, to no avail
nadchodzący upcoming, approaching,
   forthcoming
nadejść *pf, impf* **nadchodzić** approach, arrive,
   draw near
nadmiar excess
nadobowiązkowy beyond one's duties, optional
nadprodukcja overproduction
nadprogramowy extra, supplementary,
   extracurricular
nadrobić 1 *pf, impf* **nadrabiać** make up, (catch
   up on)
nadrzędny overriding, imperative, superordinate
nadużycie, nadużywanie overuse, misuse, abuse
nadużywać *impf* overuse, misue, abuse
nadwaga *nadwadze nadwadze* excess weight
nadwrażliwość hypersensitivity
nadziać *nadzieję pf, impf* **nadziewać** (*culinary*)
   stuff, fill
nadzieja hope. **w** ~**dziei** +G in the hope of. **mieć**
   nadzieję +*infin* hope to
nadzorować *impf* supervise, oversee
nadzwyczajny extraordinary
naftowy *from nafta.* **lampa** ~**wa** kerosine lamp
nagadać *pf, impf* **nagadywać**, tell. ~ **się** talk at
   length
nagi *nadzy* nude, naked, bare. **nago**
nagłowić się *pf nad+I* rack one's brains over
nagrać record (*voice, music, etc.*)
nagrobek gravestone, headstone, tombstone
nagrodzić *pf, impf* **nagradzać** +A *za+A* reward
   s.o. for s.t.
naigrawać się *pf z+G* scoff at, mock, make fun of

naiwny naïve. **naiwnie**

nająć *pf, impf* **najmować** hire, rent, lease

najemca renter

najmniej *superl of mało.* **co najmniej** at the least

najogólniej most generally

najprawdopodobniej most likely

najwidoczniej most evidently

najwyraźniej most obviously, most evidently

nakazać *pf, impf* **nakazywać** demand, require

nakład 1 outlay (*of money, time effort*). 2 printing run

nakryć *pf, impf* **nakrywać** cover. ~ **do stołu** set the table

nalać *pf, impf* **nalewać** pour (*tea, etc.*)

nalewka -*wek* infusion, liqueur. fruit preserved in spirit

należny due, owing, rightful, belonging to

nałogowy *from nałóg* habitual, addicted, compulsive. **nałogowo**

nałożyć *pf, impf* **nakładać** *na+A* place, lay on, levy

namaszczenie unction, annointment. **ostatnie** ~ supreme unction, last rites. **z** ~**niem** with deliberation

namówić *pf, impf* **namawiać** persuade, encourage, coax

namysł thought, consideration. **bez** ~**łu** without a moment's thought. **po** ~**myśle** on second thought

naoczny. ~ **świadek** eye witness

napaść assault, attack

napaść *pf, impf* **napadać** *na+A* attack, assault

napatoczyć się *pf+D* crop up in front of

napędzić *pf, impf* **napędzać** 1 round up, herd. 2 +*G* incite, inspire (*fear, etc.*). 3 power, propel

napierać się *na+A* push up against, insist on

napięcie tension, voltage, suspense

napływ influx, onrush

napomnieć *pf, impf* **napominać** admonish, exhort

napotkać *pf, impf* **napotykać** *na+A* meet, encounter

naprawa *naprawie* repair. **w** ~**wie** under repair

naprawić *pf, impf* **naprawiać** repair, fix, rectify

naprowadzić *pf, impf* **naprowadzać** direct, guide. ~ **kogoś na trop** put s.o. on the track

naradzić się *pf, impf* **naradzać się** *z+I* deliberate

narastać *impf, pf* **narosnąć** grow, increase, augment

narazić *pf, impf* **narażać** endanger. ~ **się na niebezpieczeństwo** expose o.s. to danger

narodowość *narodowości* nationality, ethnicity

narodowyzwoleńczy national liberation

narodzenie birth. **Boże** ~ Christmas. **Wesołych Świąt Bożego** ~**nia** Merry Christmas

narrator narrator

naruszyć *pf, impf* **naruszać** violate (*rule, law*), breach

narzeczony *decl like Npl* -*czeni* fiancé

narzekać *impf na+A* complain about

nasadzić *pf, impf* **nasadzać** *na+A* place on

nasilenie intensity, intensification

nasłuch monitoring

nastawić *pf, impf* **nastawiać** put on. set **nastawiony** disposed toward, oriented toward

nastąpić *pf, impf* **następować** follow upon, ensue

następstwo aftermath. **w** ~**wie** +*G* as a result of

nastolatek *Npl* -*ki* teenager

nasycony saturated

naśmiać się *pf, impf* **naśmiewać się** *z+G* have a good laugh at, scoff at, mock

natchniony *natchnieni* inspired

natężenie strain, intensity

natłok crowd, crush

natomiast on the other hand, but

natura nature. **martwa** ~ still life. **w** ~**rze** in kind. **z** ~**ry** by nature

nawał heap, pile, spate (*of work, etc.*)

nawałnica storm, tempest, squall

nawarzyć *pf.* ~ **sobie piwa** stir up trouble for o.s.

nawias parenthesis, bracket. ~**sem mówiąc** by the by

nawiązać *pf, impf* **nawiązyać**, refer to, allude to

nawinąć *pf, impf* **nawijać** wind, roll up, spool, reel

nawzajem mutually, likewise

nazajutrz on the next day

nazista Nazi

nażreć się *pf* gorge o.s. on

NBP *abbrev of Narodowy Bank Polski* (*Polish National Bank*)

negatywny negative

nerw nerve. **działac komuś na** ~**wy** get on s.o.'s nerves

news '*neus*' *oft pl colloq* news item, breaking news

nędza abject poverty, squalor, destitution

nędzarz pauper

NFZ *abbrev of Narodowy Fundusz Zdrowia* (*National Health Fund*)

nicpoń good-for-nothing, ne'er-do-well, lazy-bones

nicz votive candle
niczym like
nieadekwatny inadequate. **nieadekwatnie**
niebanalny original. **niebanalnie**
niebawem soon
niebywały unheard-of. **niebywale** most
    unusually
niechęć aversion, reluctance, disinclination
nieczystości *pl form G -ści* garbage, waste
nieczytelny illegible. **nieczytelnie**
niedawny recent, not long ago. **niedawno**
    recently. **do ~na** until recently
niedoczekanie twoje *phr* that'll be the day
niedogodność inconvenience, nuisance
niedojrzałość immaturity
niedostatek *n* shortage, want, insufficiency
niedoszły unrealized, attempted, would-be
niedotrzymanie break (*treaty, agreement, etc.*)
niejako as it were
niekorzyść *niekorzyści.* **na czyjąś ~** to s.o.'s
    disadvantage
niekwestionowany unquestioned
nielegalny illegal, illicit. **nielegalnie**
nielojalny disloyal. **nielojalnie**
nieludzki *nieludzcy* inhuman. *Av* **nieludzko**
Niemcy *pl form G Niemiec L Niemczech*
    Germany (*country*)
niemiecki German. **po niemiecku** in German
nienaruszalność sanctity, inviolability
nienawidzić *impf* hate, detest. *see znienawidzić*
nienawiść *nienawiści* hatred
nieobecność absence. **pod ~ +G** during the
    absence of
nieoczekiwany unexpected
nieodłączny inseparable, inherent, intrinsic
nieodpłatny free
nieodpowiedni inappropriate. **nieodpowiednio**
nieodzowny necessary, indispensable
    nieodzownie
nieokreślony *nieokreśleni* indefinite, undefined
nieomylny infallible. **nieomylnie**
nieopodal not far off
nieopodatkowany untaxed
nieoprocentowany not earning interest
niepamięć oblivion
niepamiętny. od ~nych czasów from time
    immemorial
niepełnoetatowy part-time (*worker*)
niepełnosprawność incapacitation
niepełnosprawny handicapped

niepewność uncertainty, suspense
niepodległość independence
niepodległy *niepodlegli* independent
niepodzielny indivisible. **niepodzielnie**
niepokój *n* concern, worry, distress, anxiety,
    angst
nieporozumienie misunderstanding
nieporównywalny incomparable.
    niporównywalnie
niepostrzeżenie, niespostrzeżenie imperceptibly
niepotrzebny unnecessary, unneeded,
    unwanted. **nieporzebnie**
niepowodzenie failure
niepoznaki *phr.* **do ~** until unrecognizable
niepracujący non-working
nieprawidłowość irregularity
nieprzyjazny unfriendly, hostile
nieprzyjemny unpleasant, disagreeable
nieprzywykły *nieprzywykli do+G* unaccustomed
    to
nierealistyczny unrealistic
nierealność irreality
nierozsądny injudicious, unwise
nierozstrzygnięty undecided, unresolved
nierząd anarchy, prostitution, fornication,
    debauchery, harlotry
niesamowity strange, uncommon, uncanny
nieskończoność infinity. **w ~** ad infinitum
nieskuteczny ineffective
niesłuszny improper, incorrect, groundless
niesłychany unheard-of. **nieslychanie**
    unbelievably
niespełna not quite
niespełniony unfulfilled
niespodzianka *-nek* surprise
niespodziewany unexpected, surprising.
    niespodziewanie unexpectedly
niesprawiedliwość injustice
niesprawiedliwy unjust
niesprzyjający unfavourable, adverse,
    disadvantageous
nieswojo uncomfortable. **czuć się ~** feel ill at
    ease
nieszczęście misfortune, bad luck
nieść, *pf* **ponieść** carry, wear. **nosić okulary** wear
    glasses
nieśmiały bashful, shy, retiring, demure.
    nieśmiało
nieśmiertelny immortal
nietakt gaffe, faux pas, social error

nieuchronny inevitable, imminent
nieuczciwy dishonest
nieufność distrust, mistrustfulness
nieufny mistrustful
nieugięty *nieugięci* unbent, unbending, firm
nieustanny unceasing, ceaseless, continuous, perpetual
nieważność lack oof validity
niewidoczny invisible
niewidomy invisible, blind. *as* blind person
niewola servitude, bondage, imprisonment, captivity
niewolnik *Npl niewolnicy* slave
niewspółmierny incommensurate
niewyraźny indistinct, indefinite. **niewyraźnie.** czuć się ~ feel queasy
niewystarczający insufficient, inadequate
niezadowolony *niezadowoleni* dissatisfied
niezależnie *od+G* regardless of
niezależny independent, unattached, autonomous
niezanotowany unnoted
niezawodny reliable, unfailing, infallible
niezbędny indispensable, essential, vital
niezdarność awkwardness
niezdolny incapable, inept, unable, unfit
niezgoda discord. **kość ~dy** bone of contention
niezgodność incompatibility
niezręczny awkward, clumsy, maladroit
niosę, niosła, niósł *see nieść*
niszczyć *impf, pf* **zniszczyć** destroy, ruin, spoil, devastate
niuans *Npl -e* nuance
niwelować *impf, pf* **zniwelować** level, neutralize. ~ się be levelled out
niż low (*pressure zone*), (*meteorological*) depression
niższość lowness. **kompleks ~ści** inferiority complex
Nobel *Nobla mp.* **Nagroda ~bla** Nobel Prize
noblista Nobel Prize winner
nocnik *-a* bed-pan, chamber pot
nokautować *impf, pf* **znokautować** knock out
nominalny nominal. **wartość ~ na** face value. **nominalnie**
nora burrow, hovel, den. *fig* a dump (*slovenly place*)
norma standard, norm. **wrócić do ~my** return to normal
notariusz notary

notatka *-tek* note
notowanie registration. *pl* recorded results
nowatorski innovative, novel
nowość novelty
nowozelandzki *from Nowa Zelandia*
nowożytny modern (*times or culture*)
np. *abbrev of na przykład (for example)*
nucić *impf, pf* **zanucić** hum, buzz, twitter
nudny boring, dull. *and pred* **nudno.** ~ I'm bored
nudzić *impf, pf* **znudzić** +I bore. *intr* ~ się +I be bored by. **nudzi się** I'm bored
numeracja numbering. ~ **stron** pagination
nur dive, plunge
nurek *nurka* diver
nurt current
nuta *nucie* note (*music*). *pl* score

O

o. *abbrev of ojciec* Father (*title of Catholic priest*)
obalić *pf, impf* **obalać** overturn, abolish, bring
obawa *obawie przed+I* fear, apprehension
obawiać się +G fear
obcas *-a* heel (*of shoe*)
obcążki *pl form G-ków* pliers
obcisły tight-fitting. **obciśle**
obcokrajowiec *obcokrajowca* foreigner
obcy foreign, alien, strange
obczyzna foreign lands. **na obczyźnie**
obdarzony +I gifted, endowed with
obejrzeć *pf, impf* **oglądać** examine, glance at, view
obejść *pf, impf* **obchodzić** walk all around. ~ się *bez+G* do without
obfity abundant, profuse. **obficie** abundantly, generously
obgadać *pf, impf* **obgadywać** talk over. gossip about
obić *obiję -jesz pf, impf* **obijać** injure, strike, knock about
obijać się laze, pretend to work
obieg circulation (*of coins, etc.*)
obiektywizm objectivity
obietnica promise
objąć *pf, impf* **obejmować** embrace, take over
oblać *pf, impf* **oblewać** 1 pour on, celebrate with drink. 2 flunk (*examination*). ~ się potem be covered in sweat
obliczyć *pf, impf* **obliczać** calculate
obłożyć *pf, impf* **obkładać** +I cover with, wrap with

obniżać *impf* lower
obojętny indifferent. **obojętnie** indifferently
obowiązywać *impf, pf* **zobowiązywać** obligate, be in force
obracać się *impf z+I* mingle with, go around with. revolve
obrachunek reckoning, calculation, account
obrać *-biorę -bierz pf, impf* **obierać** 1 peel. 2 choose
obrady *pl form G obrad* deliberations
obraza insult, offence
obrazowy vivid, graphic, picturesque
obrażony *obrażeni* insulted, offended, angry, miffed
obrączka *obrączka* (*wedding*) ring
obręb limits, confines. **w ~bie** +G within the compass of
obrona defence against. **stanąć w ~nie** +G stand up for
obronić *pf, impf* **obraniać** defend. **~ się** defend o.s.
obrotowy revolving, rotary
obrócić *pf, impf* **obracać** turn, convert *w+A* into. **~ w żart** turn into a joke. **~ się** turn, revolve, swivel
obrót *obrotu* 1 turn, spin, rotation, 2 turnover
obrus tablecloth
obsada crew, cast, staff
obserwacja observation. **pod ~cją** under scrutiny
obserwować *impf, pf* **zaobserwować** observe
obstawać *impf przy+L* persist in, stick to (*one's opinion*)
obstrzał *mi.* **pod ~łem** under fire
obyczaj custom. *pl* mores
obyczajowo-społeczny socio-cultural
obyć się *pf, impf* **obywać się** *bez+G* do without
obznajomić *pf, impf z+I* **obznajamiać** acquaint
ocaleć *impf* survive, remain safe
ocalenie rescue, salvation
ocalić *pf, impf* **ocalać** save, rescue, salvage
ocean *oceanie* ocean
ocena appraisal, grade, mark
ochrona protection from, preservation. security service. **~ środowiska** conservation. **ochronić** *pf*
oczekiwać *impf+G* expect, await
oczekiwanie expectation
oczyścić *pf, impf* **oczyszczać** cleanse, purge, purify
oczywisty obvious, clear, evident, manifest. **oczywiście**

odbicie reflection. repulsion (*of enemy*)
odbić *pf, impf* **odbijać** 1 reflect, deflect, avert, repulse
odbiorca recipient, customer, payee. *pl* audience
odbiór pick-up, collection, receipt, (*radio*) reception
odbudować *pf, impf* **odbudowywać** rebuild, reconstruct
odchodzić *impf od+G* deviate from, depart from
odciąć *pf, impf* **odcinać** cut off. **~ się** *od+G* dissociate o.s. from
odczuć *ę pf, impf* **odczuwać** feel, sense
oddalić się *pf, impf* **oddalać się** move away, recede
oddanie 1 +D devotion, dedication. 2 restitution
oddech breath
oddział department, division, ward (*in hospital*), branch
oddzielić *pf, impf* **oddzielać** separate, divide
odejście departure
odeprzeć *pf, impf* **odpierać** 1 repulse, ward off. 2 retort
oderwać *pf, impf* **odrywać** tear off, tear up, break away
odezwa appeal, proclamation, manifesto
odgłos sound, reverberation, echo
odkrycie discovery
odkryć *pf, impf* **odkrywać** discover, reveal
odłożyć *pf, impf* **odkładać** delay, postpone, set aside
odmienny different, distinct, dissimilar, other, contrarian
odmówić *pf, impf* **odmawiać** +G refuse, reject, deny. **~ modlitwę** say a prayer
odnaleźć *pf, impf* **odnajdywać** regain, recover
odniesienie reference. **w ~niu** *do+G* regarding
odnowa renovation, restoration
odpłynąć *pf, impf* **odpływać** swim away, float away, ebb
odpowiedzialność responsibility. liability
odpowiedzialny *za+A* responsible for, liable for
odprawić *pf, impf* **odprawiać** send off, dismiss
odprężyć *pf, impf* **odprężać** relax, release, slacken
odpuścić *pf, impf* **+D +A odpuszczać** absolve, forgive
odrębność difference, distinct feature, separateness
odrobić *pf, impf* **odrabiać** make up (*for sth past due*)

odrobina a bit. ~ **szczęścia** a bit of luck. **~nę** slightly

odrodzić *pf, impf* **odradzać** regenerate. *intr* ~ **się** be regenerated, be reborn

odróżnić *pf, impf* **odróżniać** distinguish, discriminate, tell apart. ~ **się** *od+G* be distinguished from, contrast with

odróżnicnic distinction. **w ~niu** *od+G* as contrasted with, as distinct from

odruch reflex, reaction

odrzucenie rejection. **nie do ~nia** not to be refused

odrzucić *pf, impf* **odrzucać** cast off, away, reject, rebuff

odrzut recoil (*of firearm*), (*production*) reject

odsapnąć *pf, impf* **odsapywać** breathe sigh of relief

odskoczyć *pf, impf* **odskakiwać** jump back, leap away

odsłonić *pf, impf* **odsłaniać** uncover, reveal

odstawić *pf, impf* **odstawiać** drop or leave off, put aside

odstraszający deterring. **środek** ~ repellent

odsunąć *pf, impf* **odsuwać** push back, shove away, retract

odtrącić *pf, impf* **odtrącać** shove away, rebuff

odwaga *odwadze* bravery, courage, mettle

odważny brave, courageous, adventurous. **odważnie**

odważyć *pf, impf* **odważać** weigh out. ~ **się** *+infin* pluck up the courage, dare

odwet *odwecie* revenge, reprisal, retaliation, retribution

odwieczny immemorial, age-old, eternal, perennial

odwiecznie from time immemorial

odwieść *pf, impf* **odwodzić** lead away from, deflect from

odwołać *pf, impf* **odwoływać** recall, call off. ~ **się** *do+G* call on, cite, refer to, appeal (*a decision*)

odwrócić *pf, impf* **odwracać** *od+G* turn away, avert

odwrót retreat, reverse side. **na** ~ on the contrary

odzew response

odzież clothing

odzwierciedlić *pf, impf* **odwierciedlać** reflect

odzyskać *pf, impf* **odzyskiwać** regain, recover, retrieve

odżyć *o pf, impf* **odżywać** come back to life

oferma sad sack, klutz, loser

oferta *ofercie* offer, proposal, proposition, bid

ofiara *ofierze* victim, casualty, sacrifice

ofiarować *impf, pf* **zaofiarować** present, donate

oficjalny official. **oficjalnie**

oganiać się *impf* drive off *przed+I or od+G* (*flies, etc.*)

ogarnąć *pf, impf* **ogarniać** engulf

ogień *ognia* fire. **na wolnym ogniu** on a low heat (*cooking*). **ognia!** fire! (*military*)

ogłosić *pf, impf* **ogłaszać** proclaim, announce, declare

ognisko campfire, bonfire, centre or focus (*of activity*). ~ **rodzinne** hearth and home

ognisty fiery. **ogniście**

ogniwo tie, link (*in chain*)

ogólnonarodowy nationwide

ogólnopolski Poland-wide, all-Poland

ograć *pf, impf* **ogrywać** 1 outplay. 2 *colloq* beat

ograniczenie limitation, limit. ~ **prędkości** speed limit

ograniczyć *pf, impf* **ograniczać** *do+G* limit, confine

ojczysty native (*language, etc.*)

ojczyzna *ojczyźnie* fatherland

ok. *abbrev of około*

okiełznać *pf* tame, break (*horse*)

okładać *pf* cover. pummel

okoliczność circumstance. **zbieg ~ści** coincidence

okoliczny surrounding

okraść *pf, impf* **okradać** rob. ~ **kogoś z pieniędzy** rob s.o. *from* his money

określenie term, designation

określić *pf, impf* **określać** define, determine, characterize

okrężny roundabout, circular, devious. **~ną drogą** in a roundabout way

okropny terrible, awful, horrible

okrucieństwo cruelty

okrutny cruel. **okrutnie**

okupować *impf,* invade, occupy

olbrzym giant, colossus

olej oil

olimpijski Olympic. **igrzyska ~kie** Olympic Games

oliwa olive oil, lubricant

oliwka *-wek* olive, olive tree

ołtarz *-a* altar

omackiem, po omacku blindly, in the dark, gropingly

omamić *pf* beguile

omijać *impf, pf* **ominąć** steer clear of. +G avoid

omówić *pf, impf* **omawiać** discuss

ONZ *abbrev of Organizacja Nacji Zjednoczonych (United Nations)*

opad fallout. ~ **śniegu** snowfall. *pl* rainfall, precipitation

opanować *pf, impf* **opanowywać** seize, get control

opanowanie mastery, composure, poise, self-control

opcja option, stock option

operator operator, camera operator (*in film*)

operatorstwo camera operation

opędzić *pf, impf* **opędzać** drive away. ~ **się** *od+G or przed+I* get rid of, drive off

opieka care, charge. ~ **lekarska** medical care

opis *opisie* description

opisać *pf, impf* **opisywać** describe

opłacalność profitability

opłacić *pf, impf* **opłacać** pay for. ~ **się** be profitable

opłata payment, charge. ~ **celna** export duty

opowieść story, tale, yarn

opozycja opposition (*political*)

opóźnienie delay

opracować *pf, impf* **opracowywać** work out, formulate

opresja oppression

oprogramowanie programming (*of computer*), software

oprowadzić *pf, impf* **oprawadzać** show around, guide

oprzeć *pf, impf* **opierać** lean, ~ **się** 1. *na+L* rest/lean on

optymistyczny optimistic, sanguine. **optymistycznie**

opuścić *pf, impf* **opuszczać** 1. leave, abandon, leave out

order (*military*) order, decoration, medal

ordynarny vulgar, coarse, crude

organizm organism

organizować *impf, f* **zorganizować** organize, arrange

orientalny oriental. **orientalnie**

orientować się *impf, pf* **zorietować się** be aware. *w+L* be familiar with

orli *from orzeł.* ~ **wzrok** eagle eye

Ormianin *mp, pl Ormianie* Armenian

ORMO *abbrev of Ochotnicza Rezerwa Milicji Obywatelskiej* (*Voluntary Reserve of the Citizens' Militia*) riot police (*in communist Poland*)

oryginalność originality

orzec *pf, impf* **orzekać** *orzekają* declare, proclaim

orzeł eagle. *fig us neg* **nie jest orłem** he's no genius

osadzić *pf, impf* **osadzać** settle, deposit, secure. ~ **kogoś w więzieniu** commit to prison

osamotniony isolated, lonely, forelorn

osiągnąć *pf, impf* **osiągać** achieve, attain, accomplish

osiągnięcie attainment, achievement

osiąść *pf, impf* **osiadać** settle, run aground

osiedlić *-lę -lisz pf, impf* **osiedlać** settle. *intrans* ~ **się** be settled

oskarżenie accusation. **wnieść ~ przeciwko** +D prosecute

oskarżyć *pf, impf* **oskarżać** *o+A* accuse of

osłona cover, shield, protection. **pod ~ną nocy** under cover of night

osłonić *pf, impf* **osłaniać** shade. *przed+I* shield, protect from

osobność. na ~ści in private

osobny individual, separate. **osobno** separately

osobowość personality

osowiały sullen, dejected

ospały *ospali* drowsy, lethargic, sluggish. **ospale**

ostateczność extreme. **w ~ści** in an emergency

ostrość sharpness, acuity, keenness, focus (*in film*)

ostrożność caution, care, wariness

ostrzał fire. **pod ~łem** under fire

ostrzec *pf, impf* **ostrzegać** warn, caution *przed+I* against

ostudzić *pf, impf* **ostudzać** cool

ostygnąć *pf, impf* **ostygać** *intrans* cool down

oszacować *pf* reckon, calculate, estimate, appraise

oszczędny frugal, thrifty, sparing. **oszczędnie**

oszczędzić *pf, impf* **oszczędzać** conserve, save, economize, spare

oszołomić *pf, impf* **oszałamiać** daze, stupefy

oszukać *pf, impf* **oszukiwać** deceive, defraud, cheat

oszustwo deceit, *colloq* ripoff

ośmielić *pf, impf* **ośmielać** embolden. ~ **się** +*inf* dare

ośmieszyć *pf, impf* **ośmieszać** ridicule. ~ **się** become ridiculous oświadczenie declaration, (official) statement

oświadczyć pf, impf oświadczać declare. ~ się propose (marriage)

oświata oświecie education

otchłań -ni abyss, chasm, depths. limbo (in Catholic church sense)

otoczenie surroundings, milieu. w ~niu +G surrounded by

otrzeć pf, impf ocierać rub. ~ się o+A rub or against

otrzeźwić pf, impf otrzeźwiać sober up

otrzymać pf, impf otrzymywać receive

otwartość -ści openness, frankness

otwór otworu opening, aperture, slot. stać otworem stand open

owego, etc. see ów. ni z tego, ni z owego for no reason

oznajmić pf, impf oznajmiać announce, intimate

oznakować pf mark with signs

oznakowanie signage

ozonowy from ozon. warstwa ~wa ozone layer

ożenić się see żenić się

ożywić pf, impf ożywiać enliven, liven up, revive. ~ się come to life, perk up

Ó

ówczesny then, of that time

ówdzie in phr tu i ~ here and there

P

p.n.e. abbrev of przed nową erą (B.C.)

pacha pasze armpit. pod ~chą under one's arm

pachnąć impf smell. ~ czymś smell of s.t.

pacjent pacjenci patient

pacyfikować iimpf, pf spacyfikować pacify

pacyfistyczny pacifistic. pacyfistycznie

paczka -czek package

padać -a 3p only impf, pf popadać rain

padół padołu us-sg. na tym padole on this earth

pajęczy of pająk. ~cza sieć spider web, cobweb

pakować impf pack

pal -a pale, stake. wbić na ~lu impale

palacz smoker, stoker

palący 1 burning, urgent, difficult. as mp smoker

palec palca finger, toe. na ~lcach on tiptoes

palestra law firm, the bar. palestra

palić -lę -lisz impf, pf spalić burn, scorch, roast (coffee). pf zapalić smoke (tobacco). ~ się be urgent

palka -łek (policeman's) club, truncheon

palnąć pf colloq shoot, fire

palto palcie overcoat

pałac mansion, palace

pałka -łek truncheon, nightstick, club

pałować impf club, beat with truncheon

pałuba hag

pamiątka -tek souvenir, keepsake. pl memorabilia

pamięć memory

pamiętać impf, pf zapamiętać remember, recall

PAN abbrev of Polska Akademia Nauk

panewka -wek firing pan. spalić na ~wce fizzle out

panieński maiden's, maidenly. imię ~kie maiden name

panorama 1 panorama. 2 panoramic painting

panoszyć się impf nad+I run rampant, be rife, lord it over

panować impf, pf zapanować rule, reign

panowanie rule, reign

pantałyk in phr zbić z ~ku throw s.o. off kilter, confuse

pantoflarstwo slipper-making. 2 being hen-pecked

pantoflarz hen-pecked husband

panujący dominant, predominant, in effect, reigning

pański poss pron form of pan 1 your. 2 the Lord's

państwo state (country)

państwowość statehood, sovereignty

PAP abbrev of Polska Agencja Prasowa

papier paper. ~ry wartościowe stocks, bonds

papierkowy made of paper

papieros cigarette

papież pope

papilarny. linie ~ne fingerprints

papilot us pl curl-paper. w ~tach in curlers

par Npl -owie peer (of realm)

para 1 parze steam, breath. 2 parze pair, couple

parabellum (German repeating pistol; Luger)

parać się impf +I engage o.s. in

paradygmat paradigm

parafia parish

parasol -a umbrella

pardon mi. bez ~nu without apology

parentela old-fash relatives, kith and kin

park park

parny sultry. and verbal parno

parowóz -wozu steam locomotive

parówka -*wek* wiener, hot-dog, frankfurter
parskać *impf, pf* parsknąć snort. ~ śmiechem
guffaw
partia *polit* party, set (*in tennis, etc.*). match
(*in marriage*)
partnerować *impf* +D support, co-star with
partylaryzm particularism
partykuła *partykule gram* particle
pas 1 -*a* 1 strip, strap. 2 -*a* pass (*in cards*)
pasat *us pl* trade wind
pasek *paska* belt, strap, band. w ~ski striped
pasjans -*a* (*cards*) solitaire. stawiać ~ play
solitaire
paskudny hideous, horrid (*person*), nasty, foul
(*weather*)
pasmanteryjny of *pasmanteria*. artykuły ~ne
notions
pasterz shepherd
pastwa. zostawić na ~wę losu leave to one's fate
pastwić się *nad*+I torment
paszkwil lampoon, libel, slander, invective
pasztet paté
patelnia *Gpl -łń or -łni* pan, frying pan
patetyczny pompous, bombastic, pathetic
patrzeć *impf, pf* popatrzeć *or* popatrzyć *na*+A
look at
patyk -*a* stick. bez ~ka thickly. *colloq* 1000 (*old*)
zlotys
paulin Pauline priest
paw *pawia* peacock. puścić pawia *slang* vomit
paznokieć -*kcia* nail (*of hand, foot*)
październik -*a* October (*month*)
pchać *impf, pf* pchnąć punch, push. ~ się push
forward
pech bad luck
pegeer, PGR *abbr Państwowe Gospodarstwo
Rolne*
pejzaż landscape (*in art*)
pełnia the full, peak. w ~ni fully. +G in the full
swing of
pełnić *impf, pf* spełnić, wypełnić fill, fulfil
pełnoletni of age (*having reached maturity*)
pełnoletn[i]ość majority (*of full age*)
pełnometrażowy feature-length (*film*)
pełnomocnik plenipotentiary, proxy, attorney
pełnosprawny non-disabled
pełny (*masc also* pełen) pełni full, complete, total
pensja salary. *old-fash* girls' boarding school. na
pensji
perekińczyk *old-fash* turncoat

PESEL *abbrev of Powszechny Elektroniczny
System Ewidencji Ludności (ID card for
permanent residents*)
petent petitioner, supplicant
pewniak sure thing. na ~ka self-assuredly, for
sure
pewno. na ~ *phr* surely, for sure
pewność certainty, certitude
pewny (pewien) certain, sure. pewnie probably,
surely
pęd *pędzie* dash, rush, impetus, velocity, speed
pędzić *impf* rush, race, run. ~ bimber make
moonshine
pępek *pępka* navel, bellybutton
pęta hobble, fetter. ~ niewoli yoke of captivity
pętak *pej Npl -ki* young squirt
pętla *Gpl -li* noose, loop. ~ tramwajowa trolley
junction
pęto *same as* pęta. ~ kiełbasy ring of sausage
piach *aug of piasek* heavy sand
piana *pianie* foam, froth, lather
pianka *of piana*. froth, foam. mousse, meringue
piankowy. strój ~wy wetsuit
piasek *piasku* sand
piastować *impf* nurse (*child*), hold (*an office*)
piastowski Piast (*dynasty*)
piaszczysty sandy. piaszczyście
piąć się *pnę pniesz pną pięła impf* climb. *pf see
wspiąć się*
piątak *coll* fiver (*banknote, hand*)
pic *colloq* utter nonsense. ~ na wodzie sand in
one's eyes
picie. do ~cia to drink. woda do ~cia drinking
water
piec 1 -*a* oven, stove, (*kitchen*) range
piec 2 *piekę pieczesz pieką impf, pf* upiec 1 bake.
pf see also wypiec. 2 smart, sting. piecze mnie
it smarts
piechota *piechocie* infantry. na ~tę *colloq* on foot
piecza. Mieć w swojej ~czy have s.o. in one's
care
pieczęć stamp, seal
piekarka -*rek of piekarz*
piekielnik hell-hound
piekielny of *piekło* hellish, devilish. piekielnie
dreadfully
piekło *piekieł piekle* hell, inferno
pielęgniarka -*rek* nurse
pielgrzymka -*mek* pilgrimage
pielucha *pielusze* diaper

pieniądz -a coin. pl form pieniądze G money

pieprz pepper. uciekać gdzie ~ rośnie colloq hightail it

pierś piersi NApl -i breast

pierścieniasty ring-like. ~ pancerz chain mail

pierścionek pierścionka ring (on finger, w. stone)

pierwiastek pierwastka element, (mathematical) root

pierworodność priority of age

pierwotny initial, original. pierwotnie

pierzasty feathered. chmura ~ta cirrus cloud

pierze feathers, plumage

piesek pieska doggy

pieszy on foot. ~sza wycieczka hike. as pedestrian

pieśń pieśni song

pięcioramienny. ~na gwiazda five-pointed star

pięknie coll swell, nice, great

piękno beauty

pięknoduch beautiful spirit, Schöngeist (oft ironic)

pięściarz boxer, pugilist

pięść pięści fist

pięta pięcie heel

piętro -ter floor, storey, first floor

piętrzyć się impf rise, tower, be piled up, accumulate

pijacki drunkard's, drunken. po ~cku while drunk

pijać impf freq of pić drink (regularly)

pijak pijacy drunk, drunkard

pijany drunk, drunken. po ~nemu while drunk

pilno verbal of pilny urgent

pilnować impf, pf przypilnować +G tend, mind

pilny urgent. diligent. pilnie urgently. pred pilno qv

pilot pilot, excursion guide. -a remote control

pilotażowy pilot, trial (programme). ~wo on a trial basis

pilotować impf fly, guide

pilśniarz fuller (felt garment worker)

piła pile saw

piłka piłek piłce ball. ~ nożna soccer

piorący. środek ~ laundry detergent

piorun -a lightening bolt, thunderbolt. ~nem in a flash

piosenka -nek of pieśń song

pióro feather, pen. wieczne ~ fountain pen

pirat piracie pirate. ~ drogowy highway menace

PiS abbrev of Prawo i Sprawiedliwość

pisać piszę piszą impf, pf napisać write

pisanina empty writing

pisemny in writing. pisemnie

pisk squeal, screech

pismo piece of writing, journal, document

pisywać impf freq of pisać write

piszczel or tibia

piśmienny literate, for writing. artykuły ~ne stationery

pitny potable. miód ~ny mead. woda ~ drinking water

piwko piwek of piwo. małe ~ small potatos

piwny pertaining to beer. ~ne oczy hazel eyes

PKP abbrev of Polskie Koleje Państwowe

PKS Przedsiębiorstwo Komunikacji Samochodowej

plac (town) square. na ~cu on the square

placek placka flat-cake, crumpet. paść ~kiem fall flat

placówka -wek outpost, agency, establishment

plama plamie spot, stain, blot

plamić impf, pf splamić stain, soil, tarnish, smudge

plan plan, intention. blueprint. ~ miasta city map

planowanie planning

planszowy of plansza. gra ~ wa game board

plasować się impf, pf uplasować się be placed

plaster plastra adhesive bandage. 2 slice (of cheese, etc.)

plastyczny. chirurgia ~na plastic surgery. sztuki ~ne visual arts

plastyk plastycy visual artist (painter, sculptor, graphic artist)

plastyka visual arts, fine arts

platforma platform, flatbed truck or rail car

plaża beach

plątać plączę -czesz impf tangle, ravel, confuse

plecy pl form G -ów shoulder, back

plemię plemienia NApl plemiona G -ion tribe

plener -us-sg the open air, outdoors scene (in film)

plik file (also computer file), sheaf papers

pliwa film, membrane

pliwczany, pliwkowaty filmy, membranous

plomba filling (of tooth)

plotka -tek often pl gossip

plotkarski gossiping, scandal-mongering

płacić impf, pf zapłacić pay za+A for, remit

płacz crying, weeping, wail, wailing

płaczek płaczka cry-baby

płakać *płaczę impf, pf* **zapłakać** cry, weep, wail
płaksa *pej* cry-baby
płaszczyk *-a* of *płaszcz.* **pod ~kiem** +G under the guise of
płat patch (*of snow*), piece (*of cloth*). lobe (*of brain*)
płatek flake. petal. lobe. **jak z ~tka** like falling off a log
płatniczy. środek ~ legal tender
płatny payable, for pay, hired
płaz 1 amphibian. 2 flat side of sword blade
płeć *płci* 1 sex. **~ piękna** the fair sex. 2 complexion
płodowy *see płód*
płomień *płomienia* flame
płomyk *-mi -a* of *płomień*
płonąć *impf, pf* **spłonąć** burn, blaze, flare. *pf* burn down
płuco *us pl* lung
płynąć *impf det,* **pływać** *impf indet, pf* **popłynąć** swim, sail, float, flow
płynny fluent, fluid, liquid. **płynnie** fluently
płyta *płycie* record (phonograph), slab
płytki *płytcy* shallow, *fig* superficial, trivial
po prostu *phr* simply
pobladły faded, pale
pobliski nearby
pobliże vicinity. **w ~żu** nearby
pobłażanie indulgence. **z ~niem** indulgently
poboczny accessory, secondary, side (*issue*)
pobok. *phr* **w ~** +G alongside. *see obok*
pobrać *pobiorę pobierzesz pf,* **pobierać** *impf* collect (*taxes*), draw (*blood, stipend*). **~ się** get married, wed
pobratymiec *pobratymca* kin, kinsman, *pl* kinfolk
pobrzmiewać sound, have an undercurrent of
pobyt *pobycie* visit, stay, sojourn
pobytowy of *pobyt.* **wiza ~wa** residence visa
pocałowanie kissing
pocałunek *pocałunku* kiss
pochłaniać *impf, pf* **pochłonąć** absorb, *fig* captivate
pochłonięcie absorption
pochodnia torch, sunspot
pochodzenie extraction, derivation, background
pochodzić *impf od+G* derive from, come from
pochować *pf* bury, hide, secrete, put away
pochwalić *-lę -lisz pf, impf* **pochwalać** praise, approve of

pochwalny laudatory. **mowa ~na** eulogy
pochwalony. niech będzie ~ God be praised! (*greeting*)
pochwała *pochwale* praise
pochylony slanted, inclined, oblique, bent over
pociąć *potnę -niesz pf* cut
pociąg 1 (*railroad*) train. 2 *do+G* propensity for
pociągać *pociągają impf, pf* **pociągnąć** attract, pull
pociecha *pociesze* consolation, comfort
pocierać *see potrzeć*
pocieszenie consolation, solace
pocieszyć *-szę -szysz pf, impf* **pocieszać** comfort
pocięty cut up, scraped
począć *-cznę pf, impf* **poczynać** begin, start, conceive (*child*). **co tu ~?** what's to be done?
początek *początku* beginning, outset
początkowy initial, original. **początkowo** initially
począwszy beginning with, as early as
poczekanie. na ~niu ex tempore, while-you-wait
poczerwieniały reddened, blushing
poczerwienieć *poczerwienieę pf* grow red, blush
poczet *pocztu poczcie* fellowship, community, retinue. **na ~** +G against, toward (*a sum of money owed*)
poczta *poczcie* mail, post-office, postage
poczucie feeling, sense. **~ humouru** sense of humour
poczuć *pf, impf* **poczuwać** feel, sense, smell
poczynanie action
poczynić *pf* produce, cause
podrosnąć *pf* grow up a bit, **podeschnąć** *pf* dry up a bit
podać *pf, impf* **podawać** *podaję* hand, serve
podarek *podarku* gift *same as podarunek*
podatek *podatku often-pl* tax, duty
podatnik *Npl podatnicy* taxpayer
podążyć *pf, impf* **podążać** *do+G* head to
podbity lined (*e.g. with material*)
podbródek *podbródka* chin. **drugi ~** double chin
podchmielić sobie *-lę -lisz pf* get tipsy
podciągać *impf, pf* **podciągnąć** 1 pull up. 2 call up (*reserves*). **~ się** lift oneself up, *w+L* brush up on
podczas *prep+G* during. **~ gdy** while, whereas
poddać *pf, impf* **poddawać** +D subject to. **~ się** give in
poddany subject. *as mp* serf
podejrzliwość distrust
podejście approach, attitude. climb (*uphill walk*)

podejść *pf, impf* **podchodzić** approach, draw near

podeń *contr of pod niego*

podeszły *podeszli* advanced in years, aged

podgląd critical observation. monitoring

podglądać *impf* spy on, watch furtively, peep at, monitor

podgryźć *pf, impf* **podgryzać** gnaw

podjazdowy of *podjazd*. **wojna ~ wa** guerilla warfare

podjąć *podejmę pf, impf* **podejmować** undertake

podjeść *pf, impf* **podjadać** eat someone's portion

podjęcie undertaking

podkarmić *pf, impf* **podkarmiać** feed, fatten

podkładka *-dk* rest, support, coaster, washer

podkomorstwo chamberlain and wife

podkowa *-ków* horseshoe

podkpiwać *impf* gently mock

podkrążony. **~ne oczy** circles under one's eyes

podkreślić *pf, impf* **podkreślać** underscore, emphasize

podlać *podleję pf, impf* **podlewać** water (*flowers*)

podlotek *podlotka* teenage girl

podłoga *-łóg podłodze* floor

podług *prep+G* according to

podmiotowość subjectivity

podmiotowy of *podmiot*. *subjective*

podnieść *pf, impf* **podnosić** *podnoś* raise, lift

podnoszenie ~ ciężarów weightlifting

podnośnik *-a* hoist, jack, lift, (*industrial*) elevator

podobać się *impf, pf* **spodobać się** *+D* be pleasing to

podobieństwo similarity, resemblance

podobno supposedly, reportedly, apparently

podobny *do+G* similar to, alike. **podobnie** similarly

podomka *-mek* housecoat

podparcie support. **punkt ~cia** fulcrum

podpić *podpiję pf*. **~ sobie** have too much to drink

podpis signature, caption

podpisać *pf, impf* **podpisywać** sign, endorse (*check*)

podporządkować *pf* subordinate

podpowiedzieć *pf, impf* **podpowiadać** hint at, suggest

podróbka *-bek* of *podróba*

podróż journey, trip, tour

podróżować *impf (po+L, w+L)* travel, take a trip (in)

podrygi *G -ów* **ostatnie ~gi** convulsions, death throws

podrywacki of *podrywacz*. **tekst ~** pickup line (*flirting*)

podrzędny secondary, subordinate, minor, second-rate

podrzucić *pf, impf* **podrzucać** *+D*, throw, send, toss to

podrzutek *podrzutka* foundling

podstawa *podstawie* basis, base, foundation

podstawić *pf, impf* **podstawiać** put under

podstawowy basic, fundamental, elementary (school)

podstęp deceit, cunning

podsumować *pf, impf* **podsumowywać** sum up, add up

podszyć *pf, impf* **podszywać** line (*coat, etc.*). **~ się** *pod+A* pattern o.s. after, copycat

podtrzymać *pf, impf* **podtrzymywać** support, sustain

poducha *podusze aug of poduszka*

podupadły come down in the world, declassé

poduszka *-szek* pillow, cushion

podwarszawski on the fringes of Warsaw

podważyć *pf, impf* **podważać** undermine, subvert

podwładny *also as noun* subordinate

podwoić *podwoję pf, impf* **podwajać** double

podwórze *Gpl -y* yard, courtyard

podwyższyć *pf, impf* **podwyższać** raise

podziać się *pf, impf* **podziewać się** end up someplace

podział *podziale na+A* division (*of cell, property, etc.*)

podzielić *pf, impf* **podzielać** divide, share. **~ się** *+I* share

podzielony divided, divisible

podziemie 1 basement. 2 underground, resistance

podziemny underground

podziw *dla+G* admiration

podźwigać *impf, pf* **podźwignąć** lift, bear, raise

poetycki poetic, relating to poetry

pogadanka, pogaduszka *-szek* chat

pogarda *pogardzie* contempt, disdain, scorn

pogląd *often-pl* view, opinion, outlook

pogłębić *pf, impf* **pogłębiać** deepen, intensify

pogłębienie greater depth

pogniewać *-am -asz pf* make cross. **~ się** *z+I* fall out with

pogoda *pogód* weather, good weather, good humour

pogodny pleasant (*weather*), cheerful, sunny
pogodzenie reconciliation, resignation
pogodzić *pf* reconcile. ~ **się** *z+I* become reconciled to
pogonić *or* **pognać** *pf, impf* **poganiać** drive, prod, urge on
pogoń *Gpl -i* 1 chase, quest, hunt. 2 (Lithuanian coat of arms featuring knight on horseback)
pograć *pf, impf* **pogrywać** play a while
pogrążyć się *pf, impf* **pogrążać się** become submerged
pogromca conqueror. animal tamer. ~ **serc** lady-killer
pogróżka *-żek* threat
pogrzeb *pogrzebie* funeral, burial
pohulać. *see* **hulać**
pojawić się *pf, impf* **pojawiać się** appear, show up
pojąć *pojmę pf, impf* **pojmować** conceive, grasp
pojedynczy single, individual, one at a time
pojedynka *-nek* single-person room or cell
pojęcie idea, concept, conception
pojękiwać *impf* groan now and then
pokasływać, pokaszliwać *impf* cough now and again
pokaz show, display, demonstration
pokazać *pokażę pf, impf* **pokazywać** show, indicate
poklepać *poklepię pf, impf* **poklepywać** pat, clap
pokłon bow. **bić ~ny** *+D* bow down to
pokochać *pf* fall in love with
pokoik of *pokój* small room, closet
pokojowy of *pokój* 2. peace, peaceful
pokolenie generation. **młode ~** the younger generation
pokonać *pf, impf* **pokonywać** subdue, conquer, defeat
pokój *pokoju* 1 room. 2 peace, *obs* calm
pokroić *pokroję pf, impf* **pokrajać** cut up, slice
pokropić *pf, impf* **pokrapiać** sprinkle, wash down with
pokryć *pokyję pf, impf* **pokrywać** *+I* cover, coat with
pokrywka *-wek* lid, jarcap
pokrzywdzony *decl like* injured (*party*)
polać *poleję pf* pour over, douse
polarny polar. **koło ~ne** Arctic Circle
pole *pól* field
polecający. list ~ letter of recommendation, reference

polecenie recommendation. errand
polecić *pf, impf* **polecać** *+A* (*+D*) recommend
polecony. list ~ registered letter
polegać *impf na+L* depend on, rely on
policyjny of *policja*. **godzina ~na** curfew
policzek *policzka* cheek. slap in the face
poliglota polyglot
poliszynel. tajmnica ~la an open secret
politowanie compassion
politura lacquer, polish
polny of *pole* field. **kwiat ~** wild-flower
polo *indecl* polo. polo shirt
polon polonium
polonez 1 polonaise (*dance*). 2 (brand of Polish car)
polonica books, papers, *etc.* concerning Poland
polonus *colloq* Pole (*living abroad*)
polowanie hunt(ing). **iść na ~** go hunting
polskość Polishness
polucja wet dream
poluzować *pf* loosen
poluźnić *-nię -nisz pf, impf* **poluźniać** loosen up
poła *pół* tail, skirt (*of garment*)
połać *połaci NApl -cie* surface, extent, tract (*of land*)
połączenie connection. **w ~niu** *z+I* in connection with
połączony *połączeni z+I* connected with. joint, combined
połknąć *pf, impf* **połykać** swallow, gulp down
połowa *połowie* half. **w ~wie** in mid-course, halfway through. *see also* **pół**
położna *decl like* midwife
położony *położeni* located, situated
położyć (się) *see* **kłaść (się)**
połów *połowu* fishing, catch, take
połówka *-wek* a half, half-piece, half-litre
południe 1 noon. 3 south
południo-wschód south-east
południo-zachód south-east
połykacz *mp.* **~ ognia** fire swallower
połysk shine, sheen, gloss, luster. **bez ~ku** lusterless
pomalować *pf* paint, colour
pomalutku ever so slowly, in just a bit
pomarańczowy orange (*colour*)
pomazanie anointment. **z ~niem** unctuously
pomiar measurement, survey (*of land*)
pomieszczenie room, space
pomijać *impf, pf* **pominąć** omit, overlook
pomimo *prep +G or +A* despite, in spite of

pomnożyć *pomnóż pf, impf* **pomnażać** multiply

pomoc *us-sg* help, aid, assistance

pomóc *pf, impf* **pomagać** +D help, aid, assist, be of avail

pompka *-pek* of *pompa.* push-up (*exercise*)

pomrzeć *pomrę pomarł pomarli pf* die

pomuchla *obs obscure* (fish of the cod family)

pomyłka *-łek* error, mistake, slipup

pomysł *pomyśle* notion, idea

pomysłodawca originator (*of idea*)

pomysłowy resourceful, clever, imaginative. **pomysłowo**

pomyśleć *-lę -lisz pf* think a bit, stop to think. *see* **myśleć**

ponad *prep+A* more than, over, above

ponadprogramowy extracurricular, optional

ponadto moreover, furthermore

ponętny attractive, fetching, enticing. **ponętnie**

ponieść *pf, impf* **ponosić** suffer, endure. carry away

ponieważ since, because

poniżej *and prep+G* below, in what follows

ponoć seemingly, of all accounts

ponosić *pf* wear a while (*clothes*)

ponowny renewed. **ponownie** anew, once again

ponury gloomy, grim, sullen

poń *contr* of *po niego*

poparcie support, backing, endorsement

poparzenie burning, scalding, stinging

popaść *pf, impf* **popadać** *w+A* fall into, succumb to

popchnąć *pf, impf* **popychać** push, shove

popełnić *pf, impf* **popełniać** commit, perpetrate

popić *popiję pf, impf* **popijać** have a bit to drink

popierać *-am -asz impf* support

popiół *popiołu* ash

popkultura pop culture

poplamić *poplamię pf* stain, soli. ~ **się** become soiled

popłynąć *see* **płynąć**

popołudnie *Gpl -ni* afternoon

poprawa *poprawić* improvement

poprawczy corrective, correctional

poprawić *pf, impf* **poprawiać** correct, set right

poprawienie emendation

poprawny correct, well-defined. **poprawnie**

popromienny post-radiational. **choroba ~na** radiotoxemia

poprzeć *pf, impf* **popierać** support, advocate, endorse

poprzedni former, foregoing, preceding

poprzez *prep+A* through, throughout, up to and including, notwithstanding

populista populist

popyt demand

por 1 pore. 2 leek

por. *abbrev* of *porównaj* cf.

pora *pór porze* time. season

porachunek *us pl* accounts

porada advice, counsel

poranek *poranka* or *poranku esp-fig* morning

porazić *pf, impf* **porażać** strike. attack, lay low (*illness*)

porażenie shock. ~ **mózgowe** cerebral palsy

porażka *-żek* defeat, reversal (*of fortune*)

porcelana porcelain, china

poręcz rail, railing, banister, (*gymnastics*) parallel bars

porobić *pf, impf* **porabiać** do (*as accusation*)

porozumienie *się* understanding, accord, deal

porozumiewawczo understandingly, conspiratorily

poród *porodu* childbirth, labour, delivery (*of child*)

porównać *pf, impf* **porównywać** (*z+I*) compare (with)

porównanie comparison

porto *indecl* 1 port wine. 2 postage

poruszyć *pf, impf* **poruszać** +I move. broach. ~**się** move

porysować *pf* 1 scratch. ~ **się** get scratched

porywający rousing

porządek *porządku* order. **wiosenne ~ki** spring cleaning

porządkować *impf, pf* **uporządkować** put in order

porzucić *pf, impf* **porzucać** cast off, give up, abandon

posada job, situation

posadzka *-dzek* parquet floor

poseł *posła* envoy, deputy, emissary, representative

posiadacz proprietor

posiadać *impf* possess, own

posiłek *posiłku* meal

poskromić *pf, impf* **poskramiać** tame, subdue, conquer

posłać *poślę impf* **posyłać** send

posłuch hearing. **dać ~** +D give an ear to

posłuchać *pf* listen a bit, obey

posłuszeństwo obedience
posłuszny obedient, submissive. **posłusznie**
posłużyć się *pf, impf* **posługiwać się** *+I* make use of
pospolity common, everyday. **pospolicie** commonly
post *poście* fast. **Wielki ~** Lent
postać 1 *postanę pf* set one's foot on
postać 2 *postaci* figure, form, character, shape
postanowić *pf, impf* **postanawiać** *o+L* decide, resolve
postanowienie determination, resolution, decision
postarzyć *pf* age, get old
postawa *postawie* attitude, bearing, stance
postawić *pf, impf* **stawiać** place, locate. **ja postawię** I'll treat. **postawić się** put on a big show
postąpić *pf, impf* **postępować** act, behave. progress
posterunek *posterunku* station, post
postęp *i oft-pl* progress, headway
postronek cord, rope, twine, string
postronny incidental, outside (*opinion*)
postrzec *-gę -żesz pf, impf* **postrzegać** perceive, notice
postrzelić *-lę -lisz pf, impf* **postrzelać** shoot, take shots
posunąć *pf, impf* **posuwać** push, shove. **~ się** advance
posunięty *posunięci* advanced. **daleko ~** well along
poszanowanie *oft pl* respect
poszedł! *exclam colloq rude* scram (*to a male*)
poszerzyć *pf, impf* **poszerzać** widen
poszła! *exclam colloq rude* scram (*to a female*)
poszukać *pf, impf* **poszukiwać** search for
poszukanie. w ~niu *+G* in search of
poszukiwacz searcher
poszukiwany wanted
pościel bedding, bedclothes
pośpieszyć *pf, impf* **pośpieszać** hasten. **~ się** hurry up
pośrednictwo mediation
pośredniczyć *impf, pf* **zapośredniczyć** *w+L* mediate
pośrednik *Npl* **pośrednicy** go-between, intermediary
pośrodku *prep+G* in the middle of, in the midst of

poświęcenie dedication, devotion, consecration
poświęcić *pf, impf* **poświęcać** dedicate, devote
pot sweat, perspiration
potaknąć *pf, impf* **potakiwać** assent. **~ głową** nod yes
potem then, later, afterwards
potężny mighty, powerful. **potężnie**
potknąć się *pf, impf* **potykać się** slip, stumble
potknięcie slip, stumble, wrong step, slip-up
potłumić *pf* curb, suppress, put down
potomek *potomka Npl -owie* descendant
potomstwo progeny, offspring
potop deluge. *Swedish invasion* of *Poland in the 17th century*
potrafić *-fię -fisz pf or impf+infin* manage (to do)
potrącić *pf, impf* **potrącać** 1 jostle, poke. 2 *o+A* touch on
potrzask animal trap, snare
potrząsać *impf, pf* **potrząsnąć** shake
potrzeba need, want, necessity. **bez ~by** needlessly
potrzebny necessary, needed, wanted
potwierdzić *pf, impf* **potwierdzać** confirm, substantiate
potworny terrible, frightful, horrible. monstrous
powaga *powadze* dignity, gravity, solemnity, importance
powalić *-lę -lisz pf, impf* **powalać** overthrow, knock down
poważanie respect, esteem. **z ~niem** respectfully
poważny serious. **poważnie** seriously
powiadać *impf freq* say (*often*)
powiadomić *pf, impf* **powiadamiać** inform, notify
powiat *L* powiat, subprefecture (*administrative district*)
powiązanie (inter)connection, relation, tie, link
powiedzenie saying. **dużo do ~nia** a lot to say
powiedzieć *pf, impf* **mówić** say, speak, talk
powieka *powiece* eyelid
powierzchnia surface, exterior
powierzchowność superficiality
powierzyć *pf, impf* **powierzać** *+D* entrust to
powiesić *pf* hang. **~ się** hang o.s. *see* **wieszać**
powieść 1 *like* **wieść**, *impf* **powodzić** lead, *+I* cast (*glance, etc.*). **~ się** *+D 3sg-only* be successful, do well
powieść 2 *powieści* novel
powietrze air
powiększający. szkło ~ce magnifying glass
powiększyć *pf, impf* **powiększać** magnify

powinność obligation, duty

powitanie greeting

powodować *impf, pf* **spowodować** 1 cause. 2 +*I* induce, manipulate. ~ **się** +*I* be led, driven by

powodzenie fortune, success, good luck

powojenny post-war

powoli slow, slowly

powolny slow, sluggish

powołać *pf, impf* **powoływać** create, convene. draft (*into army*). ~ **się na coś** use s.t. as a reference

powód *powodu* 1 reason, cause. 2 *mp* plaintiff

powódź *powodzi* flood

powrotny return (*ticket, trip*)

powrócić *pf, impf* **powracać** *do*+*G* return, revert to

powrót return. **tam i z ~wrotem** there and back

powróz *powrozu* rope, cord

powstać *-stanę pf, impf* **powstawać** *-staję* arise, come into existence. *z*+*G* originate from

powstały *powstali* newly created, arisen, emerged

powstanie 1 coming into being. 2 uprising, insurrection

powstrzymać *pf, impf* **powstrzymywać** refrain, hold back

powszechny universal, ubiquitous

powszedni every-day. **chleb ~** daily bread

powściągliwy moderate, temperate, restrained, aloof

powtarzający się recurrent, repetitive

powtórka *-rek* repeat, rerun

powtórzyć *pf, impf* **powtarzać** repeat, reiterate, recur

powyżej higher, above

powyższy foregoing, above

poza 1 *Gpl póz* pose

poza 2 *prep*+*I* besides, outside of, except for

poza- *pref* '*extra-*'. **pozaeuropejski** non-European

pozamaciczny extra-uterine (pregnancy)

pozbawiony *pozbawieni* +*G* deprived of, devoid of

pozbyć się *pf, impf* **pozbywać się** +*G* get rid of

poziom level, standard. ~ **życia** standard of living

poziomka *-mek* strawberry

pozmywać *pf* wash (*each and every*)

poznać *pf, impf* **poznawać** *poznaję* meet, recognize

pozorny apparent, seeming. **pozornie** seemingly

pozorować *impf* simulate

pozostać *-stanę pf, impf* **-stawać** *staję* remain, be left

pozostałość remainder, remnants, residue, vestige

pozostały remaining, left over

pozostawić *pf, impf* **pozostawiać** +*D* leave to

pozór *pozoru often-pl* semblance, appearance

pozwolenie permission, (*security*) clearance

pozwolić *pf, impf* **pozwalać** +*D* allow, permit

pozycja position, item, entry (*in a ledger, etc.*)

pozyskać *pf, impf* **pozyskiwać** win over, enlist

pożar fire, conflagration, blaze

pożądać +*G* desire, long for, lust for, crave

pożądanie desire, lust

pożądany desired, desirable

pożyczka *-czek* loan

pożyć *-żyję -jesz pf* live a while

pożytek *pożytku* use, usefulness, benefit

pójście going, leaving

póki until. ~ **co** pending resolution

pół- *prefix* semi-, demi-, half

pół *quant* +*G* half (of). ~ **godziny** half an hour

półgarniec half a pot (*old Polish measure*)

półka *-łek* shelf

północ 1 midnight. **o ~cy** at midnight. 2 north

północno-wschód *-wschodu* north-east

północno-zachód *-chodu* north-west

półuchem inattentively. **słuchać ~** listen with half an ear

póty till, until. ~ . . . **póki** for as long as

późno- *pref in meaning* '*late*'. **późnogotycki** late Gothic

późny late. **późno.** *comp* **później** later, subsequently

PPR *abbrev of Polska Partia Robotnicza*

pra- *pref* great-, proto-. **prababka** great-grandmother

praca work, job, labour, employment

pracodawca *Npl -y GApl -ów* employer

pracować *impf* work. *nad*+*I* work on

pracowitość diligence, industry

pracowity *pracowici* hard-working, diligent, assiduous

pracownia workshop, work group

pracownik *Npl pracownicy* worker, employee

pracuś workaholic

prać *piorę pierzesz piorą impf, pf* **wyprać** wash, launder

pradzieje *pl form G -ów* pre-history

pragnąć *impf, pf* **zapragnąć** +*G* desire, crave

pragnienie craving, desire, wish, thirst
praktyk *Npl praktycy* practitioner
praktyka practice, apprenticeship. **w praktyce** in practice
praktykować *impf, pf* **spraktykować** practice, intern
praktykujący practising (*attorney, etc.*)
pralka -*lek* washing machine
pralnia laundry
pranie the wash, laundry. ~ **mózgu** brainwashing
praojciec *praojca* forefather, ancestor
prasa *us-sg* the press
prasować *impf, pf* **wyprasować** press
prawdopodobieństwo probability, likelihood
prawdopodobny probable, likely. **prawdopodobnie**
prawdziwy real, genuine, veritable. **prawdziwie**
prawicowiec *prawicowca* right-winger
prawić *impf* prate, discourse
prawidłowy correct, as prescribed. **prawidłowo**
prawie almost
prawnik *Npl prawnicy* legal practitioner, lawyer
prawny legal, according to law
prawo 1 law. 2 right. ~ **jazdy** driver's licence. ~ **karne** criminal law
praworządny in accordance with the law, law-abiding
prawy right, upright . . . **na prawo** on the right
prącie penis
prąd 1 current. **pod** ~ against the current. 2 electricity
prądnica dynamo
precyzyjny precise, accurate (*shot*)
premiera premiere (*of film, etc.*)
premiować *impf* award a prize
prerogatywa prerogative
presja pressure (*in a situation*)
prestiżowy of *prestiż* prestigious
pretensja *us pl* pretension. **mieć** ~**je** *do+G o+A* resent
pretensjonalny pretentious, grandiose. **pretensjonalnie**
prezentować *impf, pf* **zaprezentować** display, show
prezes *Npl* -*owie* chairman
prezydent president. Mayor (*of city*)
prezydium presidium
prędki quick, rapid. **prędzej czy później** sooner or later

prędkość speed
PRL '*pe-er-el*' *abbrev* of *Polska Rzeczpospolita Ludowa*
pro- *prefix* 1 pro- *as in* **proamerykański**
problemat complex problem
probówka -*wek* test-tube
proc. *abbrev* = *procent* percent
proca sling-shot
proceder dealings, rigmarole
procedura normal procedure
procent percent, percentage. interest (*payment*)
proces process. trial. **unieważniony** ~ mistrial
producent producer, maker
produkować *impf, pf* **wyprodukować** produce
produktywność productivity
profilaktyka preventive treatment
prognoza prognosis, forecast. ~ **pogody** weather report
programista *programiście* programmer
programować *impf, pf* **zaprogramować** program
programowy according to plan, curricular. **programowo**
projekt project, plan, design, blueprint, scheme
projektant designer
projektować *impf, pf* **zaprojektować** plan, design
promieniotwórczy radioactive
promieniować *impf, pf* **napromieniować** radiate
promieniowanie radiation
promień *promienia* ray
promil *oft indecl* part-per-thousand
promować *impf, pf* **wypromować** promote
proponować *impf, pf* **zaproponować** propose
prorok *prorocy* prophet
prorządowy pro-government
proseminarium pro-seminar
prosić *impf, pf* **poprosić** *o+A* ask for, request
prosta *decl like* straight line
prostokąt rectangle
prostota *prostocie* 1 simplicity. 2 simple folk
prostować *impf, pf* **sprostować** rectify, straighten
prosty *prości* simple, straight. **kąt** ~ right angle
prośba request
protekcjonalny patronizing, condescending
protestancki Protestant
protokół *protokołu protokole* minutes (*of a meeting*)
prowadzący leader
prowadzenie introduction, initiation. lead (*e.g. in a race*)

prowadzić *impf, pf* **poprowadzić** lead, conduct, guide. ~ **samochód** drive a car. ~ **się** act, behave
prowincja province, the provinces
prowizoryczny provisional, makeshift, improvised
prowodyr ring-leader
proza prose
próba attempt, test, trial, rehearsal
próbka *-bek* test sample
próbować *impf, pf* **spróbować** +G try out, attempt, test
prócz *prep+G* except for, besides
próg *progu* threshold
prószyć *-szy us 3pg impf* +I sprinkle, spray
próżnia vacuum, void
próżniowy of *próżnia*. **pakowany** ~**wo** vacuum-packed
próżny empty, vain. **próżno. na** ~ in vain
Prusy *pl form* G *Prus* Prussia
prysznic *-a or -u* shower (*bath*)
prywata private interests
prywatyzować *impf, pf* **sprywatyzować** privatize
prząść *przędę prządł przędła przędli impf* spin (*yarn*)
prze- *verbal prefix* through, across, trans-
przebaczyć *pf, impf* **przebaczać** +A za+A forgive for s.t.
przebić *pf, impf* **przebijać** pierce, punch, puncture, beat (*record*). ~ **się** force one's way through
przebiec *pf, impf* **przebiegać** run across. transpire
przebieg course (*of events*)
przebogaty super rich
przebój *przeboju* force, violence. hit song
przebrać *pf, impf* **przebierać** 1 pick, sort through. ~ **miarę** overstep the bounds, go too far. ~ **się** change clothes, (*w+A*) change (into)
przebudowa rebuilding, alteration
przebyć *pf, impf* **przebywać** 1 stay. 2 cross
przebyt *op* sojourn
przecena *przecenie* reduced price, markdown, sale
przechadzać się *impf* stroll
przechodni crossing, transitory
przechodzień *przechodnia* pedestrian, passer-by
przechować *pf, impf* **-chowywać** store, keep, preserve
przechowalnia ~ **bagażu** left luggage office

przechylić *pf, impf* **przechylać** bend, incline. ~ **się** lean
przeciąć *przetnę pf, impf* **przecinać** cut through, snip
przeciągać *impf, pf* **przeciągnąć** protract, prolong, over-tighten. ~ **się** stretch out, drag
przecież after all, but
przeciętny average. **przeciętnie** on the average
przeciskać się *impf, pf* **przecisnąć się** +A force one's way
przeciw *or* **przeciwko** *prep+D* against
przeciw- *pref* anti-
przeciwgorączkowy antifebrile. **środek** ~ refrigerant
przeciwieństwo contrast, opposition, opposite
przeciwnatarcie counterattack
przeciwnik *Npl prozaicy* adversary, opponent
przeciwny opposite. **przeciwnie** on the contrary
przeciwsłoneczny protective against sun
przeciwstawny opposed, opposing, contrary
przecknąć *pf* start awake
przeć *prę przesz parł impf* press, push, urge
przed- *prefix* pre- *as in* **przedhistoryczny** prehistoric
przede wszystkim *phr* above all, primarily
przedeń *contr* of *przed niego*
przedkładać *impf* 1 submit. 2 nad +A prefer over
przedłużacz *-a* extension cord
przedłużenie extension (*of an agreement, etc.*)
przedłużony *przedłużeni* extended
przedmałżeński premarital, prenuptial
przedmieście *Gpl -ść* suburb
przedmiot object, subject, topic
przedni front. ~**dnie koło** front wheel
przedpokój front hall, anteroom, foyer
przedrzeźniać mimic, ape, mock
przedsiębiorca contractor, entrepreneur
przedsiębiorczy enterprising
przedsiębiorstwo enterprise, company
przedsięwzięcie enterprise, undertaking, venture
przedsprzedaż advance sale
przedstawiciel representative
przedstawicielstwo representatives. agency
przedstawić *pf, impf* **przedstawiać** introduce, represent
przedstawienie performance, presentation, depiction
przedszkolak pre-schooler
przedszkole *Gpl -i* preschool
przedświąteczny pre-holiday

przedtem before, beforehand, earlier, formerly
przedwojenny prewar
przedwyborczy pre-electoral
przedyskutować *pf* conclude discussion
przedział *przedziale* division, compartment. part (*in hair*)
przedzierzgać się *impf, pf* **-dzierzgnąć się** be converted
przedzwonić *pf, impf* **przedzwanać** give a ring, call up
przefrunąć *-nę -niesz pf, impf* **przefruwać** flit past
przegiąć *pf, impf* **przeginać** bend over
przegląd review, survey, inspection, check-up
przeglądarka *-rek* viewer, browser
przegrać *pf, impf* **przegrywać** lose
przegryźć *pf, impf* **przegryzać** gnaw through, snack on
przehandlować *pf* trade, sell in exchange for
przeistoczyć *pf, impf* **przeistaczać** transform, distort
przejaśnić się *pf, impf* **przejaśniać się** *us 3p* clear up
przejaw expression, display, sign, phenomenon
przejawić *pf, impf* **przejawiać** display, manifest
przejazd crossing, passage. **prawo ~du** right of way
przejąć *przejmę pf, impf* **przejmować** take over, take possession of. **~ się** (+*I*) be overly concerned (about)
przejechać *pf, impf* **przejeżdżać** run over, drive across
przejeść *pf, impf* **przejadać** eat through. **~ się** overeat
przejmujący dramatic, absorbing, moving, poignant
przejście passage, crossing, aisle, walkway
przejściowy transitional, transitory, temporary
przejść *pf, impf* **przechodzić** go through, endure, surpass
przekabacić *pf, impf* **przekabacać** win over (*with words*)
przekarmić *-mię pf, impf* **przekarmiać** over-feed
przekaz transfer. **~ pieniężny** money order. **środki masowego ~zu** mass media
przekazać *przekażę pf, impf* **przekazywać** hand over, communicate, pass on, convey
przekąs *phr.* **mówić ~sem** speak ironically
przekleństwo curse, swear word
przekonać *pf, impf* **przekonywać** persuade, convince

przekonanie conviction, belief. **bez ~nia** half-heartedly
przekonany convinced, persuaded
przekora contrariness, perverseness
przekreślić *pf, impf* **przekreślać** rule out, put an end to
przekręcić *pf, impf* **przekręcać** turn (*key*), twist, distort
przekroczenie transgression, offence, trespass
przekroczyć *pf, impf* **przekraczać** transgress. break (*law*)
przekroić *pf, impf* **przekrajać** cut in two
przekrój cross-section
przekrwiony bloodshot
przekrzywiony bent out of shape
przekształcenie transformation
przekształcić *pf, impf* **przekształcać** transform
przelecieć *pf, impf* **przelatywać** fly past or by, through
przelotność transitory nature, evanescence
przelotny short-lived, brief, evanescent, passing
przelotowy arterial (*road*). **droga ~wa** main artery
przeludnienie over-population
przełaj *mi.* **iść na ~** go cross country, cut across
przełom turn. turning point, breakthrough
przełomowy critical, decisive
przełożony *decl like* boss, superior
przełożyć *pf, impf* **przekładać** shift, move. pospone
przemarznąć *'r-z' pf* freeze through
przemawiać *see* **przemówić**
przemian *mi.* **na ~** by turns, alternating
przemiana change, transformation
przemienić *pf, impf* **przemieniać** change, transform *w*+*A* into. **~ się** *w*+*A* into become transformed
przemoc violence. **~cą** by force
przemowa *-mów* speech
przemówić *pf, impf* **przemawiać** make a speech
przemówienie speech
przemysł industry
przemyśleć *pf, impf* **przemyślać** think through
przemyślenie reflection
przeniesienie transfer, transposition
przenieść *pf, impf* **przenosić** transfer. **~ się** move
przenikliwy penetrating, astute, sagacious
przenosić się *pf, impf* **przenaszać się** change residence
przeobfitość superabundance

przeobrażenie transform
przepasać *pf, impf* **przepasywać** girdle, fillet
przepastny impenetrable, cavernous, gaping,
  wide open
przepaść 1 *pf, impf* **-padać** be lost, ~ *za+I* be
  crazy about
przepaść 2 chasm, precipice, abyss
przepić *pf, impf* **przepijać** drink through
  (*inheritance, etc.*). ~ **sie** have one too many
przepis recipe, prescription. regulation. (*minor*)
  law
przepracować *pf, impf* **przepracowywać** work
  through, work out, elabourate, do over. ~ **sie**
  overwork o.s.
przepracowanie overwork
przepraszająco apologetically
przeprosić *pf, impf* **przepraszać** *za+A* apologize
  for
przeprowadzić *pf, impf* **przeprowadzać** conduct,
  carry out. ~ **sie** move (*from one domicile to
  another*)
przerazić *pf, impf* **przerażać** frighten. ~ **sie** +G
  become frightened of, take fright
przerażenie fright, terror
przerażony *przerażeni* frightened, terrified
przerobić *pf, impf* **przerabiać** remake, process
przerodzić się *pf, impf* **przeradzać się** *w+A*
  turn into
przeróżny amazing variety of, most variegated
przerwa intermission, break. **bez ~wy**
  ceaselessly
przerwać *pf, impf* **przerywać** +D interrupt,
  disrupt
przerwanie interruption. ~ **ciąży** abortion
przerywany broken, interrupted
przerzucić *pf, impf* **przerzucać** pass to, toss to,
  cast over. ~ **sie** *na+A* switch over to
przesada exaggeration. **bez ~dy** don't exaggerate
przesiąść *pf, impf* **przesiadać** change seats. ~ **sie**
  transfer
przesiedlenie resettlement, deportation
przesłać *prześlę -lesz pf, impf* **przesyłać** send, ship
przesłanka *-nek* circumstance, condition,
  premise
przesłuchanie interrogation, cross-examination
przesrane *phr vulg* **mieć ~ne** be screwed
przestać *-stanę pf, impf* **-stawać** stop, cease
  (*doing s.t.*)
przestanek *przestanku* pause. **bez ~nku** without
  cease

przestawić *pf, impf* **przestawiać** put elsewhere,
  switch
przestąpić *pf, impf* **przestępować** step across. ~ **z
  nogi na nogę** shift back and forth
przestępca criminal
przestępczy criminal
przestępny **rok ~** leap year
przestępstwo crime
przestraszyć (się) *see* straszyć (się)
przestrzec *-strzegę pf, impf* **przestrzegać** 1
  przed+I warn against, caution. 2 observe,
  uphold (*law, rules, etc.*)
przestrzeń *przestrzeni* space
przesunąć *pf, impf* **przesuwać** move s.t. glide by
przeszkoda *-szkód* obstacle, barrier, hurdle
przeszkodzić *pf, impf* **przeszkadzać** +D bother,
  hinder
przeszło more than, over
przeszłość the past
prześcigać *impf, pf* **prześcignąć** outdistance.
  ~ **sie** vie
prześladować *pf, impf* **prześladowywać** persecute
prześnić *pf* dream through
przetarg *oft pl* auction
przetłumaczyć *pf* translate
przetoczyć *pf, impf* **przetaczać** shunt. ~ **sie** roll
  along
przetrwać *pf* remain, be preserved
przetrwanie survival
przetworzyć *pf, impf* **-twarzać** transform,
  manufacture
przeuroczy most charming, delightful
przewaga *przewadze* advantage, dominance
przeważnie predominantly, for the most part
przewidzieć *pf, impf* **przewidywać** foresee,
  predict
przewodni guiding, leading
przewodnictwo leadership, guidance
przewodniczyć *impf* +D lead, chair
przewodnik *Npl przewodnicy or* guide,
  guidebook
przewodzić *impf* +D lead, guide, conduct
przewrócić się *pf, impf* **-wracać się** turn over, fall
  over
przewrót somersault, upheaval, revolt, revolution
przewyborny most excellent
przewyższyć *pf, impf* **przewyższać** exceed,
  outclass, outnumber
przeznaczony *na+A* allocated to, destined for,
  fated

przeznaczyć *pf, impf* **przeznaczać** *na+A or dla+G* intend, designate for

przezwisko nickname, moniker

przezwyciężyć *pf, impf* **przezwyciężać** overcome

przeżycie experience

przeżyć *przeżyję pf, impf* **przeżywać** live through, survive

przodek *przodka* 1 front (*e.g.* of *shirt*). 2 *as mp* ancestor

przód front. **do przodu** forward, ahead

przyblednąć *or* **przybladnąć** *pf* grow a bit pale, fade

przybliżenie approximation. **w ~niu** approximately

przybliżony *przybliżeni* approximate

przybliżyć *pf, impf* **przybliżać** draw near, closer

przybrać *pf, impf* **przybierać** take on, adopt, assume

przybrany adoptive, foster, assumed

przybyć *pf, impf* **przybywać** arrive. +G increase

przybyły *przybyli* present. **nowo ~** newly arrived

przychodni non-resident

przychodnia outpatient clinic

przyciągać przyciągnąć draw, attract, pull toward

przyczesać *pf, impf* **przyczesywać** comb (*quickly*)

przyczyna reason

przyczynić się *pf, impf* **-czyniać się** *do+G* contribute to

przyćmić *pf, impf* **przyćmiewać** darken, dim, put in shade

przydać *pf, impf* **przydawać** +G add to. **~ się** be of use

przydarzyć się *pf, impf* **przydarzać się** happen, occur

przydatny useful, handy, of utility. **przydatnie**

przydeptać *pf, impf* **przydeptywać** trample down

przydomowy attached to or next to a house

przydział *przydziaole* allotment, assignment

przydzielić *-lę -lisz pf, impf* **przydzielać** allocate, assign

przygarnąć *pf, impf* **przygarniać** gather up

przygoda *przygód* adventure

przygotować *impf* **przygotowywać** prepare, make ready

przygotowanie *oft pl* preparation

przygotowany *na+A or do+G* prepared for

przygruntowy ground-level, low-lying

przyhamować *pf, impf* **przyhamowywać** slow down

przyjazd *Lsg przyjeździe* arrival

przyjazny friendly, affable. **przyjaźnie**

przyjaźnić się *impf, pf* **zaprzyjaźnić się** *z+I* be friends

przyjąć *przyjmę pf, impf* **przyjmować** accept, receive

przyjechać *pf, impf* **przyjeżdżać** come, arrive (*by vehicle*)

przyjemność pleasure. **z ~nością** gladly, with pleasure

przyjęcie party, reception. **do ~cia** acceptable

przyjęty *przyjęci* accepted, customary. hired. received

przyjrzeć się *pf, impf* **-glądać się** +D observe, examine. **~ się sobie w lustrze** look at o.s. in the mirror

przyjść *pf, impf* **przychodzić** come, arrive (*esp. on foot*)

przykazać *przykażę pf, impf* **przykazywać** command

przykazanie commandment, precept

przykro *pred* +D unpleasant. **~ mi** I'm sorry

przykuć *pf, impf* **przykuwać** *do+G* chain to. **~ uwagę** rivet one's attention

przylądek *przypadku* cape, headland

przyłożyć *pf, impf* **przykładać** apply, attach (*importance*)

przymierać *-am -asz impf* be dying

przymiot attribute, trait, quality

przymknąć *pf, impf* **przymykać** close, shut (*eyes*)

przymocować *pf, impf* **przymocowywać** *do+G* attach to

przymrużenie wink. **z ~niem oka** askance

przymrużyć *pf, impf* **przymrużać** wink. **~ oczy** squint

przymus compulsion, duress. **z ~su** of necessity

przymusowy compulsory, forcible

przynajmniej at least

przynieść *pf, impf* **przynosić** bring

przypadek *przypadku* case, accident, chance

przypadkowy accidental, fortuitous, haphazard, random

przypaść *impf* **przypadać** +D fall to, happen

przypiąć *przypnę pf, impf* **przypinać** pin on

przypieczętować *pf* affix seal to

przypisać *pf, impf* **przypisywać** +D ascribe to

przypłacić *pf*. **~ życiem** pay with one's life

przypomnieć *-mnę -nisz pf, impf* **przypominać** +D recall, remind. **~ sobie** call to mind, recall, recollect

przypuszczenie supposition

przyroda nature

przyrodni. ~ brat half-brother, stepbrother
przyrodniczy environmental
przyrostek *przyrostka gram* affix, suffix
przyrządzić *pf, impf* przyrządzać fix, prepare
(*meal*)
przysiąść *pf, impf* przysiadać sit down, take a seat
przysięga *przysiędze* oath
przysięgnąć *pf, impf* przysięgać swear an oath
przysiółek *przysiołka* hamlet
przysłużyć się *pf* render service or a favour
+*D* to
przyssać *pf, impf* przysysać pump up, suck up,
suction
przystanek *przystanku* stop (*bus, trolley*)
przystań *f* harbour, port, landing place, marina,
haven
przyswoić sobie *pf, impf* przyswajać sobie
assimilate
przyszłość the future
przyszły future, prospective. w ~łą niedzielę next
Sunday
przyszpilić *pf, impf* przyszpilać *do+G* pin to
przyszyć *przyszyję pf, impf* przyszywać sew to.
pin on
przyśpieszony accelerated. zdjęcie ~ne fast
motion
przyśpieszyć *pf, impf* +*G* przyśpieszać hasten,
accelerate
przyświecić *pf, impf* przyświecać illuminate. +*D*
~ mu cel he has his eyes on the goal
przytaknąć *pf, impf* przytakiwać +*D* nod in
assent
przytłoczyć *pf, impf* przytłaczać crush,
overwhelm
przytłumić *pf, impf* przytłumiać dampen (*sound*)
przytrafić się *pf, impf* przytrafiać się +*D* occur,
happen to
przytułek asylum, refuge, shelter
przywalić *pf, impf* przywalać press down, crush.
hit, slug
przywiązać *przywiążę pf, impf* przywiązywać
attach. ~ się attach self to, become
attached to
przywieźć *pf, impf* przywozić haul to
przywijać *impf, pf* przywinąć. ~ do brzegu
touch land
przywilej privilege
przywitać (się) *see* witać (się)
przywłaszczyć sobie *pf, impf* przywłaszczać
appropriate

przywołać *pf, impf* przywoływać call, summon
przywódca leader
przywódczy leadership (*qualities, etc.*)
przywrócenie restoration (*e.g. of property*)
przywrócić *pf, impf* przywracać restore, bring
back
przyznać *pf, impf* przyznawać *przyznaję* confess,
admit. ~ się *do+G* confess, admit, grant to,
concede
przyzwoity *przyzwoici* decent, seemly, proper
przyzwolenie consent
przyzwolić *pf, impf* przyzwalać consent *na+A* to
przyzwyczaić, *impf* przyzwyczajać *do+G*
accustom. ~ się become accustomed,
acclimatized to
przyzwyczajony *przyzwyczajeni do+G*
accustomed
psi of *pies* dog's, canine
psisko *aug* of *pies*
psuć *impf, pf* popsuć *or* zepsuć ruin, spoil, break
pszczelarz bee-keeper
pszczeli of *pszczoła*. miód ~ bee honey. wosk ~
beeswax
ptak bird, fowl. widok z lotu ~ka of a bird's eye
view
ptasi of *ptak*. ptasie mleczko bird's milk (*kind of
sweet*)
ptaszę *ptaszęcia Npl ptaszęta Gpl ptaszą* baby
bird
PTTK *Polskie Towarzystwo Turystyczno-
Krajoznawcze*
pub *'pab'* pub
publicysta publicist, journalist
publiczność the public, the audience
publiczny public. dom ~ brothel. publicznie
publikować *impf, pf* opublikować publish
pudełko -łek box
pudło *pudeł pudle* box. (*of woman*) old bag. bez
~ła without fail, unerringly
pukać *impf, pf* zapukać *w+A or do+G* knock, rap
pula bank (*in cards*), pool, jackpot, kitty
pulpit 1 writing-desk. 2 desktop (*computer*)
pułapka -*pek* trap, snare. frameup
pumpy *pl form G-ów* plus-fours (*kind of slacks*)
punkcik -*a* of *punkt* blip, dot
punkt point. item. shop, agency. w martwym
punkcie at a standstill. ~ widzenia point of
view. ~ wyjścia starting point. ~ zwrotny
turning point
punktowy of *punkt*. oświetlenie ~we spot lighting

pupil ward. protegee
pustka -*tek* empty spot, void. **świecić ~ką** be bare, empty
pustkowie desert, wilderness, wasteland
pustoszyć -*szę* -*szysz impf, pf* **spustoszyć** devastate
pusty *puści* empty, vacant, hollow. **pusto**
puszcza trackless desert, wilderness, virgin forest
puszek *puszku* fluff, down
puszka -*szek* can, cannister, tin
puścić *pf, impf* **puszczać** let go, release. **~ sie** +*G* let go
puściuteńki of *pusty* good and empty
pyra *oft pl dial* spud, potato
pyrrusowy. ~we zwycięstwo Pyrrhic victory
pyszny elegant, luxurious. **pysznie**
pytać *impf, pf* **zapytać** *o*+*A* ask about
pytanie question, query
PZPR *Polska Zjednoczona Partia Robotnicza*
PZU *Powszechny Zakład Ubezpieczeń*

R
rabiać *impf freq* of *robić* do regularly
rabować *impf, pf* **zrabować** rob, plunder
rachuba account. **wejść w ~bę** enter into play
rachunek 1 account, bill, check. 2 calculus. **~ całkowy** integral c. **~ różnicowy** differential c
racja reasoning. **mieć ~ję** be right. **nie mieć ~ji** be wrong
raczej rather, instead. **~ nie** not really
rad 1 +*G* glad of, desirous of
rad 2 radium
rada 1 council, counsel, advice. **dać sobie ~dę** manage. **nie ~dy** there's no help for it
radiofonizacja expansion of radio reception
radioodbiornik -*a* radio receiver
radiosłuchacz radio listener
radiowiec *radiowca* radio technician. radio employee
radiowóz *radiowozu* radio-despatched car
radosny joyful
radość joy, happiness, glee. **z ~ścią** joyfully
radzić *impf, pf* **poradzić** +*D* advise. **~ sobie** manage
radziecki Soviet
rafinacja refining (*of metals, petroleum, etc.*)
rafinować *impf* refine
raić *impf, pf* **naraić** act as go-between, recommend

raj paradise
rajstopy *pl form G* -*op* tights
ramię shoulder. **z ramienia** +*G* on behalf of
rana wound, injury. **rany boskie** *exclam* holy smoke
randka -*dek* date, rendezvous. **~ w ciemno** blind date
ranek *ranka* morning. **rankiem** at sunrise, in the morning
ranem. nad ~ *phr* toward morning. *see also* **rano**
ranga *randze* rank, significance
rano in the morning. early. **dziś ~** this morning
rap asp (*kind of fish*)
raport report
raróg *rarogu* kind of falcon
rasa race, breed
rata instalment (*payment*). **na ~ty** by instalment
ratować *impf, pf* **uratować** save, salvage
ratunkowy of *ratunek*. **kamizelka ~wa** life jacket
raz 1 *Gpl* -*y* once, one time. **od razu** immediately. **w każdym razie** in any case. **w takim razie** in that case
raz 2 blow, cuff, strike
razem together
rażący glaring, blatant, flagrant, jarring, offensive, crass
rażenie destruction. **masowe ~nie** mass destruction
rączka -*czek* of *ręka*. handle. **złota ~** handyman
realia *pl form G* -*iów* realities
realizacja realization, (*film*) production
realizm realism
realizować *impf, pf* **zrealizaować** realize, cash
realny real, actual
recenzent reviewer
recenzja review
recydywista recidivist, repeat criminal, repeat offender
recytować *impf, pf* **wyrecytować** recite
red. *abbrev* of *redaktor* (*editor*)
redakcja editing, editorial board
redaktor editor
redukować *impf, pf* **zredukować** reduce, downsize
referat report, paper
refleks *us-sg* reflex, reflexes
regał *regale* book-case
regulamin regimen, rules
regularny regular. **regularnie** regularly
reguła *regule* rule. **z ~ły** as a rule**

rejestrować *impf, pf* **zarejestrować** register, enter
rejon region
rek -*a* balance beam
rekin shark
reklama advertisement, promotion
reklamator claim agent
reklamować *impf, pf* **zareklamować** advertise
reklamówka -*wek* advertising flyer, shopping bag
rekrutować *impf* recruit, enlist
rektyfikowany rectified (*alcoholic spirits*)
rekwizytor prop manager
relacja account, story, report, relation. *pl* relationship
relaksować się *impf, pf* **zrelaksować się** relax
remont *remoncie* renovation, overhaul
remontowy of *remont*
repetować *impf* repeat (*grade in school*)
reportaż reporting, reportage
reprymenda reprimand
reszka -*szek* tails (*of coin*). **orzeł czy** ~ heads or tails
reszta rest, remainder, change (*money*)
resztka *us pl* leavings, leftovers, remains, remnants
rewers reverse side of medal or coin
rewizja revising, on-site inspection
rezerwa 1 reserve, extra supply. 2 diffidence
rezerwować *impf, pf* **zarezerwować** reserve, book
rezultat result. **w** ~**tacie** as a result, as a consequence
reżim or **reżym** (*political*) regime
reżyser director
reżyseria directing
ręcznik -*a* towel
ręczny hand (*work, etc.*), manual. ~**na robota** handwork
ręka *Gpl* **rąk** hand, arm. **być na rękę** +*D* be convenient. **machnąć ręką na** +*A* give up on. **mieć związane ręce** have one's hands tied. **od ręki** as a matter of course. **pod rękę** at hand. **z drugiej ręki** second hand
rękaw -*a* sleeve
rękawica gauntlet, mitt. ~ **bokserska** boxing glove
ring (*boxing*) ring
robić *impf, pf* **zrobić** do, make. ~ **się** get done. become. **da się zrobić** that's doable
roboczy working. **siła** ~**cza** manpower, workforce
robot robot. ~ **kuchenny** food processor

robota -*bót* work, job, physical labour. **czarna** ~ dirty work
robotnica *fem of* **robotnik**
robotniczy of. working-class. **klasa** ~**cza** the working class
robotnik *Npl* **robotnicy** labourer
robótka -*tek* of *robota* knitting (*project*)
rocznica anniversary
rocznik -*a* age-group, vintage (*of wine*). annual
roczny annual, yearly, year-old. **rocznie** annually
rodak *Npl* fellow countryman
rodny fertile. ~**ne** genitals
rodowity *rodowici* native-born
rodzaj kind, type, variety, genus, gender, genre. Genesis. **coś w tym** ~**ju** something of the sort
rodzeństwo brothers and sisters, siblings
rodzic *us pl* parent. *Npl* **rodzice** *G* -*ów* parents
rodzicielski parental
rodzić *impf, pf* **urodzić** give birth. ~ **się** be born
rodzimy native
rodzony *rodzeni* own (*brother, sister*)
rogowy made of horn
rojnik -*a* hen and chickens (*plant*)
rok year. **co roku** every year. **rok w rok** year in, year out
rokosz rebellion, mutiny
rola 1 (*arable*) land. **rola** 2 *ról* role (*in society, play, etc.*)
rolnictwo agriculture, farming
rolnik *Npl* **rolnicy** farmer
romansować *impf* carry on a romance, have an affair
ropa *rpie* pus. oil, petroleum. ~ **naftowa** petroleum
Rosjanin *Npl* -*anie Gpl* -*an* Russian
rosły *rośli* stalwart, sturdy, well-built
rosnący growing, increasing
rosnąć *impf, pf* **urosnąć** grow
roszczenie *us pl* claim to, pretensions to
rościć sobie *impf.* ~ **pretensje** lay claims to
roślinożerny herbiferous, plant-eating
rota *rocie* 1 army unit. 2 credo
rowek *rowku* of *rów.* channel, groove, furrow
rower *rowerze* bicycle
rozbić *pf, impf* **rozbijać** smash. ~ **namiot** pitch a tent
rozbieg running start
rozbiór *rozbioru* partition, dismemberment. parsing

rozbiórka -*rek* demolition. **do ~ki** condemned

rozbitek *rozbitka* castaway

rozbłysnąć *pf, impf* **rozbłyskiwać** blaze, shine forth

rozboleć -*li us 3p pf* start to hurt

rozbrat *mi.* **wziąć ~** *z+I* take leave of (*senses, etc.*)

rozbudować *pf, impf* **rozbudowywać** expand, enlarge

rozbudzić *pf, impf* **rozbudzać** *us-fig* awaken

rozchełstany disheveled

rozchwytywany. być ~nym be in demand (*a product*)

rozchylić *pf, impf* **rozchylać** part, open (*teeth, egs, etc.*)

rozciąć *rozetnę rozciął rozcięli pf, impf* **rozcinać** cut apart

rozczarować *pf, impf* **rozczarowywać** disillusion, disappoint. **~ się** *do+G* become disillusioned with

rozczesać *pf, impf* **rozczesywać** put a part in (*hair*)

rozczulenie tender emotion

rozczulić się *pf, impf* **rozczulać się** become emotional

rozdać *pf, impf* **rozdawać** *rozdaję* hand out, deal (*cards*)

rozdzielczy distributive. **deska ~cza** instrument panel

rozdzielić *pf, impf* **rozdzielać** separate, divide, distribute

rozedrgany trembling

rozejrzeć się *pf, impf* **rozglądać się** have a look around

rozerwać -*wę* -*wiesz pf, impf* **rozrywać** 1. tear up, rip up. 2 amuse

roześmiać się *śmieję pf* burst out laughing

rozgłosić *pf, impf* **rozgłaszać** broadcast, proclaim

rozgromić *pf, impf* **rozgramiać** rout, put to flight

rozgrzać *pf, impf* **rozgrzewać** heat, warm up

rozjaśnić się *pf, impf* **rozjaśniać się** brighten up

rozjazd *us pl.* **być w ~dach** be on tour

rozjuszony enraged, furious

rozjuszyć *pf, impf* **rozjuszać** enrage

rozkład 1 schedule, timetable. 2 decay, decomposition

rozkołysać *rozkołyszę pf* set to rocking

rozkosz bliss, joy, delight, rapture

rozkręcić *pf, impf* **rozkręcać** 1. untwist. 2 set into motion. **~ się** unwind, warm up, loosen up

rozkroczyć się -*cze* -*czysz pf, impf* **rozkraczać się** straddle

rozkrok stride. **w ~ku** straddling

rozkrzyczeć -*czę* -*czysz pf* shout of the rooftops

rozkrzyżować *pf* uncross, open up (*legs*)

rozkwilić się -*lę* -*lisz pf* start whimpering

rozkwit *rozkwicie* full bloom, prime (*of life*)

rozkwitnąć *pf, impf* **rozkwitać** bloom, blossom, flower

rozlegać -*am* -*asz impf* reverberate

rozległość expanse

rozlew overflow. bottling. **~ krwi** bloodshed

rozliczny various, numerous

rozliczyć *pf, impf* **rozliczać** hold to account **~się** *z+I* settle accounts with

rozluźniony lax, loosened

rozłamać -*mię pf, impf* **rozłamywać** break apart

rozłożyć *pf, impf* **rozkładać** spread out, take apart. **~ się** disintegrate, dissolve into parts

rozmaity various, different, variegated

rozmawiać *impf, pf* **porozmawiać** converse, talk *z+I* with

rozmazać -*żę pf, impf* **rozmazywać** smear, smudge

rozmiar extent, size, dimension, proportion

rozmijać się *impf, pf* **rozminąć się** *z+I* deviate from, miss

rozmnożyć *pf, impf* **rozmnażać** multiply, reproduce

rozmowa -*mów* conversation, discussion

rozmówca interlocutor

rozmówić się *pf* make oneself understood

rozmydlić się *us 3p pf, impf* **rozmydlać się** turn to suds

rozmyślić -*lę* -*lisz pf, impf* **rozmyślać** *nad+I* ponder over. **~ się** think better of, change one's mind

rozmyślny intentional, deliberate. **rozmyślnie** advisedly

rozmyty blurry, obliterated

rozognić -*nię* -*nisz pf, impf* **rozogniać** heat, inflame

rozpacz despair, distress

rozpad break-up, disintegration, collapse

rozpalić -*lę* -*lisz pf, impf* **rozpalać** set fire, ignite

rozpalony *rozpaleni* burning hot, flushed

rozpatrywanie investigation, consideration (*of a request*)

rozpatrzyć *pf, impf* **rozpatrywać** investigate, examine

rozpieścić *pf, impf* **rozpieszczać** spoil, coddle, pamper rozpłakać się *rozpłaczę -czesz pf* burst into tears

rozpocząć *pf, impf* rozpoczynać begin, start, initiate

rozporządzenie order, decree

rozporządzić *pf, impf* rozporządzać give orders, decree

rozpowiedzieć *pf, impf* rozpowiadać air about

rozpoznanie recognition, identification, diagnosis

rozpoznawalny recognizable

rozprawa hearing, treatise. ~ sądowa court hearing, trial

rozpromienić się *pf, impf* rozpromieniać się lighten up

rozproszony *rozproszeni* scattered, dispersed, diffuse

rozpruć *pf, impf* rozpruwać unstitch, rip apart

rozpruwacz slasher, ripper (*knife*)

rozprysnąć *-nę -niesz -prysł -pryśli* splash, splatter

rozpuk *mi.* do ~ku to bursting

rozpuszczalnik solvent

rozpuszczalny soluble. kawa ~na instant coffee

rozrywka *-wek* entertainment, amusement

rozrywkowy entrtaining. muzyka ~wa light music

rozrzucić *pf, impf* rozrzucać toss about

rozsądek sense. zdrowy ~ common sense, horse sense

rozsądny wise, intelligent, judicious, sensible

rozsnuć *pf, impf* rozsnuwać spin. ~ się unfold (*action*)

rozstać się *pf, impf* rozstawać się part ways

rozstajny. ~ne drogi crossroads

rozstrzygać *impf, pf* rozstrzygnąć solve. decide

rozsunąć *pf, impf* rozsuwać part, draw aside, extend

rozszalały frenzied

rozszerzenie enlargement, expansion

roztańczyć się *pf* start dancing

roztargnienie distraction, absent-mindedness

roztkliwić *pf,* roztkliwiać stir. ~ się get all sentimental

roztkliwiony moved, touched

roztrzaskać *pf, impf* roztrzaskiwać shatter, smash, bash in

roztwór *-tworu* (*chemical*) solution

rozum reason, sense. zdrowy ~ common sense

rozumowy of *rozum*

rozweselić *-lę -lisz pf, impf* rozweselać amuse, cheer up

rozwiązać *pf, impf* rozwiązywać solve, resolve, dissolve

rozwidnić się *-ni us 3p pf* become light

rozwieść się *pf, impf* rozwodzić się get divorced. rozwodzić się *nad+I* enlarge upon (*in speech*)

rozwieźć *pf, impf* rozwozić transport, convey, deliver

rozwijać *se rozwinąć*

rozwinąć *pf, impf* rozwijać develop, unfold. *intrans* ~ się

rozwinięty *rozwinięci* developed, advanced

rozwodzić się *nad+I* enlarge upon (*in speech*)

rozwojowy developmental. rozwojowo

rozwód *rozwodu* divorce

rozwój *rozwoju* development, progress

rozwścieczyć *pf, impf* rozwścieczać enrage, incense, madden, infuriate. ~ się become enraged, incensed

rozzłościć się *pf* get angry

ród *rodu rodzie* 1 tribe, house, line, dynasty, kind. rodem *z+G* born of, with roots in

róg *rogu i* 1 horn, antler. 2 corner

rów ditch

rówieśnik *Npl* age-mate, contemporary

rówieśny of the same age. *as* age-mate

równia (*geometrical*) plane, level. equal

równie equally

również likewise, also

równoczesny simultaneous. równocześnie

równolatek age-mate

równoległy parallel, collateral, simultaneous

równościowy of *równość*

równość equality, parity. znak ~ści equals sign

równy equal, level. równie equally

róża rose

różany rosy

różnić *impf* differentiate. ~ się *od+G* differ from

różnorodność diversity

różnorodny diverse

różny various, varied. ~nego rodzaju of various sorts

różowić się *-wi us 3p pf* turn pink (*e.g. sky*)

różowy pink (*colour*)

różyczka *-czek* of *róża*. rubella, German measles

RP *abbrev* of *Rzeczpospolita Polska* Republic of Poland

RTV *abbrev* of *radio i telewizja* radio and television

rubryka heading, (*newspaper*) column

ruch movement. ~ oporu resistance movement

ruchliwy moving, brisk, active (*in business*)
ruchomy mobile, moveable. **schody ~me** escalator
rudera ramshackle building, hovel, shack
ruina ruin, wreck
runąć *us 3p pf* rush, charge. tumble into ruin
runda *rundzie* round (*of talks*)
rura pipe, duct
ruski Ruthenian. *pej* Russian
rusz *phr.* **ani ~** not a bit, no go. **co i ~** quick as a wink
ruszyć *pf, impf* **ruszać** move, touch. get underway
rutyna practice, experience, routine
ryba fish. Pisces (*Zodiac*)
rybak fisherman
rybka *-bek* of *ryba*. **złota ~** goldfish
rychły early, soon, imminent. **rychło**
rychtować *impf* set to right, fix, mend
ryczeć *impf, pf* **ryknąć** bellow, roar
rynek *rynku* market, marketplace. **na ~nku**
ryński *old-fash* tip. **dać ~skiego** give a tip
rysować *impf, pf* **narysować** draw, sketch, design
rysunkowy of *rysunek*. **film ~** cartoon
ryszka *ryszek* frill
rywalizować *impf* rival. *o+A* vie for. *z+I* compete with
ryza ream (*of paper*). **utrzymać w ~zach** keep control of
ryzyko risk
rzadki rare, scarce, sparse, thin (*of liquids*)
rząd 1 *rzędu* row, rank, tier, (*biological*) order. **w pierwszym rzędzie** in first priority. 2 *pl* rule, reign. **za ~dów** *+G* during the reign of
rządzący *decl like* ruler
rządzić *impf* *+I* govern
rzec *rzeknę pf or impf* say
rzecz *NApl -y* thing, item, matter, deal. **co to do rzeczy?** what does that have to do with it?
~ jasna obviously. **w czym ~?** what's the deal, what's the point? **w samej ~czy** in actuality, indeed
rzecznik *Npl* spokesman
rzeczownik *-a* noun
rzeczowy matter-of-fact, down to earth, substantive
rzeczpospolita republic, commonwealth.
~ Polska (RP) Republic of Poland
rzeczywistość reality. **w ~ści** actually
rzeczywisty real, actual. **rzeczywiście** really, actually

rzekomy would-be, supposed, putative, reputed, alleged
rzepak rapeseed
rzepakowy of *rzepak*
rzepka *-pek* 1 *dim of rzepa*. 2 kneecap, kneepad
rzesza mass, throng, multitude. The Reich
rzetelny honest, upright, reliable
rzeźnik *Npl* butcher
rzeźwić *impf* invigorate
rzeźwy sprightly. **rzeźwo**
rzęsa eyelash
rzucający się w oczy *phr* prominent, salient
rzucić *pf, impf* *+I or +A* **rzucać** throw, cast. give up. **~ okiem** *na+A* cast an eye on. **~ się w oczy** be hard to overlook, be conspicuous
rzut throw, cast, toss. **na pierwszy ~ oka** at first glance
Rzym Rome
Rzymianin *Npl -anie Gpl -an* Roman

S

sadzać *impf* seat, make sit
sadzić *impf, pf* **posadzić** plant. Seat
sakrament sacrament
sakramentalny sacramental
sala hall
salon salon. drawing room. **~ wystawowy** showroom
sałatka *-tek* salad
sam (*sama samo*) *intens pron* self, same, alone
samochodowy automotive
samochód car, automobile, multi-wheeled vehicle
samodzielny independent, self-reliant
samograj sure-fire hit
samorząd autonomy, self-government
samosąd mob rule, lynch rule
samotnia, samotność solitude
samotny solitary, alone. unmarried (*woman*)
samouczek self-study guide. self-taught person
samozachowawczy self-preservation, survival
sandacz perch-pike
sanskryt Sanskrit
sapać *sapię impf, pf* **sapnąć** wheeze, gasp, pant, puff
są *see być*
sąd *sądzie* court, judgement. **bez sądu** summarily. **~ wojenny** court-martial
sądowniczy judicial
sądny. ~ dzień judgement day

sądzić *impf* judge, think
sąsiadka *-dek* of *sąsiad*
sąsiedni neighbouring, adjacent
sążeń *sążnia* old measurement of length. fathom
SB *abbrev* of *Służba Bezpieczeństwo*
scena scene (*theatrical*). **robić ~nę** make a scene
scenariusz *-a* scenario, script, filmscript, screenplay
schabowy of *schab*. **kotlet ~wy** pork chop
scheda inheritance, heritage, hereditary estate
schemat scheme, outline
schematyczny schematic. **schematycznie**
schodowy of *schody*. **klatka ~wa** stairwell, staircase
schody *pl form* G *-ów* stairs
schować *see chować*
schronić *see chronić*
schronisko shelter, hiding place, refuge, resort, hostel
schylić *pf, impf* **schylać** nod (*head*), incline. **~ się** bend
seans show, performance, séance
sedno *sg-only* essence, substance, crux, gist
segment segment. semi-detached housing unit
sejm (*Polish*) parliament
sekretarka *-rek* secretary. answering machine
sekundant second (*in a duel*)
semicki Semitic
sen *snu śnie* dream, sleep, slumber. **we śnie** while asleep. **twardy ~** sound sleep. **przez ~** in one's sleep
sennik *-a* dream-book
senny sleepy, drowsy
sens sense, meaning. **mieć ~** make sense
sensacyjny sensational, lurid
serce heart. **z całego ~ca** with one's whole heart
sercowy cardiac. **problem ~wy** romantic difficulty
serdeczny sincere, cordial, convivial. **palec ~** ring finger
serwis 1 service (*esp. automobile, appliance*). 2 set (*for tea, etc.*). 3 *fac an* serve, service (*in tennis*)
setka 100 ml of vodka
sędzia judge, referee
sęk knot, knarl, knurl. **w tym sęk** that's the problem
sfera sphere. **w ~rze** +G in the realm of
siać *impf, pf* **zasiać** sow
siadywać *impf freq* of *siedzieć* sit

siak **tak czy ~** one way or another
siarczysty spirited, lively. **siarczyście** spiritedly
siatka *-tek* of *sieć* net, mesh, shopping net
sidło *sideł sidle us pl* snare
sieć net, network, chain (*of stores*), (*electrical*) grid
siedziba headquarters, main office
siedzieć *siedzę -dzisz siedzą siedź impf, pf* **posiedzieć** sit
siego *phr.* **Do siego roku!** Happy New Year!
sierpień *sierpnia* August (*month*)
sięgnąć *pf, impf* **sięgać** *do+G* reach, stretch. *po +A* reach for. *do+G* delve into
sikać *impf, pf* **siknąć** *or* **posikać** squirt, spout, urinate
sikora, sikorka titmouse
silnik *-a* engine
silny strong. **silno.** *comp* **silniej**
siła 1 *sile* strength, force. **siłą** by force, by virtue of
siła 2 *indecl quant* large number
siłowy of *siła*. **sport ~** power sport
sio *phr.* **ni to czy sio** neither one thing or the other **siostra** *sióstr* sister, nurse, nun
siostrzyczka *-czek* of *siostra*
siwak *-a* type of earthen pot
skala scale (*musical, etc.*). **na szeroką ~lę** on a broad scale
skalny made of rock
skansen open-air antique building museum
skarb treasure, treasures. treasury
skarbowiec *-wca* revenue official
skarbowy fiscal
skarga *skardze* complaint, grievance
skarżyć się *impf, pf* **zeskarżyć się** *na+A* complain about
skazać *pf, impf* **skazywać** pass judgement, condemn
skazany *as mp* condemned
skąd of where, whence. **skądże!** of course not
skierować *pf, impf* **skierowywać** *do+G* direct, send to
skinąć *pf +I* nod. **~ głową** nod one's head (*in assent*)
sklep 1 shop, store. 2 vault (*of heavens, etc.*)
sklepać *sklpię pf, impf* **sklepywać** hammer together
sklepowy *as mp* shopkeeper
skład 1 composition, makeup. 2 supply depot
składać się *us-3p z+G* be composed of, consist of. **dobrze się składa** that works out nicely

składka -*dek* collection, contribution
składnik -*a* component, ingredient
skłonić *pf, impf* **skłaniać** incline, induce
skłócenie *oft pl* strife
skocznia ski-jump
skojarzenie (*mental*) association
SKOK *Spółdzielcze Kasy Oszczędnościowo-Kredytowe*
skok jump, hop, leap, surge. *colloq* heist
skomplikowany complicated
skoro since, as soon as. ~ **świt** with break of day
skory *do*+ quick, willing, eager to. ~ **do czynu** quick to act
skóra *skórze* skin, leather, hide, rind
skrajność extreme, extremity
skrawek *skrawka* scrap, shred, snippet
skręcić *pf, impf* **skręcać** twist, turn, sprain. ~ **się** writhe
skręcony curly (*hair*)
skrępowanie restraint. hindrance
skromny modest, humble, unassuming. **skromnie**
skrócić *pf, impf* **skracać** shorten, curtail, abridge
skrót abbreviation, shortcut
skrupić się *pf, impf* **skrupiać się** be the scapegoat
skrupuł *skrupule oft pl* scruple, qualm
skrypt promisory note, IOU, textbook, study guide
skrzący się sparkling
skrzek croak, screech. spawn
skrzekliwy screechy
skrzętny diligent, bustling, sedulous, assiduous
skrzyczeć *pf* scold, chide, berate
skrzydło *szkzydeł skrzydle* wing, flank (*of army*)
skrzynka -*nek* box, chest, case, crate. ~ **na listy** mailbox
skrzyżowanie intersection, crossing, junction
skulić się -*lę* -*lisz pf* hunch over, crouch, cringe
skupić 1 *pf, impf* **skupiać** concentrate. ~ **się** *na*+L on
skupić 2 *pf, impf* **skupować** buy up, buy back
skupienie concentration, agglomeration
skupisko gathering, concentration
skurwysyn *vulg* son of a bitch
skuteczny effective. **skutecznie**
skutek *skutku often-pl* effect, result. **na** ~ +G as the result
skutkować *impf, pf* **poskutkować** take effect
skwerek *skwerku* of *skwer*
skwierczeć -*czy us 3p impf* sizzle

SLD *Stronnictwo Ludowo-Demokratyczne*
slipy *pl form* bathing briefs
slumsy *or* **slamsy** *pl form* G -*ów* slums
słabiutki very weak. frail
słabość weakness, infirmity
słaby weak, frail, faint, flimsy, tenuous
sława *sławie* reputation, fame, glory, renown
sławić *impf* praise, extol
sławny famous, celebrated, renowned
słodować *impf* malt
słodycz *us pl Gpl* -*y* sweets, candy
słoik -*a* jar
słomiany made of straw, thatch
słomka -*mek* of *słoma*
słony salty. **słono**. ~ **zapłacić za coś** pay a pretty price for
Słowak Slovak
słownik -*a* dictionary
słowo *słów* word. **bez słów** no caption needed. **innymi słowy** in other words. **jednym ~wem** in a word
słód *słodu* malt
słój *słoja Gpl słoi or słojów* jar. *słoju* ring of tree
słuchać *impf, pf* **posłuchać** +G listen to
słuchawka -*wek* telephone receiver. *pl* headphones
słuchowisko radio play
sługa *or* *słudze* servant
słupkowy. wykres ~wy bar chart
słuszny correct, proper. **słusznie** correctly
służący *mp decl like aj* servant
służba *służbie* service, duty. **na ~bie** on duty
służbowy business, official
służyć *impf* +D serve. **do czego to ~ży?** what's that for
słychać *infin only* can be heard. **co** ~ what's new?
słynąć *impf* +I be famous for
słynny famous
słyszeć *impf, pf* **usłyszeć** hear
smaczny tasty. **~nego!** bon apetit!. **smacznie**
smagać *impf, pf* **smagnąć** lash, flog
smak taste, flavor. **do smaku** (*season*) to taste
smakować -*kuje 3p-only* (+D) taste, taste good (to)
smakowy. gustatory
smar grease
smażony fried
smażyć *impf, pf* **usmażyć** fry. ~ **się** be frying
smolisty tarry. **smoliście**

smoła *smole* tar, pitch
smród *smrodu us-sg* stink, stench
sms *'esemes'* text message
smucić *impf, pf* zasmucić sadden
smutny sad, mournful. smutnie. smutno mi
  I'm sad
snąć *snę śniesz impf* die (*of fish*)
snuć *impf,* spin (*dreams*), dream up
sobota *sobót* Saturday (*day of week*)
socjeta (*high*) society
sodowy *aj of soda*. woda ~a soda water
sojowy *aj of soja*. mleko ~we soy milk. sos ~ soy
  sauce
sojusz alliance
sojuszniczy allied, friendly (*forces*)
sojusznik *Npl sojusznicy* ally
sola sole (*fish*)
solarium tanning salon
sold *-a old-fash* soldo (*old small Italian coin*)
solić *impf, pf* posolić *or* zasolić salt. salt, (*zasolić*)
  pickle
solidarność solidarity
sondaż survey. ~ opinii publicznej public
  opinion poll
sos sauce, gravy
sotnia *mil* unit of 100 men
sowiecki *pej i.o.* radziecki Soviet
sól *soli* salt
spacer walk, stroll, hike. na ~rze on a walk
spacerek *spacerku* of *spacer*. spacerkiem leisurely
spacerować *impf* stroll
spać *śpię impf, pf* pospać sleep
spad slope, fall-off
spalanie combustion, oxidation
spalić *-lę lisz pf, impf* spalać burn. consume (*fuel*)
spaliny *pl form G -lin* exhaust
spaść *spadnę pf, impf* spadać *z+G* fall off,
  tumble down. *na+A* fall down on. spadaj
  stąd scram, beat it
specjalista *specjaliście* expert, specialist
specjalistka *-tek* of *specjalista*
specjalistyczny specialist
specjalizować się *impf, pf* wyspecjalizować się
  specialize
specjalność specialty
specjalny special. specjalnie specially, on
  purpose
spedytor forwarding agent
spekulacja speculation
spełnić *pf, impf* spełniać fulfil. ~ się be fulfilled

spełznąć *us 3p pf* fade. ~ na niczym come to
  nothing
spędzić *pf, impf* spędzać spend, pass (*time*)
spieczony scorched, burnt, parched
spierzchnięty chapped
spieszczać *impf* talk baby talk
spieszczenie baby talk
spiętrzyć się *pf, impf* spiętrzać się be layered,
  pile up
spiker radio announcer
spis register, directory. ~ treści table of contents.
  ~ ludności census
spisa pike lance spear
spisać *spiszę pf, impf* spisywać make a list. ~ się
  acquit o.s.
spleść *splotę pf, impf* splatać entwine, splice.
  los splatał jej figla fate played a joke on her
spłacić *pf, impf* spłacać pay off
spłynąć *pf, impf* spływać flow, drop (*e.g. tear*)
spocony covered with sweat
spocząć *-cznę pf, impf* spoczywać rest, lie, be
  at ease. ~ w grobie lie in the grave. spocznij!
  at ease (*command*)
spod(e) *prep+G* of under, of beneath
spodem *av*. pod ~ underneath
spodziewać się *impf +G* expect
spojrzeć *spójrz pf, impf* spoglądać look, look up,
  glance
spojrzenie glance, gaze
spokojność calm, peace, tranquility
spokojny peaceful, calm, placid, tranquil, still,
  relaxed
spokój *spokoju* peace, calm. daj ~ *colloq* give me
  a break
spolszczyć *-cze -czysz pf, impf* polszczyć Polonize
społeczeństwo society
społecznościowy. serwis ~ social networking
  service
społeczność community, local society
społeczny social, societal
sponiewierany mistreated, abused, battered
spory fair-sized. sporo
sporządzić *pf, impf* sporządzać write up, draw
  up
sposobność opportunity. przy ~ści given the
  opportunity
sposób manner, way fashion. ~ bycia way of
  being
spostrzec *pf, impf* spostrzegać observe, notice
spostrzeżenie observation, remark

spotkać *pf, impf* **spotykać** meet. ~ **się** meet one another

spotkanie meeting, encounter

spotykany encountered, occurring

spowodowany +I caused by

spoza *prep*+G of beyond, of behind

spożycie consumption

spożyć *pf, impf* **spożywać** consume

spożywczy comestible. **sklep** ~ food store, grocery

spódnica skirt

spójność coherence

spójny compact, coherent

spółdzielczy cooperative

spółka *-łek* partnership. ~ **akcyjna** corporation

spóźnić *pf, impf* **spóźniać** make late. ~ **się** be late

spóźniony late, tardy, delayed

sprawa matter, affair, concern. **mieć sprawę** z+I have business with. **na dobrą sprawę** to be sure. **nie sprawy** no big deal . . . **za sprawą** +G due to. **zda(wa)ć sobie sprawę** z+G realize

sprawdzić *pf, impf* **sprawdzać** check. ~ **się** check out

sprawdzony tested, proven, tried, dependable

sprawić *pf, impf* **sprawiać** cause, occasion, acquire

sprawiedliwość justice

sprawiedliwy just, fair. **sprawiedliwie** justly

sprawność efficiency, proficiency

sprawny efficient, proficient, deft. in working condition

sprawować *impf* perform, discharge (*duties*)

sprawozdanie report

sprężyć *pf, impf* **sprężać** tense (*muscles*), compress (*gas*). ~ **się** tense up

sprostać *pf* +D be equal to, be able to match, stand up to

spryt *sprycie* cleverness

sprytny clever, cunning, shrewd. **sprytnie**

sprzątać *impf* clean up, tidy up

sprzeciwić się *pf, impf* **sprzeciwiać się** +D resist, oppose

sprzeczny contrary, conflicting. z+I contradictory to

sprzed *prep*+G of before, of in front of

sprzedać *pf, impf* **sprzedawać** sell

sprzedający *as* seller, vendor

sprzedawca *Npl* -y salesman

sprzedaż sale, sales

sprzyjać *impf* +D further, favour, foster, be conducive to

sprzyjający favourable. +D conducive to

spustoszenie devastation

spustoszyć *see* **pustoszyć**

spuścić *pf, impf* **spuszczać** lower, let down, drop

srebrny silver. **srebnie**

srebrzysty silvery. **srebrzyście**

sroka magpie

stabilizować się *impf, pf* **ustabilizować się** become stabilized

stabilny stable. **stabilnie**

stacjonować *impf* quarter (*soldiers*)

stać się *stanę pf, impf* **stawać się** happen. +I become

stać 1 *stoję stoisz impf, pf* **postać** stand. ~ **otworem** stand open

stać 2 +A *na*+A be up to. ~ **mnie na to** I can afford it

stadion stadium

stado herd, flock, drove

stal steel

stała *decl like* constant (*number*)

stałość steadiness, consistency, constancy, permanence

stały constant, consistent, fixed, permanent. **ząb** ~ adult tooth. **na ~łe** for good, constantly. **stale** continually

stamtąd of there

stan state, condition. *US* state. **Stany Zjednoczone** United States. **być w ~nie** +*infin* be able to. ~ **wojenny** martial law

stanąć *pf, impf* **stawać** stand up, come to a stop. ~ **w obronie** +G stand up for

stanowczy firm, decisive, adamant, resolute, emphatic

stanowić *impf* comprise, make up. amount to

stanowisko job, position, booth, stall

stara *decl like colloq* old lady (*mother, wife*)

starać się *impf, pf* **postarać się** +*infin* try to, endeavour

staranie *often-pl* endeavour, effort, attempt

staranny careful, meticulous, painstaking, scrupulous

starcie clash, encounter, scuffle

starczy senile *3p-only pf, impf* **starczać** +D suffice (for)

stareńki little old

starocerkiewny. język ~ Old Church Slavic

starość old age

staroświecki old-fashioned
Starówka Old Town (*esp in Warsaw*)
starszawy *oldish*
starszy elder, elderly
start start (*of race*), takeoff, liftoff (*of airplane*)
startować *impf, pf* wystarotwać start, take off
startowy of *start*
stary 1 old. *comp* starszy elder. staro
stary 2 *decl like colloq* old man (*father*), old chap
starzec *starca Vsg starcze* old man
starzeć się *starzeję impf, pf* zestarzeć się grow
   old
starzy *pl colloq* old folks (*parents*)
stateczny sedate, staid, sober, steady, stable
statek *statku* ship. ~ pasażerski ocean liner
status status
statysta *statyście* extra (*in a play, film*)
statystyk *statystycy* statistician
statystyka statistics
stawać *staję impf* stand. ~ na wysokości zadania
   rise to the task
stawić *pf* place. ~ opór put up resistance. ~ się
   na+L show up (at), report for duty
stawka *-wek* stake (*in a wager*)
stąd from here, hence, whence
sterać *pf* exhaust, wear out
sterownica controls, guidance system
stęchły stale, musty
stęp *fac an in phr* ~pa *or* ~pem at a walk
stłoczyć *pf, impf* stłaczać pack, jam, pack
stocznia shipyard
stoczyć *pf, impf* staczać roll down. ~ wojnę wage
   war. ~ się stagger
stojak *-a* stand, rack
stojący standing. miejsce ~ce standing room
stokrotny a hundred fold
stolarz joiner, carpenter
stolica capital
stołeczny of *stolica*. miasto ~ capital city
stonoga *-nóg* wood-louse, centipede, sow bug,
   pill bug
stopa *stóp* foot. u stóp +G at the foot of
stopień degree, grade. w dużym ~pniu to a large
   extent
stopka *-pek* fuse. ankle sock. treadle. footer
stopniowy gradual. stopniowo
stosować *impf, pf* zastosować apply, put to use.
   ~ się *do+G* adapt to, comply with
stosowny suitable, fitting, proper, appropriate,
   a propos

stosunek *stosunku* relation, relationship. *do+G*
   attitude toward. w ~nku *do+G* in regard or
   relation to
stosunkowy comparative, relative
stowarzyszenie association
stracenie 1 loss. nic do ~nia nothing to lose.
   2 execution. miejsce ~ceń place of execution
strach fear, fright
strach terror, fear, dread. ~ na wróble scarecrow
stracony *straceni* lost. executed (*put to death*)
stragan stall, booth
strajk strike, walkout
straszliwy frightful, gruesome, horrifying, awful
straszny terrible, horrible. strasznie terribly
strata loss. *pl* casualties
strażnica watchtower
strażnik watchman, guard. ~ leśny forest ranger
strąk *-a* (*seed, bean*) pod
strefa zone. ~ czasu time zone
strofa stanza
stroik *-a* 1 headdress. 2 reed. 3 wreath
strojowy. widełki ~we tuning fork
strona *stronie* side, direction, page. (*grammatical*)
   voice. ~ bierna passive voice. ~ internetowa
   web page. po tej stronie on that side. w
   stronę +G in the direction of. z jednej
   (drugiej) strony on the one (other) hand
stronnictwo (*political*) faction
strop ceiling (*structural*). roof (*of tunnel*)
stropić się *pf* be disconcerted
strój *stroju* dress, costume, attire
strugać *impf, pf* wystrugać whittle, plane
struktura structure
strumień *strumienia a* stream, creek
strzec *strzegę strzeżesz impf* guard
strzelić *pf,* strzelać *impf* shoot. prosto jak strzelił
   straight as a shot
strzępić *impf, pf* postrzępić shred. ~ język waste
   one's breath. ~ się fray
strzykać *impf, pf* strzyknąć squirt. ~ mnie I have
   a twinge
stu- hundred- *as in* stumarkowy 100-mark
studencki student's
studium study centre. *pl* studia (*university*)
   studies
studniówka *-wek* pre-graduation ball
stukać *impf, pf* stuknąć bang, knock, rap
stulecie *Gpl -i* century, centenary, centennial
stulić *pf, impf* stulać roll up. stul gębę shut your
   trap

stuła *stule* (*priest's*) stole
stwierdzić *pf, impf* stwierdzać ascertain
stworzenie creation, creature, being
stworzyć *pf, impf* stwarzać create
styczeń *stycznia* January (*month*)
stygmat stigma
stykać się *see zetknąć się*
stymulator *-a*. ~ serca pacemaker
stypendium stipend, fellowship
stypendysta *stypendyście* stipendist, fellow
suchoty *pl form G -ot* consumption
suchy *susi* dry. *and pred* sucho. na ~ unscathed
sufit *suficie* ceiling
sugerować *impf, pf* zasugerować suggest
sukienka dress
suknia *-kien* gown
sum catfish
suma sum, amount. w sumie in short, in sum, in all
sumienie conscience
sumpt *mi*. własnym ~tem at one's own cost
super *interj, indecl aj*, great, super
suplement supplement
surowiec *surowca* stock, staple, raw material
surowość strictness, rawness, severity, rigor, austerity
surowy strict, severe, harsh, rigorous, austere
sus *fac an* leap. dać ~sa give a leap
susz dried fruit
susza drought
suszyć *impf, pf* wysuszyć dry
suwerenny sovereign. suwerennie
swary *pl form G -ów* quarrel, strife
swat matchmaker. on ni brat, ni ~ he's no one to me
swego czasu *phr* of a time, once
sweter *swetra* sweater
swędzić *impf us impers* itch. swędzi mnie I itch
swoboda *swobód* freedom, ease
swobodny free, easy-going
swojski native, home-grown, familiar. swoisko
swój one's own. wiem swoje I know what I'm talking about. sami swoi all good friends
syczeć *-czę impf, pf* syknąć hiss
sygnet signet ring
sygnować sign
symbolika imagery (*use of symbols in literature or art*)
sympatia liking, favour, regard. girl-friend, boy-friend

symulować *impf* feign, simulate
syn *Lsg -u, Npl -owie* son
synteza synthesis. ~ jądrowa nuclear fusion
sypialnia *Gpl -lń or -ni* bedroom
syt (*f syta*) +G full, satiated
sytuować *impf, pf* usytuować locate. ~ się be situated
sza hush, shush
szabla sabre
szacować *impf,* oszacować *pf* appraise, estimate
szacunek *szacunku us-sg* respect, regard, esteem
szafa cupboard, cabinet. grająca ~ music box
szafka *-fek* of *szafa* cabinet
szafkowy cabinet. zegar ~wy grandfather clock
szajka *-jek* gang, band, ring
szakal jackal
szaleć *szaleję impf, pf* oszaleć go crazy, go berserk, rage
szalony mad, crazy, frantic. szalenie
szałas hut, cabin, lean-to
szanować *impf, pf* uszanować respect, esteem
szanowny respected, esteemed
szansa *NApl -e oft pl* chance. równe ~se even odds
szarańcza *Gpl -y* locust
szarpać *szarpię impf, pf* szarpnąć yank, jerk, tug
szary gray (*colour*), drab. szaro
szarżować *impf* charge, attack
szata vestment, *pl* attire
szatnia *Gpl -i* cloakroom
szczebel *szczebla Gpl -i* rung, rank, level
szczególny particular. szczególnie particularly
szczegół detail. ~ techniczny technicality
szczegółowy detailed. szczegółowo in detail
szczelny tight-fitting, air-tight. szczelnie tightly (*closed*)
Szczerbiec *Szczerbca* coronation sword of Poland
szczery sincere, frank, candid. szczerze frankly
szczerzyć *impf*. ~ zęby show one's teeth, grin
szczęka jaw, mandible
szczęście happiness, fortune, good luck
szczęść Boże *phr* God speed
szczęśliwy lucky, happy, fortunate
szczupak pike (*fish*)
szczupły *szczupli* thin, lean, slender. szczupło
szczur rat
szczyl *pej* brat
szczypać *szczypię impf, pf* szczypnąć pinch, nip

szczyt summit, peak, gable, (*sexual*) climax.
  godzina ~tu rush hour. **godziny ~tu** peak
  hours of usage
szczytny laudable, lofty, high, noble
szef *Npl -owie* boss. **~ kuchni** chef
szefowa of *szef*
szemrać *szemrzę -rzesz impf* babble, murmur,
  mutter
szepnąć *pf, impf* szeptać *-c(z)ę -(c)zesz* whisper
szereg row, rank. a number of
szeregowiec *szeregowca* private (*soldier*)
szeregowy rank and file. *as mp* enlisted man
szeroki wide, broad
sześcienny cubic. **pierwiastek ~** cube root
sześcioletni six-year-old
szew *szwu* seam
szewc shoemaker, cobbler
szkatułka *-łek* small box
szklany glass. **włókno ~ne** fiber glass
szklisty glassy, glazed-over. **szkliście**
szkocki Scottish, Scots, Scotch
szkoda *szkód* harm, loss. too bad, a pity. a waste
szkodzić *impf, pf* zaszkodzić *+D* harm. **nie ~dzi**
  it's OK
szkolenie schooling, training, instruction
szkoleniowiec *skoleniowca* trainer, coach
szkolnictwo education, school system
szkoła *szkół szkole* school
szkółka *-łek* of *szkoła*. nursery (*plants*)
szlaban *-a* bar, barrier (*at r.r. crossing*)
szlachciura *pej* petty land-owning class
szlachecki noble
szlachetny noble. **kamień ~** precious stone
szlag the Devil. **niech to ~ trafi!** the Devil take
  it. **szlagier** *szlagra* hit song
szlak route, trail, track
szlaka slag
szlem grand slam
szmat. **~ drogi** a fair distance. **~ ziemi** tract of
  land
szmer murmur
szmergiel *szmergla* emery, emery paper
szminka *-nek* lipstick, greasepaint
szmira trashy play or film
sznur *-a* string
sznurek *sznurka* string, (*shoe*) lace
szok shock
szop raccoon
szopa 1 shop, shed. 2 mop of hair
szopenowski by or relating to Chopin

szosa highway
szpaler row of trees or people on both sides of
  road
szpiczasty pointy, peaked (*cap*). **spiczaście**
szpiegować *impf* spy on
szpik marrow
szranki *pl form G -ów.* **stawać w ~** enlist
szt. *abbrev of sztuka or sztuk*
sztampa manner, way
sztok *mi.* **pijany w ~** blind drunk
sztorm storm, squall
sztuczka *-czek* trick, artifice, ploy
sztuczny artificial, synthetic. affected
sztuka art, trick, play (*theatrical*). piece, article
szturm *mil* assault, onslaught
sztywny stiff, rigid, inflexible. **sztywno**
szuflada drawer
szukać *impf +G* search for, look for, seek
szum noise, buzz, whir, rustle, noise, stir
szumieć *-mi us-3p impf* 1 make noise, resound.
  2 sparkle
szumny noisy, boisterous, grand, sumptuous
szwank harm, injury, loss, damage
szyb *szybie* mine shaft. **~ naftowy** oil well
szyba *szybie* pane, windshield
szybciutki of *szybki* good and quick
szybki quick, swift, fleet, speedy, brisk
szybkość speed, rapidity
szych tinsel
szycie sewing. **maszyna do ~cia** sewing machine
szyć *szyję impf, pf* uszyć sew
szyderczy mocking, sneering
szydło *-deł szydle* awl, bodkin
szydzić *impf z+G* scoff at, mock, deride
szykana *us pl* harassment, chicanery
szykować *impf* ready, prepare. **~ się** *do+G* get
  ready for
szyld sign, signboard
szympans chimpanzee
szynka *-nek* ham
szyper *szypra* skipper (*of ship*)

Ś

ściąć *zetnę pf, impf* ścinac cut down. **~ głowę**
  behead
ściek sewage, sewer, gutter, cesspool. *pl* sewage
ścienny of *ściana*. **zegar ~** wall clock
ścierny abrasive. **papier ~** sand paper
ścigany wanted or pursued (*by the law*)
ściosać *ścioszę pf, impf* ściosywać chop down

ścisk crush, crowd, throng, press
ściskać *impf, pf* **ścisnąć** *ściskę ściśniesz* squeeze, press, clench, clasp, hug. ~ **się** contract
ścisły *ściśli* precise, exact. **ściśle** closely, exactly, precisely
ściszyć *-czę -szysz pf, impf* **ściszać** silence
ślamazara sluggard, slowpoke
Śląsk Silesia. **na ~ku**
śledzić *impf* trace, follow, shadow
śledź *śledzia* herring
ślepota *ślepocie* blindness
ślepy blind. ~ **ulica** dead end. as *mp* blind person
ślęczeć *impf nad+I* drudge, plod, pore over
śliczny lovely. **ślicznie. dziękuję ~** thank you kindly
śliwka *-wek* plum
ślizg sled run, underside of ski
ślub *ślubie* wedding, *pl* vows
ślubić *impf, pf* **poślubić** wed, marry
ślubny of *ślub* **suknia ~na** bridal gown
ślubować *impf, pf* **poślubować** vow, swear, pledge
ślusarz metal-worker, locksmith
śmiać się *śmieję impf, pf* **zaśmiać się** *z+G* laugh at
śmiech laugh, laughter. **~chu warte** ludicrous
śmiecić *impf* make mess, scatter garbage
śmieć 1 *us pl* trash, garbage, refuse, junk
śmieć 2 *śmiem impf* dare, venture
śmierć death. **~+D oath** death to ---!
śmiertelność mortality, rate of death
śmiertelny deadly, fatal, mortal. **wypadek ~** fatality
śmieszny funny, ludicrous, ridiculous, absurd, laughable
śmigać *impf, pf* **śmignąć** flit, swish
śniadać *impf* eat breakfast
śniadanie breakfast. **jeść na ~** have for breakfast
śniady *śniadzi* dusky, swarthy, tawny
śnić *impf, pf* **wyśnić** dream
śnić się *3p impf, pf* **przyśnić się** *+D* appear in a dream
śnieg snow
śniegowiec *śniegowca* snow boot, galosh
śp. *abbrev* of *świętej pamięci* of sacred memory
śpiący sleepy, sleeping, asleep
śpieszyć *impf, pf* **pośpieszyć** hurry. ~ **się** be in a hurry
śpiewać *impf, pf* **zaśpiewać** sing

śpiewny melodious, songful. **śpiewnie**
śr. *abbrev* of *średnica, średnio, środa*
średni medium, average. **szkoła ~nia** high school. **średnio** on average
średnia *decl asaj* mean, average
średniactwo mediocrity
średnicowy *af* of *średnica*. **linia ~wa** cross-town rail line
środek *środka often-pl* centre, means, measure, substance. ~ **antykoncepcyjny** contraceptive
środowisko environment, surroundings, milieu
śrut *śrucie* shot, buckshot. **gruby ~** buckshot
św. *abbrev* of *święty or święta* Saint
świadczenie certificate, benefit. **dodatkowe ~** perquisite
świadczyć *-czy us-3p impf o+L* indicate, testify to
świadek *świadka Npl -owie* witness, bystander
świadomość consciousness, knowledge, awareness
świadomy *or* **świadom** *+G* aware of, conscious
świat *-a świecie* world. **na świecie** in the world. **na tamtym świecie** in the afterlife
światełko *-łek* of *światło*
światło *świateł świetle* light. **w świetle** *+G* in light of
światły *światli* enlightened
światopogląd world-view, outlook
światowy of *świat* global, world-wide, worldly
świątek *świątka* carved saint (*us. in a roadside shrine*)
świątynia temple
świeca candle (*esp in church*). ~ **zapłonowa** sparkplug
świecić *impf* shine. ~ **się** shine, gleam, glimmer
świecki lay, laic, lay person, secular
świetlny luminous. **rok ~** light year. **sygnalizacja ~na** traffic lights
świetny excellent, fine, great, wonderful, splendid
świeżutki good and fresh, real fresh
świeży fresh. **świeżo** freshly, recently
święcić *impf* observe (*a holiday*), consecrate. ordain. **coś się święci** something is up
święcie of *święty*. ~ **przekonany** absolutely certain
święcony blessed, holy, hallowed. **woda ~na** holy water
święto holiday. **wesołych świąt** happy holidays
świętojański St John's. **chleb ~** carob
świętojerski St George's

świętokrzyski. Góry ~kie Holy Cross Mountains
święty *święci* holy, sacred, saint. **święcie**
świr *fac an colloq* nut, nut case, psycho
świt dawn, daybreak. **o świcie** at daybreak
świta retinue, entourage

T

tabletka *tek* tablet, pill, lozenge
tablica blackboard, bulletin board, switchboard,
    slab
tabliczka *-czek* plate, sign, table, tablet
taca tray
tacierzyński *joc* paternal, daddy's. **urlop ~**
    paternal leave
tajemnica secret. **okryty ~cą** shrouded in
    mystery
tajemniczy mysterious, secretive
tajniak *Npl tajniacy* secret agent
tajnik secret thing. **~ki natury** secrets of nature
tajny secret, clandestine
tako *av.* **jako ~** so so
taktyk tactician
taktyka *sg-only* tactics
talerz *-a* plate. **latający ~** flying saucer. *pl*
    cymbals
talerzyk *-a* of *talerz*
tama dam, dike, weir
tam-tam tomtom
tan *obs* dance
tandetny shoddy, tacky. **tandetnie**
taneczny of *taniec*. **muzyka ~** dance music
tani cheap. *comp* **tańszy. tanio** cheaply
tanieć *-ieje us 3p impf, pf* **stanieć** get cheaper
tańcować *impf same as* tańczyć
tańczyć *impf, pf* **potańczyć** *or* **zatańczyć** dance
tapczan *-a* daybed, convertible sofa, davenport
tarapaty *pl form G -ów* trouble. **w ~tach** in dire
    straits
targ *oft pl* market. **na ~gu** at market. *pl* fair
targać *impf, pf* **targnąć** pull, tug, drag
targować *impf z+I* trade with. **~ się** haggle
targowiczanin *hist* (member of Targowica
    Confederacy)
tarty. **~ta bułka** grated breadcrumbs
taśma tape, ribbon
tata *familiar* dad
tatarski of *tatar*. **stek ~** steak tatare (*raw ground
    meat*)
technik *Npl technicy* technician
technika technology

technikum technical institute
tedy then, therefore
tegoroczny of this or that year
tekst *tekście* text, textbook. **~ piosenki** lyrics
tektura cardboard
temat subject, theme. **na ~ +G** on the subject of
tematyka thematics, subject matter
temblak sling (*on arm*). **na ~ku** in a sling
tenże *taże toże pron* the (very) same (one)
teraźniejszy present. **czas ~** present tense
teren area, region, sphere, field. **praca w ~nie**
    field work
termiczny thermal. **termicznie**
termin term, deadline
terminować *impf* put in one's time (*as an
    apprentice*)
teza thesis, proposed solution
tępawy dullish, obtuse, slow-witted
tęsknić *impf, pf* **zatęsknić** *do+G or za+I* long for
tęskno *pred +D, do+G* **~ do ciebie** I miss you
tęsknota *tęsknocie* longing, yearning, sorrow
tętnić *impf* beat, pulsate. **~ życiem** pulsate with
    life
tj. *abbrev of to jest* that is, id est
tkactwo weaving, weaver's trade
tkwić *tkwię tkwisz impf, pf* **utkwić** lie, stick in,
    be rooted
tło *tle* background, backdrop
tłoczyć *impf*, press, print, stamp. **~ się** huddle,
    throng
tłok I throng, press, crowd. 2 piston
tłum crowd, throng
tłumacz translator
tłumaczyć *impf, pf* **przetłumaczyć** translate
tłumić *imp, pf* **stłumić** stifle, suppress, subdue,
    quell
tłustawy fattish
tłusty *tłuści* fatty. **~ druk** boldface
tłuszcz fat, grease
tłuszcza mob, throng
toaleta *toalecie* toilet, lavatory, toilette
toaletowy of *toaleta*. **papier ~** toilet paper
toczyć *impf, pf* **potoczyć** roll. conduct (*war*). **~ się**
    flow
tok course. **w ~ku +G** in the course of
tolerować *impf* tolerate
tombak tombac, pot metal
ton I tone. **w dobrym ~nie** properly
tonacja (*musical*) key, tonal quality
tor track, way, path

torba -*reb* bag

torebka -*bek* handbag, purse, sac

torować *impf, pf* **utoworwać** clear a path for

torpedować *impf, pf* **storpedować** torpedo. undermine

torpedownia torpedo room

torsje *pl form G* -*sji* nausea, vomiting, retching

tortownica cake-pan

tost *toście* toast (*baked bread*). toaster

toteż therefore, for that reason, so it was that

towar goods, product, commodity

towarowy. dom ~ department store. **znak** ~ trademark

towarzyski social, sociable, friendly, gregarious

towarzystwo company, association, society

towarzysz comrade, companion

towarzyszyć *impf+D* accompany

tożsamość identity

tracić *impf,* **stracić** *or* **utracić** *pf* lose

traf blind chance, luck. ~**fem** by blind luck

trafić -*fię* -*fisz pf, impf* **trafiać** hit (*the mark*), find way. ~ **na kogoś** come upon, encounter s.o.

trafny accurate, apt, well-aimed

trakt high road. **w trakcie** +G in the course of

traktować *impf, pf* **potraktować** treat, handle, deal with

tramwaj trolley, street car

transport cargo, shipment, transport, transportation

transza installment, part

trefl *fac an* club (*in cards*)

treść *treści* contents, substance

trikowy of *trik.* ~**we zdjęcie** trick shot

triumfować *impf, pf* **zatriumfować** triumph, win out

trochę *indef quant* +G a little bit of. **po ~chu** little bit

trop scent, track, trail, spoor. ~**pem kogoś** on s.o.'s trail

troska -*sek* care, concern, worry

trójmiasto tri-city area. in Poland: Gdańsk, Gdynia, Sopot

trójwymiarowy three-dimensional

trucht jog trot. ~**tem** at a trot

trucizna poison

truć *impf, pf* **otruć, struć, zatruć** poison

trud *mi.* effort, trouble, difficulty

trudnić *impf, pf* **zatrudnić** hire. ~ **się** be employed

trudno *pred* +D, +*infin* it is difficult for, hard for

trudność difficulty. *pl* hardships

trudny difficult, *and pred* **trudno**

trunek *trunku* drink, beverage (*alcoholic*)

trup corpse

trupa troupe

trupi of *trup* cadaverous. ~**pia głowa** death's head

truś *trusia* bunny. **cicho jak** ~ quiet as a mouse

trwać *us 3p impf, pf* **potrwać** *or* **przetrwać** last, endure

trwały *trwalszy* constant, lasting, durable. **trwale**

trwanie duration

trwożyć *impf, pf* **strwożyć** frighten. ~ **się** be frightened

tryb *tryb* (*normal*) procedure, mode. ~ **życia** lifestyle

trzaskać *impf, pf* **trzasnąć** +I slam (*door*) shake (*head*)

trząść *impf, pf* **zatrząść** shake. ~ **się** tremble

trzeba *pred* +*infin* it's necessary, one must. ~ **ci czegoś?** do you need anything?

trzeć *trę trzesz tarł impf* rub. *pf* **wytrzeć, zetrzeć**

trzepać *trzepię impf, pf* **trzepnąć** beat, hit

trzewik -*a* lady-slipper, ankle boot

trzeźwość soberness, sobriety, level-headedness

trzęsienie quake, shaking. ~ **ziemi** earthquake

trzydziestoletni thirty-year-old

trzymać *impf, pf* **potrzymać** hold, support, keep. **trzymaj się!** take it easy! +G hold to (*an opinion, etc.*)

tułać się *impf po*+L wander about, drift, rove

turbot turbot

Turek *Turka* Turk

turkotać -*c(z)e impf us 3p* rattle, rumble

tutka *tutek* rol, cigarette tube

tuż close by. ~ **obok** right alongside. **tuż tuż** real close

twardy *twardzi* hard, firm. ~ **sen** deep sleep

twarz *NApl* -*e* face. **jest ci do** ~**rzy** it suits you

twierdzenie assertion, statement, theorem

twierdzić *impf, pf* **stwierdzić** state, say, assert

tworzenie creation

tworzyć *impf, pf* **utworzyć** create, form, comprise

twórca *Npl* -*y* creator

twórczość creativity

twórczy creative. **twórczo**

tyć *tyję tyjesz impf, pf* **utyć** grow fat

tygodnik -*a* weekly (*periodical*)

tygodniowy weekly

tykać 3 *impf* address with ty. ~ się be on first name basis

tyle as many, as much, so many, so much.
  tyle . . . ile . . . as many as. so much of a . . . ,
  as a . . . . tyle, że except that

tyleż of *tyle*

tył back, rear. z ~łu in the back. w ~ zwrot about face

tym bardziej *phr* all the more

tym samym *phr* at the same stroke, by virtue of the same, by the same token

tymczasem in the meantime, meanwhile. while

tynk plaster

typ type, sort. character

typowy typical. typowo

tys. *abbr* of *tysiąc* thousand

tysiąclecie thousand-year anniversary. millenium

tyś *contr* of *ty+-ś*

tytuł *tytule* title. ~łem +G by way of

tzn. *abbrev* of *to znaczy* that means, that is to say, i.e.

tzw. *abbrev* of *tak zwany* so-called

U

UB *abbrev* of *Urząd Bezpieczeństwo*

ubecki of *ubecja*

ubezpieczenie insurance. ~ społeczne social security

ubiec or ubiegnąć *pf, impf* ubiegać run off a ways

ubiegać się o +A try for, be a candidate for

ubiegłoroczny last year's

ubiegły last, past (*month, etc.*)

uboczny *a* marginal, accessory, incidental, tangential

ubogi *ubodzy* poor, needy, indigent, penurious

ubolewać *impf* nad+I regret, deplore

ubranie *ubrań* clothes, clothing, attire

ubrany dressed. dobrze ubrany well dressed

ubrdać sobie *pf, impf* ubzdurać ~ take it into one's head

ubyć *pf, impf* ubywać be missing. *3p* +G be less of. ubyło wody water was lost

ucałowanie ~ rąk hand-kissing

uchlać się -*leję* -*lejesz pf colloq* get drunk

ucho handle (*of pitcher, etc.*)

uchodźca refugee

uchodźczy of *uchodźca*. obozowisko ~cze refugee camp

uchodźstwo exile. na ~wie in exile

uchować *pf* safeguard, protect. ~ się take care of oneself

uchylić *pf, impf* uchylać leave open, leave ajar. ~ się przed+I or od+G avoid, evade, duck

uciążliwy burdensome, onerous, inconvenient

uciec *ucieknę pf, impf* uciekać escape, flee, run away. ~ się do+G have recourse to, fall back on

ucieczka -*czek* escape, flight (*from captivity*)

ucierpieć *pf* suffer pain or loss

uczcić *pf* honour

uczciwy honest

uczelnia (*higher*) school

uczeń *ucznia* pupil, school-boy. *pl* school-children

uczestniczyć *impf* w +L take part in

uczęszczać do+G attend (*school*), frequent (*meetings*)

uczony *mp* scholarly, learned, *Npl* uczeni scholar

uczucie *Gpl* uczuć feeling, emotion, affection

uczyć *impf, pf* nauczyć +G teach. ~ się study, *pf* learn

uczynek *uczynka* deed. dobry ~ good deed

udać *pf, impf* udawać pretend, feign, dissemble. ~ się +D be successful, succeed. ~ się do+G head for

udany successful

uderzający striking

uderzenie strike, stroke. siła ~nia impact

uderzyć *pf, impf* uderzać strike. ~ się o+A knock against

udo thigh

udobruchać *impf, pf* odobruchnąć appease, mollify

udostępnić *pf, impf* udostępniać +D make available to

udowodnić *pf, impf* udowadniać prove

udry. *phr* iść z kimś na udry be at daggers drawn

udział share, stake, allotment. brać ~ w+L take part in

udzielić *pf, impf* udzielać +D +G give, provide, impart

UE *abbrev* of *Unia Europejska* (*European Union*)

ufać *impf, pf* zaufać trust

ugadać *impf* win over

ugodzić *pf, impf* ugadzać w+A hit. ~ się come to terms

ugryźć *pf* bite (off). annoy

ujarzmić *pf, impf* **ujarzmiać** subjugate, subdue
ujawnić *pf, impf* **ujawniać** reveal, disclose
ujęcie conceptualization. take, clip (*cinema*)
ujrzeć *pf* glimpse, catch sight of, behold
ujść *pf, impf* **uchodzić** walk a bit, walk off. withdraw. +G avoid, escape. ~ **śmierci** escape death
ukazać *ukase pf, impf* **ukazywać** show, present
układ system, setup. pact. ~ **nerwowy** nervous system
układać *impf* build (*with blocks*), lay, plan, arrange
układny affable
ukochać sobie *pf* take a liking to
ukochany beloved
ukończyć *pf* finish (*school, etc.*)
ukraść *ukradnę ukradł pf, impf* **ukradać** steal
ukruszyć *pf* break off, tear off
ukrycie hidden place. **z ~cia** of out of hiding
ukryć *pf, impf* **ukrywać** hide. ~ **się** hide o.s.
ukryty *ukryci* hidden, concealed, covert
ukuć *pf, impf* **ukuwać** forge
ukulturalnić *pf, impf* **ukulturalniać** refine, civilize
ukwasić *pf* ferment
ul beehive
ulec *ulegnę pf, impf* **ulegać** +D undergo, yield to
uległy *ulegli* submissive, compliant, pliable, tractable
ulepszyć *pf, impf* **ulepszać** improve
ulga relief, alleviation, mitigation
ulica street. **mieszkać przy ~cy** live on a street
uliczka *-czek* of *ulica* side-street lane
ulotnić się *pf, impf* **ulatniać się** evaporate, escape
ulubiony *Nmppl -eni* favourite
ulżyć *pf* +D lighten, ease, lighten
ułatwić *pf, impf* **ułatwiać** expedite, facilitate, simplify
ułomność infirmity, handicap, defect
ułożony. dobrzy ~ well-mannered
ułożyć *ułóż pf, impf* **układać** arrange, lay, settle. ~ **się** work out, settle down
umaić *impf* deck (*with flowers*), adorn
umarły dead
umęczyć *pf* harass
umiar moderation, restraint
umieć *-em -esz umieją* +infin know how to
umiejętność skill, talent, ability
umierający moribund
umieścić *pf, impf* **umieszczać** place, insert, invest
umocnienie consolidation, strengthening, reinforcement

umowa *umów* agreement, contract, convention
umożliwić *pf, impf* **umożliwiać** enable, facilitate
umór. *phr* **pić na** ~ drink o.s. into a stupor
umówić *pf, impf* **umawiać** arrange, settle on (*terms, etc.*). ~ **się** *z+I* make or have a date, appointment
umówiony *z+I* engaged, appointed, prearranged
umrzeć *umrę pf, impf* **umierać** die
umysł *umyśle* mind, intellect. **zdrowy na umyśle** sane
umysłowy menta. **umysłowo. chory ~** insane
umyślić *-lę -lisz pf* decide. ~ **sobie** take into one's head
umywać się. *phr* **nie umywa się do+G** not come up to
uncjalny. pismo ~ uncial script
unia union. ~ **Europejska** European Union
unieruchomić *pf, impf* **unieruchamiać** immobilize
unikać *impf, pf* **uniknąć** +G avoid, escape, evade, shun
uniwersalny universal, all-purpose. **klucz ~** master key
uniwersał *hist* royal letter or decree
uodpornić *pf, impf* **uodporniać** *przeciwko+D* make resistant to, immunize against
uosobienie personification, embodiment, epitome
upadek *upadku* decline, downfall
upadłość bankruptcy, failure, insolvency
upał heat wave
uparty stubborn, obstinate, dogged. **uparcie**
upaść *upadnę pf, impf* **upadać** fall, go into decline, fail
upatrzyć *pf, impf* **upatrywać**. ~ **sobie** spot, pick out
upiąć *upnę pf, impf* **upinać** pin, fasten, do up (*hair*)
upilnować *pf* +G keep off harm
upłynąć *pf, impf* **upływać** flow, pass by, elapse
upodobać. ~ **sobie** take a liking to
upodobanie preference, fondness, liking
upokarzający humiliating
upominek *upominku* gift, memento, souvenir, gift
uporczywy stubborn, obstinate, insistent, persistent
uporządkować *pf, impf* **uporządkowywać** arrange, settle, put in order (*affairs*)
upośledzony handicapped, disabled

upowszechnić *pf, impf* **upowszechniać** disseminate
upozorować *pf, impf* **upozorowywać** fake
upór *uporu* stubbornness, obstinacy, willfulness
uprać *upiorę pf* wash, launder
upragnienie. *phr* **z** ~**niem** with longing
uprawa cultivation (*of grain, etc.*)
uprawić *pf, impf* **uprawiać** cultivate, till, practise
uprawomocnić *pf, impf* **uprawomocniać** legalize
uproszczony simplified. **zbyt** ~ simplistic
uprościć *pf, impf* **upraszczać** simplify
uprzeć się *uprę pf, impf* **upierać się** be stubborn, insist
uprzedzenie advance notice. bias, prejudice
uprzedzić *pf, impf* **uprzedzać** +A forewarn
uprzejmy polite, pleasant. **proszę** ~you're most welcome
uprzytomnić *pf, impf* -**tamniać** realize. ~ **sobie** realize
upust *upuście* release. **dać** ~ +D give release to
uradowany overjoyed
Uran *as* Uranus (*planet*)
uran uranium
uraz trauma, injury
uraza grudge, grievance, rancour, resentment
urazić *pf, impf* **urażać** offend, insult
urągać *impf* +D defy, be at odds, sneer at, mock, deride
urlop vacation, leave, furlough. ~ **dziekański** academic leave. ~ **macierzyński** maternal leave
urobić *pf, impf* **urabiać** shape, form, fashion, mould
uroczystość *oft pl* ceremony, solemnity, celebration
uroczysty *uroczyści* solemn, festive. **uroczyście**
uroda beauty
urodzenie birth. **od** ~**nia** of birth, innately. **z** ~**nia** by birth
urodzony born
urojony imagined
uronić *pf* drop
uróżowić -*wię* -*wisz pf* put on rouge
urszulanka -*nek* Ursuline sister
uruchomić -*mię pf,* **uruchamiać** set in motion, launch
urząd *urzędu* office. **z urzędu** by virtue of office
urządzenie installation, equipment, device, appliance
urządzić *pf, impf* **urządzać** arrange. ~ **się** set o.s. up

urządzony furnished, equipped
urzędas *pej* of *urzędnik* pen-pusher, bureaucrat
urzędniczeć *impf, pf* **z**- become bureaucratized
urzędnik *Npl urzędnicy* clerk, office worker
urzędowanie godziny ~**nia** office hours (*in a bank, etc.*)
urzędowy official, bureaucratic, formal. **urzędowo**
usidlić -*lę* -*lisz pf, impf* **usidllać** trap, snare
usilny intense, earnest, persistent. **usilnie**
usiłować *impf* +*infin* try to, endeavour, attempt
usłyszenie. do ~**nia** so long, until we meet again
usnąć *usnę pf, impf* **usypiać** *usypiają* fall asleep
uspokający. środek ~ sedative, tranquilizer
uspokoić *pf, impf* **uspakajać** calm, comfort, soothe, pacify. ~ **się** calm down, settle down
usprawiedliwić *pf, impf* **usprawiedliwiać** justify
usta *pl form G ust* mouth
ustalić *pf, impf* **ustalać** set, determine, ascertain
ustanek *ustanku mi. phr* **bez** ~**nku** ceaselessly
ustanowienie establishment
ustawa *ustawie* law, act, statute
ustawić *pf, impf* **ustawiać** arrange, place, set, set up
ustawiony *na* +A set for
ustawny 1 adjustable. 2 well-designed
ustąpić *pf, impf* **ustępować** +G +D yield s.t. to s.o.
usteczka *pl form G usteczek* of *usta*
ustny oral
ustroić *ustroję pf, impf* **ustrajać** dress, adorn
ustrojowy institutional, system-wide
ustronie *Gpl* -*ni* out-of-way place, backwater, retreat
ustrój *ustroju* system (*social, political, etc.*), etablishment
ustrzec *ustrzegę pf, impf* **ustrzegać** +D warn. ~ **się** *przed*+I avoid
ustrzelić -*lę* -*lisz pf* shoot, kill (*animal*)
usunąć *pf, impf* **usuwać** eliminate, remove, oust, zap
usunięcie removal, extraction
uszanowanie respect. **z** ~**niem** respectfully yours
uszczelnić *pf, impf* **uszczelniać** pack, caulk, seal
uszczelnienie seal, sealing, caulk, caulking
uszczypać *uszczypię impf, pf* **uszczypnąć** pinch off
uścisk hug, embrace, clasp
uśmiać się -*śmieję pf* laugh out loud, laugh heartily

uśmiech smile
uśmiechać się *impf, pf* **uśmiechnąć się** *do+G*
smile at
uśmiechnięty smiling, in smiles
uświadomić sobie *pf, impf* **-damiać sobie** come
to realize
uświadomienie realization, consciousness,
realization
utalentowany talented
utęsknienie longing. **z ~niem** longingly
utleniacz oxidant
utlenić *pf, impf* **utleniiać** bleach, oxygenate. **~ się**
oxidize
utleniony oxygenated. **woda ~na** hydrogen
peroxide
utożsamić *pf, impf* **utożsamiać** identify
utrafić *-fię -fisz pf, impf* **utrafiać** hit on s.t., strike
utrzymać *pf, impf* **utrzymywać** maintain, allege,
contend. keep, keep up, support. **~ się**
maintain o.s.
utrzymanie maintenance. **źródło ~nia** livelihood
utwierdzić *pf, impf* **utwierdzać** confirm,
strengthen
utworzony created
utwór *utworu* work (*of literature*)
uwaga attention, note, remark. **mieć na uwadze**
keep in mind. **wziąć pod ~gę** take into
consideration
uwarunkowanie condition
uważać be careful. *na+A* watch out for, consider,
think. **jak uważasz** as you think best
uważny attentive
uwiadomić *pf, impf* **uwiadamiać** *old-fash* counsel,
notify
uwiecznić *pf, impf* **uwieczniać** perpetuate,
immortalize
uwielbić *pf, impf* **uwielbiać** adore, idolize,
worship
uwieńczyć *pf,* **~czać** *impf* crown (with success,
etc.)
uwierzytelniający authenticating. **listy ~ce**
credentials
uwierzytelnić *pf, impf* **uwierzytelniać** certify
uwięzienie imprisonment, incarceration
uwzględnić *pf, impf* **uwzględniać** take into
account
uzbierać *impf* gather, save up. **~ się** add up,
accumulate
uzdolniony gifted, talented
uzewnętrznić *pf, impf* **uzewnętrzniać** externalize

uzgodnić *pf, impf* **uzgadniać** work out, reconcile
uziemić *pf, impf* **uziemiać** ground (*electrical
wire*)
uznać *pf, impf* **uznawać** recognize, give
recognition to
uznanie recognition, approbation, acclaim
uznany well known, recognized
uzupełniający supplementary, supplemental
uzupełnić *pf, impf* **uzupełniać** supplement,
replenish
uzurpować sobie *impf* usurp, arrogate to o.s.
uzyskać *pf, impf* **uzyskiwać** obtain, regain,
reclaim
użycie use
użyć *użyję pf, impf* **używać** *+G* use, make use of.
enjoy. **~ sobie** *na +L* have fun (*at s.o.'s
expense*)
użytkować *impf* exploit, make use of
używalność usability
używany used

V

vademecum *indecl* guide-book
vel *part* (*in police reports*) or, alias
verte *part* over, on the opposite (obverse)
vide *part* see
vis *fac an* kind of pistol used by Germans in
World War II

W

w ogóle *phr* in general. **~ nie** not at all
wachlować *impf* fan
wada flaw, defect, failing, drawback
wadliwy faulty, defective, unsound
wadzić *imp +D* hinder, encumber, be a hindrance
waga *wadze* 1 weight, importance. 2 scale. Libra
(*Zodiac*)
wahać się *impf, pf* **zawahać się** 1 hesitate. 2
fluctuate
wahanie hesitation. **bez ~nia** unhesitatingly
wajdelota Lithuanian bard
walc *fac an* waltz
walczyć *impf o+A* fight, struggle for
walec *walca* roller, steamroller, cylinder
walet jack (*in cards*)
walić *impf, pf* **walnąć** hammer, pound
waligóra fairy-tale giant
walizka *-zek* suitcase, valise
walka *-lek walce z +I* fight, combat, struggle
walonka *-nek us pl* felt boot

walor valor. *pl* securities, valuables

waluta currency

wał 1 embankment, rampart, levee. 2 shaft.
   ~ napędowy driveshaft

wamp vamp

war boiling water

warga lip

wariacki madman's

warstwa stratum, layer, tier, coat (*of paint, dust,
   etc.*)

warszawiak resident of Warsaw

warszawianka The Varsovienne (*a patriotic song*)

warsztat shop, workshop, garage. **stół ~**
   workbench

wart *warta warte* +A worth. +G worthy of

warta *warcie* watch, guard

warto *pred* it is worth. **nie ~** there's no point

wartościowy of value, valuable

wartość *wartości* value, worth

warunek *-nku-* condition, circumstance.
   pod ~nkiem

Wawel Wawel (*castle*). **na ~lu**

waza soup bowel, tureen, punch bowl

wazon vase, urn

ważność importance, validity. **data ~ści**
   expiration date

ważny important, significant, prominent. Valid

ważyć *impf* weigh. **~ się** dare. **ani się waż!**
   don't dare!

wąs *wąsie -a us pl* mustache. *pl* mustache,
   whiskers

wątek *wątku* motif, strain, thread (*of narration*)

wątpić *impf, pf* **powątpić, zwątpić** *w*+A doubt s.t.

wątpienie. bez ~nia without doubt, doubtless

wątpliwość doubt. **podać w ~** impugn

wątroba *-rób* liver

wbrew *prep*+D against, counter to, in defiance
   of

WC 'we ce' *indecl* toilet

wcale *us with* **nie** not at all

wciągać *impf, pf* **wciągnąć** drag in, soak up,
   enlist

wciąż continually, still

wcielić *-lę -lisz pf, impf* **wcielać** incorporate,
   embody

wciskać *impf, pf* **wcisnąć** *-snę wciśniesz* hurl,
   press

wczesny early. **wcześnie**

wcześniak *pej* **wcześniacy** or **wcześniaki**
   premature baby

wczuć się *pf, impf* **wczuwać** *w*+A put o.s. in
   s.o.'s place

wczytać się *pf, impf* **wczytywać się** *w*+A carefully
   read

wdać się *pf, impf* **wdawać się** go into (*details,
   etc.*)

wdowiec *wdowca* widower. **słomiany ~** grass
   widower

wdrapać się *wdrapię pf, impf* **wdrapywać**
   clamber, climb

wdrożyć *wdróż pf, impf* **wdrażać** initiate, instil

wdzierać się *see* **wedrzeć się**

wdzięczny 1 (+D) thankful. *za*+A for. *obs* 2
   charming

według *prep*+G according to. **~ mnie** in my
   opinion

wejrzenie glance

wejść *pf, impf* **wchodzić** enter be included *do*+G
   into

weksel *weksla* bill of sale

Wenera Venus

weń *contr* of *w niego*

wersalka *-lek* folding couch, sofa-bed

weryfikować *impf, pf* **weryfikować** verify, vet

wesele wedding (*party*). **srebrne ~** silver
   anniversary

wesoły, wesół *aj* merry, gay, jolly, cheery,
   cheerful

wesprzeć *wesprę pf, impf* **wspierać** support, prop
   up

westchnienie sigh

weterynarz veterinary

wetknąć *-nę -niesz pf, impf* **wtykać** poke in,
   insert, cram

wetować *impf, pf* **zawetować** oppose, veto

wew. *abbrev* of *wewnętrzny* inside line (*telephone*)

wewnątrz *prep*+G inside. *as pref* intra-

wewnętrzny internal, inside. **wewnętrznie**

wezwać *pf, impf* **wzywać** call, summon

wezwanie summons

wędlina cold cuts, cured meats, smoked meats

wędrować *impf, pf* **powędrować** wander

wędzony smoked

węgielny. kamień ~ cornerstone

węgierski Hungarian. **po węgiersku** in Hungarian

węgorz eel

węszyć *impf* sniff, nose about

węzłowy key, crucial. **~ punkt** key point

WF *abbrev* of *wychowanie fizyczne* (*physical
   education*)

wg *abbrev* of *według*

wiadomo *pred* it is known. **jak ~** as is known

wiadomostka *-tek oft pl* bit of news

wiadomość *oft pl (piece of)* news, message.
   pl the news

wiadomy well-known

wiadro *-der* bucket, pail

wianek *wianka* wreath, garland, ring (*e.g.* of
   sausages)

wiara *wierze* belief, faith, credence. **nie do ~ry**
   incredible

wiarygodny trustworthy, reliable, believable

wiatr *wietrze* wind. **pod ~** into the wind

wiązać *wiążę impf* tie, bind. **~ się** be tied, bound

wiążący binding (*agreement*)

wiceprzewodniczący deputy chairman

wid *in phr* **ani widu ani słychu** neither sight nor
   sound

widać *infin only* it can be seen, it would seem, it
   is clear

widmo specter, phantom. **autor ~** ghost writer

widoczny evident, visible. **widocznie** evidently

widok sight, view. **na ~ +G** at the sight of

widowisko spectacle, pageant

widownia house (*theatre, cinema*), audience

widywać *impf freq* of *widzieć* see

widz *Npl -owie* viewer, spectator

widzenie sight, vision. **z ~nia** at sight

widziany. mile ~ny welcome

wiec mass meeting, rally

wieczerza evening meal, supper.**ostatnia ~** last
   supper

wieczność eternity

wieczny eternal, perpetual, everlasting

wieczorny evening's. **wiadomości ~ne** evening
   news

wieczorynka *-nek* good-night programme on
   television

wiedza knowledge, expertise, learning

wiejski of *wieś* rural, rustic. **serek ~** cottage
   cheese

wiek age, century. **w ~ku** of an age

wieko lid

wiekowy age-old, century-old. **wiekowo** in age

wielce of *wielki* greatly

wiele *indef num* many, much

Wielkanoc Easter

wielki great. *comp* **większy. wielce** greatly. *comp*
   więcej

wielkopiątkowy of *Wielki Piątek* Good Friday's

Wielkopolska Great Poland (*the northwest*)

wielkość magnitude. greatness, magnitude

wielokrotny repeated. **wielokrotnie** repeatedly

wielokulturowy multicultural

wielonarodowy of many nations

wieloowocowy made with various fruits,
   multi-fruit

wielorasowy multiracial

wieloreligijny of many religions

wielość large amount or quantity

wieprz hog

wierność faithfulness, fidelity

wierny faithful, true, accurate, **wiernie**

wiersz *-a* verse, poem

wiertniczy drilling. **wieża ~cza** derrick

wierzący believer

wierzyć *impf, pf* **uwierzyć** +D believe. *w+A*
   believe in s.t.

wieszać *impf, pf* **powiesić** hang

wieszak *-a* hanger (*clothes*)

wieś village, countryside. **na wsi** in the
   country(side)

wieść 1 *impf det, impf indet* **wodzić** *impf indet*
   lead. **jak mu się wiedzie** how is he doing?

wieść 2 *wieści* news, rumor. **bez ~ści** without a
   trace

wieśniak *Npl wieśniacy* villager

więc then, so

więcej *indef quant, comp* of *wielki* +G more of
   s.t. **co ~** moreover. **mniej ~** more or less

większość majority, most

większy *comp* of *duży* larger, greater

więzić *impf, pf* **uwięzić** imprison

więzienie prison, jail, penitentiary

więziennictwo prison system

więzień *więźnia Npl -owie* prisoner

więź connection, tie, bond

wigilia Christmas Eve

wilczy lupine. **~ bilet** black-list. **~ głód** ravenous
   appetite

wilgoć *wilgoci* moisture, dampness

wilk wolf. **o ~ku mowa** speak of the devil

wina fault, blame, guilt. **z ~ny** +G due to the
   fault of

winny (winien) guilty, culpable. to blame, owing

wiorsta verst (*old measurement* of *distance, c. 1 km*)

wioska *-sek* of *wieś* village, hamlet

wiosłować *impf, pf* **powiosłować** row

wiosna *-sen wiośnie* spring

wioślarz rower

wir eddy, swirl, whirlpool. **w wirze** +G in the throes of

wirować *impf* swirl, whirl, rotate

wisieć *impf intrans* hang

Wisłą *DL Wiśle* Vistula

wiwatować *impf* salute with toast 'vivat', cheer

wizerunek *wizerunku* likeness, image, portrait

wizja vision. ~ **lokalna** on-the-spot inspection

wjazd *LV wjeździe* driving in or up, driveway

wkroczyć *pf, impf* **wkraczać** enter, intervene

wkrótce soon, shortly

wlać *wleję pf, impf* **wlewać** pour into

wlepić *pf, impf* **wlepiać** *do+G* paste into. ~ **oczy** *na+A*

wleźć *pf, impf* **włazić** crawl in, crawl, clamber up

wliczyć się *pf, impf* **wliczać się** *do+G* be included among

władca *Npl -y Gpl -ów* ruler

władować *pf do+G* load into

władza power, authority. **dojść do ~dzy** come to power. **u ~dzy** in (*political*) power

włamanie breaking (*and entering*), break-in, burglary

własnoręcznie with one's own hands

własnościowy. mieszkanie ~we condominium

własność property, possession

własny one's own. **we ~nej osobie** in the flesh

właściciel owner, proprietor

właściwość property, characteristic

właściwy +D proper to. **właściwie** actually

właśnie precisely, exactly, just, just then

włączyć *pf, impf* **włączać** include, incorporate. turn

włogacizna spavin (arthritis in hooved animals)

włos *-a włosie us pl* 1 hair. **dzielić ~ na czworo** split hairs

włosowaty. naczynia ~te capillary vessels

włożyć *pf, impf* **wkładać** put *w+A* in, place. put on

włóka 1 harrow. 2 *old unit* of *land measure, c. 17 ha.*

wnętrze interior

wniebowzięty *wniebowzięci* blissful

wnieść *pf, impf* **wnosić** carry in, introduce, contribute. *o+A* lodge (*complaint*) against

wniosek *wniosku* conclusion. request

wnuk *Npl -owie* grandson. *pl* grandchild

wnyki *pl form G -ów* snare

wobec *prep+G* toward, regarding, in view of

woda *wód* water. **wody płodowe** amniotic fluid

wodzirej leader of the dance, ringleader

wojenny military, wartime. **stan ~ny** martial law

wojewoda *Npl -owie* voivode (*of old, a military leader. contemporaneously, head* of *a voivodeship*)

województwo voivodeship, county, province, palatinate

wojna *wojen* war. **na ~nie** at war. ~ **światowa** world war

wojować *impf* wage war

wojowniczy militant, belligerent, pugnacious, war-like

wojsko army. *pl* armed forces

wokoło or **wokół** *prep+G* around, surrounding. all around

wola *woli* will, volition. **mimo ~li** involuntarily

woleć *impf +infin* prefer

wolne *decl like* day off, time off (*from work*)

wolno 1 of slowly. 2 *pred +infin* one may, it is permitted

wolnościowy of *wolność*. **ruch ~** liberation movement

wolność *wolności* freedom, liberty

wolny *wolni* 1 free. ~ **czas** free time. ~ **kraj** free country

wołga *wołdze* 1 *brand* of *Russian car.* 2 *the Volga river*

WOP *abbrev* of Wojska *Ochrony*

worek sack. **wrzucić do jednego ~rka** lump together

woskowany. papier ~ wax-paper

wotum votive offering. ~ **nieufności** no-confidence vote

woźny *woźni decl like* janitor, caretaker, usher

wódz *wodza* military leader, chieftain

wówczas at the time, at that time, back then

wóz *wozu* cart, wagon, car

wózek *wózka* of *wóz* baby carriage, buggy, gurney

WP *abbrev* of Wojsko *Polskie*

wpaść *pf, impf* **wpadać** *w+A* fall in(to), flow into, drop in on. ~ **komuś w oko** strike s.o.'s fancy

wpatrzyć się *pf, impf* **wpatrywać się** look intently at

wpisać *pf, impf* **wpisywać** write in, enter

wpłacić *pf, impf* **wpłacać** *do+G* pay into

wpłynąć *pf, impf* **wpływać** sail, swim, flow into. *na+A* influence, have an effect on

wpływ influence. **mieć ~ na coś** have an influence on s.t.

wpływowy influential

wpół by half, in half, halfway. **~ do siódmej** six-thirty

wpółokrągły *arch* semicircular, half-round

wprawa skill, proficiency

wprawdzie to be sure, admittedly

wprawić *pf, impf* **wprawiać** set going. train, teach to use

wprawny skilled, adept, practised

wprost simply, downright, straight at

wprowadzenie introduction

wprowadzić *pf, impf* **wprowadzać** *do+G* bring in, lead in, initiate, introduce, implement (*custom, etc.*)

wpuścić *pf, impf* **wpuszczać** let in

wraz *z+I* together with. at the same time

wrazić *pf, impf* **wrażać** thrust

wrażenie impression. **pod ~niem** *+G* impressed by

wrażliwość sensitivity

wreszcie at last, finally

wręcz downright. **walka ~** unarmed combat

wręczyć *pf, impf* **wręczać** *+D* give, hand (over) to

wrogi *wrodzy* hostile

wrogość enmity, hostility, antagonism, animosity

wróbel *wróbla* sparrow. **strach na wróble** scarecrow

wrócić *pf, impf* **wracać** return, come back

wróg *wroga Npl -owie* enemy, foe

wryty *wryci*. **stać jak ~** stand rooted to the spot

wrzaskliwy noisy, blusterous, boisterous. **~wie**

wrzątek *wrzątku* boiling water

wrzesień *września Gpl -śniów* September (*month*)

ws. *abbrev* of **w sprawie** *+G* concerning, in the matter of

wsadzić *pf, impf* **wsadzać** plant. **~ do więzienia** jail

wschodni east, eastern, easterly

wschód *wschodu* 1 sunrise. 2 east. **na ~dzie** in the east

wskazać *pf, impf* **wskazywać** *na+A* indicate, point out

wskazany indicated, advisable, recommended, apropos

wskoczyć *pf, impf* **wskakiwać** leap in

wskutek *prep+G* due to, as the result of

wspaniały marvellous, magnificent. **wspaniale** great

wsparty *wsparci o+A* leaning on, supported by

wspiąć się *pf, impf* **wspinać** *na+A* climb up on onto

wspomaganie aid, assistance

wspomnieć *pf, impf* **wspominać** recall, mention

wspomnienie *oft pl* recollection, *pl* memoirs

wspólnota *wspólnocie* community, commune

wspólny common, mutual **nic ~nego** nothing in common

współbracia *pl form decl like* **brat** fellow brethren

współczesność contemporaneity, contemporary times

współczesny *współcześni* contemporary. **współcześnie**

współcześni *pl decl like* our contemporaries

współczucie sympathy, commiseration

współczuć *impf +D* sympathize, commiserate with

współmałżonek *colloq* husband, spouse, marital partner

współpraca cooperation, collabouration

współpracować *impf* cooperate, collabourate

współuczestniczyć *pf w+L* take part in, participate in

współzawodnictwo rivalry, competition

współżycie life together, coexistence

wstać *wstanę pf, impf* **wstawać** *wstaję* rise, get up

wstąpić *pf, impf* **wstępować** *do+G* enter, join, embark

wstęp entry, admission. introduction, preamble

wstępny introductory, initial, provisional, tentative

wstrząs shock, shock waves, jolt (*of electricity*), upheaval

wstrząsać *impf, pf* **wstrząsnąć** *+I* shake, jar, rattle

wstrzymać *pf, impf* **wstrzymywać** hold up, delay. **~ się** *od+G* hold o.s. back from, abstain from

wstyd shame. **było ~** I was ashamed

wstydzić się *pf +G* be embarrassed, be ashamed of

wszczęcie start

wszechobecny ubiquitous

wszechwidzący all-seeing

wszelki *pron* any, every, all sort of

wszyscy *pl pron GA wszystkich* all. as everyone

wszystko *pron* everything **mimo ~** nonetheless. **nade ~** above all else. **przede wszystkim** primarily. **~kiego najlepszego** all the best. **~ jedno** it's all the same

wszyściutko of *wszystko*. every last thing

wścibski prying, overly inquisitive

wściec się *pf, impf* wściekać się fly into a rage

wściekły *wściekli* furious, rabid. wściekle

wśród *prep+G* among, amongst

wtedy *or* then, at that time

włoczyć *pf, impf* właczać cram, pack

wtopić *pf, impf* wtapiać *w+A* sink into. ~ się blend into

wtorek *wtorku* Tuesday (*day of week*)

wtrącić *pf, impf* wtrącać interject. ~ się *do+G* butt in

wtulić *pf, impf* cuddle. ~ się *w+A* snuggle into

wuj uncle (*esp. maternal*)

wujeczny. ~ brat *or* ~ siostra cousin (*on mother's side*)

wujek *wujka* uncle. adult friend of family

wybaczyć *pf, impf* wybaczać +D forgive

wybałuszyć *pf, impf* wybałuszać goggle one's eyes

wybić *wbiję pf, impf* wybijać beat out, knock out

wybiec *pf, impf* wybiegać run out

wybitny outstanding, prominent, eminent, remarkable

wyblakły faded

wyborczy electoral. okręg ~ constituency

wybór *wyboru* choice, selection. *pl* elections

wybrać *pf, impf* wybierać select, elect. ~ się go someplace, set out for

wybrany *decl like* the select, the few

wybryk *oft pl* prank, acting up. ~ natury freak of nature

wybrzeże *-Gpl -y* seacoast, seashore

wybuch explosion, outburst, eruption, outbreak (*of war*)

wybuchać *impf, pf* wybuchnąć explode. break out (*war*)

wybudować *pf, impf* wybudowywać build

wychodek *wychodku* outhouse

wychodne *decl like* day off. na ~nym about to leave

wychodzić *impf* 1 look out on (*of window*). 2 work out

wychodźca emigrant, expatriate

wychodźstwo emigration. na ~wie in emigration

wychowanka *-nek* foster daughter, ward. alumna

wychowany brought up

wychowawca *Npl -y* educator

wychowawczy educational

wychudzony emaciated

wychwalić *pf, impf* wychwalać praise, extol, eulogize

wychylić się *pf, impf* wychylać się lean out. deviate

wyciągać *impf, pf* wyciągnąć pull out, draw out, extract

wyciągnięty *wciągnięci* elongated, outstretched

wycięcie excision

wyciskać *impf, pf* wycisnąć squeeze out, press out

wycofać *pf, impf* wycofywać withdraw, retract. ~ się pull back, withdraw, retreat

wyczha *exclam* sic 'im!

wyczucie intuition. z ~ciem tactfully, deftly

wyczuć *pf, impf* wyczuwać sense, intuit, detect

wyczytać *pf, impf* wyczytywać make out from reading

wyć *wyję impf, pf* zawyć howl, wail

wyćwiczony trained (*voice, etc.*)

wyćwiczyć *pf* train. ~ się be trained

wydać *pf, impf* wydawać expend, spend, pay out. ~ się seem, appear

wydajność productivity

wydajny productive

wydalić *pf, impf* wydalać expel

wydanie publication, edition

wydarzenie happening, event, incident, occurrence

wydarzyć się *pf, impf* wydarzać się happen, occur

wydatek *wydatku* expenditure

wydatny considerable, notable

wydąć *pf, impf* -dymać blow up, inflate.~ się puff o.s. up

wydobycie extraction (*of ore, etc.*)

wydobyć *pf, impf* wydobywać extract, pull out, mine

wydostać *pf, impf* wydostawać get out, extract. ~ się extricate o.s. ~

wydra otter. *fig* slattern. ni pies ni ~ neither fish nor fowl

wydruk reprint, printout

wydrwić *pf* mock, deride, taunt

wydumać *pf* dream up

wydział *wydziale* department (*academic*)

wydzwonić *pf, impf* wydzwaniać phone constantly

wyedukowany educated

wyga old hand (*experienced person*)

wygasać *impf, pf* wygasnąć become extinct, die out

wyglądać *impf* look, appear

wygłosić *pf, impf* wygłaszać make or deliver a speech

wygnanie exile, banishment. **na ~niu** in exile
wygrać *pf, impf* **wygrywać** win
wygrana *decl like* winnings. **dać za ~ną** give up for lost
wygwizdać *pf, impf* **wygwizdywać** whistle a tune
wyjadacz *colloq* sponger, hanger-on. **stary ~** sly old fox
wyjaśnić *pf, impf* **wyjaśniać** explain, clarify
wyjawić *pf, impf* **wyjawiać** disclose, reveal, divulge
wyjazd *Lsg wyjeździe* departure, excursion
wyjąć *pf, impf* **wyjmować** *z+G* take out of, remove from
wyjątkowość exceptionality
wyjątkowy exceptional. **wyjątkowo**
wyjechać *pf, impf* **wyjeżdżać** leave, drive away, depart
wyjezdne *phr.* **na ~nym** on departure
wyjmowacz extractor
wyjrzeć *pf, impf* **wyglądać** look out, peer out *z+G* from
wyjście exit, way out. *fig* solution
wyjściowy of *wyjście*
wyjść *pf, impf* **wychodzić** leave, go out, come out. **wyjść za mąż** marry, get married (*of woman*)
wykarmić *pf* nourish, nurse, suckle
wykaz list, statement (*of earnings, etc.*)
wykazać *pf, impf* **wykazywać** demonstrate, exhibit
wykąpać *see kąpać*
wykluczony excluded. **wykluczone** out of the question
wykład lecture
wykładać *impf* give a lecture, expound
wykładnia explanation, interpretation, commentary
wykładnik indicator, exponent
wykłócić się *pf, impf z+I* **wykłócać się** bicker
wykonać *pf, impf* **wykonywać** execute, perform
wykonanie performance, execution. **nie do ~nia** unperformable
wykonawczy executive (*branch of government, etc.*)
wykończony *wykończeni* done in, exhausted
wykończyć *pf, impf* **wykańczać** finish, finish off
wykorzenić *pf, impf* **wykorzeniać** uproot, eradicate
wykorzystać *pf, impf* **wykorzystywać** use, make use of

wykpić *pf, impf* **wykpiwać** ridicule, mock, deride
wykręcić *pf, impf* **wykręcać** twist, sprain, wrench
wykroczenie misdemeanour
wykroczyć *pf, impf* **wykraczać** *poza+A* cross, go beyond
wykryć *pf, impf* **wykrywać** discover, detect, uncover
wykrywacz *-a* detector
wykształcenie education
wykształcić się *pf, impf* **wykształcać się** develop, form
wykształcony *wykrztałceni* educated
wylać *pf, impf* **wylewać** pour out. spill. **~ się** overflow
wylecieć *pf, impf* **wylatywać** fly out
wyliczalny calculable
wyliczanka counting rhyme
wyliczyć *pf, impf* **wyliczać** enumerate, calculate
wyłączenie cutoff, shutdown, brownout
wyłączność exclusivity
wyłączny exclusive. **wyłącznie**
wyłom breach
wyłonić się *pf, impf* **wyłaniać się** emerge, appear, loom
wyłożyć *pf, impf* **wykładać** lay out (*e.g. cards*). *+I* cover (*with leather, etc.*)
wymagać *+G* demand, require
wymagający demanding, exactng, challenging
wymaganie requirement, demand
wymalować *pf, impf* **wymalowywać** paint, decorate
wymądrzać się be a wise guy
wymęczony *wymęczeni* tired out, weary, exhausted
wymiana exchange, conversion
wymiar dimension, measure, assessment. **~ sprawiedliwości** administration of justice
wymienić *pf, impf* **wymieniać** 1 *na+A* exchange for, swap. barter. 2 enumerate, list, mention, cite
wymieniony *wymienieni* above-mentioned
wymierzony *przeciwko+D* aimed at
wymię *wymienia NApl wymiona* udder
wymknąć się *pf, impf* **wymykać się** *+D* elude, evade
wymówić *pf, impf* **wymawiać** pronounce. *+D* reproach
wymyślić *-lę -lisz pf, impf* **wymyślać** 1 think up, devise, contrive, invent. 2 *+D* berate, verbally abuse

wynagrodzić *pf, impf* wynagradzać reward, recompense

wynająć *pf, impf* wynajmować rent, lease, hire

wynajdować *or* wynajdywać *see wynaleźć*

wynajmujący *decl like* tenant

wynalazca inventor

wynalazek *wynalazku* invention

wynalezienie invention

wynaleźć *pf, impf* wynajdywać discover, invent, devise

wyniesienie height, altitude

wynieść *pf, impf* wynosić carry out, come away with. ~ się clear out

wynik result, effect, outcome, upshot, score. w ~ku +G as the result of

wynikać *impf, pf* wyniknąć z+G result, emerge

wyniosły *wyniośli* elevated, lofty, haughty. wyniośle

wynosić *impf* amount to. *see wynieść*

wyobrazić sobie *pf, impf* wyobrażać sobie imagine

wyobraźnia imagination, fanstasy

wyodrębnić *pf, impf* wyodrębniać distinguish

wyolbrzymić *pf, impf* wyolbrzymiać exaggerate

wyostrzyć *pf, impf* wyostrzać sharpen

wypaczenie distortion

wypadek *wypadku* accident, incident, occurrence. na wszelki ~ at all events. safe. nagły ~emergency

wypalić *pf, impf* wypalać fire, burn, burn down, burn off

wypełnić *pf, impf* wypełniać fill, fill up, satisfy, fulfil

wypędzić *pf, impf* wypędzać drive out

wypić *pf, impf* wypijać drink. consume (*beverages*)

wypiek baking, batch. *pl.* ~ki na twarzy flushed face

wypijać *impf* drink up

wyplatany woven

wypłowiały faded-out

wypłynąć *pf, impf* wypływać flow out, follow from

wyposażony *w+A* endowed with, equipped with

wyposażyć *pf, impf* wyposażać *w+A* equip with

wypowiedzieć *pf, impf* wypowiadać express, utter

wypowiedź statement, pronouncement

wypracować *pf, impf* wypracowywać elabourate

wyprawa *wyprawie* expedition. send-off

wyprawić *pf, impf* wyprawiać send forth, dispatch

wyprosić *pf, impf* wypraszać ask to go away. ~ sobie not put up with

wyprostować się *pf, impf* wyprostowywać się straighten up, stretch out (*leg, arm*)

wyprowadzić się *pf, impf* wyprowadzać się lead out. ~ z równowagi unnerve. ~ się move out

wyprzedaż sale

wyprzedzanie overtaking, passing, early completion

wyprzedzić *pf, impf* wyprzedzać outpace, outdistance

wypunktować *pf* win on points, itemize

wypuścić *pf, impf* wypuszczać put out, let out, release

wyraz expression, word, utterance

wyrazić *pf, impf* wyrażać express, articulate

wyrazistość expressiveness, expressivity

wyrazowy lexical

wyraźny evident, clear, definite, explicit, obvious

wyrażenie expression

wyrobić *wyrób pf, impf* wyrabiać manufacture, develop

wyrobnik *Npl wyrobnicy* labourer

wyrok (*prison*) sentence, judgement, verdict, decree

wyrosły *wyrośli* z+G grown out of

wyrosnąć *pf, impf* wyrastać develop, grow, grow up

wyrównany equal, almost the same

wyróżnić *pf, impf* wyróżniać favour, distinguish. ~ się stand out. +I be distinguished by

wyrwać -*wę pf, impf* wyrywać tear out, tear away, extract. ~ się get away, tear o.s. away

wyrządzić *pf, impf* wyrządzać do (*harm*), inflict, deal

wyrzec *wyrzeknę pf, impf* wyrzekać utter, proclaim. ~ się +G renounce, give up, disown, abjure

wyrzeczenie resignation, deprivation. ~ się renunciation

wyrzucić *pf, impf* wyrzucać throw out, eject, discard

wyrzut reproach. ~ty sumienia conscience pangs

wysadzić *pf, impf* wysadzać let off, put out, drop off. ~ w powietrze blow up

wysiąść *wysiądę pf, impf* wysiadać z+G get off, out of

wysiłek *wysiłku* effort. z ~łkiem with difficulty

wyskoczyć *pf, impf* wyskakiwać leap out, hop out

wysłać *wyślę pf, impf* wysyłać send

wysłannik *Npl wyslannicy* delegate, messenger, envoy

wysłuchać *pf, impf* **wysłuchiwać** +G listen to, hear out

wysmarować *pf, impf* **wysmarowywać** smear

wysnuć *pf, impf* **wysnuwać** extrapolate

wysoce of *wysoki if fig use* ~ **zabawny** highly amusing

wysoki tall, high. **z ~ka** of on high. aloofly

wysokość height, altitude. **metr ~ści** a meter high

wyspa *wyspie* island

wysprzedać *pf, impf* **wysprzedawać** sell out, clear

wystarczyć *pf, impf* **wystarczać** +G be enough, sufficient

wystawić *pf, impf* **wystawiać** stick out, display, exhibit

wystawiony 1 on display. 2 *na+A* made payable to

wystąpić *pf, impf* **występować** appear, occur

wystąpienie 1 withdrawal, departure. 2 appearance

wystrychnąć *pf.* ~ **kogoś na dudka** dupe

wystrzegać się *impf* +G avoid, beware, be wary of

wysunąć *pf, impf* **wysuwać** put forward (*proposal*)

wysyłkowy. sprzedaż ~wa mail-order

wyszczerzyć *pf, impf* **wyszczerzać** bare (*teeth*)

wyszły z użycia *phr* gone out of use

wyszukać *pf, impf* **wyszukiwać** hunt up, find, run down

wyszydzić *pf, impf* **wyszydzać** deride, mock, make fun of

wyszywany embroidered

wyścielić *pf, impf* **wyścielać** strew. upholster

wyścig race. ~ **szczurów** rat-race

wyścigowy rower ~ racing bicycle. **tor** ~ racetrack

wyśmiać *pf, impf* **wyśmiewać** mock, ridicule, deride

wyśnić *pf* dream up

wyświetlić *pf, impf* **wyświetlać** clear up, illuminate, elucidate. project (*on screen*), screen (*a film*)

wytłoki *pl form* -**ów** pressings (*in wine manufacture*)

wytłumaczyć *pf* explain. *impf see* **tłumaczyć**

wytłumić *pf, impf* **wytłumiać** sound-proof, dampen

wytrzeszczyć *pf, impf* -**szczczać.** ~ **oczy** make big eyes

wytrzymać *pf, impf* **wytrzymywać** last, withstand

wytrzymałość resilience, ability to endure or withstand

wytrzymanie. nie do ~nia unbearable, unendurable

wytworzyć *pf, impf* **wytwarzać** produce, generate

wytwórnia manufactory. ~ **win** winery

wywalczyć *pf, impf* **wywalczać** gain by force, win

wywiązać się *wywiążę pf, impf* **wywiązywać się** develop, arise. *z+G* discharge (*duties*), acquit o.s. of

wywieźć *pf, impf* **wywozić** transport away, export

wywikłać *pf* unravel, disentangle

wywodzić *impf* derive, explain. ~ **się** *od+G* derive from

wywojować *pf* win by battle

wywołać *pf, impf* **wywoływać** call forth, conjure up, elicit, induce, provoke. develop (*film*)

wywoławczy. cena ~cza starting price

wywóz *wywozu* transport, transportation; export

wyzbyty *wyzbyci z+g* devoid of, deprived of, drained of

wyzionąć *pf, impf* **wyziewać.** ~ **ducha** give up the ghost

wyznaczyć *pf, impf* **wyznaczać** mark, delimit, indicate

wyznać *pf, impf* **wyznawać** profess, confess

wyznanie persuasion, creed, denomination

wyznawca believer, follower, adherent

wyzwać *pf, impf* **wyzywać** *wyzywają* challenge

wyzwanie challenge

wyzwolenie liberation

wyzwolić *pf, impf* **wyzwalać** liberate, free, release

wyżej *comp* of *wysoki.* **jak** ~ see above, ditto

wyższość superiority, excellence

wyżyć *pf, impf* **wyżywać** sustain self, make a living. ~ **się** find release in, take it out on s.o.

wyżywić *pf, impf* **wyżywiać** feed, nourish. ~ **się** make a living

wzajemny mutual, reciprocal. **wzajemnie** mutually

wzbogacić *pf, impf* **wzbogacać** enrich. ~ **się** become rich

wzbudzić *pf, impf* **wzbudzać** arouse, awaken. instil

wzdrygać się *impf, pf* **wzdrygnąć się** *przed+I* abhor, shudder at, recoil at, wince at

wzgląd *względu* consideration, regard. **bez względu** *na+A* regardless of . . . **pod względem** +G regarding. **ze względu** *na+A* considering

względny relative, comparative

wzgórze hill. *pl* heights

wziąć *pf* take. ~ **się** *do+G or za+A* take up s.t.

wzięcie seizure. **mieć** ~ be in favour. **do** ~**cia** eligible

wzlot ascent, flight. ~**ty i upadki** ups and downs

wzmocnić *pf, impf* **wzmacniać** strengthen, reinforce

wzmocnienie amplification, strengthening, fortification

wznieść *pf, impf* **wznosić** lift, raise, erect

wzniosły *wzniośle* lofty, sublime. **wzniośle**

wzorcować *impf na+L* model after

wzorcowy of *wzorzec* model, exemplary

wzornictwo model manufacture

wzorować *impf* model. ~ **się** *na+L* be modelled after

wzorowy model, exemplary

wzorzec *wzorca* model, prototype

wzór pattern, design. **wzorem** *+G* on the model of

wzrok vision, sight, eyesight

wzrokowy of *wzrok*. **pamięć** ~**wa** photographic memory

wzrosły *wzrośli* grown

wzrosnąć or **wzrość** *pf, impf* **wzrastać** grow

wzrost *wzroście* height. growth, increase, expansion

wzruszający moving, touching. **wzruszająco**

wzruszyć *pf, impf* **wzruszać** move, thrill. *+I* shrug. ~ **się** *+I* become emotion

Z

za 1 *prep+I* behind, beyond. **za granicą** abroad. *+G* during. **za moich czasów** in my day

za 2 too. **za dużo** too much

zaangażowanie commitment

zabarwienie colouring, shade, tint, tinge

zabawa play, merry-making. **plac zabaw** playground

zabawić *pf, imperf* **zabawiać** amuse, entertain

zabawka *-wek* toy, plaything

zabezpieczenie protection, security

zabezpieczyć *pf, impf* **zabezpieczać** guarantee, assure

zabicie czas do ~**cia** time to kill

zabić *pf, impf* **zabijać** kill. ~ **się** get killed

zabiec *pf, impf* **zabiegać** run to. curry favour

zabieg (*medical*) treatment, measure, operation. device

zabity *zbici* killed, dead. ~ **komunista** dyed in the wool communist. ~**deskami** God-forsaken (*place*)

zaboleć *pf* begin to hurt, start to ache

zaborczy predatory, rapacious, divisive

zabójczy murderous, deadly, lethal

zabór *zaboru* annexation, partition

zabrać *pf, impf* **zabierać** take along. ~ **się** *do+G* undertake

zabraknąć *us 3p pf* run short of

zabrzmieć *-mię -mi us 3p pf* sound, resound

zaburzenie disturbance, dysfunction, interruption

zaburzyć *pf, impf* **zaburzać** interrupt, disturb, perturb

zach. *abbrev* of *zachodni or zachód*

zachęcić *pf, impf* **zachęcać** encourage

zachodni of *zachód* west, western, westerly

zachować *pf, impf* **zachowywać** retain. ~ **się** behave o.s.

zachowanie (się) behaviour, demeanour

zachód *zachodu* 1 setting (*of sun*). 2 west

zachrypieć *pf* grow hoarse. wheeze

zachwic *pf, impf* **zachwycać** fascinate. ~ **się** *+I* be fascinated with

zachwycony *+I* enchanted, enthralled, fascinated

zachwyt fascination, enchantment, delight *dla+G* for

zaciekłość ferocity. ~ **pas** tighten belt. ~ **zęby** grit teeth. ~ **wargi** purse one's lips

zaciśnięty clenched (*fist, teeth*)

zacząć *pf, impf* **zaczynać** begin. ~ **się** *intrans* begin

zaczekać *pf* wait (out). *see* czekać

zaczepka *-pek* taunt, jibe. **szukać** ~**ki** pick a quarrel

zaczerpnąć *pf, impf* **zaczerpywać** *+G* draw (*water*), gather (*information*). ~ **tchu** catch breath

zaćmić *pf, impf* **zaćmiewać** overshadow, obscure

zadać *pf, impf* **zadawać** give, pose (*question*), inflict (*blow*). ~ **się** *z+I* hang around with

zadanie task, assignment, mandate

zadarty *zadarci* uplifted. ~ **nos** snub nose

zadbać *pf o+A* show concern for, take care of. *see* dbać

zadławić *pf* choke. *intrans* ~ **się**

zadość czynić ~ *+D* satisfy s.t., comply with

zadowolenie satisfaction. ~ **z siebie** self-satisfaction

zadowolić *pf, impf* **zadowalać** satisfy. ~ **się** be satisfied

zadowolony *zadowoleni* z+G satisfied with, content with

zadumać się *pf, impf* **zadumywać się** fall to thinking

zadurzony infatuated. **być ~nym** *w+L* have a crush on

zadygotać *-oc(z)ę pf* start to tremble

zadymka *-mek* blizzard

zadyszka *-szek*. **dostać ~ki** get out of breath

zafałszować *pf, impf* **zafałszowywać** adulterate, falsify

zafascynowany +I fascinated by

zagadać *pf, impf* **zagadywać** engage s.o. in conversation

zagadka *-dek* puzzle, riddle, mystery, enigma

zagadkowy enigmatic, puzzling, mystifying, cryptic

zagadnienie question, problem, issue

zagazować *pf, impf* **zagaz- owywać** gas, kill by gassing

zagęgać *pf* start cackling (*goose*)

zagęszczony *zagęszczeni* thickened. crowded

zagłada annihilation. *cap* Holocaust

zagospodarować *pf, impf* **zagospodarowywać** manage one's household

zagracić *pf, impf* **zagracać** clutter up

zagrać *pf, impf* **zagrywać** play. begin to play

zagranica abroad, foreign countries

zagraniczny of *zagranica* foreign, overseas, abroad

zagranie play, move (*in games*)

zagrodzić *pf, impf* **zagradzać** fence, enclose, bar

zagrozić *pf, impf* **zagrażać** +D threaten

zagrożenie threat, danger

zagrywka *-wek* trick. start of play. **gambit** (*chess*)

zagryźć *pf, impf* **zagryzać** +I nibble on. bite to death

zagrzybiony mouldy, mildewed

zagubiony *zagubieni* lost, missing, out of place

zagwozdka *-dek* problem, obstacle, hitch

zahaczyć się *pf, impf* **zahaczać się** *o+A* catch on

ZAIKS *abbrev Związek Autorów i Kompozytorów Scenicznych*

zainteresowanie interest. **z ~niem** interestedly

zainteresowany *decl like aj* interested party

zając hare

zająć *zajmę pf, impf* **zajmować** occupy, seize (*territory*). **się** +I be busy with, occupy self with, engage in

zajęcie occupation, pursuit. *pl* **zajęcia** studies, classes

zajęty *zajęci* busy, occupied, engaged, involved. taken

zajmujący engaging. **zajmująco**

zajrzeć *pf, impf* **zaglądać** *do+G* look in on, glance at

zajść *pf, impf* **zachodzić** take place, arise, set (*sun*)

zakaszleć *-lę -lesz pf* start to cough

zakaz prohibition, ban. ~ **parkowania** no parking

zakazać *zakażę pf, impf* **zakazywać** +G +D forbid, ban

zakazany forbidden, prohibited, banned

zakipieć *-pi us 3p pf* start to boil

zakleić *z pf, impf* **zaklejać** stick together, seal

zaklekotać *-oc(z)ę pf* start rattling

zakleszczyć się *-czy us 3p pf* get jammed, get stuck

zakład 1 firm, plant. (*university*) department. ~ **pracy** work-place. 2 bet, wager

zakochany in love

zakodowany encoded

zakompleksiony *zakompleksieni* full of complexes

zakończenie end, conclusion

zakończyć *pf* terminate. ~ **się** come to an end

zakopać *zakopię pf, impf* **zakopywać** bury

zakopcić się *-ci us 3p pf* become sooty

zakorzeniony *zakorzenieni* rooted, entrenched, ingrained

zakos turning, winding, hairpin turn. ~**sami** zig-zagging

zakres range, area. **w ~sie** +G in the area of

zakręcić *pf, impf* **zakręcać** twist, turn off (*water, gas*)

zakręt *zakręcie* bend, turn, curve (*in road*)

zakroić *pf, impf* **zakrawać** plan, devise, organize. ~ **na** +A get to look like, shape up to be

zakrztusić się *pf* choke

zakup purchase. **robić ~py** do shopping

zakusy *pl form G -ów na+A* attempts, designs

zakutany wrapped up, muffled

zakuty *zakuci*. ~**ta głowa** blockhead

zalany doused, *colloq* drunk. ~ **potem** sweat-soaked

zalatywać *impf* waft, come flying. +I smell of

zalążek *zalążka* seed, germ

zaledwie barely, hardly

zaleta virtue, positive quality, advantage

zalew *zalewie* bay, lagoon, reservoir. flood, flooding

zalewa *zalewie* sauce. deluge

zależeć *od+G* depend on. **to ~ży** that depends. **~ży mi na tym** I care about that

zależnie *od+G* depending on

zależność dependency. **w ~ści** *od+G* depending on

zależny dependent. **zależnie** *od+G* depending on

zaliczenie credit, passing mark (*for a course* of *study*)

zaliczyć *pf, impf* **zaliczać** *do+G* classsify as. get credit for

zaludniony populated

załamać *załamię pf, impf* **załamywać** bend, fold. **~ się** break down, collapse, crack up (*mentally*)

załatwić *pf, impf* **załatwiać** take care of. **~ się** *colloq* pee

załoga *-óg załodze* crew

załomotować *-oc(z)ę pf* start pounding (*e.g. heart*)

założony *założeni* founded. **~nymi nogami** legs crossed

założyć *pf, impf* **zakładać** found, establish. *pf* **~ nogę na nogę** cross one's legs. **~ się** *o+A* bet on

zamach *na+A* assassination attempt. **~ stanu** coup d'état. **jednym ~chem** at a single stroke

zamarzać *'r-z' impf, pf* **zamarznąć** freeze over

zamarznięty *'r-z'* frozen

zamarzyć *pf o+L* dream

zamazać *zamażę pf, impf* **zamazywać** blur, smear

zamącić *pf, impf* **zamącać** trouble, disturb, ruffle

zameldować *pf* register s.o. **~ się** register o.s., sign in

zameldowanie registration of residence

zamglić się *-li us 3p pf* fog over, haze over

zamian *mi.* **z ~ za** in exchange for

zamiana exchange

zamiar intention. **mieć ~** have the intention, intend

zamiast *+G or infin* instead of

zamienić *pf, impf* **zamieniać** exchange, swap

zamierzenie intention

zamierzyć *pf, impf* **zamierzać** intend

zamieszkać *pf, impf* **zamieszkiwać** take up residence

zamieszkały *zamieszkali* resident, residing, domiciled

zamieszkanie. miesjca ~nia place of residence

zamieścić *impf* **zamieszczać** insert (*in newspaper*)

zamieść *pf, impf* **zamiatać** sweep

zamknąć *pf, impf* **zamykać** lock, shut. *intrans* **~ się**

zamknięcie closing. latch, fastener. confinement

zamknięty *zamknięci* locked, closed, shut in

zamontować *pf, impf* **zamontowywać** install

zamorski overseas

zamówić *pf, inpf* **zamawiać** order, commission

zamówienie order. **na ~** to order

zamruczeć *pf* start purring, growling

zamurować *pf, impf* **zamurowywać** wall up, immure

zamydlić *pf, impf* **zamydlać** apply soap to, soap up. **~ komuś oczy** pull the wool over s.o.'s eyes

zamysł *zamyśle* design, purpose, intention

zamyślić się *-lę -lisz pf, impf* **zamyślać się** stop to think

zanadto in addition. over much, **~ nie** not too much

zaniedbanie neglect, negligence, carelessness

zanieść *pf, impf* **zanosić** carry (to). **zanosi się na burzę** it looks like a storm

zanik disappearance, dying out, decline, demise, waning

zanim before. **~ przyjdzie** before he comes

zaoczny extramural. **wyrok ~ny** judgement by default

zaognić się *pf, impf* **zaogniać się** become exacerbated

zaopatrzyć *pf, impf* **zaopatrywać** *w+A* equip with

zaostrzenie intensification

zaoszczędzić *pf, impf* **zaoszczędzać** economize

zapach odor, smell, aroma, fragrance, whiff

zapadać się *impf* sag, be sunken in. *see* **zapaść**

zapadka *-dek* pawl, ratchet

zapadły tumble-down, ramshackle

zapalić *pf, impf* **zapalać** light (up), ignite

zapał *zapale* enthusiasm, fervour, ardour. **z ~łem** eagerly

zapamiętać *pf, impf* **zapamiętywać** memorize

zapamiętanie. w ~niu with abandon

zaparty constipated. **z ~tym oddechem** with bated breath

zapaska *-sek* apron

zapasowy of *zapas* reserve, backup, spare

zapaszek *zapaszku* faint smell

zapatrzyć się *pf, impf* **zapatrywać się** stare at, view

zapełnić *pf, impf* **zapełniać** fill, stock. ~ **się** become filled

zapewne no doubt, certainly

zapewnić *pf, impf* **zapewniać** *o+L* assure about

zapęd *us pl* drive, inclination, zeal

zapędzić *pf, impf* **zapędzać** drive in

zapętlić *pf, impf* **zapętlać** loop. strangulate

zapiać *zapieję pf* start to crow

zapisać *zapiszę pf, impf* **zapisywać** note down, record

zaplanowany arranged, scheduled

zaplecze hinterland. supply base. facilities

zapłakać *zapłaczę pf* burst out crying

zapłata *zapłacie* pay, wages. **do ~ ty** payable

zapłonąć *pf* flare up

zapobiec *pf, impf* **zapobiegać** *+D* forestall, prevent

zapobieganie *+D* prevention. ~ **ciąży** birth control

zapobiegawczy preventive, preemptive. **~czo**

zapobiegliwy provident

zapoczątkować *pf* begin, initiate

zapomniany forgotten

zapomnieć *zapomnę pf, impf* **zapominać** *+G* forget. ~ **się** forget oneself, one's place

zapomnienie forgetfulness, oblivion

zapowiedzieć *pf, impf* **zapowiadać** announce, presage. ~ **się** *na+A* promise to be

zapowiedź prediction, forecast, announcement. *pl* banns

zapoznawczy. wieczór ~ mixer

zaprosić *pf, impf* **zapraszać** invite, ask (*s.o. somewhere*)

zaprowadzić *pf, impf* **zaprowadzać** conduct, lead, guide

zaprószyć *pf, impf* **zaprószać** dust (*e.g. with flour*)

zaprzeczenie negation, contradiction

zaprzepaścić *pf, impf* **zaprzepaszczać** bring to ruin

zaprzeszły 1 pluperfect, past perfect. 2 before last

zaprzysiąc *pf, impf* **zaprzysięgać** swear, take oath

zapukać *pf* knock. ~ **do drzwi** knock on the door

zapuścić *pf, impf* **zapuszczać** thrust, plunge. let grow (*hair*). ~ **się** *w+A* plunge ahead into

zapytanie question

zapytywać się *impf o+A* ask about, inquire about

zarachować *pf, impf* **zarachowywać** calculate, enter

zaradny resourceful. **zaradnie**

zaraza pestilence, plague, epidemic

zarazem at the same time

zaręczynowy. pierścionek ~ enagement ring

zarobić *pf, impf* **zarabiać** earn, make money

zarobkowy gainful, for money. **zarobkowo**

zarośla *-i pl form* underbrush, undergrowth

zarówno. zarówno . . . jak i . . . both . . . as well as . . .

zarys sketch, outline, contour. **w ~sie** briefly sketched

zarządzić *pf, impf* **zarządzać** give orders. *+I* manage

zarządzanie management, administration

zarzucić *pf, impf* **zarzucać** *+D* hold against s.o.

zarzut accusation, charge, complaint, allegation

zasada principle, rule, precept. **bez zasad** unprincipled

zasadniczy basic, fundamental, vital. **zasadniczo**

zasiedzenie. przez ~ squatter's rights

zasięg range, reach, scope. **poza ~giem** out of reach

zasiłek *zasiłku* handout, benefit, dole

zaskakujący surprising, unexpected, startling

zaskarbić sobie *pf, impf* **zaskarbiać sobie**. ~ **sobie szacunek u kogoś** earn s.o.'s respect

zasklepić *pf, impf* **zasklepiać** raise a vault over

zaskoczenie surprise

zaskoczony *zaskoczeni* startled, surprised, taken aback

zaskoczyć *pf, impf* **zaskakiwać** startle, surprise

zaskwierczeć *-czy impf us 3p* start to sizzle

zasłonić *pf, impf* **zasłaniać** cover, shade, mask, conceal

zasługa *zasłudze* service

zasłużyć *pf, impf* **zasługiwać** *na+A* deserve, merit

zasmucony disconsolate, mournful, rueful

zasnąć *pf, impf* **zasypiać** *zasypię* fall asleep

zasób *zasobu* stock, hoard. *pl* reserves, resources

zastanowić *-wię-wisz pf, impf* **zastanawiać** give pause. ~ **się** *nad+I* consider, ponder, give thought to

zastąpić *pf, impf* **zastępować** substitute for, stand in for

zastęp (*military*) patrol. **Pan ~pów** Lord of Hosts

zastępczy substitute, replacement, surrogate

zastępstwo substitute, replacement

zastosować *pf, impf* zastosowywać apply. ~ się do+G conform to

zastosowanie application, use

zastrzec *zastrzegę pf, impf* zastrzegać stipulate

zastrzyk injection, inoculation

zasyczeć *-czy us 3p pf* start to hiss

zasypać *zasypię pf, impf* zasypywać cover, strew

zaszczekać *pf* start to bark

zaszczepić *pf, impf* zaszczepiać inoculate, graft

zaszczękać *pf* start clattering, chattering (*teeth*)

zaszczycić *pf, impf +I* zaszczycać honour, favour

zaszczyt honour, pleasure, privilege

zaszkodzić *pf +D* harm, hurt. nie ~dzi no harm in

zaszlochać *pf* start sobbing

zaszumieć *-mi us 3p pf* start to rumble

zaś *part* but, while, on the other hand, by contrast

zaślinić się *pf* slobber

zaśmierdzieć *-dzi us 3p pf* start to stink

zaśnięcie falling asleep. przed ~ciem before falling asleep

zaśpiewać *pf* start to sing. *see śpiewać*

zatańczyć *pf* have a dance, start to dance

zatem *or* therefore, so

zaterkotać *-c(z)ę impf us 3p* start to clatter

zatęchły stale, musty

zatoczyć *pf, impf* zataczać roll, rock, lurch

zatoka bay, gulf, inlet

zatopiony *zatopieni* sunk, sunken, submerged

zatrajkotać *-oc(z)ę pf* start to jabber

zatruć *pf, impf* zatruwać poison

zatrudnić *pf, impf* zatrudniać employ

zatrudnienie employment. miejsce ~nia workplace

zatrudniony employed. *decl like zatrudnieni* employee

zatrwożyć się *pf, impf* zatrważać się become terrified

zatrzeć *pf, impf* zacierać efface, obliterate, rub away

zatrzeszczeć *-czy us 3p pf* start to crack (*ice*)

zatrzęsienie *colloq +G* hoards, lots, oodles of

zatrzymać *pf, impf* zatrzymywać stop, detain. ~ się pause, halt, stay, stop. *nad+I* linger over

zatrzymanie arrest, detention

zatytułowany titled, entitled (*book*)

zaufanie trust, confidence. godny ~nia trustworthy

zaufany trusted

zauważyć *pf, impf* zauważać notice, observe, comment, make remark

zawalić *-lę -lisz pf, impf* zawalać knock down, overturn. make a mess of. ~ egzamin flub an exam

zawalony tumble-down, collapsed. Littered

zawarcie conclusion (*of contract, treaty, etc.*)

zawarczeć *pf* start to growl, give a growl

zawarty *zawarci* contained, concluded

zawczasu in good time, early, in advance

zawdzięczać *+D, +A* have s.o. to thank for

zawiadomić *pf, impf* zawiadamiać notify, inform

zawiadowca manager

zawiązać *pf, impf* zawiązywać tie up, bind, contract

zawiązek *zawiązku or zawiązka* germ, nucleus, bud

zawiązka *-zek arch* 1 tied-up bundle. 2 ribbon tie

zawierać w sobie *impf* contain, include, incorporate

zawierucha *zawierusze* gale. turmoil, tumult, whirlwind

zawiesić *pf, impf* zawieszać hang up (*telephone receiver*). suspend, postpone, interrupt

zawieszenie suspension, stay. ~ broni armistice, truce

zawieszony *zawieszeni* suspended, postponed

zawieść *pf, impf* zawodzić lead to. disappoint, let down

zawinąć *pf, impf* zawijać roll up, wrap up. ~ się bustle

zawirować *pf* start to whirl, spin

zawisać *impf, pf* zawisnąć *or nad+I* hang on or over

zawładnąć *-nę -nisz pf +I* conquer, capture, seize

zawodowstwo professionalism

zawodowy professional, vocational. zawodowo

zawodówka *-wek* trade school

zawołanie call, command, catchword

zawód *zawodu* 1. trade, profession. 2 disillusionment, disappointment. 3 *pl* zawody games, competition

zawracanie turning back. ~ głowy needless distraction

zawrotny dizzying, staggering (*amount, etc.*)

zawrócić *pf, impf* zawracać. ~ głowę +D bother, distract

zawrót *zawrotu* ~ głowy dizziness, giddiness, vertigo

zawrzeć 1 *pf, impf* **zawierać** contain, conclude (*pact, etc.*)

zawrzeć 2 *pf* begin to boil

zawyć *zawyję pf* start to howl

zazdrościć *impf, pf* **pozazdrościć** +*D* envy, begrudge

zaznaczyć *pf, impf* **zaznaczać** mark, point out, mention

zaznać *pf, impf* **zaznawać** experience

zaznajomić się *pf, impf* **zaznajamiać się** *z+I* make acquaintance with

zazwyczaj as a rule

ząb *zęba* tooth. cog

zbawić *pf, impf* **zbawiać** rescue, save, redeem

zbawienie salvation, redemption

zbereźnik *Npl zbereźnicy* lecher. **stary** ~ dirty old man

zbić *pf, impf* **zbijać** knock down, knock aside, thrash. ~ **kogoś z tropu** throw s.o. off the scent, confuse

zbiec *or* **zbiegnąć** *zbiegnę zbiegł pf, impf* **zbiegać** run down (*e.g. stairs*), escape (*prison*). ~ **się** come running (of crowd). converge. *z+I* coincide with

zbieg 1 confluence. ~ **okoliczności** coincidence. 2 escapee

zbiorowość community, collectivity

zbiór *zbioru* collection, *pl* harvest

zbity *zbici* beaten, done in. thick, tight. ~ **z tropu** put off the track. **na ~tą mordę** on one's face

zbliżyć się *pf, impf* **zbliżać się** draw nearer, approach

zborny. sensible. **punkt** ~ meeting place

zbór *zboru* community. (*Protestant*) meeting house

zbrodnia crime, felony

zbrojenie *noft pl* armament, reinforcement

zbrojny armed

zbrukać *pf* besmirch

zburzyć *pf, impf* **zburzać** destroy, demolish

zbyt 1 sales. **zbyt** 2 too, excessively

zdać *pf, impf* **zdawać** take (*pf* pass) an exam. ~ **relację** *z+G* give a report on. ~ **się** seem, appear. ~ **sobie sprawę z czegoś** realize s.t.

zdalny long-distance, remote (*control, etc.*)

zdanie *G* sentence, opinion. **moim ~niem** in my opinion

zdarzenie event, happening, occurrence

zdarzyć *pf, impf* **zdarzać** *arch* grant. ~**się** happen, occur

zdążać *impf* head for, aim toward

zdążyć *pf* +*infin* manage, get someplace (*on time*)

zdecydowanie 2 deciedly, definitely

zdecydowanie resolution, determination, resolve

zdecydowany determined, resolute, decided, intent

zdeklasowany déclassé, downgraded

zdenerwowany upset, annoyed

zdeprawowany depraved

zderzenie (się) collision, crash, clash

zderzyć się *pf, impf* **zderzać się** *z+I* collide with

zdezorientowany disoriented, confused, bewildered

zdjąć *pf, impf* **zdejmować** take off, remove

zdjęcie *G zdjęć* snapshot, photo

zdobyć *pf, impf* **zdobywać** conquer, seize. obtain. ~ **się** *na+A* afford, summon up enough courage

zdolność talent, ability, aptitude, capability, facility

zdolny talented, gifted, able. *do+G* capable of

zdołać *pf* +*infin* manage (to do)

zdrada betrayal, perfidy. ~ **małżeńska** infidelity

zdradzić *pf, impf* **zdradzać** betray, reveal (*secret*)

zdrajca traitor

zdrowie health. **na** ~ to your health, cheers

zdrowotny. **urlop** ~ sick leave

zdrowy *or* **zdrów** healthy, well, sound

zdrój *zdroju* source, spring, spa

zdrówko of *zdrowie*. **jak** ~? how are you doing?

zdumieć *pf, impf* **zdumiewać** astound, amaze, baffle

zdumiewający astounding, amazing

zdumiony *zdumieni* amazed, astounded, astonished

zdzielić *pf* hit, strike

zdziwienie amazement, surprise

zdziwiony *zdziwieni* surprised

zebrać *pf, impf* **zbierać** gather, collect, muster. ~ **ze stołu** clear the table. ~ **się** meet, congregate

zejść *pf, impf* **schodzić** descend, walk down. devolve upon. ~ **się** come together, gather, converge

zemrzeć *pf, impf* **zmierać** die, pass away

zemsta *zemście* revenge, retribution

zenit zenith. *fac an* Polish television brand name

zerwać *pf, impf* **zrywać** tear off break off, split up

zeskoczyć pf, impf zeskakiwać jump off

zesłać *ześlę* pf, impf zsyłać send down upon, inflict

zespołowy of *zespół.* praca ~wa teamwork

zespół *zespołu* 1 team, group (*sports or musical*), ensemble. 2 syndrome

zestaw combination, arrangement, set, kit

zestawić pf, impf zestawiać put down, arrange, line up

zestawienie comparison, juxtaposition

zeszły *zeszli* past

zeszyt notebook, fascicle

zetknąć się *us-3p* pf, impf stykać się *z+I* be touching, touch together, meet with, encounter

zetleć *-li* pf us 3p smoulder, decay

zetrzeć pf, impf ścierać rub or grind off, wipe off

zew call, appeal. ~ krwi call of the wild

zewnątrz outside

zewnętrzny external, outside, exterior. zewnętrznie

zezowaty *zezowaci* cross-eyed. ~ szczęście tough luck

zezwolenie permission

zgarbiony *zgarbieni* stoop-shouldered

zgłosić pf, impf zgłaszać announce, declare, proclaim, tender (*resignation*). ~ się report, apply

zgniły *zgnili* rotten, putrid

zgoda *zgód* agreement, accord. fine, OK, it's a deal

zgodliwy amicable, conciliatory, accommodating

zgodny *z+I* in accordance with, in agreement with

zgodzić się pf, impf zgadzać się *z+I* agree with

zgolić pf shave off

zgoła completely, totally, downright, plainly

zgrabny graceful, deft

zgromadzić pf, impf zgromadzać assemble. ~ się *intrans* gather

zgromić pf rebuke, put down

zgroza horror

zgryźliwy caustic

zgrzytać impf, pf zgrzytnąć or zazgrzytać grate, screech

ziać *zieję* impf gasp, gape, pant. ~ pustką be empty

ziarno *-ren* grain, kernel. ~ kawy coffee bean

ziemia land, earth

ziemski earthly, terrestrial

zima *winter*

zimny cold, cool, frigid. ~na Wojna The Cold War. zimno. na ~no coolly, cold, in cold blood

ziomkostwo society of compatriots

zjadać impf consume

zjawić się pf, impf zjawiać się appear, turn up

zjawisko phenomenon

zjechać pf, impf zjeżdżać ride downhill, ride all over, visit. zjeżdżaj! scram! ~ się gather, congregate

zjednać sobie pf, impf zjednywać sobie conciliate, propitiate, win over

zjednoczenie union, association, organization

zjednoczony united. Stany ~ne The United States. ~ne Królestwo United Kingdom

zjełczały rancid

zjeść pf, impf zjadać eat, consume

zlać pf, impf zlewać pour off, drench. decant

zlany. ~ potem soaked in sweat

zlecenie order, commission

zlecić pf, impf zlecać +D +A commission s.o. s.t.

zlecieć pf, impf zlatywać fly down. ~ się converge

zlecony *zleceni* praca ~na commissioned work

zleżały musty, stale

zliczyć pf, impf zliczać count up, reckon, total

zlodowacenie ice age

zł. *abbrev* of złoty

złamany broken. ~ną angielszczyzną in broken English

zło *sg-only* L *złu* evil

złodziej robber, thief

złom scrap metal, junk, scrap

złościć się impf, pf zezłościć się *na+A* get angry at

złość anger, wrath. ze zło ści out of anger

złośliwy malicious, spiteful, malevolent, malignant, nasty

złoto *złocie* gold

złotówka *-wek* złoty piece

złoty 1 *złoci* gold, golden. 2 zloty (*Polish currency*)

złożoność complexity

złożony *z+G* composed, comprised of. complex

złożyć *złóż* pf, impf składać 1 convey, pay (*e.g. greetings*). put down, deposit, contribute, submit. 2 fold. assemble, put together. ~ się work out. ~się na coś be a contributing factor to. ~ się *z+G* consist of

złudzenie delusion, illusion

zły 1 bad. *źli źle* badly. *comp* **gorszy** worse

zmarły *or decl as zmarli* deceased

zmarszczka -*czek* wrinkle

zmartwiony *zmartwieni* worried

zmatować *pf* mat (*a print, etc.*)

zmęczenie weariness, fatigue, tiredness

zmęczony *zmęczeni* tired, weary, exhausted, fatigued

zmiana change. shift (*at work*). substitution (*sports*)

zmienić *pf, impf* **zmieniać** change, alter. *intrans* ~ **się**

zmierzać *impf* do+G head toward, tend toward

zmierzwić *pf,* **zmierzwiać** ruffle, dishevel. *intrans* ~ **się**

zmierzyć *pf, impf* **zmierzać** aim, measure, gauge, take (*temperature*). ~ **się** take e.o's measure, size e.o. up

zmieszany confused, sheepish

zmieścić *pf, impf* **zmieszczać** contain, accommodate

zmieść *pf, impf* **zmiatać** sweep off. wipe out

zmniejszyć *pf, impf* **zmniejszać** lessen. ~ **się** wane

zmora *zmór* nightmare, phantom

zmowa *zmów* plot, collusion

zmysł *zmyśle oft pl* sense

zmyślić *pf, impf* **zmyślać**. ~ **sobie** fabricate, make up

zmyślony *zmyśleni* made up, ficticious, fabricated

znaczący significant. **znacząco**

znaczenie meaning, significance. **bez** ~**nia** meaningless

znaczny significant. **znacznie** significantly, much

znaczyć *impf us-3p* mean, signify, indicate

znać 1 *znam impf* know (*someone or something*). ~ **się** *na*+L be an expert on, be conversant with

znać 2 evidently. **znać, że** . . . it is clear that . . .

znajda *znajdzie pej* foundling

znajomość acquaintance

znajomy familiar. *mp* acquaintance

znak sign, mark, signal, token

znakomity excellent, outstanding. **znakomicie** fine

znaleźć *pf, impf* **znajdować** find. ~ **się** be found

znany well-known

znęcać się *impf* nad+I treat with cruelty, torture

zniechęcić *pf, impf* **zniechęcać** discourage, disincline

znieść *pf, impf* **znosić** rescind, abolish. **nie znoszę tego** I can't stand that

zniszczenie destruction

zniżkowy downward (*trend, etc.*), reduced, discounted

znowu, znów again, anew. more. **co znowu** now what?

zob. *abbrev* of *zobacz* vide, see

zobaczyć *pf* see, catch sight of. *impf see* widzieć

ZOMO *Zmotoryzowane Odwody Milicji Obywatlskiej*

zorganizowany organized

zorientowany oriented, aware. **dobrze** ~ well informed

zostać *pf, impf* **zostawać** *zostaję* stay, remain, be left, +I become. *as passive auxiliary* get, be

zostawić *pf, impf* **zastawiać** leave (behind)

zowąd *av.* **ni stąd, ni** ~ neither here nor there

zrazu at first, for the moment

zresztą for all that, in any case, for that matter

zręczność skill, facility

zrobienie. coś do ~**nia** something to do

zrodzić *pf* beget, give birth to. ~ **się** originate

zrozpaczony *zrozpaczeni* in despair

zrozumiały understandable, comprehensible, intelligible

zrozumienie understanding, comprehension

zrównać *pf, impf* **zrównywać** level. be equal to

zrównanie leveling. equation. ~ **dnia z nocą** equinox

zryw upsurge. ~**wami** by fits and starts

zrzec się *zrzeknę zrzekł pf, impf* **zrzekać się** +G relinquish

zrzucić *pf, impf* **zrzucać** throw down, cast off. ~ **winę** na+A pin the blame on

ZSP *abbrev* of *Zrzeszenie Studentów Polskich*

ZSRR *Związek Socjalistycznych Republik Radzieckich*

zuchwały *zuchwali* impudent, impertinent, brash

zupełność. w ~**ści** completely, utterly

zupełny *zupełni* complete, utter, altogether

ZUS *abbrev* of *Zakład Ubezpieczeń Społecznych*

zużycie consumption (*of gasoline, etc.*)

zużyć *pf, impf* **zużywać** use, consume

zwabić *pf, impf* **zwabiać** entice, lure

zwać *zwę zwiesz impf* call, name. ~ **się** be called

zwalczyć *pf, impf* zwalczać combat, fight against

zwalać *impf* demolish, lay low. pile up. *na+A* cast (*blame*) on s.o. ~ się tumble down

zwany called. tak ~ so-called

zważyć *pf, impf* zważać consider, weigh

zważywszy, że. *phr* considering that, whereas

związany *z+I* connected with, relevant to, pertinent to

związek union, link. (*chemical*) compound. w ~zku *z+I* in connection with. ~ zawodowy trade union

zwiedzający visitor (*to a zoo, museum, etc.*)

zwiedzanie sightseeing

zwiedzić *pf, impf* zwiedzać visit (*a place*)

zwierzchnictwo authority, leadership, dominion

zwierzę *zwierzęcia NApl zwierzęta Gpl zwierząt* animal

zwiesić *pf, impf* zwieszać hang low, droop

zwietrzały stale. weather-beaten

zwiększyć *pf, impf* zwiększać increase, augment, boost

zwinąć *pf, impf* zwijać roll up, furl

zwiotczający.środek ~cy muscle relaxant

zwłaszcza especially. ~, że especially since

zwłoka delay, deferment. *pl* corpse, remains

zwodniczy deceptive, fallacious. zwodniczo

zwodzony. most ~ drawbridge

zwojować *pf* win in war

zwolennik *Npl zwolennicy* supporter, adherent, advocate

zwolnić *pf, impf* zwalniać slow down. let go, lay off, fire

zwolniony delayed, dismissed. zdjęcie ~ne slow motion

zwołać *pf, impf* zwoływać summon, convene

zwrot *zwrocie* 1 turn of phrase. 2 return, refund

zwrotny reversible, returnable. punkt ~ turning point

zwrócić *pf, impf* zwracać *do+G* return to, hand in to. ~ uwagę attract attention. point out. ~ się turn to, address self to, apply to

zwyciężyć *pf, impf* zwyciężać conquer, win

zwyczajny ordinary, common. zwyczajnie

zwykły *zwykli* usual, ordinary, common. zwykle usually

zwyrodniały *zwyrodniali* degenerate

zygmuntówka *-wek* (kind of old Polish sabre)

zysk profit, gain

zyskać *pf, impf* zyskiwać *na+L* profit from

Ź

źrenica pupil (*of eye*)

źródlany of the source. woda ~na spring water

źródło *-deł* source, spring

Ż

żachnąć się *pf* snort

żaglówka *-wek* sailboat

żal pity, sorrow, regret. żal mi go I feel sorry for him

żalić się *impf na+A* complain of

żałosny mournful, lamentable, piteous, pitiful, pitiable

żałować *impf, pf* pożałować *+G* regret, be sorry

żandarmeria. ~ wojskowa military police

żarliwy fervent, ardent, spirited, impassioned

żarna *pl form G* żaren handmill

żart *żarcie* joke, prank. nie żartów no joking

żartować *pf* zażartować joke, kid

żądanie demand. na ~ on demand, by request

żebrać *-brzę impf* beg

żebro *-ber* rib

żeglarz sailor

żegnać *impf, pf* pożegnać say goodbye to

żelazny iron. towary ~ne hardware. list ~ letter freeing a defendant of jail on his own recognizance

żenić się *impf, pf* ożenić się *z+I* of *a man* marry

żenienie marrying

żeński woman's, female, feminine

żer food, provender, prey

żłóbek *żłóbka* manger, crib, crèche. 2 pre-school

żmudny labourious, arduous, toilsome. żmudnie

żołądek *żołądka* stomach

żołądź *żołędzi* gland. acorn. club (*cards*)

żołd soldier's pay. być na czyimś ~dzie be in s.o.'s pay

żołnierz soldier

żółty *żółci* yellow (*colour*). żółto

żuchwa lower jaw, mandible, maxilla

żul *old-fash* petty criminal. wino

żużel *żużlu* 1 cinder, slag. 2 dirt-track motorcycle sport

życie *G* żyć life, lifetime. zarabiać na ~ make a living

życiorys biography, résumé, curriculum vitae, CV

życiowy *from życie*. stopa ~wa standard of living

życzliwy kindly, kind-hearted, well-wishing, benevolent

życzyć *impf* +G wish. ~ **sobie** desire
żyć *impf* live. **nie** ~ be dead, be no longer alive
Żyd *Żydzie* Jew
żydowski Jewish. **język** ~ Yiddish
Żydówka -*wek* Jewish woman, Jewess
żyła *żyle* 1 vein (*also* of *ore*). 2 *colloq* miser.
  sorehead
żyto *życie* rye
żywcem *av.* **spalić kogoś** ~ burn s.o. alive

żywić *impf* nourish. *do*+G bear, harbour (*feeling*)
  for s.o.
żywiołowy elemental. **żywiołowo**
żywnie *av.* **co ci się** ~ **podoba** as you jolly well
  please
żywnościowy of *żywność*. **paczka** ~**wa** food
  package
żywy *or* żyw alive, lively, brisk, living, vibrant.
  żywo